社会構成主義の地平 HORIZON

PLAYFUL APPROACHES TO SERIOUS PROBLEMS

深刻な問題にこそ遊び心を！

子どもと家族と一緒に取り組むプレイフル・アプローチ

ジェニファー・フリーマン／デイヴィッド・エプストン／ディーン・ロボヴィッツ
［著］

荒井康行／国重浩一
［訳］

Narrative Therapy
with Children and their Families

北大路書房

Playful approaches to serious problems:
Narrative therapy with children and their families.

Jennifer Freeman, David Epston, Dean Lobovits

Copyright © 1997 by Jennifer Freeman, David Epston, and Dean Lobovits
All rights reserved.
Japanese translation rights arranged with W. W. NORTON & COMPANY, INC.
through Japan UNI Agency, Inc., Tokyo

凡 例

- ナラティヴ・セラピーの特徴の1つに「問題の外在化」があり，英語では大文字で表記するのが一般的である。本書では**かんしゃく調教師**のように，フォントを変更して表記した。
- 原文で，大文字だけで表記されている単語は太字で表記した。
- 原文でイタリックのものは傍点で表記した。
- 原注は＊にナンバーを付して巻末に掲載した。
- 訳注は★にナンバーを付して脚注とした。もしくは，（訳注：　）とした。

献　辞

エラナと
ベニー, ピーナツマン[*1]に

★1　デイヴィッド・エプストン（Epston, 1991/1997）の邦訳『ナラティヴ・セラピーの冒険』
11-21頁，さらに本書第10章を参照のこと。原著情報の詳細は巻末文献参照。

謝　辞

　私たち（ディーンとジェニー）は，家族に，そしてこれまで私たちを愛し，支え，励まし，指導し，私たちのジョークで笑ってくれた一人ひとりに感謝したい。残念ではあるが，編集者の賢明な助言に従って，本書の製作に直接貢献してくれた人にのみ謝意を表すこととする。

　私たちとの取り組みにおいて，遊ぶことで私たちの人生を豊かにしてくれたすべての子どもたちと家族に，とりわけ本書に惜しみなく自らのストーリーを提供してくれた人々に，心からの感謝の意を表したい。

　マイケル・ホワイト[★1]とシェリル・ホワイト[★2]に感謝する。マイケルはデイヴィッド・エプストンにとって著作活動における兄弟のような存在である。一方シェリルは，本書を導き，インスピレーションをもたらし，アイデアの発案をしてくれた，出版活動における姉妹のような存在である。本書におけるほぼすべてのアイデアは，何らかの形で彼らのビジョンと思いやりにつながっている。マイケルには，本書に「バイパス作戦（バイパス・オペレーション）」で貢献してくれたことに感謝する。

★1　Michael White（1948-2008）は，オーストラリアのアデレードを拠点として活動するソーシャルワーカーであり，家族療法家であった。デイヴィッド・エプストンとともにナラティヴ・セラピーの原型をつくりあげた。彼はダリッチ・センターを立ちあげ，執筆活動などを通じて，ポスト構造主義時代の心理療法のあり方を世の中に示した。2008年5月，米国サンディエゴを訪問中，心臓発作のため亡くなった。59歳であった。

★2　Cheryl Whiteは，マイケルのパートナーである。マイケルが亡くなった後，ダリッチ・センターの活動を引き継ぎ，ナラティヴ・セラピーやナラティヴを基盤としたコミュニティワークの普及に努めている。主な著書に『ナラティヴ・セラピーの実践』（White & Denborough, 1998），『ナラティヴ・プラクティス』（White, 2011）がある。

White, C., & Denborough, D. (1998). *Introducing Narrative Therapy: A Collection of Practice-Based Writings*. Dulwich Centre Publications.（小森康永（訳）（2000）．ナラティヴ・セラピーの実践　金剛出版）

White, M. (2011). *Narrative Practice: Continuing the Conversations*. W. W. Norton.（小森康永・奥野光（訳）（2012）．ナラティヴ・プラクティス──会話を続けよう　金剛出版）

私たちの共著者であるデイヴィッドへ。お互いの取り組みに文学的な生命を[★3]吹き込み合い，文章を練りあげ，アイデアをめぐって語り合い，あなたに信じてもらえることは計り知れない喜びだった。そしてアン・エプストンへ，信じ続けてくれてありがとう！

　執筆活動をサポートしてくださった人々に感謝する。スーザン・バロウズ・マンローからの編集にあたってのアドバイスや忍耐，そしてユーモアに深く感謝する。ジーナ・ジャノフスキー，マーカス・マン，マーガレット・ロッソフ，エイドリアン・ウォルファートは，私たちの原稿に目を通し，私たちを励ましてくれ，洞察に満ちたフィードバックと編集にあたっての支援を提供してくれた。ダビダ・コーエン，ウェンディ・デイヴィス・ラーキン，サリアン・ロス，ジュリー・サール，スーザン・アンドレア・ウェイナーは，何時間もの朗読を傾聴し，適切な言葉を見つけることを楽しみ，私たちに適切な批評と執筆上のアドバイスをくれた。デイヴィッドの編集を入力し，私たちの間に立って仮想の海を越えて送信してくれたジル・ケリーと，リクエストに応えて，私たちがマイケル・ホワイトに協力してもらうにあたって，情報提供をしてくれたり，手助けしてくれた，ジェーン・ヘイルズに乾杯。そして，芸術的で楽しい撮影会をしてくれたヨハンナ・グレイに感謝する。

　クリスティ・ソテロ，ジェネッサ・ジョフェ，クローバー・キャッツキル，およびデビー・マキシンは，エラナへの愛情のこもった育児にあてるべき時間とエネルギーを惜しみなく差し出し，私たちが執筆活動に取り組めるようあらゆる方法でサポートしてくれた。それぞれに独特のユーモアのセンスがあり，彼らと笑いを共有することは大きな助けになった。彼らがいなければ，本書の完成は文字通り不可能だっただろう。

　最愛の娘エラナは，この原稿と「出産予定日」を共有していた。母親のお腹にいるときから1歳になるまでの大半の時間，両親は産まれてくるエラナとその「双子のきょうだい」（訳注：本原稿）の双方に気を配っていたのである。

★3　ナラティヴ・セラピーを世界的に一躍有名にしたのは『*Narrative Means to Therapeutic Ends*（物語としての家族）』（White & Epston, 1990b）であるが，元になったのはオーストラリア・ニュージーランドを中心に出版された『*Literate Means to Therapeutic Ends*（治療手段としての文章）』（White & Epston, 1989）であった。「ナラティヴ」と呼ばれる前には，「文学に通じた（Literate）」治療とみなしていたようである。そのため，「文学的な生命（Literate Life）」という表現には思い入れがあるように思われる。

White & Epston (1990b) については巻末文献参照。

White, M., & Epston, D. (1989). *Literate Means to Therapeutic Ends*. Dulwich Centre Publications.

社会生活やふだんの約束事に妥協して耐え忍んでくれた多くの家族，友人，同僚に心から感謝したい。私たちが著者として要求されることに対して不満を申し立てているときにも，彼らはユーモアを交えて応じ，あきれた表情をせずにいてくれたことに感謝する。

この取り組みのまわりには，同僚や互いに共感する人々からなる素晴らしいコミュニティができていった。いくつかの研究会でともに学び，協力してくれた人々に感謝する。アンドレア・エイデルズ，エリン・ドナヒュー，シーラ・ジェイコブス，アン・ジャウレギ，ジェーン・ローベル，リック・メイゼル，ミシェル・マーティン，ヌリット・ミュッセン，スザンヌ・プレガーソン，マイケル・シアーレの他，ルシア・ガットーネ，スーザン・ショー，そしてソノマにある姉妹研究会のメンバーがいる。私たちは，より広いコミュニティにいる他の人たちの励ましとアイデア，そしてインスピレーションに感謝したい。ジェニファー・アンドリュース，ジョネラ・バード，デイヴィッド・クラーク，ジーン・コムズ，ジョアン・デペトロ，ヴィッキー・ディッカーソン，ジル・フリードマン，ジェームス・グリフィス，メリッサ・グリフィス，ジェフリー・カー，スティーブン・マディガン，ジョン・ニール，デイヴィッド・ニルンド，サリアン・ロス，カール・トム，ジェフ・ジマーマン，そしてジェニーのチャイルドセラピーの仲間でもあるという具体的な意味でリサ・ベルント，キャシー・ロプストン，キャスリーン・ステイシー，表現芸術のコラボレーターであるパメラ・バレガーダン，クレイグ・スミス。

ロナルド・レビンソンとキース・マッコーネルは，ジョン・F・ケネディ大学でのディーンの執筆活動と個人的・職業的な成長を支えてくれた。

プリシラ・カプート，ジョン・カー，カレン・ムーア，エミリー・サイデルは，ディーンが提示したアイデアの多くを発展させるために協力してくれた，ザントスのリフレクティング・チームのメンバーであった。

本書で示した，地域社会における社会正義とセラピストの役割についての次の人々の考え方は，私たちが従うべきものである。ワリヒ・キャンベル，ウィニー・ラバン，キウイ・タマセーゼ，フローラ・トゥハカ，チャールズ・ウォルデグレイブ，ニュージーランドのローワー・F・ハットのジャスト・セラピー・[★4]

★4　ジャスト・セラピー（Just Therapy）とは，ニュージーランドのウェリントンで臨床活動をしているチームの取り組みのこと。心理療法を単に個人に提供するだけでなく，貧困，人種差別，性差別，構造的な雇用問題などの社会的不公平も取り入れようとした。詳しくは，『Just Therapy - A journey』（Waldegrave et al., 2003）を参照のこと。

Waldegrave, C., Tamasese, K., Tuhaka, F., & Campbell, W. (2003). *Just Therapy – A journey: A collection of papers a from the Just Therapy Team, New Zealand*. Dulwich Centre Publications.

チーム，そして米国国内での社会正義と文化的活動に参加するラム・ゴクル，シーラ・ジェイコブス，ゾイ・カザン，リンダ・クワタニ，エレン・ペスキン，ジョン・プロウェル，アーチー・スミス・ジュニア，イヴェット・フローレス・オルティス，マシュー・モック，ベロニク・トンプソン。

やむを得ず割愛することになった人々に深くお詫びしたい。子どもを育てるために村が必要だとすれば，本を書くことにも同じく村のような存在が間違いなく必要なのである。すべての人々に感謝する。

デイヴィッド・エプストンは，豊富な資料を楽しく読める本に仕上げてくれたジェニーとディーンの貢献に感謝することだろう。この作業の多くは，命がけの妊娠とエラナの誕生の年に行われた。2人がいなければ，本書は，逐語録と長年の会話の記憶で混乱したままであっただろう。

デイヴィッドの友人であり，ファミリー・セラピー・センターの共同ディレクターでもあるジョネラ・バードは，最初の共著者4人のうちの1人で，本書の「打ち合わせの段階」に参加していた。残念なことに，彼女自身が満足できる形で貢献できる状況でなかったため，彼女は撤退することになった。彼女がいなくなったことで，この本が物足りないものになってしまったのではないかと懸念している。デイヴィッドの取り組みの多くは，過去12年ほどの間に「これについてどう思う，ジョネラ？」という会話を通して発展してきたからである。

目　次

謝　辞　i

はじめに　1
　　なぜナラティヴ・セラピーなのか？　3
　　なぜ遊び心（プレイフル）のあるナラティヴ・アプローチなのか？　4
　　本書の文脈　5
　　使用する言葉遣いについて　5
　　本書の概要　6

第Ⅰ部　遊び心のあるコミュニケーション

第1章　家族療法における遊び心のあるコミュニケーション　11
　　子どもと大人の想像力が重なるとき　15
　　「問題が問題である」ということの問題　17
　　信念を維持する　21
　◆事例◆　アンドレのスパイポーチ　22
　◆事例◆　アーロンの1日　24
　◆事例◆　アンチ反算数クラブ：算数好き，どちらかといえば　25
　　体験を生み出す質問を利用する　28
　◆事例◆　ベンの「子犬−少年トーク」　30
　　まとめ　45

第2章　問題から切り離して，その子のことを知ろう　47
　　問題から切り離して子どもと面談する　48
　　問題が子どもとの面談を妨げる場合　49
　　能力の発見　50
　◆事例◆　レオンのゲーム　51

v

◆事例◆　ワンダーボーイ　53

　　　　子どもの成長と問題の退化　57

　　　　厄介な面談の始まり：深刻になるように迫られる　58

◆事例◆　エリーと泳ぐ　59

第3章　希望のストーリー　63

　　　　どのようにナラティヴが形成されるのか　63

　　　　　問題のしみ込んだストーリー　63／制約としての問題のあるストーリー　65／オル
　　　　　タナティヴ・ストーリー　66

　　　　ナラティヴの社会文化的文脈　67

◆事例◆　スーパーママのマーサ　68

　　　　悪を聞かず，悪を語らず，悪にならない　70

　　　　セラピストの責任　72

　　　　外在化の言語　74

　　　　　言葉はどのように人を形作るのか？　74／人と問題のメタファーをつくる　76／相
　　　　　互作用のメタファー　78／二重の外在化　79／関係性のメタファー　80

　　　　まとめ　84

第4章　子どもが参加する家族療法における親について　85

　　　　プレイフル・アプローチへの親の参加　86

　　　　絶望感は伝染する　87

◆事例◆　ライルとシェーン　88

　　　　家族療法の場面で子どもが親に与える影響　89

　　　　親に対する社会的な期待　90

　　　　バイパス作戦：子どもに食べさせる問題に対するアプローチ　93

　　　　　罪の一時停止　95／孤立と社会的脆弱性に対する挑戦　97／子どもの内面の強さを
　　　　　名付ける　98／バイパス作戦の導入　100／バイパス作戦　102／事例の紹介　103

◆事例◆　フレッド　103

◆事例◆　ニック　106

　　　　まとめ　112

第5章　問題のプロットを薄くし，対抗プロットを厚くする　115

　　　　問題のプロット　116

　　　　オルタナティヴ・ストーリーという対抗プロット　117

　　　　問題のプロットと対抗プロット　118

◆事例◆　「オマエが臭いの！　弟は臭くない！」　120

　　　　敵役と主人公　126

説得力のあるストーリー　128

◆事例◆　ジャニスの不満　129

　　　　　まとめ　134

第6章　手紙を通じてナラティヴをつくりあげる　135

手紙の価値　136

手紙の書き方のコツ　137

◆事例◆　ジェラルド：12歳の誕生日前に，家族の中に11歳のスペースを手にした少年　139

◆事例◆　自分の秘密を自分自身にも秘密にしないで　148

第7章　ニュースを広める　153

君がコンサルタントになり意見を述べる　154

ニュースを嗅ぎつける嗅覚　156

ニュースの収集　156

ニュースの共同編集　158

聴衆の識別　159

クラブ，ネットワーク，リーグ，そしてプロジェクト　161

ニュースの裏付け　162

ニュースの媒体　163

いろいろな活用方法ができるハンドブック　165

卒業，宣誓，そしてお祝い　170

◆事例◆　ジミーの正直者のスピーチ　170

　　　　　まとめ　171

―――――――――――――― 第II部　遊び心があることの意味 ――――――――――――――

第8章　審美的で文学的価値のあるセラピー　175

心身の一体化と表現アート　177

表現アート　177

意味の遂行　178

審美的な長所　179

◆事例◆　ジェンナと人生の神殿　182

　　　　　フォローアップ　191

子どもたちをプレイセラピーと表現アートセラピーに招く　191

◆事例◆ エマの決断　192
　　　　人と問題の相対的な影響を探求するための遊び心のある方法　193
　　　　箱　庭　195
◆事例◆ ゾーイはビクビクを捨てる　197
　　　　動作と身体意識　201
◆事例◆ ダン，ジュリア，そして「問題の重み」　202
　　　　あらゆるコミュニケーションが不可能に近いと思われる場合　204

第9章　無免許の協働セラピスト　207
◆事例◆ リスニング・ラビット　209
◆事例◆ ケビンの初仕事　211

第10章　型破りで特別な能力　217
　　　　型破りな能力の尊重　220
　　　　現実検討能力　223
　　　　型破りな能力をめぐるアイデアの系譜　224
　　　　型破りで特別な能力に関する非公式の研究　226
◆事例◆ ロバートの読心術　228
◆事例◆ 多くの想像上の友人：マーティンとディルク　229

第11章　ファミリー・ポリティクスの実際　233
　　　　家族における戦争と平和　233
◆事例◆ エヴァン，争わないために立ち上がる　236
◆事例◆ トランスフォーマーのサイモン　239
　　　　ピース・ファミリー・プロジェクト　242
◆事例◆ かんしゃく調教師のアンドリュー　242
　　　　まとめ　246

第12章　自分自身の想像力　247
◆事例◆ ジンジャーとドリーム・スクリーン　248
◆事例◆ ブルーベリーパンケーキか，何もなしか！　250
◆事例◆ ティミーと銀色大魔王　251
◆事例◆ ザックとブレイド　260

第Ⅲ部　遊び心のあるストーリー

第13章　ジョナサン：「だいぶ乗り越えたから，もう後戻りしないよ」　269

初回セッション　269
2回目のセッション　272
成功の真価を認める　275
問題からの反撃防止　278

第14章　トニー：「ソウルボーイ（魂の子）なので大丈夫です」　281

初回セッション　281
トラブルからの転換　282
ゴッドファーザーたち　287
手紙「ソウルボーイ（魂の子）なので大丈夫です」　296
夏休みの成果　298
ゴッドファーザーへの情報提供　299
フォローアップ　302

第15章　ジェイソン：「今は自分でランタンに明かりを灯しているよ」　303

初回セッション　303
2回目のセッション　304
3回目のセッション　307
4回目のセッション　310
5回目のセッション　313
6回目のセッション　315

第16章　ソフィア：「心の中に居場所はあげないけど，肌の上に居場所をつくってあげる」　319

セッション　320
問題の手管を知る　320
「君がかゆみになり，私が君になる」　327
　問題とのもう1つの関係　329
フォローアップ　332

目　次　……　ix

第17章 テリー：「長い間恐怖の中で生きてきたけど，ぼくは今また，平和の中で生きています」　333

初回セッション　333
罪悪感より賢く　335
正気じゃないよね　336
2回目のセッション　338
ついに解放されたよ　339
3回目のセッション　341
4回目のセッション　346
最後のセッション　349
フォローアップ　351

おわりに　353

原　注　357
参考文献　361
翻訳者あとがき　368
索　引　373

はじめに

　茶色い目を輝かせ期待の表情を浮かべた 8 歳のマリアは，ジェニーのセラピー・オフィスに入ってきて「**かんしゃくのことで新しいアイデアがひらめいたの！**」と宣言した。ジェニーは，1 週間という短い期間に 2 回も驚くことになったのである。最初の驚きは，マリアの母親サラが月曜日に突然電話をかけてきたときのことだった。マリアが「ジェニーにもう一度会いたい」と言い出したというのである。2 回目の驚きは，マリアが**かんしゃく**に対処するための新しいアイデアをめぐって際限なく熱中しているのを目にしたときだった。ジェニーは，1 年半前に初めて会ったときのマリアがどれほど内気で寡黙だったかを思い起こしていた。

　ジェニーが最後にマリアとその家族に会ったとき，家族はマリアが**かんしゃく調教師**[★1]になる道を歩んでいることに同意していた。そのときの面談でも，マリアの人生を支配していた**かんしゃく**とその仲間である**みじめさ**に向き合うために，全員が協力して彼女をサポートしていた。彼らの協力は，**かんしゃくとみじめさ**が家族の楽しみを台無しにしてしまうといった「うんざり感」に基づいていた。マリアの家族は最初，彼女が「怒りにまかせ，金切り声をあげたり，ドアをバタンと閉めたり，近づく人みんなを脅かしたりしている」と説明していた。朝食を食べた後のちょっとしたイライラは，口論，きょうだいげんか，すねる，泣く，かんしゃくといったことにつながり，その日を台無しにしていたのである。

　マリアは，彼女を圧倒していた**かんしゃくとみじめさ**をコントロールする方

★1　原文は Temper Tamer である。ナラティヴ・セラピーの特徴として，問題を解決してなくしてしまうのではなく，問題行為を減らし，問題を手なずけていくことに取り組む。調教師になることができれば，猛獣（ここでは**かんしゃく**のこと）とも，ともに生きていく道が開けるのである。

法を以前に試みていた。そして，すぐに最高のかんしゃく対抗術を発見した。それは，静かな部屋で数分間1人になることで**かんしゃく**を振り払うというものである。それから8か月ほど経った今，マリアは，このかんしゃく対抗術を実践しながら，ジェニーがきっと知りたがるであろう新しいアイデアを考案したのだった。

マリアは，プレイルームに勢いよく入ると，どしんと椅子に座って，笑みを浮かべ，息もつかずに話し始めた。「先週の土曜日，友だちに怒っちゃったの。だって，自転車を貸してくれなかったんだもの。怒りっぽい**かんしゃく**が出てくる日になりそうだったから，トイレに行って，トイレットペーパーをちぎっていたの。そうしたら思いついちゃった。トイレットペーパーをその日（Saturday）の頭文字「S」の形に裂いてトイレに流してやったんだ！」

マリアは，ニヤリと笑ってジェニーを見上げた。どうやらジェニーがその話の要点を理解することを期待しているようだった。

ジェニーは「それは**かんしゃく**を振り払うことに役立ったのね？」と推測してみた。

「そうなの！　その日の**かんしゃく**をトイレにスッキリ流しちゃった！」

「その素晴らしいアイデアが，いつもとは違う1日へのドアを開いてくれたということかしら？」

「そうよ。新しいハッピーな1日にしようと決めたの！」

マリアは，今まで治療を受けてきた経験から，ジェニーが作成している『かんしゃく調教ハンドブック』に，マリアの最新のストーリーを付け加えたいと提案してくれることを期待していた。そのハンドブックは『クールオフでクールになる』とも名付けられており，**かんしゃく**を調教するための子どもたちの知識や考え方をまとめた記録集であった。マリアはハンドブックに追記してほしいことを語ってジェニーに書き取らせ，そのアイデアをイラストに描いた。マリアは，それを自分の家族に見せるのだ，と話した。

ジェニーは，マリアの「スッキリ流してしまう」実践を聞いて心をくすぐられただけでなく，マリアがセラピーについてもっているらしい概念に興味をそそられた。マリアは，ジェニーに画期的な出来事を伝えるために話しに来ていたのである。マリアの考えでは，セラピーとは，彼女の知識と能力を共有するための場所であるということがはっきりしていた。どういうわけか，もはやマリアは，**かんしゃくとみじめさ**をそれほど個人的なものとして受けとめていないようだった。マリアは，家族と協力しながら，かつては恥ずかしい問題だったことに対する，興味深い挑戦であるとして，さらに自分の意気を試す継続的

な試練であるとして，取り組んでいたのである。

　家族療法家としての私たちの課題は，子どもたちが直面している深刻な問題をめぐって，子どもたちのやる気を引き出し，奮い立たせる方法を見つけることである。どのようにしたら，子どもと大人はともに，家族療法に十分に取り組めるのだろうか？　深刻な問題に直面している子どもたちに遊び心や想像力，独創性を発揮してもらうにはどうすれば良いのだろうか？　本書では，セラピストが希望に満ちた見解をしっかりともって，子どもの能力を引き出し，問題を解決するために必要な家族内の信頼を回復させるには，どのような態度や実践が役立つかを考察する。子どもの声が聞き取られ，子どもが自身の貢献によって自ら勇気づけられていると感じられるようにするには，どうしたらいいのだろうか？　重大な問題に直面したときにも，私たちが軽やかな足取りでいるとしたら，私たちは大人として，子どもに対してどのように責任をもてるだろうか？　苦しい状況，怖い状況，危険な状況に効果的に対処すると同時に，遊び心やユーモアをもって子どもたちと一緒に楽しむには，どのようにすればいいのだろうか？

　私たちは，世界中のセラピストたちが集まるコミュニティに参加している。そこでは，私たち（セラピスト，子どもたち，そして親）全員が協力して，軽快で，ユーモアがあり，創造的でありながら，今日私たちが直面している多くの問題の解消に驚くほど効果的な方法に取り組んでいる。私たちの見解では，ナラティヴ・セラピーと総称されるものの発展によって，児童・家族療法の分野にユニークで有益な視点が提供されるようになった。次の節では，主にナラティヴ・セラピーの哲学と実践に導かれ，どのような態度や実践が役立つのだろうかという質問に新鮮な光を投げかけるアプローチをいくつか紹介する。本書を読み終える頃には，あなた自身が使える質問やアイデアが喚起されるようになっていることを願っている。

なぜナラティヴ・セラピーなのか？

　ナラティヴという用語は，人々やその人生における問題についてのストーリーを聞き，語り，語り直すことを意味する。深刻で時には致命的な問題に直面している中で，ストーリーを聞き，話すことは，些細なことのように思えるかもしれない。会話が新しい現実をつくり出すとは信じがたいだろう。しかし，会話はそうできるのだ。私たちが子どもたちと一緒に築く「意味の架け橋」は，癒しが枯れて忘れ去られてしまうことなく，花開くのを手助けする。言葉は，出

はじめに　……　3

来事を希望のナラティヴへと形作ることができるのだ。

　私たち人間は，生きられた経験の複雑さを組織化し，予測し，理解するために，精神的なナラティヴを用いるように種として進化してきた。私たちの選択は，主に，出来事や検討している選択肢に私たちが与えている意味によって形作られている。問題は，個人的，心理的，社会文化的，生物学的なルーツに由来する場合もあれば，このような要素が複雑に合わさっている場合もある。さらに子どもやその家族は，自分たちの人生にある特定の問題をコントロールできない場合がある。しかし，それでもやはり，どう生きていくかは，本人によって選択される。オルダス・ハクスリー[★2]がかつて言っていた。「経験とは，あなたに何が起こるかではない。あなたに起こることを自身でどうするかだ」と。

‖ なぜ遊び心（プレイフル）のある ‖
ナラティヴ・アプローチなのか？

　ナラティヴ・セラピーでは，外在化と呼ばれる言語的な実践を用いて問題から人を分離する。外在化する会話を通して問題を本人から切り離すことは，非難と防衛というプレッシャーを軽減する。本質的にその子が問題であると定義されるのではなく，その子が外在化された問題と関係をもつことができるようになるのである。

　外在化する会話によって，子どもたちは問題に直面しながらもいかに機知に富み，責任感があり，有能でいられるか，ということに私たちは驚かされ続けてきた。外在化する言葉遣いによって，通常は深刻な問題だと思われていることにも軽快なアプローチが可能になる。私たちが子どもと問題との関係を語るとき，遊び心が家族療法に入り込むのだ。

　大人と子どもが積極的に協力すれば，遊びは共通の友だちになる。遊びは，子どもたちが問題に取り組むためのリソースを持ち込み，家族療法にユニークな貢献をしてくれる。ナラティヴ・セラピーにおける遊び心（プレイフル）のあるアプローチは，大人にとっては意味のある方法で，また子どもにとっては強圧的であったり退屈なものであったりしない興味をそそる方法で，子どもを問題とする見方から離れ，子どもと問題との関係に目を向けるよう導いてくれるの

★2　Aldous Huxley（1894-1963）は，イギリスの著述家。『*Brave New World*（すばらしい新世界）』（1932 年）において，人間の生命が科学的に培養・製造され，階級社会のもとで身体・感情・生き方が統制されるディストピアを描いた。

である。

本書の文脈

　ここで，本書で取り組もうとしたこと，本書で取り組まなかったことを明確にするために，すこし紙幅を割きたいと思う。本書を企画した当初，私たちは子どもと家族に対するセラピーの歴史を提示し，急速に進化するナラティヴ・セラピーの領域における，世界中にいる多くのセラピストの取り組みを包括的に調査し，提供することを考えていた。しかし，私たちは違う道を選んだ。

　私たちは，児童・家族療法の広い領域に属し，その恩恵を受けている。私たちを一つにしたのは，ナラティヴ・セラピーをめぐってお互いが感じたワクワクさせられるような興奮であった。このことが，自らの臨床経験をもとに執筆し，子どもとその家族に用いるナラティヴ・セラピーの自分たちなりの考え方と実践の仕方を提供することへと私たちを向かわせたのである。このような理由から，本書には時折，臆することのない熱意が込められているが，どうかご容赦いただきたい。私たちは，熱意そのものが悪いとは思っていない。それは単に理論に傾倒することで生じたものではなく，子どもたちや家族とのコミュニティを深く感じ，親密に共有することによって湧き上がってきたものだからである。

　すべての新しいアプローチは，特定の文脈の中で，歴史上の特定の時点で発展する。そして，それぞれのパラダイムは，たとえそれが批判的なものであったとしても，先立つ人々から多くを学んでいる。家族療法の分野には，多くの発見と熱狂の波が押し寄せてきた豊かな歴史がある。私たちは，目の前に現れたこの熱狂の波を大切にし，今，海に向かって形作られようとしている波を楽しみにしている。

使用する言葉遣いについて

　本文の中で「私たち」という語は，「私たち人間」，「私たち著者」，「私たち著者と読者」というさまざまな意味で使用している。

　性を示す代名詞は悩ましい問題であるが[★3]，序章と偶数章では女性代名詞，奇

★3　英語の人称代名詞では必ず性別を示唆してしまう。よほどでない限り，人に対してitは用いないので，he/himかshe/herを用いる。そのため，性別を問わずに子ども一般について話しているときでも，性別を特定してしまうので，悩ましい問題となる。

数章では男性代名詞というように，章ごとに交互に使用することで対処した。

　社会文化という用語を使用する場合，それは，能力，年齢，民族性，性別役割，人種，性的指向，社会経済的地位，精神性などの社会文化的側面を含んだものとみなしている。

本書の概要

　第Ⅰ部には，基本的な理論的根拠と考え方，そして，子どもたちとその家族とのナラティヴ・セラピーの文脈の中で遊び心のある会話を促進するための実践を示した。随所に長短の事例を織り交ぜながら説明している。

　第Ⅱ部では，それぞれの著者が興味をもっている領域についていくつか説明する。ジェニーは，美術材料，ドールハウス，人形，箱庭，ミニチュアフィギュアの棚のあるプレイルームで，家族と面接している。彼女は，言語によるコミュニケーションと非言語によるコミュニケーションの双方から取り組む手段として，プレイセラピーと表現アートセラピーを探求してきた。これらのアプローチは，しばしば子どもたちが好む表現を促進し，ナラティヴ・セラピーにおける遊び心のあるコミュニケーションの可能性を広げる。デイヴィッドにとって，子どもたちの特別な能力は，子どもたち自身やその家族の人生を変えるユニークな手段である。デイヴィッドは，この「型破りな能力」に注目することで，通常は広まっている文化から敬遠され，レッテルを貼られ，失敗とみなされる子どもたちやその家族のユニークな能力の一部を認めていく。ディーンが注目するのは，家族を「分割して統治せよ★4」とする社会的・文化的・経済的プレッシャーである。ディーンは，社会および家族内の対立の火花に巻き込まれた子ども，青年，そして家族のために，「ピース・ファミリー・プロジェクト」のようなアイデアを発展させてきた。

　第Ⅱ部は，子どもたちの想像力あふれる豊かな世界についての論で締めくくっている。子どもの想像力は，本人をトラブルや恐れ，失望に導く可能性がある一方で，問題に対する着想や解決策を生み出すこともできる。子どもの想像力が問題を生じさせて長引かせ，子ども自身の意に反するときでも，自分の好み

★4　原文は divide and conquer で，古代ローマに由来する慣用句。権力による統治のテクノロジーの1つである。フーコーの『性の歴史Ⅰ』内の「生政治」（Foucault, 1976）に関する章も参照されたい。
　Foucault, M. (1976). *La Volonté de Savoir*. Gallimard. （渡辺守章（訳）（1986）．性の歴史Ⅰ　知への意志　新潮社）

に合わせて，その想像力を取り戻す努力はできるのである。

　第Ⅲ部では，5つの事例をめぐるストーリーを紹介し，読者がナラティヴ・セラピーに基づく会話の詳細に触れることができるようにする。それぞれのストーリーは，私たちが実験的に取り組んでいるアプローチのいくつかのバリエーションを示している。セラピストの考えや認識を明らかにするために，物語の形式で書き記した。

　本書は，問題解決のための秘訣や方法，または問題の種類を区別するための代表的な事例についての本ではない。本書における事例のストーリーでは，特定の問題に直面している人々とのユニークな会話を詳述しているが，私たちが彼らを選んだのは，彼らがこの取り組み（または遊び？）の精神を何かしら体現している，と思えるからである。

第 I 部

遊び心のある
コミュニケーション

PLAYFUL
COMMUNICATION

第1章

家族療法における
遊び心のあるコミュニケーション

　問題は，深刻なものになりがちである。もし問題に信条があるとすれば，おそらく次のようになるだろう。すなわち「私たちのことを深刻に考えろ！」である。結局，深刻な問題は，そのように扱われることを要求しているのではないだろうか？　問題が抑圧的であればあるほど，私たちはよりいっそう深刻に考えるようになり，対策が厳しくなっていくだろう。心配や落胆，絶望を招くような重い問題は，家族だけでなく，家族を支援する人々をも動けなくさせてしまう。そこまで深刻に受けとめることが，問題にとっては利益になるのだろうか。それならば，ユーモアと遊び心によって，深刻な問題の存在そのものを脅かすことができないだろうか？

　選択肢が与えられると，ほとんどの子どもは遊び心をもって対話したがる。深刻な議論と方法論的な問題解決は，子どもたちとのコミュニケーションに負担を与え，子どもたちの声を締め出し，子どもたちがもつ特別な能力，知識，創造的なリソースを抑制してしまう可能性がある (Freeman, Loptson, & Stacey, 1995; Stacey, 1995)。一方，セラピストにとって深刻な対応を選択する場合の代償は，他の側面から考える能力，好奇心をもち続ける能力，子どもと遊ぶために肩の力を十分に抜くこと，事態が収束可能であるという信念など，私たち自身がもつリソースの勢いを弱めてしまうことである。遊び心が欠けていると，機知が鈍り，子どもへの魅力を失い協力を得ることができなくなったり，問題に圧倒されてしまったりすることになる。心配な問題に直面して，私たちは遊び心のある創造力をもつ勇気があるだろうか？　問題の致命的にも見える深刻さに反して，創造力，ユーモア，機知に富んだ行動をとると，何が起こるのだろうか？私たちは，それこそが，問題解決のためのインスピレーションと深刻な問題の退散につながると考えている。友人のマイケル・サールは，「問題にとって，遊び心は，ニンニクが吸血鬼にとって不快であるのと同じぐらい嫌なものかも？」

と思い巡らしていた（Searle との私信, August, 1995）。

　深刻な問題は，保護者に遊ぶのをやめさせて，問題解決に取りかかるように説得するコツを知っているようだ。問題を深刻にとらえてしまうことは十分に理解できる。大人が目の前の状況に必死に取り組もうとしているのに，子どもが，ミニチュアの人形で遊ぶ，部屋の中を跳ね回る，ゲームを始めようとする，絵を描く，テレビの話をする，窓の外をじっと見る，などの行動に出ると，イライラしてしまうだろう。家族療法において，大人にとってなじみのある問題解決の方法に専念してしまうと，セラピストや家族は，子どもたちが「課題に取り組む」ように仕向けてしまうことになるだろう。軽やかで遊び心のあるアプローチというと，深刻な問題の前では，取るに足らない，楽天的な，あるいは実体のないものに見えるかもしれない。しかし，深刻なアプローチは，子どもたちを排除し疎外することで，問題にとって有利にはたらいてしまうかもしれないのだ。

　4歳の子どもに，おねしょの原因である**ずるがしこいおしっこ**や，家族の食事の時間を奪う**かんしゃく**をめぐって，ユーモアと遊び心をもって接することは，1つの方法とみなすことができるだろう。しかし，摂食障害，自己破壊的な行動，10代の無謀な家出，家庭内暴力，性的虐待からの回復[*1]，生命を脅かす病気など，恐ろしく危険な問題に直面した場合はどうだろうか？

　遊び心のあるアプローチは，深刻な問題に対する価値ある挑戦として，過小評価されるべきではない。喜劇と悲劇という2つの仮面のように，劇（プレイ）は人間の経験の陽気さと哀愁の両側面を描き出す。子どもと大人が出会うとき，遊び（プレイ）は思考，感情，経験の幅と深さを表現するための共通言語となるので，私たちはリンガ・フランカ（異なる言語を話す人同士の共通語）を共有できる。さらに，遊び心のあるコミュニケーションは認知能力の発達に左右されないので，年齢を問わず，しっかりと伝えることができる。

　子どもに焦点を当てた家族療法では，子どものあり方やコミュニケーションの仕方が尊重される。大人が子どもと遊びながら接するようになると，子どもの能力と創造性が高まる。そして，子どもの家族は，子どもが問題に対して責任をもち，それを解決するために臨機応変なコミュニケーションをとれることにしばしば驚くことになる。ゲーム，想像力，ファンタジー，ミステリー，魔法，シンボル，メタファー，ストーリーテリングなど，遊び心のあるアプローチに対する子どもたちの関心は，最初，問題とは無関係に見えることがある。しかし，意味をつくり出すという曖昧な領域においては，それによって，子どものモチベーションと問題を解決する能力の中心をなす宝物を掘り当てることに

なるのだ。

　子どもたちは，大人には見えないかたちで想像力や能力を使っていることが多い。想像もつかないような特別な能力をもっているかもしれない。ジェニーは，セラピーを受けたことのない子どもたちが，どのように自分で物事を解決していくのかに興味をもっていた。そこで彼女は，「自分で解決した問題があった？」「あなたの想像力は，問題の解決に役立った？」など，知り合いの子どもたちにインタビューしながら自由に語ってもらった。

　ジェニーは，オーストラリア人の友人で11歳になるアニーに「子どもが自分自身で問題を解決する方法」についてのインタビューに応じてくれないかと尋ねた。アニーは，ジェニーを他の人に邪魔されない静かな場所に案内した。2人で苔に覆われた岩の上に登り，羊の群れを見渡しながら，アニーはしばらく考え込んでいた。そして，6歳のときに夜のおねしょが不安だった話をジェニーに話し始めたのである。彼女は「子どもが自分自身で問題を解決する方法」を見つけていたのだった。

　アニーは夕方，星を眺めるために外に出て，「星の光よ，星の輝きよ。今夜見る一番星よ。どうかどうかお願いします。今夜，私の願いを叶えてください[1]」と耳に覚えのある願い事の歌を唱えていた。アニーは，一番星でなければ願い事が叶わない，と説明した。この毎晩の儀式は，「本当にやめたければやめられる」「きっとうまくいく」という決意を後押しした。しばらく続けると，アニーは願いが本当に叶ったことに喜び，乾いたシーツの上で目覚める感覚を満喫できるようになったのである。

　他にも，想像力が友だちだったときのことを聞かれると，アニーは続けて，ジェニーに，悲しいときに助けてくれた「想像上の犬」のことを話した。この「想像上の犬」は，想像上の食べ物と水を定期的に必要とし，彼女のベッドの脇にある自分のカゴに入って眠った。「想像上の犬」は，素晴らしい遊び友だちであり，彼女を励ますためにぐるぐると駆け回ることもできれば，アニーが必要なときには，「穏やかであたたかな」存在にもなれた。悲しいときに彼女は，その犬と一緒に裏庭へ散歩に出かけた。そしてそこで，犬を抱きしめたり，慰めを求めて泣いたりしたのである。

　インタビューを受けた子どもの1人であるミーガンは，想像上の友人である騒がしいジュリーと一緒に幼稚園に通っていた。ジュリーは，スクールバスの荷台に乗ると跳ね回り，手を振っていた。ミーガンが先生に腹を立てると，ジュ

★1　この歌は，「Star Light, Star Bright」というマザーグースの1つである。

第1章　家族療法における遊び心のあるコミュニケーション ……　13

リーはミーガンの肩に乗ってしかめっ面をするので，ミーガンはクラスにいることが楽になったのである。ミーガンはジュリーが行儀が悪いので怒られるのではないかと心配して，「早く降りて」とささやくのであった。幸いにも先生に気づかれたことはなかった。

　8歳のジェーンには，宿題を手伝ってくれていた想像上の友人がいた。この想像上の友人は，熱帯の島から来た大人の男性で，優しく，賢く，物静かだった。彼は壁に掛けてある仮面の中に住み着いていた。ジェーンは，彼を呼び出して，遊んだり，宿題を手伝ってもらったりすることができた。彼女は数学や地理といった科目でよく助けを求めた。この想像上の友人は，計算の仕方を教えてはくれたが，計算は自分でしなければならなかった。それでも，時間に追われているときには，特に難しい問題の答えを導いてくれたこともあった！

　リラックスし，のびのびと自己を表現する自由な子どもの認識に触れられるのはうれしいことである。たとえば，ローラ・レンジャーが6歳のときに書いた詩は，幼い弟に対する複雑な感情と，彼のおしゃべりで困惑させられることが遊びの中で表現されている（Ranger, 1995, p. 22）。

ピートと私

ピートのこと，わたしは大好き
わたしのこと，ピートも大好き
わたしはもうすぐ7歳
ピートはもうすぐ3歳

おうちでは
ママもパパも
スケートしていいのは玄関までって言う
たまに転んじゃうけど
わたしは，通り抜けちゃうの
キッチンのドアを
そして，木の床にぶつかっちゃう

暗い中でピートが言うの
玄関には，モンスターがいるよって
恐竜がいるのも想像してる
ママの仕事部屋の中にいるんだって

だから，一緒にほうきで追い出すの

ピートはかわいい
おしゃべりを学んでる
おじさんの犬を「ダーティ」って呼ぶ
本当の名前は「ガーティ」なの
ピートはこう言う
「フロコダイルズはトレーラーに住んでいる」
本当は
「クロコダイルはオーストラリアに住んでいる」って言いたいんだけど

ピートは，本当におもしろい
納屋の中でいたずらしてた
パパの一番好きな絵筆を見つけて
エンジンオイルを塗った
自分のベッドの上で

わたしの部屋で
わたしは，エロイーズと遊ぶの
わたしたちは，ピートに言ったの
「出ていって」って
ピートのこと，わたしたちは大きらい
ピートが私たちのゲームを台無しにしちゃったんだもの
わたしのこと，ピートも大きらい

子どもと大人の想像力が重なるとき

　子どもの心は大人とは異なるが，大人の想像力に大きく影響される。子どもたちが楽しむ物語，歌，童話のすべてを見てほしい。ほとんどは，大人が子どものために想像した世界を描いたものである。『不思議の国のアリス』は，子どもがいない男性ルイス・キャロルによって著された作品である（Carroll, 1989）。『くまのプーさん』は，ロビンという息子と一緒にいるのを気まずく思っていた父親が，息子と心を通わせる方法を見つけようとして書いたものである（Milne, 1957）。子どもたちは，このような話に大喜びする。子どもたちは耳を傾け，自分の想像力を解き放ち，膨らませていく。大人から得られたものを束にして，そ

第 1 章　家族療法における遊び心のあるコミュニケーション ……　15

れを継続的な遊びや物語の中に織り込んでいく。話し上手な大人たちは，子どもたちの想像力や物語が蔓のように生い茂っていけるよう，支柱となるアーチを差し出しているのだ。

　私たちは，参加者それぞれが独自のリソースを持ち寄るセラピーにおける，大人と子どもの関係性に関心がある。子どもたちは自分自身の問題を驚くほど解決できるものである。私たちの目的は，彼らの想像力と知識にアクセスし，協働することである。大人と子どもの相互作用は，ナラティヴを豊かにする。単に子どもの言葉に耳を傾け，それを使ったり，理論に基づいた解釈をしたりするのではなく，子どもがもつ意味の世界に積極的に参加し，受け入れてもらうことを目指すのだ。私たちが自らの想像力をかき立てることが，子どもたちや家族と一緒に新しい選択肢や可能性を生み出していく。問題についていつもとは違った会話をしたり，空想の中で私たちと遊んだりすることで，子どもたちは私たちが思いもしない「解決策」を見つけることがよくある。

　私たちは質問を用いて，子どもが自分の知識や想像力とつながる言語的リソースを提供し，意味の可能性を広げ，新しいアイデアへの扉を開くのである（Bruner, 1986）。そして自分たちの影響力を考慮したうえで，どのように関与し，どのように質問していくのかを選択することが重要となる。ロプストンとステーシーは，次のように述べる。

　　子どもは大人に比べてより柔軟な発達段階にある。それゆえ子どもが自分の人生を描き出して，自分の人生やナラティヴを形作る際に，私たちが与える影響の大ささに責任をもたねばならない。子どももまた，他者によって行為させられる対象として語られるのではなく，自分の人生について専門知識をもつ主体として語ることを，認めてもらわなければならない。

（Loptson & Stacey, 1995, p. 19）

　子どもは自分の能力や知識が注目されるのにはよく喜ぶが，自分の問題が注目の的になるのにはあまり快く思わない。「なぜそんなことをしたの？」「何があったのか教えて？」「どうしたの？」「どうして怖いの？」と尋ねたところで，子どもの反応はたいてい，「わからない」と言う，目を逸らすか目を丸くする，

★2　Jerome Seymour Bruner（1915-2016）は，米国の心理学者で，多方面で大きな業績を残した。本書との関連でいえばナラティヴ研究の重要文献である『意味の復権』（Bruner, 1990）を参照されたい。
Bruner (1990)については巻末文献参照。

もじもじする，きょうだいげんかを始める，または宙を見つめる，というようなものである。子どもたちは，自分が問題であるという描写に消極的であることが多く，問題について遠回しに比喩を用いたり，遊びの中で語ったりすることを好む。外在化する言語は，こういったことに役立つのである。

‖ 「問題が問題である」ということの問題 ‖

「問題が問題である。その人は問題ではない」とは，しばしば引用されるナラティヴ・セラピーの格言である。問題から人を分離する外在化の言語的実践は（White, 1989/1997; White & Epston, 1990b），子どもが困難に立ち向かい，それを軽減させるように動機づける遊び心のある方法である。

問題に対する非難や羞恥心は，家族内に沈黙や硬直をもたらす傾向がある。さらに問題を自分の性格や人間関係の本質と不可分のものとみなしている場合，その問題は実に身近なものになっているので，変えることが難しく見えるのだ。外在化する会話を通して問題を本人から切り離すことは，非難されるプレッシャーと非難から身を守る防衛を軽減する。もはや本人が本質的に問題であるとは定義されずに，子どもは外在化された問題との関係をもつことができるのだ。この手法により，人々は，問題に対してより省察的（リフレクション的）で批判的な立場につくことができる。家族もまた，自分と問題との間にある程度の距離を置くことで，問題が自分の人生に与える影響を考慮し，自分のリソースを使って問題との関係を見直すことができる。人と問題との間にあるスペースには，責任，選択，個人の主体性が拡張する傾向にある。

またこの実践は，親が問題解決の全責任を負わなければならないというような非難や罪悪感，羞恥心にとらわれるのではなく，子どもが自分の問題に取り組む際に創意工夫を発揮するよう促す，より明るい雰囲気をつくり出す傾向がある。マイケル・ホワイトによれば，外在化する会話は，「『恐ろしくシリアスな』問題に対する軽やかでより有効な，さほど緊張しなくても済むアプローチの自由を与える」（White, 1989/1997, p. 6）のである。

便失禁は，マイケル・ホワイト（White, 1984/1997）が最初に外在化した問題の１つである。単刀直入な外在化によって，遺糞症は**ずるがしこいウンチ**[★3]と改

★3　原文はSneaky Pooである。幼児語で便のことを「Poo」という。余談だが，くまのプーさん（Winnie the Pooh）とは，Wee-Wee（おしっこ）とかPoo（ウンチ）などという言葉の響きをその裏に隠した名前である。英語圏の子どもたちはくまさんを「Pooh」と呼ぶたびに，その裏に潜む音と意味を楽しんでいるのだろう。

第１章　家族療法における遊び心のあるコミュニケーション ‥‥‥　17

名された。遺糞症は，医学的診断用語であり，それ自体に異論はない。しかし私たちが子どもたちと対話し，子どもをめぐって語るときの文法には，一定の影響がある。「トムは遺糞症である」と言うことは，彼のアイデンティティについて何らかを示唆することになるのだ。「トムの問題は自分のパンツを便で汚してしまうことである」と述べるとすれば，正確かもしれないが，すでに屈辱的な状況にさらに恥を上塗りすることになるかもしれない。「**ずるがしこいウンチ**はズボンに忍び込んでトムの人生に悪臭を放っている」と言うとすれば，便失禁の問題とトムの関係を説明するにあたって，より面白みのある方法となる。この面白みのある方法は，トムが問題について議論に参加できるように招き入れることになる。また私たちが，どのようにすれば「トムは**ずるがしこいウンチ**を出し抜き，そいつがトムに忍び寄るのを止められるだろうか」と問いかけることで，問題に対峙するトムに対してより支持的な姿勢も喚起されるようになるだろう。トムはもはや，自分が理解している自分とは違う種類の人間になる必要はない（訳注：治療などの名目のもとに，違った人になるように強制されることもないということ）。実際，**ずるがしこいウンチ**という問題との関係性を見直すことで，彼が「**ずるがしこいウンチ**を出し抜く」という取り組みに適した人物であると認められるようになるのだ。

　病理的な診断と治療に代わるものとして，外在化する会話は，人と問題との関係における選択肢と可能性を広げることに焦点を当てる。ロスとエプストンは，次のように述べる。

　　人を問題としたり，人の中に問題があるとする一般的な文化的・専門的
　　実践とは対照的に，この取り組みは問題を人の外にあるものとして描写す
　　る。それは，問題が客観的に分離しているという確信があるからではなく，
　　問題の構造に対してより自由な構築を利用できるようにする言語的な対抗
　　手段として取り組むということである。　　　　　(Roth & Epston, 1996, p. 5)

　問題に圧倒されてセラピーの場に来る家族は，臨床家が彼らの心の中や関係性に底流する葛藤を見つけてくれるのではないかと予想しているかもしれない。セラピストは，子どもや家族を描写し，問題のある状況を説明するために使用する属性（訳注：言語や表現と言い換えることもできる）を形成するうえで積極的な役割を果たしている。セラピストが子どもの病的な描写に耳を傾け，それを受け入れたうえで調査を進めてしまうと，子どものアイデンティティが損なわれることもある。[*2]

問題が外在化されると，セラピーを受ける子どもたちの態度はたいてい変化する。子どもたちは，自分の代わりにその問題が焦点化されて，詮索対象となったと気づくと，熱心に会話に参加する。彼らの顔に安堵感が表れるのだ。子どもたちの目は，あたかも「そうだよ，そう思う。ぼくのせいじゃないよ」と言っているかのように輝く。そうすることで，「問題」が自分たちをみじめにしていると認める立場に立つことができ，時として驚くほど率直に問題について話し合うことができる。

　この実践は，ある意味で真剣な追求であるにもかかわらず，本質的に遊び心があり，子どもたちにとって魅力的なものである。本書の「はじめに」で登場したマリアは，ある年，ジェニーにバレンタインカードを贈った。それには，「怖さとかんしゃくにオナラぶー」という見出しと，それぞれについての小さな絵が描かれていた。バレンタインカードの裏面には，「あなたと話すのが好き。怖さやかんしゃくの悪口を言うのが好き。マリアより」と書き込まれていた。第8章に登場する9歳のジェンナは，自分が作ったマスク「ペテン師の恐怖」を次のように描写している。「オマエはもう何でもない……名無しだったので，オマエを知ることが難しかった。でも一度名付ければ，オマエのことはわかっちゃうし，征服できちゃう！」と。

　おそらく子どもたちは，非難されることや恥をかかせられたりすることに対してもっともな抵抗を示しているだけでなく，自分たちのアイデンティティが限られた，もしくは決まった描写によって定義されることにあらがうという常識的な抵抗を示しているのだろう。大人であっても，自分自身についての凝り固まった否定的な人物描写は，変化するためのモチベーションにはつながらない。なぜ子どもたちは，大人から決めつけられた定義や規範的な性格づけに抵抗してはいけないのだろうか？　どのみち，アイデンティティは思春期に至るまで，探求的であり，わりと流動的なままに留まるのである。

　子どもを問題そのものではなく，それに直面している存在として見ることは，アイデンティティ形成の流動性を維持するための出発点となる。外在化は，多くの子どもたちに自然になじむようである。外在化には，遊びというダイナミックな学習環境の中で子どもたちが困難に取り組む典型的な方法との間に互換性があるのだ。「着せ替えごっこ」などの遊びの中では，帽子や衣装を使い口調を真似ながら，複数の視点や性格，役柄に取り組むだろう。このような流動性によって，子どもは態度やアイデンティティ，行動のバリエーションを探求し，その瞬間やその日の喜怒哀楽を探ることができる。実際，子どもの遊びが反復的または儀式的であったり，役割や行動の幅が限られていたりする場合には，虐

待など，アイデンティティの形成を深刻に妨げているものがないか疑うこともある。

　子どもにとって，外在化は「ごっこ遊び」のようなものである。暗示的に，時には明示的に，私たちは子どもに「問題が自分の外にあることにして，問題をもてあそんでみない？」と伝える。ペイリー[★4]は，「『ごっこ遊び』は大人を混乱させることが多いが，それは子どもにとって現実的で真剣な世界であり，あらゆるアイデンティティが許され，秘密の考えを安心して明らかにすることができる場である」（Paley, 1990, p. 7）と述べる。

　セラピストである私たちは，言葉の使い方を特に訓練されてきた。しかし，外在化する会話の言語を実践することは，他の多くの人々と同様に，私たちにとっても，テクニックを学ぶというよりは，物事をめぐって特定の見方を発展させることである。ロスとエプストンは，次のように述べる[*3]。

　　　私たちは，外在化を技術的な操作や方法として捉えていない。それは，自分を不快にさせるような問題に対して，自らが望むような関係を築こうと奮闘している人々について考え，ともにいるための，生成的で敬意ある方法を示し，誘い，喚起する言語的実践である。（Roth & Epston, 1996a, p. 149）

　私たちはさらに，他のメリットにも気づいている。病理に焦点を当てるのではなく，問題に関連した価値観，希望，好みに注意を向けることで，遭遇する困難の重みによる自分たちの疲労を軽減することができる。問題にスポットライトを当てることによって，質問やコメントでより率直な意見を述べることができるようになったのである。この実践は，「子どもたちがいる場」で彼らとつながりをもたせてくれるだけではなく，私たちの創造性をも刺激してくれる。

　このアプローチには，オープンで構造化されていない多くのプレイセラピーとは異なり，問題に向き合うことに積極的に焦点を当てた遊びの中で，子どもたちと密接に協働していくという特徴がある。外在化された問題との関係における可能性を試すことで，子どもたちは，自らが変化できる主体であるという感覚が高まるのを経験するのである。家族とのセラピーでは，できる限りユーモアを交えながら，言葉を駆使して取り組むこととなる。一方で，プレイセラピーや表現アートセラピーなどでは，子どもが好む他の表現形式を使うことに

★4　Vivian Gussin Paley（1929-2019）は，シカゴ大学ラボラトリースクールの元教員，幼児教育研究者である。

よって，外在化する会話を強化するのが容易になる。[*4]

信念を維持する

　私たちは子どもの頃，大人になっても，子どもとはどのようなものであったのかを覚えておこうと誓ったかもしれない。それなのに，なんと早く忘れてしまうことか！　遊び心のあるコミュニケーションのコツを取り戻すためには，みんなが一丸となって努力しなければならないということに驚くかもしれない。あまりに遊びすぎではないか，もしくは遊び心が足りないのではないかと心配して，過剰に責任を背負い込んでしまい，治療過程のデリケートな瞬間を容易に逃したりしてしまうのである。

　深刻な問題が支配する場所には，ある種の暗さがある。（『指輪物語』の中で）モルドールの迫りくる滅びの山を見上げている主人公，ホビットのフロドのように (Tolkien, 1965)，そのような場所では，若い友人たちとともにこの難局を切り抜ける方法を見つけられると信じることは実に困難なことである。抵抗しがたいストーリーとは，ほとんどがこのようなものなのではないだろうか？

　時にはヘンゼルとグレーテルの森にあるパンくずの跡のように，問題の荒涼とした場所から抜け出す旅に出るための希望の糸は，不安定でデリケートなものである。確信をもてない瞬間や新しいアイデアの欠如は，私たちの自信を脅かす。絶望したり深刻になったりしてしまいそうになると，私たちは深呼吸し，今ここに存在しようと努める。ナラティヴの小道がどこかに導いてくれると信じるのは，実に困難なことなのである。

　私たちは，創造という重荷を1人で背負っているわけではないことを自覚しようとしている。ほとんどの子どもたちは，創造的な遊びの専門家であり，きっかけの半分を与えられれば，自分自身でアイデアを出してくるものである。私たちが好奇心旺盛で率直なときには，子どもたちとの関係の中で相互的な創造性が生まれ，私たちの信念が報われるであろう。

　大人と子どもの間に架ける言語の橋は，子どもの発達段階に合わせたものとする必要がある。大人の質問が広すぎたり抽象的すぎたり，または発想が子どもたちには突拍子もないことだったりすると，子どもは質問とつながることができないだろう。私たちは，「子どもたちの考え方，知識，理解の仕方には重大な違いがあり，子どもたちは単に無知で未熟な大人なのではないことを示す十分な証拠がある」(Garbarino, Stott et al., 1992, p. 41) ことを認識し，発達段階に応じたそれぞれのナラティヴに注意を払う必要があることは明らかである。

子どもたちのナラティヴは，必ずしも言語的なものではなく，他の表現方法を使うことが多いため，その多様性を理解するためには感受性と敬意が必要となる。私たちが子どもの認知能力に同調すると，子どもは私たちとの会話において言語的または非言語的に反応し，私たちのアイデアや質問に自分自身のアイデアを結びつけ，何らかのフィードバックをしてくれるだろう。

遊び心のある関わり方については，子どもと話し合うことができる。「これについて話すのに，もっと楽しいやり方はあるかな？」「この問題を解決するための魔法の方法を思いつかない？」「それについて別の方法で話したことを思い出せるかな？（それとは別の方法で遊んだときのことを思い出せるかな？）」言語的な会話だけでなく別の表現を検討しているのであれば，子どもはたいてい，自分が何をしたいかについて何らかの考えをもっている。そうでなければ，いくつかの選択肢を提供することでだいたいの場合はうまくいく。たとえば選択肢として，「それを砂の上に絵で描いて見せてくれるかな？　ストーリーを書いてみせてくれるかな？　それとも，そのことを人形とお話ししてみたいのかな？」などがある。

ナラティヴ・セラピーで子どもたちと遊ぶ方法の可能性は無限にある。子どもや家族がアイデアを思いつくこともあれば，セラピストがうまいアイデアを思いつくこともある。子どもにはたらきかけるアプローチが抽象的であろうと具体的であろうと，子どもの想像力とのつながりをつくることが，多くの場合，この取り組みの中心に位置づけられるのだ。

事例　アンドレのスパイポーチ

7歳のアンドレを（一時的に）保護する里親は，家庭や学校での暴力的な怒りと頻繁に起こるかんしゃくに脅かされていた。ジェニーは，アンドレの里親と協力し，アンドレが元の家族を失ったことを含めた過去のトラウマによる痛みについてのストーリーを語るサポートをした。彼が本当に気にかけていた「自分がどこに送られてしまうのか」という「心配を払拭する」ために，かんしゃくを解決することが急務だった。ジェニーはアンドレと話をしていく中で，彼自身が**かんしゃく**に乗っ取られていることにうんざりしており，**かんしゃく調教師**（Durrant, 1989, Epston, 1989b/1997）になることに興味をもっているとわかった。アンドレは，**かんしゃく**が自分を乗っ取る前に，その出現を見破る技術を磨く練習をしたいかと尋ねられ，見破る練習をしようと決意した。そこで彼は，「**かんしゃくをスパイする**」ことが良い考えだと思ったのだ。

アンドレとの取り組みの中で，ジェニーは，幼い子どもたちとの外在化する言語による言葉遊びを補う具体的な方法を考えていた。そして，ダヴィーダ・コーエンのアイデアに触発され（Cohenとの私信，June, 1993），ジェニーは**かんしゃく調教師**用のポーチとキットを買いに行った。そのポーチは，子どもの腰に付けられるようになっており，いくつかのポケットがあった。次のセッションで，ジェニーはポーチを出した。アンドレは，中身を調べると目を輝かせた。ジェニーは，**かんしゃく**をスパイするために小さなプラスチック製のスパイグラスを使い，**かんしゃく**を発見したときにホイッスルを吹くのだと説明した。ノートと小さな鉛筆は，彼が（落ち着いてから）**かんしゃく**に関する記録を辿るスコアブックとして利用できた。ポーチには，成功したときに貼るシールと，彼が落ち着きを取り戻すためのタッチストーンも入っていた。アンドレは，自分に**かんしゃく**を止める力をもたらす，小さな忍者の人形を追加することを考えていた。彼は，自分の決意と力を思い出したいときには，これらの道具に触れればいいのだと思えたのである。

アンドレは，ポーチを使うのを待ちきれなかった。翌週には，**かんしゃく**が自分を捕まえる前に何度か見破った，と報告した。これを機にジェニーは，アンドレに成功の意味について質問し，彼の**かんしゃく調教師**としての能力をめぐるストーリーを発展させようとした。

数か月後，アンドレは，「かんしゃくの家」と題された絵（図1.1）を描き，**かんしゃく**との新しい関係をジェニーに書き取ってもらった。

かんしゃくの家はすごいんだ。ヤツは**かんしゃく**の花を育ててる。家のまわりには，人の心がある。泥棒だから盗ってきたんだ。ぼくのは，その辺りにあった。

友だちは，**かんしゃく調教師**になりたがらないんだ。「一緒にいてくれたら，ちゃんとするよ」と言ったのに。**かんしゃく**は，「オマエは，オレの相棒だ」と言って，忍び込んできて心を盗っちゃう。**かんしゃく**は，抱きついてくるので困っちゃう。だから，立ち上がって戦うしかないんだ。先生が友だちの話をしているときに，飛びかかれって言ってくるんだ。でも，ぼくは言ったんだ。「**かんしゃく**は嘘つき」って。

★5　原文はNinjaである。忍者は，スパイと似ているが異国情緒にあふれ，忠実さ，しなやかさ，力強さ，神秘性，複数のアイテムを使いこなすなど，想像力に強くはたらきかける象徴的な存在となっているのだろう。

かんしゃくは，ぼくに先生の帽子を叩かせようとしたから，ぼくは怒ったんだ。ぼくは**かんしゃくを飼い慣らすために忍者を手に入れたんだ。かんしゃくから離れて歩く方法を**教えてあげるね。

図1.1　かんしゃくの家

事例　アーロンの1日

　象徴や比喩に耳を澄ましながら，子どもや家族のナラティヴを聴くことによって，想像力豊かな発想が生まれる可能性がある。しかし，子どもの体験で起こっていることについて勝手に想像し，外在化に飛びつき，子どもの理解と合わない「解決策」を思いついてしまうようなことも起こりやすい。そのため私たちは，子どもが出来事に見いだす意味に心を開き，耳を傾けるようにしている。出来事に対する子どもの感情が不可解で，筋が通らないように見える場合は，詳細な探求によって，子どもの見方を明らかにすることができるだろう。子どもに言葉や行動，またはアートなどで出来事を段階的に説明してもらうことによって，子どもの説明に含まれる重要なニュアンスや意味を引き出すことができる。そうすれば，文字通りの文脈で，あるいは劇的な演出の中で，子どもたちと一緒に「歩んでいける」のである（Chasin & White, 1989）。

　たとえば，6歳のアーロンの先生と両親は，彼が突然登園拒否するようになったことについて話し合った。アーロンにまつわるいくつかの仮説があげられたが，両親はアーロンに何か悪いところがあるとは感じていなかった。誰一人として，幼稚園に対する態度が変わった理由を彼から引き出すことはできなかった。ディーンは，アーロンの幼稚園での心配を外在化し，遊びを通して幼稚園をめぐるストーリーにはどのようなものがあるのか知ろうとしたが，アーロンはディーンに「行きたくない」と伝えただけだった。

　ディーンはアーロンと幼稚園で会えるように手配した。先生たちと会い，幼稚園でアーロンと一緒にいることで，ディーンは，幼稚園の生活でアーロンが感じているストレスがどのようなものかのヒントを得られるのではないかと期

待したのである。アーロンとディーンは，幼稚園での1日が始まる前に会い，アーロンが幼稚園ツアーのガイドとなって，幼稚園の典型的な1日をディーンに案内した。まず音楽室に行き，アーロンは楽器を叩いたりガラガラ鳴らしたりしてみせた。続けてアーロンは「ふだん通りの1日」の流れに沿って，ディーンをさまざまな活動をする場所に案内した。小学校1年生のクラスを通り過ぎるとき，ディーンはアーロンが緊張していることに気づいた。アーロンが「あれは，次にぼくたちが進む部屋だよ」と言ったとき，ディーンはその声のトーンを不審に思った。

　2人で遊び場の丸太に座ると，ディーンは，1年生の教室のそばを歩いていたときに何を考えていたのか尋ねた。アーロンは心配そうに，「マシューズ先生に見せてもらったんだ。来年はあそこに行くんだって」と説明した。「どうしてそれが心配なの？」とディーンは尋ねた。アーロンは，「混んじゃうんだよ」と叫び，「そしたら大きい子たちがぼくとけんかするんだ！」と続けた。ディーンは戸惑って，「どうして混むことになるの？」と尋ねた。アーロンはディーンを横目で見て，「だってさ，ぼくたちも1年生と一緒になるからだよ」と言った。ディーンは，アーロンが心配していたことがようやくわかった。ディーンはマシューズ先生に確認してみた。1，2か月前，幼稚園児を小学校1年生の教室に連れていき，ここが来年過ごす場所だと伝えたということであった。アーロンの誤解は，幼稚園生が今の1年生がいる教室に加わったらとても混雑してしまう，ということだった。それだけでなく，恐ろしい大きな男の子たちを避けられないと思ったのだ。今の1年生はその教室を空けて2年生になるので，十分なスペースがあることがわかり，アーロンはとても安心したのである。[*5]

事例 アンチ反算数クラブ
算数好き，どちらかといえば

　検討されないまま残されている社会文化的前提は，子どもたちが直面する多くの問題を示してくれるので，私たちのセラピーにおいても，これらのメッセージとその影響を検討していく。アンチ反算数クラブは，算数の成績に悩んでいた9歳の少女2人が結成した。そもそものきっかけは，ジェニーが（以前に関わった）ショーナと算数の成績の急落について話をしたことだった。ショーナにこの問題の社会的文脈について尋ねたところ，ジェニーにとっては驚きではなかったが，ショーナの仲間内で，算数の成績が良ければ女の子として「かっこ悪い」とみなされるという考えがあることを発見した。ショーナは，男の子た

ちも同じように見られるだろうか？　そうでないとすれば，どうしてそのような考えになるのだろうか？　と尋ねられた。よく考えてみると，ショーナは，ジェンダーに基づいて女の子の能力が制限されるのは不公平であることに気づき，腹を立てた。ショーナは，それが実に差別的だと思ったのである。ショーナは，両親が白人とアフリカ系アメリカ人なので，ジェニーは，人種差別の問題なのだろうかと尋ねた。しかしショーナは，これは人種的背景からのものではなく，性別からのものであるとみなしたのである。

　翌週，ショーナは，友人のアリスも算数の成績に問題があったことを思い出した。ショーナは彼女に，「女の子が算数を好きになることに苦労する不公平さ」について話すために声をかけた。アリスは話に加わり，女の子は仲間内で算数の能力を示しづらいという観点から，2人が共有する問題を再検討したいのだということをすぐに理解した。

　ジェニーは，ショーナとアリスに将来の抱負を尋ねた。それに応えて，2人は自分のなりたい職業の絵を描いた。1人は医者になりたかった。もう1人は法律家になりたかった。ジェニーが質問を思いつく前から，2人はこのキャリア選択に算数が関係することに気づいていた。アリスは，算数から遠ざけられることが自分たちの夢をダメにしてしまうことを考えてみると，「それはフェアじゃない」と主張した。

　そこで2人は，**「女子と算数を非難する人々と差別する人を批判する女子」**と名付けた人形劇を上演することにした。人形劇では，2人の女性キャラクターが，女の子や算数についての「バカバカしい」意見を他の女性キャラクターや男性キャラクターに言いふらす様子を描いた。ショーナとアリスは，算数のスキルを開発したいと考えている女の子を「ディスる」ことに反対する革命を宣言し，さらに革命を進めるためにクラブを設立することを話し合った。

　2回目の面談の冒頭で，2人は，ジェニーが提唱した「アンチ反算数クラブ」という名称に興味津々だった。ショーナは，その名前が，女の子だからというだけで算数に反対されるという考えに反対する，という意味だと理解した。ショーナとアリスは，クラブのために革命的なアートとストーリーを生み出し続けた。また2人は，同じようなジレンマに陥っている他の女の子たちが，それらを利用できるようにすることにも賛同した。

　2人は，9枚のイラストからなるシリーズに共同で取り組んだ。最初のイラストは，「算数の大きな茶色い穴」という題名で，泣いている少女が「算数がわからないの。男の子のほうが良くできるの」と言いながら，計算式を書いた黒板の横に立っているものである。そこでは，先生が「それじゃあダメね！」と

言っている（図 1.2）。

　アリスは，算数が自分たちのキャリアに与える影響を考えながら，殺人裁判の前に被告人を弁護する弁護士として自分を描いた。「犯行には30分かかりました。そして彼自身の家に着くのに30分かかりました。合計1時間です」。事件の被告はこの考察を受けて「だから私は無罪だ。なぜならそれには1時間半必要だからだ」と述べている（図 1.3）。

　次のイラストでは，2人の女の子が立っている。1人目は「昔，自分たちはバカだと思っていた。でも今はちがう！」と話し，2人目は「昔，男の子は私たちより算数が得意だと思っていた。でもこれからはちがう！」と言っている（図 1.4）。シリーズの締めくくりとして，2人は色の海に浮かぶ計算式のイラストを一緒に描いた。彼女らはそのイラストに「算数好き，どちらかといえば」と名付けた。

　ショーナとアリスは，クラブのお祝いとして，ジェニーが取り組んでいる学校問題に関連するハンドブックに自分たちの取り組みを載せることにした。自分たちの洞察が他の女の子たちの役に立つかもしれないと思ったからだ。たとえば，こんな感じだ。

図 1.2 「算数の大きな茶色の穴」

図 1.3　アンチ反算数クラブ：弁護士は算数を使います

図 1.4 「昔，自分たちはバカだと思っていた。でも今はちがう！　昔，男の子は私たちより算数が得意だと思っていた。でもこれからはちがう！」

第 1 章　家族療法における遊び心のあるコミュニケーション …… 27

> 「算数の問題。女の子の中には，だまされて算数が嫌いだと思っている人がいます。つまり，算数が好きではないと言えば，たちまち算数嫌いになります。だから私のように，だまされないようにしてください」（ショーナ，9歳）
>
> 「必要ない科目があると言う人の話を聞かないで。一緒にバカになってくれる人がほしいだけだから」（アリス，9歳）

アンチ反算数クラブの2回の面談後，2人は算数の家庭教師を手配してもらい，算数の遅れを取り戻しただけでなく，成績を上げることができた。

||| 体験を生み出す質問を利用する |||

ナラティヴ・セラピーでは，子どもたちと家族が，過去の出来事についての説明を共有し，新しく制作するストーリーの文脈において，未来を推測するように招かれる（Freedman & Combs, 1996; Tomm, 1987, 1988; White, 1988a/1997; White & Epston, 1990b）。このアプローチは，セラピストの好奇心と，子どもや家族をめぐる既存の世界と，なりうる世界に向けた強い関心によって支えられている。ナラティヴ・セラピーによるインタビューは，セラピストの声明，解釈または宣言ではなく，質問とその返答によって進められる傾向にある。カール・トム[6]は，意図をもって促進されるような質問を「省察性（リフレクシヴ）」があるものと分類している。このような質問は，セラピストの側において創造性を刺激し，子どもや家族にとってはリフレクション（省察）と選択の機会をもたらす。トムは，次のように述べる。

> 一般に声明は，問題，立場または見解を表明する一方で，質問は問題，立場または見解を呼び起こす。質問は答えを求め，声明は答えを提供する傾向にあるのだ。 （Tomm, 1988, p. 2）

★6　Karl Tomm は，カルガリー大学医学部の教授である。「Interventive interviewing」（PART I〜Ⅲ）という一連の論文において，心理面接における質問のあり方について論じている。ナラティヴ・セラピーにも影響を与え，ナラティヴ・セラピーが世に広まることに貢献した。

ナラティヴ・セラピーの質問は，子どもや家族が考えたり行動したりすることで，どのようにして新たな道に踏み出したのか，あるいは望ましい目的地に辿り着いたのかを振り返るようにデザインされている。フリードマンとコームズは，次のように述べる。

　　ナラティヴ・セラピストとして私たちは，従来と違う形で質問について考え，質問を組み立て，使っていく。一番の違いは，質問を，情報を収集するために使うのでなく，体験を生み出すために使うということである。人々が好む現実に沿った体験を生み出すとき，質問はそれ自体で治療になりうるのだ。
　　　　　　　　　　　　　　　　　　　　（Freedman & Combs, 1996, p. 113）

　また質問は，状況について話す方法を子どもに与えるので，子どもに重要な言語的リソースを提供する。このようにして，セラピストは子どもや家族とともに，生活に悪影響を及ぼす問題のしみ込んだナラティヴに代わるものを発展させるのだ。意識的に，子どもとともに意味をつくりあげるためのものとして質問を使わないのであれば，子どもは問題との関係について説得力のあるオルタナティヴな説明を展開するための枠組みを欠くことになるだろう。

　質問の使用は，専門家としての確実性よりも，むしろ積極的な好奇心をもつ態度と密接に関連している。よって，セラピストとして会話に参加することは，必然的に会話自体を一定の方向へ進めることになる。子どもとのセラピーでは，セラピストとしてはもちろん，大人としての権威もあるので，会話を乗っ取って進めてしまいがちになる。そのため，私たちの質問の中に，できる限り子どもたちの経験を織り込み，その経験に寄り添う必要があるのだ。そうすることで，子どもと私たちとの間に生まれる，相乗効果をもたらす子どもたちが提供してくれるユニークな貢献のあることを見逃すことはなくなるであろう。

　質問やアイデアは，振り返りを促すものから指示的なものまでの連続体上にあるとみなすことができる（Tomm, 1988）。通常の指針は，問題が抑圧する程度に比例して，私たちの関わりを増やすということであろう。言い換えれば，子どもが問題に直面して沈黙し，無力だと感じているとき，私たちはオルタナティヴ・ストーリーにつながる可能性を探求する，積極的かつ主導的な役割を果たす必要があるだろう。その中で私たちは，想像力とエネルギーを差し出し，新しい可能性を想像できるような余地を与えるためのアイデアや質問をつくりあげるのだ。

第 1 章　家族療法における遊び心のあるコミュニケーション ……

事例 ベンの「子犬‑少年トーク」

　ベンの家族は，ベンの何の前ぶれもなく頻繁に繰り返す嘔吐をたいへん心配していた。ベンは，ウイルス性胃腸炎になったことがあり，その最も顕著な症状はひどい吐き気と嘔吐であった。感染症が治れば，症状もそれに伴って治まってくると誰もが予想した。しかし残念なことに，ベンの場合はそうではなかった。それどころか，吐き気と嘔吐はますます頻繁になって入院しなければならないほどになり，静脈点滴で栄養状態を維持することになった。

　デイヴィッドが初めてベンに会ったとき，彼は６か月以上，口から食べ物を摂取していなかった。ベンはかなり衰弱していたが，母親のテッサと，そしていつも傍らにある点滴とともに，デイヴィッドのオフィスに初めて訪れることができた。ベンは青白い顔色をしており，ぼんやりしているように見え，会話を続けることが難しかった。テッサはデイヴィッドに，担当医との関係がこれまでにないほど悪化したと伝えた。家族は病院に非常に不満を抱いており，病院のスタッフはベンの容態に挫折感を味わっていたのであった。

　デイヴィッドは，まず始めに担当医に連絡し，ベンについての医学的見解に対するテッサの考えを確認した。ベンはまだ小児科病棟に入院していたので，デイヴィッドは，ベンのケアに関わる人すべてを支援することが，最善の選択であるとみなした。ここで，デイヴィッドの手紙を紹介しよう。

　ベンのご両親と医療従事者のみなさんへ

　私の考えをみなさんと共有したいと思い，この手紙を書いています。ベンが直面している状況に対処することは非常に大変ですが，心配されているご両親や治療に携わっている医療従事者にとっても困難なものです。現在の私の理解では，私が的を射ているとすればですが，ベンの吐き気が残って，そのある種の負の遺産である吐き気自体が生命をもち始めているようです。現在のところ，ベンは「患者」であり，医学的な介入によって正常な状態になることを誰もが望んでいます。実際，そうなっているのかもしれません。しかし，負の遺産は今でも生き続けているのです。

　「患者」としての子どもは，生命と身体を医療従事者に委ねることを求められます。実際，ご両親は保護者として，ベンが入院する前に，そのための同意書に署名したはずです。一定の段階までは，「患者」の務め

は，横になり「治療を受ける」ことです。しかし子どもは，治療が成功するかどうかが一部でも自分にかかっていることをどのように理解するようになるのでしょうか？　私たちの現時点での理解が正しければ，私たちの助けを借りながらも，ベンだけが，腹部の感覚が意味することに対して想像力と力を発揮できるのです。その感覚は，彼にとって嘔吐の兆候となりましたし，当然のことながら，彼はその感覚によって嘔吐を予測しているのです。この半年間の経験を考えると，ベンが横になって治療を受け続けることだけに専念するのは愚かなことだといえるかもしれません。

　私たちが考えるべき質問は，次のようなことです。「再び問題を手の届くところに取り戻し，それに対抗できるようにするために，嘔吐によって衰弱し弱らされている子どもをどのように支援することができるのか？」この問題が医者の問題であるか，両親の問題であるか，そのどちらかであるという結論に達したのは，ベンの側からすれば至極もっともなことでしょう。そしてその考えは部分的には正しいでしょう。しかし私たちの現時点での理解が正しければ，主治医が何をしようと，両親が何をしようと，問題となっているのは，ベンの腹部の感覚と彼の想像力なのです。

　愛情深い親にとって，幼い子どもがこのように苦しんでいる姿を見ることほどつらいことはないでしょう。子どもが苦しんでいるのを目の前にすると，無力感が募ります。医療従事者にとっても，幼い患者が苦しみ，医学的介入をしてもなす術がないことほど，歯がゆいことはないと思います。このようなときに，医療従事者の挫折感や親の苦悩がお互いへの不信を生み出し，争いへと導いてしまうのです。このような争いは，両者が提供し合うべきことを台無しにし，お互いへの敬意や関心を損なわせてしまうでしょう。私は，このようなことが起きるのを何度となく見てきましたが，こうした落とし穴を避けるためには慎重に考える必要があります。このような状況で有効なのは，親が医療従事者の挫折感に気づき，医療従事者が親の苦悩に気づくことです。

　では，どのようにしたら，共通の理解を得て，お互いを尊重し合い，協力的な取り組みに着手できるのでしょうか？

　ベンが体調不良を押して，吐き気の問題を自分のものにし，病気の負の遺産を手放すために，両親／医師／看護師は，どのようにサポートできるでしょうか？

　必要なのは，協調性のある行動です。それは，協力，現状への共通理

第1章　家族療法における遊び心のあるコミュニケーション ……　31

解，創造性からしか生まれない，と私は考えています。創造性は，対立の中では生まれません。ベンの状況は人を混乱させます。最近まで相手が混乱していたことを，誰もが許容すべきでしょう。

創造性の条件と，問題に対抗してできることに，みなさんが注目してくれるようにと願っています。

どうぞよろしくお願いいたします。

デイヴィッド・エプストン

　数か月後，デイヴィッドは医療従事者とベンの家族の両方から呼び出された。より良い協力関係を手にしたものの，残念ながらベンを襲う症状は続いていた。ベンは，ほぼずっと嘔吐しており，それどころか息を吸うだけのことが小さな身体を痙攣させる引き金になってしまうこともあった。状況が悪化し，彼は死の淵に立たされていたのである。病院は，ベンの胃にバイパス手術をするという大規模で後戻りできない手術を提案していた。病院でベンと一緒にいたテッサはこの決断に悩み，3日も眠ることができなかった。予定の手術の11時間前だったが，家族はデイヴィッドをもう一度呼び出すことにした。誰もこの手術を望んでいなかったのだが，与えられた選択肢の少なさは危機的であった。

　デイヴィッドは，クリスマスの8日前に病院で家族と会った。その1週間前，ベンの両親，そして8歳の弟ジョナサンは，ベンに素晴らしいサプライズプレゼントをした。それは，遊び好きの子犬であった。デイヴィッドが子犬のレネーに初めて会ったのは病棟であり，彼が病院で出会えるとは思いもよらない「人好きな犬」だった。誰もがレネーの子犬らしい陽気で旺盛な遊び心に喜びを感じずにはいられないであろう。絶望的な不安の真っただ中において，テッサはかすかな希望の光をもたらしてくれたのである。ベンはレネーを気に入ったようで，短い間だが嘔吐から気を逸らしていた。デイヴィッドは，この出来事の予期せぬ展開が潜在的な意味に満ちていることに気づいた。子犬のレネーは，ベンを嘔吐の問題から離れさせる，彼の遊び心を刺激することができるかもしれなかったのである。

　テッサと話をしてすぐにデイヴィッドは，ベンがレネーと遊べるように，すぐ近くの公園まで車で移動することにした。そこで，みんなで話し，遊びなが

★7　原文はdog-personである。通常，人間に対して用いる場合には「愛犬家」と訳されるが，原文では，犬のレネーに対して用いているため，「人を愛する犬」という意味を込めているようである。

32　……　第Ⅰ部　遊び心のあるコミュニケーション

ら楽しい時間を過ごしたのである。翌日，デイヴィッドは再び病院を訪問し，公園で車椅子に乗ったベンがレネーと遊ぶのに同伴した。すでにベンの状態は，車椅子から降りて，池のそばをよたよた歩くガチョウを追いかけられるほど回復していた。その後，デイヴィッドとベンは，何が起こっているかについて話し合うことと，病院スタッフがベンの状態改善の秘密を知ることができるように，その会話を録音することに同意した。デイヴィッドは，ベンが自分の秘密を誰と共有したいかを後で決められるように，自分の選択肢を残したままにしておこうねと念押しした。

　以下に示すインタビューは，最初の2回の面談を要約したものである。そこでは，ベンが回復するストーリーを確認し，発展させようとしている。デイヴィッドはベンに，子犬のサプライズを思い出してもらい，何が起こったのかを説明してもらうことから始めた。

　「入院したときにママとパパとジョナサンが来たときの話をしてくれない？　君が想像もしなかったようなサプライズがあったんだよね？　何があったの？」

　「みんなが『メリークリスマス！』と言って入ってきたんだけど，カゴの中に子犬を入れて連れてきたんだ」とベンは答えた。

　「カゴの中に何が入っているのか，すぐにわかった？」

　「見えなかったんだけど，すぐに教えてくれたんだ」

　「クリスマスプレゼントが生きているって気づいたのは，いつだったの？　おもちゃじゃなく，本物の『人好きな犬』だったんだよね？」

　「一目でわかったよ」

　「それで，この子犬はすぐに君を好きになったと思う？」

　「うん，そうだね」

　「それで君は，すぐにこの子犬を好きになっちゃった？」

　「うん」

　デイヴィッドは，「どうして？　どうしてこの子犬を好きになっちゃったの？」と問いかけた。ベンは考えたが，すぐには答えられなかった。デイヴィッドは，この素晴らしいプレゼントを手にした興奮の中から答えがきっと出てくるだろうと思っていたので，忍耐強く待った。デイヴィッドは続けて「この子犬の名前は何ていうの？」と尋ねた。

　「レネー」

　「レネーなんだ。どうしてその名前を付けたの？」

　「いい名前だと思ったんだ」

　「いい犬だからいい名前を付けたのかな？」

「うん」

デイヴィッドは，これはベンの重要な判断だと感じた。もし彼が良い犬に良い名前を付けられるのだとすれば，それは彼が子犬を見る目があることを意味する。そこで，自分の仮説を試してみることにした。デイヴィッドは，「この犬がとてもみじめな感じだったら，君はどんな名前でこの犬を呼ぶんだろう？『グルーシー（不平たらたら）』とか『グランピー（不機嫌）』だろうか？」と尋ねた。

「そうかも」とベンは答えた。

デイヴィッドは，「いい犬だからいい名前を付けたんだね」と伝え，「レネーの一番いいところはどこなの？　レネーの何が一番好き？」と尋ねた。ここでのベンの答えは非常に重要である。なぜならば，それはレネーが「いい犬」であるという彼の判断が何に基づいているかを示すことになるからである。

「レネーは，遊び好きなんだ」とベンは答えた。デイヴィッドは「遊び好きなんだ」とベンの言葉を繰り返した。さらに「レネーは，君の人生に楽しみと遊びがあることを取り戻してくれたと思うかな？」と尋ねた。

「うん」

「レネーは，君にクリスマスの楽しみと遊びをくれたんだね？」

「うん」

問題と人を対比させる機会をずっとうかがっていたデイヴィッドは，ここで「吐くという問題が君の楽しみや遊びを奪ってしまったのだろうか？」と尋ねた。

ベンは，悲しそうに「うん」と答えた。

この質問は，嘔吐問題の中でも一番つらい部分に触れたようであった。デイヴィッドは，ベンに自分の人生に対するレネーの影響力と嘔吐問題の影響力を対比してほしかった。そこでベンに，嘔吐問題が入り込んでくる前の人生について尋ねた。「ねえ，教えてほしいんだけど。この問題が君の人生の楽しみを奪い始める前の君を知らないからね。以前，君はどんな子どもだったの？」と尋ねた。

「とてもいい子だったよ」とベンはためらいなく答えた。

ベンが語る以前の自分と，親友から見たベンを照らし合わせてみようと思い，デイヴィッドはベンに親友は誰かと尋ねた。デイヴィッドは，子どもたちがまず自分の目で自分を見るように促し，それから他人の目で自分を見るよう促すことを好んでこのように質問する。それは，時には，ベンにしたように，その子自身についての肯定的な意見を強めるために，時には，子どもたちがふだん口にしないような，自身についての好意的な意見を提供するために，時には，子

どもたちを導いてくれる賢明で思いやりのある大人と結びつけるためである。

　デイヴィッドはベンに,「もし私が親友ダニエルのところに行って,『ダニエル,吐くという問題がベンから楽しみを奪う前は,ベンはどんな少年だったの?』と聞いたら,どんな少年だったと言うかな?」と質問した。するとベンは「遊び好き」と即答した。

　デイヴィッドは「遊び好きの少年だね」とベンの言葉を繰り返した。さらに「ダニエルは,ベンが冗談を言うので笑っちゃうんだよ,と言うかな?　ダニエルを笑わせることができそう?」と尋ねた。

　「時々」とベンは認めた。

　デイヴィッドは,ベンにジョークを1つ教えてほしいと頼むと,ベンはそれをやってのけた。実は,ベンのオリジナルジョークは,子ども病院のラジオ局「ラジオ・ロリポップ」で紹介されていたのである!

　次にデイヴィッドは,レネーのこととベンが以前に話したことに話を戻したが,それはまだみんなには秘密のことだった。デイヴィッドはベンに,「内緒で教えてくれたことがあったよね?」と確認し,「それは内緒で,今まで誰も知らなかったんだよね」と伝えた。ベンは,いわくありげにうなずいた。デイヴィッドは,他の人に打ち明けることも考えようと2人で話していたので,秘密を明かした。それは,「レネーは,ベンに『子犬–少年トーク』で話しかけてきたんだよね!」ということであった。

　「うん」とベンは同意した。

　デイヴィッドは続けて,「レネーは君に楽しみを取り戻す方法を教えてくれたんだね。そしてどういうわけか,君が楽しくなればなるほど,問題が君を悩ませることが少なくなるんだったね?」と言った。

　ベンは「うん」と同意し,「子犬–少年トークだよ」と話した。

　デイヴィッドが「それは誰にも話したことのない特別な秘密だったのかな?　君とレネーだけの?」と確認した。

　「うん」とベンは答えた。

　デイヴィッドが「子どもはみんな,子犬を飼えばいいと思うかな?　それとも,問題のある子だけが飼えばいいのかな?」と尋ねた。ベンは「どんな子でも子犬を飼ったらいいと思う」と答えた。

　「君が成長し,レネーが成長したら,君は大人になり,レネーは大人の犬になる。君たちは,いつまでも特別な友だちでいるんだろうか?」

　「うん」

　「もしレネーに問題が起きて,悲しくなったり,不機嫌になったりして,レ

第1章　家族療法における遊び心のあるコミュニケーション ……　35

ネーが自分自身や問題に対して怒ったら，君はレネーと『子犬-少年トーク』
をするのかな？」

「うん」

デイヴィッドはベンに，「レネーを助けてあげる？」と尋ねた。

「うん」

「そうなんだね。レネーはとってもラッキーな犬だね。そして君もラッキーだ
よね」

「そうだね」とベンは同意した。

「そうだとすると，君には，とってもいいお母さん，とってもいいお父さん，
そしてとってもいい弟がいるということになるのかな？」

「そうだね」

「家族は，レネーが君と『子犬-少年トーク』するのを知っていたと思う？」

「ううん」

「それは君とレネーだけのアイデアなのかな？」

「うん」

「ところで，レネーは何歳なの？」

「生まれて7週間」とベンが教えてくれた。

デイヴィッドが「レネーはまだ学ぶことがたくさんあるね？」と言うと，ベ
ンは同意した。そして「レネーはすでに多くのことを知ってるけど，成長する
につれてもっと学べるかな？」と尋ねた。

「うん」とベンは同意した。

デイヴィッドは，ベンが病気だったとき，かなりの悪夢に悩まされていたこ
とを知っていた。そこで，自分とレネーが，その悪夢をすこしでも和らげるこ
とができないだろうかと考えていた。デイヴィットは，「ベン，人生に楽しいこ
とが戻ってきて，吐くことが人生から消えていくということは，いい夢を見ら
れるということなのかな？」と尋ねた。うれしいことに，それはすでにベンの
身に起こっていた。デイヴィッドは，「そうなると，もっとハッピーな夢を見る
ことにつながるのかな？」と尋ねた。さらに「吐く夢ではなく，レネーの夢を
見たの？　ベン，どんな夢を見るようになったの？」と付け加えた。

ベンは「ナイスな夢だよ」と答えた。

「吐いた夢は臭うのかな，ひどい夢なのかな？」と尋ね，夢の2つのジャンル
を対比させるような推測を提示した。ベンは，デイヴィッドの質問に同意して，
「ひどいもんだよ」と述べた。

「いつからいい夢を見るようになったの？」とデイヴィッドは次の質問に移った。

36 ······ 第Ⅰ部　遊び心のあるコミュニケーション

「数日前の夜」

「今夜はどんな夢を見ると思う？」

「いい夢」

「いい夢を見ることは素晴らしいことかな？」

「そうだね」

　ここでデイヴィッドは，ベンの問題のない将来の可能性に注目し，「ベン，君が大きくなって，この問題が過去のものとなる，つまり君の後ろに置き去りにできるようなときが将来に来るだろうか？」と尋ねた。

「来るよ」

　そしてデイヴィッドは，ベンが自身のアンチ嘔吐の専門知識を，同じように困っている他の子どもたちと共有する気持ちがあるかどうかを確認した。これは，他の子どもたちを助けるだけでなく，ベンが自分の知っていることを人に教えることで，そのことをより深く知ることができるようになるためでもある。「似たような問題を抱えている他の男の子や女の子を助けることはありそうかな？」

　ベンは考えながら，「たぶん」と答えた。

　「たぶん，だね」とデイヴィッドは繰り返し，ベンはもっと具体的に何をすることになるのかを知る必要があるのではないかと考え，「そうだな，じゃあ6か月後に電話してもいいかな？　そして『ベン，ぼくは6歳ぐらいの吐いてばかりで困っている男の子に出会ったんだけど，助けてくれるかな？』って言ったらどうする？」と尋ねた。

　ベンは，「いいよ」とはっきり答えた。

　デイヴィッドは，「君はその子にどんなアドバイスをしてくれるのだろう？」と知りたがった。ベンがこのことについて考えをまとめられれば，彼自身がその知識を認識するようになる，とデイヴィッドは推測した。

　ベンは「長い戦いになるよ」と語り始めた。

　デイヴィッドは，「長い戦い」とベンの言葉を繰り返しながら，メモを取った。

　ベンは「コツをつかんだら，積み上げていくんだ」と結論づけた。

　「コツをつかむまでにどれくらいの時間がかかるのかな？」

　ベンは，「その子が本当にうまく戦っていれば，3週間くらいしかかからない」と意見を述べた。さらに「それと数日は吐かない人もいるけど，ぼくが時間がかかったのは，そこまでうまく戦えなかったから」と続けた。

　「じゃあ，どんなときにうまく戦えないの？」とデイヴィッドは知りたがった。

　「たまにだけ，だね」

第1章　家族療法における遊び心のあるコミュニケーション …… 37

「時にはうまく戦えないこともあるね。時には，うまく戦えるのかな？」

「そうだね」

「男の子がうまく戦うために，何が役立つの？」

「うーん……子犬かな」

デイヴィッドは「子犬はうまく戦うのに役立つんだね。他にはあるかな？」とさらに尋ねた。デイヴィッドはいつでも，役立つアイデアのリストをまとめる準備をしているのである。

ベンが「猫」と付け加えた。

「猫が役立つんだ？　猫が役立つと思うんだね？」

「うん」

デイヴィッドはベンに，レネーの最も明白な存在価値を思い出してもらうように「それから，遊ぶこと？」と持ちかけた。

ベンは「うん」と同意した。

デイヴィッドは，ベンが自分の戦いについてどのように感じているかを振り返ってほしかった。そのため「戦いを始めたとき，自分を誇りに思っていたかな？」と問いかけた。さらにデイヴィッドは，ベンの感情と，レネーの助けを得たベンに対する問題の意見を対比させた。「問題はベンのことをどう思ったのだろう？　問題は，君をそんなに簡単には操れないと思ったのかな？　問題は，かなり強い子を相手にしていることがわかってきたと思う？」と尋ねた。

「そうじゃない」とベンは答えた。最初に病気になったときには，問題はベンが完全に自分の思い通りになると思っていたことを思い出したのだ。

デイヴィッドは，ベンのその考えを理解した。「問題があらゆるところにあって，君を相当痛めつけていたとき，問題はベンがすこし弱いんじゃないかと思っていたのかな？」と尋ねた。

ベンは「うん」と同意した。

デイヴィッドは，打ち負かされていたときのベンに対する問題の意見と，反撃している今のベンに対する問題の見方を対比させた。「それで問題は，今の君のことをどう思っているのかな？　問題は，君をちょっと強いと思い始めているのかな？」と尋ねた。

「そうだね！」

デイヴィッドは，ベンが新たな強さに対して自信をもっているように感じ取ったので，質問によって，対話をさらなる可能性に向けて発展させようとした。「すると，問題がベンを怖がるようになってきていると思うかな？」

「うん」

「それでいいのかな？」

「いいよ」

「この問題に対して怒っているところがすこしあるのかな？」

「うん」

「どうしてなの？　どうして問題に怒っているのだろう？」

「だって，嫌いだから」

「ベンを責めているんじゃないよ。私もそれを嫌いなのがわかる？」

「うん」

「君のことは好きだけど，問題のことは好きじゃないんだよ。それでいいかな？」

「うん」

「君のことはとっても好きだけど，この問題のことはまったく好きじゃなくてもいいかな？」

「いいよ」

　デイヴィッドは，ベンと問題がとても重要なフェンスで隔てられていることを知り，安堵した。デイヴィッドは，ベンが問題に抵抗しているのを見るのはうれしかったが，問題が再来する可能性が非常に高いので，ベンがそれをどのように対処しようとするのかを確認したかった。

「もし問題が君に対抗して，意外な形で点を奪ったら，それはいいのかな？」

「やだよ」とベンは答え，問題を一蹴した。

　デイヴィッドは，問題が不意に再来してベンを捕らえ，ベンが戦意を喪失する前に，戦略を立てておきたかった。「まあ，すべての試合には勝てないよね。だけど，問題が意外な形で点を奪ってきたら，動揺するかな？　それとも，点を奪われたらもっと強く戦えるのかな？」と尋ねた。

　ベンは毅然として「もっと強く戦えるよ」と言った。これでデイヴィッドは，ベンに多少の後退があったとしても，落胆にも耐えることができるという安心感を得た。

　デイヴィッドは，短く振り返りながらベンとの面談を終えようとした。「この問題が君の人生に現れる前は，君はかなり強い子だったのかな？」　ベンは，以前の強さが戻ってきており，さらに今は人生に新しい遊びがある，と説明した。

　デイヴィッドは，ベンが理解したかをもう一度確かめた。「その問題は，君の力を奪ってしまったけど，力を取り戻せてきているかな？」と尋ねた。

「そうだね」

「また強くなるのは楽しい？」

「そうだね」

「楽しむことって楽しい？」

「うん」

　デイヴィッドは，ベンがコンサルタントとしての役割を担っていることを確認できる質問を練りながら，振り返りを続けた。「なるほど。それでは，私がこの問題を抱えた子どもに会ったとしよう。その子は，本当にみじめな気持ちになってるんだ。そこで私は，『いいかい，戦いを始めれば，3日，あるいは3週間で良くなるかもしれないよ』と言ったとしよう。しかし，その子は『良くなるわけないよ！　ダメだよ。できないんだ！　相手が強すぎるよ！』と言うとしよう。その子を励ますには，ベン，君ならどうする？」と質問した。

　ベンは「大変だけど，死にたくなければ，戦わないとだめだよ。それに，ぼくも戦っているんだ。死にたくないから」ときわめて適切なアドバイスを提示した。

　ベンの激しさを感じながら，デイヴィッドは真剣に「君は命のために戦っているんだね？」と尋ねた。

　ベンは，はっきり「そうだよ」と答えた。

　「たいしたものだ。ベン，君は自分の人生のために戦い始めてから，とてもうまくやっていることが痛快だと思わない？」

「そうだね」

「そして，人生を取り戻そうとしているのはワクワクすることだと思わない？」

　ベンは「そうだね」と返答した。ベンは，デイヴィッドとの絆を築きつつあったのである。

　デイヴィッドは，テッサやベンとともに公園に行った出来事を思い出し，「この前，公園を走ってガチョウを追いかけたり，追いかけられたりしたことを覚えているかい？　走り回って，あんなに楽しい時間を過ごせたのは何年ぶりだろう？」と尋ねた。

「わからない」

「かなり久しぶり？　最後に走り回って楽しかったのはいつ？」

「わからない」

「あんなふうに走り回ることは気持ちのいいものかな？」

「うん」

「一昨日，公園に出かけたときのことを思い出してみて。楽しそうにしていたと思うけど，車椅子で移動しなくちゃいけなかったよね。昨日はどうしたの？車椅子なしで走ったの？」

ベンは「うん」と言った。デイヴィッドはベンが公園で遊んでいた日と，まだ車椅子に乗っていた日を対比させながら，「この問題が君の楽しみを奪っていたなんて，ひどいよね？」と問いかけた。

　「うん」

　「君の命を奪おうとしたことはもっと悪いことだよ」

　デイヴィッドは，ベンが心待ちにしていること，つまり問題のない未来について思い出してくれるのをうれしく思い，「君が学校に戻ったらダニエルは喜ぶかな？」と尋ねた。

　「もちろんだよ」

　「一緒に遊んでくれるかな？」

　「彼ならね」

　「昨日，彼が書いてくれた手紙は素敵だと思った？」

　「うん」

　「その手紙を読んだとき，君の中にはどんな気持ちがあったの？」

　「いい感じ」

　「いい感じ……その手紙は，君に生きるべきだと伝えたのだろうか？」

　「うん」

　「戻ってきて友だちでいてほしいと？」

　「うん」

　「ダニエルは，君の戦いぶりを誇りに思っているのかな？」

　ベンは，疑いもなく「そうだよ」と答えた。

　ここでデイヴィッドは，ベンの方針を知りたくなり，「問題が厳しくなったらどうする？」と尋ねた。ベンは，問題が難しくなればなるほど，戦うことが難しくなると説明した。またベンは，誰かが彼の戦いを助けたり，彼のために戦ったりするというデイヴィッドの提案を退けた。ベンは，自分で戦わなければならない，と述べたのである。デイヴィッドは，ベンが彼と一緒に戦ってくれる誰かを忘れてしまったのではないかと思ったが，ベンはレネーがいることを覚えていた。デイヴィッドは，「私はレネーをけっして忘れないよ」と約束した。そして「レネーがいつも君と一緒にいることも知っているよ。大人は，子犬が男の子をそれほどまでに助けてくれるって信じると思う？」と尋ねた。

　「信じない人もいる」

　「秘密を打ち明けないほうがいい人もいるかな？　信頼できる大人にだけ言えばいいかな？」

　「そうだね」

第1章　家族療法における遊び心のあるコミュニケーション ……　41

「病院に信頼できる人はいるの？　それとも内緒にしておいたほうがいいのかな？」

ベンは，「看護師さんはみんな信頼できる」と答え，デイヴィッドを安心させた。そして「ウェブスター先生も」と付け加えた。

デイヴィッドは，一緒に話し合ったことを録音したテープをどのようにしたいか尋ねながら，ベンとのインタビューを終えた。「このテープを家に持ち帰って週末に聞いてみない？」と提案した。「夜寝る前に流すのもいいかもしれないね。それは君に良い夢を見せてくれるし，ぐっすり眠らせてくれるかもよ。いい夢を見るのはいいことだよね？」

「そうだね」

「きっと問題が夢を台無しにしたんだよ。今夜は楽しい夢を見られそうかな？」

「うん」

「見てみたい夢はあるのかな？　何か特別にある？　ビデオを見たいなら，店に行って見たいビデオを手に入れられるよね。今夜はどんな夢を見たい？　『ベンvs.問題』の夢なんてどうだろう？」

「そんなの見ないよ」

「そんなの見ないんだね。ベンが問題を打ち負かした夢かな？　幸せな夢かな？」　デイヴィッドは的を外していた。ベンは夢を見たいとは思っていなかったのだ。デイヴィッドは，「夢は見たくないんだね？　穏やかな眠りだけでいいの？」と言った。

「そうだよ」とベンは答えた。

「そうなんだね。じゃあ，夢を見たいなら『良い夢を』だけど，眠りたいだけなら『良い眠りを』だね」

ベンは，この面談後間もなく退院した。その後，入院したのは一度だけだった。3か月後，テッサが手紙を書いた。

> 　私は，物事がうまくいっている状況にとても満足しています。ベンは日に5回食事ができ，私たちが設けた規則正しい生活をしっかりと守り，さらには週2日も夜に経鼻栄養チューブを外していられます！　そのうえ，通常の学校に週に3回通って，男の子が好きなことをすべてできるようになっています。
> 　彼が家に帰るとうるさくてたまらないんです。しかも，いつ終わるかもわかりません！　私が予測する最大のハードルは，ベンが自分の食事

に責任をもつことです。今のところ，食事のことはなるべく忘れていたい様子なので，すべての食事を管理しておく必要があるのです。嘔吐はまだすこし居座っていて，通常は咳から始まります。全体的に見ると，私たちは家族の時間を一緒に楽しむことができていて幸せです。そして今回の件から得られたこと，特にベンの変化を認識することができました。彼は，ずっと優しくなり，自分の気持ちを以前より素直に表現できるようになりました。驚くべきことに，彼の素晴らしいユーモアのセンスは損なわれていません！　ですので，お知らせできることが，どんどん良くなっていくのではないかと期待しています。いつもご連絡ありがとうございます。ところで私たちの経験が他の人の役に立つことがあれば，遠慮なくご連絡ください。この辺りでお手紙を終わりにします。残りの余白をベンに任せます。

ベンは，残りの余白を「こんにちは，デイヴィッドさん！」という挨拶文と自宅にいるレネーの絵（図1.5）で埋め尽くした。

約1年後，突然，デイヴィッドはベンから手紙を受け取った。

図1.5　「帰ってきたときの騒がしい喜び」

デイヴィッドさんへ

　ぼくはすっかり良くなりました！　そして聖歌隊にいます。ぼくたちはクリスマスソングを習っています。ぼくは，学校でけんかをしました。だってゲームのボトル・トップス[★8]で「ずるしてる」ってみんなが言うから。ぼくは「ずるしてない」ので，その場から離れたんです。そして12月のキャンプ，クリスマスプレゼント，学校の本，靴，壊れた雨どいのために貯金しています。

愛を込めて，ベン

　追伸　素晴らしいクリスマスを！

★8　ボトル・トップスは，米国で人気のゲームで，牛乳瓶のような形をした瓶の上にチップ（木製のコイン）を積み重ねるバランスゲームの一種である。

デイヴィッドはベンに，次の手紙を返した。

ベンへ

　君が**すっかり良くなった**と知ることができるなんて，なんと素敵なクリスマスサプライズでしょう！　私にとって，これ以上のタイミングはありませんでした。レネーが「子犬−少年トーク」で君を助けてくれてから，もうすぐ1年ですね。すっかり元気になった今でも，レネーのことが好きかな？君が必要としていたときにレネーが君の人生にいてくれたことをいつも感謝しているかな？　レネーは特別な犬に成長したかな？君は特別な少年に成長したかな？　もしそうなら，それはあのように回復できたことと何か関係があると思う？　君がずるしなくて良かった。私は君がとても正直な男の子だといつも思っていましたよ。クリスマスのキャンプを楽しみにしていますか？　でもなぜ雨どいのために貯金しているの？壊しちゃったの？

　素敵なクリスマスを祈ってくれてありがとう。素敵なクリスマスになると思います。時間があれば，私の質問への返信をくださいね。お母さん，お父さん，そして弟さんによろしく伝えてください。もし君が良ければ，今夜，レネーにご褒美のドッグフードをあげてください。

　　　　　　　　問題がいない1994年を過ごせることを祈って

　　　　　　　　　　　　　　　　　　　　　　　　デイヴィッド

　さらに1年後，ベンはデイヴィッドに，表紙にシカゴ・ホワイトソックスのジャケットを着た筋肉隆々の少年の絵を描いたカードを送った（図1.6）。その手紙には以下のようなメッセージが添えられていた。

　ベンは，何てヤツだ。ベンは，グレートだ！　ああ，**彼は**何てヤツだ。サッカーをやっていて，マンボ，チャチャ，ロックンロール，ジャイブを踊るんだ！

　さらにテッサとベンは，本書について連絡を受けたとき，ベンとレネーが一緒に写っている直近の写真を提供してくれた（図1.7）。

図 1.6 「ベンは，何てヤツだ。ベンは，グレートだ！ ああ，彼は何てヤツだ」

図 1.7 レネーとベン

まとめ

　多くの問題は実に深刻な雰囲気を招くので，かすかにしか見えない希望と可能性は圧倒されてしまう。ベンの場合のように，どんなに悲惨な状況であっても，子どもたちは自分自身を表現し，変化を探求する遊び心を喜んで受け入れるものである。仮に死に直面しているとしても，セラピストが，癒しのナラティヴを共同で構築するために，遊び心のある関係に心を込めて取り組むことができれば，その勇気は報われるだろう。セラピストが大人と子どもの想像力の相互作用の中で得られる創造性を信じるならば，出会いは新鮮で，刺激的で，そして想定外のことに満ちたものとなるだろう。

第2章

問題から切り離して，
その子のことを知ろう

　仮にあなたが子どもだったとしよう。そしてあなたは，両親に「あなたの問題」の解決を助けてくれると言われて，見知らぬ人に会いに来たと想像してみよう。簡単な互いの自己紹介の後，全員が席に着き，両親は，あなたをどれほど心配しているのかを話す。「私たちはこの子の何が悪いのかがわからない」と言い，あなたの悪い行動を説明し続ける。セラピストは，「いつからのことですか？」と尋ねることで応じる。子どもの立場になってみれば，見知らぬ人にこのように自分を紹介されるのは，どんな感じがするだろう？　親が見知らぬ人と話すときに，どのように紹介され，説明され，応じられたいだろうか？

　子どもは，相談室に入るだけで，セラピーについての印象を形作ってしまう。親やその他の大人が子どもをセラピストに紹介する際に，子どもは通常，自分がどのように説明されるのかほとんどコントロールできず，それらの説明に異を唱えたり，抗議したりする機会もない。その場で子どもは，自分の動機や感情を大人によって解釈されるがままになってしまう。さらに子どもは，自分をめぐる病理や問題行動という仮説の観点から，見知らぬ人に紹介されていることに気づくだろう。家族療法の専門家に問題を提示するための一般的な手順に従うと，大人は，うっかり子どもに恥をかかせるような方法で，セラピストに心配や不満を伝えることになる。

　子どもは，親やきょうだいから好意的に見られたいと思うものだが，セラピストのような見知らぬ人に会う場合には特にそうであろう。私たちはセラピストとして，問題が子どものアイデンティティを定義し課題を支配したままセラピーに子どもを招く雰囲気をつくらないようにするために，どのように行動できるのだろうか？　1つは，問題から切り離してその子どもを知ろうとするこ

47

とだろう。最初に出会ったときから，子どもの興味，能力，知識，特性についての会話を展開することによって，そのような機会が生じたり，生じさせることができたりする。

問題から切り離して子どもと面談する

　ナラティヴ・セラピーでは，セラピストが子どものことを知ろうとする前に，問題のある状況について，問題を外在化したかたちで家族と話し始めることがある。そうすることで子どもや家族が非難される感覚や罪悪感は和らぐだろう。しかし問題があまりにも内在化し，子どものアイデンティティと融合していると，問題を話し合うことからセッションを始めることは，子どもにとっては屈辱的なものとなるかもしれない。そういった場合は，問題を外に追い出して，子どもを描写するように招くことから始めるのは賢明だろう。ただしこの方法は，あまりにも型破りなので，まず保護者の同意を求めるべきである。

　たとえば，ジェニーは初回面談で，パトリックが悲しそうな顔をして宙を見つめ始めたことに気づいたが，家族は，家庭と学校の両方における彼の不品行のさまざまな悪影響について話すのに夢中だった。ジェニーは話を遮り「問題を心配するお気持ちは尊重しますが，最初に，問題を切り離してパトリックのことを知ることに時間を使ってもいいでしょうか？」と伝えた。両親は，パトリックの興味や資質について喜んで話した。その次のセッションでは，ジェニーはパトリックに，前回の面談について覚えていることを尋ねた。彼は，「ぼくは頭がいいと言われたし，絵もうまいと言われた」と振り返った。後にパトリックは，人形の口を借りて自分についてのストーリーを告白した——自分は「本当に最悪」だったと。言うまでもなく，物事が変わるまでには時間がかかったが，パトリックは尊重されていると感じ，自分を尊重できるようになるための土台が築かれたのである。

　子どもたちのユニークな資質と変化へのアイデアにスポットライトを当てることで，希望に満ちた雰囲気が生まれる。このようなアプローチは堅苦しさをほぐし，子どもの熱意とまではいかなくとも注意を引くことはできるだろう。子どもと私たちを結びつけ，問題に対処するためのリソースへの手がかりを与えてくれるような，貴重な情報が発見，あるいは再発見されるかもしれない。このような発見は，問題が支配しているストーリーに対抗するための，子どもと家族の能力に基づいた，十分に説得力のあるオルタナティヴ・ストーリーを構築するための基盤となるのである。

問題が子どもとの面談を妨げる場合

　家族の説明の中で，問題や症状が子どものアイデンティティと融合している場合，子どもの資質について多くを知ることは大変な作業になる。通常私たちは，問題が子どもを圧倒していないときにはこの子どもがどのように見えるのかを確認するために，問題という暗雲が通り過ぎるまで辛抱する。ここで注意しなければならないことは，家族の悩みや不満を無視してはいけないということである。これらを尊重するのは，私たちが状況の深刻さを楽観視し，矮小化しているように思われないようにするためである。ここで，問題を外在化する会話が重要なものとなる。それは，問題を子どものアイデンティティから切り離しはするが，問題を無視するわけではないからである。

　子どもと家族に次のように伝えることで，問題を一時的に棚上げする方法で進める許可を求めることができる。「**かんしゃく**は非常に心配なことだと理解しています。そのことについて話し合うつもりでいます。その前に，問題と切り離してケイトについてもっと知りたいので，そちらに時間を使ってもよろしいでしょうか？　彼女が**かんしゃく**の影響を受けていないときのことを知りたいのです」。「問題がいないときのみなさんを知りたいのですが，そのことにすこし時間をとってもいいでしょうか？　そうすれば，みなさんを独立した個人として，そしてみなさんの関係性の中でそれぞれに役割をもった存在として認め，尊重できます」。親には次のように伝えることもできるだろう。「ケイトは，まず最初に，問題から解放されたときの自分について私に知ってほしいと思うでしょうか，それとも，問題に乗っ取られたときの自分を私に知ってほしいと思うでしょうか？」

　問題がすでに議論されていて，会話を支配し始めている場合は，次のように質問することができるだろう。「ケイトを刺激するものや批判からいくらかでも遠ざけるために，問題をケイトから切り離すような方法で問題について話してもいいでしょうか？」「話し合いに新鮮な空気を入れるために，問題から離れてみんなで休暇をとりませんか？」「問題を箱の中に閉じ込めておき，しばらく相手にしないとすれば，ケイトについて何か重要なことが見えてこないでしょうか？」

　子どもの頭上をかなりの暗雲が覆っているのであれば，次のような質問をすることができるだろう。「日食が昼間を暗くするように，問題がケイトの人生を覆ってしまったのでしょうか？」「心配することが長く続いたので，ケイトを愛していたことや，彼女に感謝していたことを思い出すのが難しくなったのでしょ

うか？」「かつて彼女のことを素晴らしいと思ったことさえ忘れてしまったのでしょうか？」「問題は，ケイトの親としてのあなたの自尊心を奪おうとするのでしょうか？」

||| 能力の発見 |||

　これらの方針に沿って進める合意を取り付けた後にできる質問を，ここにいくつかあげてみよう。「まず君のどのようなことについて，私に知ってもらいたいのかな？」「君が最も楽しんでいること，または最も興味があることは何かな？」「君が考えていることで，君の年齢を知っていると私が驚いてしまうようなことは何かあるかな？」

　家族への質問は次のようなものになるだろう。「ロクサーンの能力や興味で，あなたが評価しているものを教えていただけませんか？」「ロクサーンのユニークな特徴は何でしょうか？」「問題がロクサーンにどのような影響を与えているかということ以外に，ロクサーンについて私に知っておいてほしいことはありますか？」「問題が解決したとしたら，みなさんは，彼女と一緒に何をするのを楽しみにしているでしょうか？」「ロクサーンにどんな希望や夢をもっていますか？」「もし私がロクサーンと一緒に難破して，無人島に辿り着いたら，ロクサーンのどんな良いところを見いだすでしょうか？　時とともに，ロクサーンのどんなところを頼りにするようになるでしょうか？」

　特に親に対しては，以下のような質問が考えられるだろう。「ロクサーンの親として最も誇らしく思えたとき，何を誇りに思ったのでしょうか？」「もし私がハエになり，お子さんの日常の生活を見ていたとしたら，一緒に暮らしている人たちだけが知ることのできる，ロクサーンのどんなところに感心するでしょうか？」「お子さんの姿について，自分が親として良くやっていると思えるようなことで，私に知らせたいと思うのはどんなところでしょうか？」「この問題がどのようなものであったとしても，お子さんが問題に立ち向かうにあたって，私は何を知っておくべきでしょうか？」

　私たちが家族関係に焦点を当てるのであれば，次のような質問が考えられるだろう。「問題から離れたところにある親子関係について，何か教えてもらえませんか？」「家族内におけるお互いの愛情の本質について，最初に私が知っておく必要があることは何でしょうか？」

　問題から離れて子どもを知ることは，私たちに（子どもをめぐる状況の）全体像をもたらし，変化に向けた遊び心のある冒険へと導いてくれる。子どもの興

味や能力についての具体的な知識は，子どもがその問題に対抗するために何を提供してくれるのかを教えてくれる。この知識を得たセラピストは，子どもとの会話に取り組み，子ども自身が想像力をはたらかせて問題に取り組むことができるように言語的な橋渡しをする。

　私たちが見つける無数の能力は，しばしば驚きであり，楽しみである。ジャグリング，漫画を描くこと，理科の実験をすることに興味があることや，アマガエルやガマガエルの本を書くという野望があることなどが明らかになるかもしれないのだ。子どもが格闘技やスポーツ，ダンスに興味をもっていることがわかれば，問題に対処するためのメタファーが生まれるだろう。たとえば，空手をするイメージは，外在化された問題と「戦う」ために使うことができるだろう。子どもは，生き生きとした視覚的な想像力と豊かなファンタジーのある人生に目を向けることができるのだ。鋭い知覚力や想像上の友人との関係など，類まれな能力やリソースが現れることもある（第10章では，これらの「型破りで特別な」能力に焦点を当てる）。

事例 レオンのゲーム

　ディーンとの初回面談で9歳のレオンは，「自制心の欠如」「クラス一の大迷惑」そして「いつもトラブルに巻き込まれている」という問題を**スクルミーズ**[★1]として外在化したものの，家族がこれらの問題について議論することによって屈辱感を感じたようであった。レオンは，友だちがいっぱいいる教室から連れ出されて，教頭先生のところに行かされたときに感じた恥ずかしさを含め，**スクルミーズ**からの影響について語られると，ソファの後ろで身体をくねらせ，クッションで頭を叩いた。学校は今，彼を見知らぬ生徒たちがいる別のクラスに入れることを検討していた。レオンは「友だちと一緒にふざける」ときはいつも授業で何をすべきかがわからなくなってしまう，と誰の目にも映るようであった。[★1]ディーンは，レオンの行動を学校の期待に沿わせるべきだと想定する前に，彼自身，彼の家族，そして学校がレオンのエネルギーと元気さを受け入れる余地を広げてくれる可能性を探求し，そのための手紙を計画した。さらに**スクルミーズ**は，学校生活や友人関係に与える影響という点でレオンにとって

★1　Squirmiesは，1970年代に販売されたモール製の毛虫やミミズの形をしたおもちゃである。テグスを使って本体を生きているように操る。日本での商品名は「モーラー」。ここでは，レオンが伝えようとしていることとそのきっかけである商品名を優先し，本文の通り原文のカタカナ表記とした。

第2章　問題から切り離して，その子のことを知ろう ⋯⋯　51

は受け入れがたい行動のリストとともに，慎重に外在化し直されたのである。

　ディーンは，問題志向によってもたらされる懸念から切り離してレオンを知ることに強い関心を向けた。レオンは，アーチェリーと釣りの才能，さらに発明者としての特別な能力を誇らしげに語った。両親は，彼がいつも自分の部屋や裏庭で新しいゲームを開発したり科学実験をいろいろと試したりしているのだと語った。さらに，彼が発明に取り組む際の活発な想像力やそれを成し遂げることについても語った。こんな調子で話していると，**スクルミーズ**は小さくなっていった。そして両親の説明をはっきりさせたり，そこに1，2点付け加えるためにレオンが身を乗り出したので，ディーンは初めてレオンの顔を見ることができた。その後，問題の議論が再開されても，レオンは恥ずかしがらないようだった。ディーンは，**スクルミーズ**がレオンに，クラスでの自尊心だけでなく友だちも失わせようとしているのだろうか，と声に出してみた。それよりもレオンは，学校のことを第1に考えて，**スクルミーズ**を教室の外の校庭に置き去りにして，職員室に呼び出されることなくクラスで友だちと楽しく過ごしたいのだろうか？　**スクルミーズ**がレオンを困らせ続けないように，どうやって**スクルミーズ**を出し抜くことができるのだろうか？

　ディーンはレオンに，「ゲームを創作する才能を使って，**スクルミーズ**を追い込もうとしたことはある？」と尋ねた。ゲームや実験などを創作できる能力をもつ他の子どもたちと同様に，レオンは自分の才能を発揮する機会に飛びついた。このように招くことで，思いがけないインスピレーションにつながることがある。レオンは，次のセッションで，**スクルミーズ**に対処するために考えた彼自身の創作を発表して一同を驚かせた。

　ディーンはレオンに，自分にも教えてほしいと頼んだ。**スクルミーズ**を校庭に置き去りにするゲームを発明する代わりに，**スクルミーズ**そのものに狙いを定めることにしたのだ。レオンは，教室の中にいる彼自身の絵を描いた。そこには，教室の境界から外の校庭までの同心円が描かれていた。ゲームの仕組みは次の通りである。**スクルミーズ**が「教室でぼくを捕まえた」場合，**スクルミーズ**に10ポイント，レオンに0ポイントが加算される。レオンが教室で**スクルミーズ**を制止した場合（レオンがディーンと考えた「落ち着くスキル」を練習した場合）には，彼はより多くのポイントを得ることができる。そして，休憩中に**スクルミーズ**を校庭に置き去りにするなどで，最大10ポイントを獲得できるのである。母親は，レオンの創意工夫を聞いてけらけらと笑った。ちょうどその前日，彼の先生が，レオンが教室から飛び出し，先生のそばを通り過ぎてまっすぐに校庭に向かったと言っていたが，母親はその理由を理解したのだ。「レオ

52　……　第I部　遊び心のあるコミュニケーション

ンは 10 ポイントを獲得しようとしていたのね！」

事例 ワンダーボーイ

　次の例では，デイヴィッド・エプストン（セラピスト）は，9 歳になるグレゴリーの母親マギーから，グレゴリーの特別な能力について教えてもらった。これらの能力は，グレゴリーがうつ病にかかり，勉強を 1 年遅らせなければならないという学校の説明とはかみ合っていなかった。特にグレゴリーの想像力は，生徒としての彼のストーリーに予想外の影響を与え，学校での評判を変えたのである。

　マギーは離婚後，グレゴリーと彼の 8 歳の妹とともに別の町に引っ越した。グレゴリーの新しい学校は，彼女を面談に呼び出し，グレゴリーは「うつ病」なのではないかという学校側の懸念を示した。グレゴリーが学業に無関心であったことと，グレゴリーの母親が最近離婚したと報告していたことから，学校はこの結論に達したようだった。[*2]

　デイヴィッドは，グレゴリーとの初回面談で彼の能力について質問した。マギーはデイヴィッドに，グレゴリーは「物事に疑問をもち，考え，解決することが好きなんです。グレゴリーはある種の能力，特に夢見ることができる能力をもっているんです」と述べた。デイヴィッドには，マギーの説明はグレゴリーが学年をやり直す必要があるという学校の考えと矛盾しているように思えた。

　デイヴィッドはグレゴリーに，「君は学校の人というよりは，遊びの人なのだろうか？」と尋ねた。グレゴリーは，「（学校では）ただ座って考えているだけ」と心から賛同した。デイヴィッドは，「それは勉強よりもアンチ勉強の心をもっているということ？」と質問を続けた。グレゴリーは，同意してニヤリと笑った。デイヴィッドは，もっと知りたいと「どんなアンチ勉強に熱中しているの？」と質問した。グレゴリーは，「想像だよ」とすぐに答えた。デイヴィッドは，「どのように想像するの？」と尋ねた。グレゴリーは，「ぼくは他の人を見て，その人の目を通して見るんだ。テレビを見ていると，出演者が次に何を言うかわかるんだよ」と答えた。

　明らかに，グレゴリーは自分の想像力に興奮していた。このことはデイヴィッドに，グレゴリーの想像力がどのようにはたらくのかについて興味をもたせた。「想像するとき，目を閉じてするの？　それとも目を開けたままでできるの？」と尋ねた。グレゴリーは，すぐに頭を下げて膝に押しつけた。そして「膝に目を置けるんだ。たくさんの色と光の筋が見える」と言った。「へえ，ほんとに！」

第 2 章　問題から切り離して，その子のことを知ろう …… 53

とデイヴィッドは大きな声を出し,「どうやってやるのか教えてくれる？　君が言うことをメモするね？」と伝えた。

　グレゴリーは自信満々に,「大きくぼやけた 3 人，大きくぼやけた緑の 3 人」がいるよと言った。

　「うむうむ」とデイヴィッドはメモを取りながらつぶやき,「他には？」と尋ねた。

　「ミサイルとトラック」

　「ミサイルとトラック。すごい膝だね！」

　グレゴリーは遮り,「おっと，箱が見える」と言った。

　「何の箱？」

　「箱がいっぱい」

　「箱。中身は何だと思う？」とデイヴィッドは尋ねた。

　「びっくり箱だよ。2 つは開いてる。あ！　バイクが出てきた。それから，バイク用の小さな橋みたいなやつ」

　「バイクは何色？　赤？　それとも……」

　「銀色だよ」

　「誰か乗っているの？」

　「乗っていないよ」

　「自動運転バイクなんだろうか？」とデイヴィッドは尋ねた。

　「そうだよ」

　「それは，速いの，それとも遅いのかな？　エンジンは動いてるの，それとも回転しているのかな？」

　「エンジンが動いている」

　「誰がエンジンをかけたと思う？」

　「たぶん，ただかかったんだ。押してかけたんだよ」

　「箱の中のジャックがやったと思う？」とデイヴィッドは当てずっぽうに伝えてみた。

　「ふむふむ」とグレゴリーは話を中断し,「車も見える。黄色いのだ」と言った。

　「車も？」

　「それから飛行機が見える。ジェット機だ！」とグレゴリーは叫んだ。

　「ジェット機？」

　「爆発した！」

　「やばい，爆発した！」

　「そうだよ。誰かがジェット機を吹き飛ばしたんだ。それに小さな塊が見える。

小さな塊で，その中に物が見える」

「その塊は君を怖がらせるかい？」とデイヴィッドは尋ねた。

「いや。悪さはしない塊だよ」

「そっか。そこに入れるの？」

「うん。やってみる。おっと，何かを押しつぶしちゃった」とグレゴリーは笑った。

「それはミミズだった？　それともカブトムシだった？」

「ううん。何か丸いもので，たぶん，くだものだね」

「くだもの？」

「ちがった。サッカーボールだ」

デイヴィッドは，グレゴリーの鮮明な説明に触発され，彼と一緒に想像してみることにした。「よし，君は空想の中に入ったばかりだ。サッカーボールをつぶしちゃった」と伝えた。グレゴリーはうなずいた。

デイヴィッドは，グレゴリーの想像力が学校の問題を好転させることができるのではないかと考えた。そこで，想像力をはたらかせて，「空想の中で**ワンダーボーイ**[★2]になりたい？」と尋ねた。

「うん。やってみるよ」とグレゴリーは言った。そして「さっき電話ボックスに入って出てきた[★3]」と続けた。

「**ワンダーボーイ**のコスチュームに着替えた？」

「うん。飛んでたんだけど，電柱に頭をぶつけちゃった」

デイヴィッドは，にっこり笑って「もうちょっと**ワンダーボーイ**の練習をしたほうがいいね」と言った。

デイヴィッドはグレゴリーを，**ワンダーボーイ**の心に入り込んで並外れた能力を使うように誘った。そこで，「今，この**ワンダーボーイ**は学校ですこし問題があるんだ。彼はとても聡明な少年なんだけど」と語りかけた。

グレゴリーは，その話に乗ってきて前のめりになり，「机に座って鉛筆で遊んでいる。あまりにも遊びすぎて先生に怒られてる。彼はまわりのみんなが勉強しているのを見ている」と述べた。

デイヴィッドはグレゴリーに，**ワンダーボーイ**は学校の問題にどのように取り組むだろうかと尋ねた。グレゴリーは，**ワンダーボーイ**が作文の授業で使う

★2　米国のスーパーヒーローに「ワンダーウーマン」がいるので，その少年版として「ワンダーボーイ」を創作して問いかけたのだろう。

★3　スーパーヒーローの「スーパーマン」は電話ボックスで変身するのだが，そこからのシーンを想起しているのであろう。

第2章　問題から切り離して，その子のことを知ろう ……　**55**

ことができそうなすごい戦術について説明した。「冒険物語を書くなら，**ワンダーボーイ**は立ち止まって，その物語の中にいることを想像できるから，その都度ストーリーを止めて書きとめておけるんだ。そうして**ワンダーボーイ**は，ストーリーの中に戻って冒険を続けるんだよ。冒険が終わるまで行ったり来たりすればいいんだ。授業の4分の3くらいの時間を使える」と説明した。

次に2人は，読書の授業に目を向けた。グレゴリーはデイヴィッドに，**ワンダーボーイ**はどうするかを語った。「読解力を向上させるために，ストーリーを読み終えたら，立ち止まって，テレビ番組を見るように，そのストーリーを通して夢見るんだ。それから本に戻って，自分の夢が正しかったか，少なくとも1章について確認するんだ」と話した。

このときまでにグレゴリーは，**ワンダーボーイ**の戦術が自分の家でも応用できることを想像して，刺激を受けていた。グレゴリーは「家でもできるんだよ」と述べた。「皿洗いを楽しみに変えられるんだよ。ふきんを地雷原の地雷に見立てるんだ。地雷が吹き飛ばされる代わりに，食器が乾くんだよ」と，グレゴリーが語るのをデイヴィッドは書き取った。

グレゴリーが自分の特別な能力をさまざまな問題に応用していることを聞いて，母親のマギーは目を大きく見開いた。ところがグレゴリーは，もっと大きなサプライズを用意していた。「同じ年の子たちが，自分の目で見るものしか見えていないのは寂しいよ。学校では何もできないと思ってた。勉強させられるのが嫌になったときに夢の中に入っていたんだ。瞬きができなくなるまで何かを見ていると，夢を見始めるんだ。でもこれからは，そうしたいときだけにするようにするよ」と説明した。

デイヴィッドが「この知識を広めること」は賢明なことだろうか，と尋ねると，グレゴリーは，「友だちの1人くらいはわかってくれるかも。聞いてくれる人なら他にもいるかもしれない」と述べた。さらに「大人は全然聞いてくれないけど，ママなら聞いてくれるかもしれない」と付け加えた。

それまでマギーは再び固唾を呑んで聞いていたが，「グレゴリーがこんなに視覚的な想像力をもっているとは知りませんでした」と話した。

驚くのも無理はない，グレゴリーは「こっそりやっている」と答えたのである。

マギーは，「私も自分の夢を，もっていきたいところにもっていけるようになりたいわ！」と言って，驚きを表した。

デイヴィッドはグレゴリーへの最後の質問として，「君の特別な能力がいろいろと使えることを知るのは価値があっただろうか？」と尋ねた。グレゴリーは

自分の能力と生徒としての自分について，新しい印象をもてたことを伝えた。
「学校で自分の問題を解決できることがわかったよ。前はできるとは思ってもい
なかったし，考えてもみなかったんだ。この力って役に立つよね！」と答えた。

　数か月後，マギーはデイヴィッドに連絡をとり，学校がグレゴリーに対して
新たな見方をし始めたことを伝えた。校長から電話があり，グレゴリーの「う
つが治った」ことと，勉強面で良くやっていることを伝えてきたのである。マ
ギーは，息子が「非常に想像力に富んだ少年」であると思うと付け加えた。

子どもの成長と問題の退化

　時に私たちは，能力，興味，資質だけでなく，発達上の変化，成長，そして
変化への準備があるかについて尋ねる。多くの子どもたちは，「大きくなるこ
と」に強い関心をもっている。このアイデアは，4歳のアンドリューに駄々を
こねさせ，時にはあざができるほどに自分の頭を叩かせる**かんしゃく**に取り組
むためのインスピレーションとなった。

　アンドリューの家族は心配していた。ジェニーは，母親の膝の上におとなし
く座って，トラックで遊んでいる丸顔の魅力的な子が，**かんしゃく**に支配され
ているとはなかなか思えなかった。ジェニーは，両親のジーンとブライアンと
一緒に**かんしゃく**の影響を探索してから，アンドリューに向かい，「君は**かん
しゃく**のボスになりたい？　それとも**かんしゃく**が君のボスになるべきだと思
う？　本当の自分よりも小さい子みたいになった気がしない？」と尋ねた。ア
ンドリューは，ボスになりたい，**かんしゃく**が「ぼくのボスになって，悪いも
のばかりくれる」のはうんざり，だと答えた。

　そこでジェニーは，家族に次のように問いかけた。「アンドリューが成長する
過程で，何かを習得したいと思って，大きな一歩を踏み出し，自分のことを誇
りに思ったことは何かなかったのだろうかと思っているのですが」。ジェニーは，
アンドリューのためにこの質問を4歳の言葉で言い換えた。「アンドリュー，自
分より大きな男の子がするようなことで，何ができるようになったと思う？　自
分の人生のボスになって，誇りに思えたようなことはあった？」

　父親のブライアンは，アンドリューがトイレトレーニングをしたときの爽快
な話を切り出した。アンドリューは，自分の誇らしさを抑えることができず，興
奮気味に話に割り込んできた。ほとんどプレッシャーは与えていなかったが，ア
ンドリューは自分でトイレに行くときを決めていたのだ。ある日，アンドリュー
は，父親の後を追ってトイレに入り，おむつを豪快に脱ぎ捨てた。そして，お

むつにはうんざりしていると叫び，おしっこの練習をしたいと申し出た。アンドリューは話を聞いていたが，物語の大団円のところでうれしそうにクスクスと笑った。その後，彼は二度とおむつをしなかったのだ！

　ジェニーはアンドリューと両親に，**かんしゃく**に立ち向かう準備ができているのか，そして彼がそれを引き受ける準備があるという具体的な兆候について質問していった。彼女はアンドリューに，**かんしゃく調教師**になれる年齢だと思うかと尋ねた。ジーンとブライアンは，彼にはその準備ができていると思った。アンドリューは「ぼくは自分の人生の大ボスになりたい」と言った。「大きくなったらすること」に興味を抱いたことで，アンドリューは**かんしゃく**を止められると感じ，少なくともそれが出てきたときにはその「ボス」になるという気持ちに向かえたのだ。**かんしゃくは**，そのような熱烈な決意に直面して，1,2週間でその存在自体が希薄になり始めたのである。

厄介な面談の始まり
深刻になるように迫られる

　セラピーの開始時には，遊び心のある状態にではなく，より深刻で凝り固まった状態になるように迫られることがある。覚えておいてほしいのは，最初から支援者たちをゆったりした気持ちや遊び心あるアプローチから遠ざけることは，問題にとって有利にはたらいてしまうということである。問題を集団として擬人化するとすれば，それは陰気でジメジメしている生き物として描写されるだろう。その生き物の主な目的は，人々を不合理な社会文化的規範に従わせることである。つまり人々を暗い洞窟に閉じ込め，限られたものの見方しかできないようにし，人々の素晴らしい可能性を忘れさせ，創造性，自信，そしてユーモアを鈍らせるということだ。

　ゆったりとした気持ちで遊び心をもち続けることを，さらに難しくさせるものがある。家族療法のセラピストや保護者は誰でも，子どもが見知らぬ場所にいることによって，当然のことながら予測不可能な状態となり，時には落ち着かなくなることを知っているだろう。また，子どもや家族に取り組むセラピストなら誰でも知っていることだろうが，子どもを惹きつけ，夢中にさせるための努力がうまくいかないことがある。ワイルドカード（不確定要素）が，セラピーの最初の数分で現れることがあるのだ。

　セラピストは，問題から切り離して子どものことを知ろうとしたり，困惑や回避を外在化する会話で和らげたりすることを試みることだろう。そうするこ

とでセラピストは，自分の言葉の巧みさに満足するかもしれないが，依然として子どもは大人を無視し，宙を見つめ，あるいは気を紛らわそうと何度も部屋の中で騒ぐだろう。このような状況は，子どもに対して責任を感じている両親にとって，実に気まずいものとなる。そのため，「座って，ちゃんと聞きなさい」となだめたり，「キャビネットの扉を開けたり閉めたりしていないで，ちゃんと質問に答えなさい」と諫めたりすることになる。最後には，嘆願したり，怒りを爆発させたりするのである。そこで，このような最初のぎこちないときに，子どもとのつながりを確保する方法の一例を紹介する。

事例 エリーと泳ぐ

4歳の少女エリーは，レズビアンでひとり親のタニアと一緒に，セラピストのジェニーのもとにやってきた。最初のセッションで説明された問題は，頻発する「手に負えない行動」だった。概要が話され，タニアとジェニーが問題の定義に注意を向け始めると，エリーは理解できないふざけた話し方で答え，部屋中を好き勝手に暴れ回り始めた。母親は，問題に対処しようとすると，エリーがしばしば乱暴になったり，ヘラヘラしたりするのだと伝えた。タニアは娘に「じっとしていなさい」，この素敵な人に「もっとしっかりした言葉で話して」と頼んだ。タニアは，そもそもこういう問題があるので話し合う必要があったのだと説明した。エリーにその愚かさを抑えてほしかったのである。母親は，エリーがさらに荒っぽくなり，手に負えなくなるのではないかと心配している，と説明した。ところが，「はっきりと話すこと」，「落ち着くこと」，「こっちに来て話をすること」などの要求は，部屋の中の緊張感と困惑を急速にエスカレートさせていった。エリーは「お馬鹿さんは誰？」★4 というようなことをつぶやくと，ぐるぐる回って花瓶を床に叩きつけた。

ジェニーは水を拭きながら，なぜ多くの子どもたちは座って「協力」する代わりに，すぐ大人に挑戦するのか，何が相談室で気まずさを生み出しているのかを考えた。せっかくの治療計画が台無しになってしまうのはなぜなのだろうか？ 待合室でけんかをしている子どもたち，乱暴に遊んでいる子どもたち，窓におもちゃを投げている子どもたち，大人が何かしら分別のある付き合いをし

★4 doo-doo head とは，直訳すると，幼児語の doo-doo（ウンチ）と head（頭）であり，幼稚で不快な人の意味となる。『不思議の国のアリス』などに登場するドードー鳥の dodo は，ポルトガル語でマヌケという意味の doudo/doido に由来しているという説もある。

第2章 問題から切り離して，その子のことを知ろう ……… 59

ようとすると，話題を遮り変えようとしたり，走り回ってしまう子どもたちの
光景が浮かんだ。ジェニーはため息をついた。タニアが1人で相談室に来てい
たら，乱暴な振る舞いに対処する方法について，いいアドバイスができたのに，
と彼女は思ったのである。

　エリーのふざけた話し方はいっそうふざけたものになり，乱暴な振る舞いは
いっそう乱暴なものになった。そこでジェニーは外在化する会話を始めた。ジェ
ニーは，**乱暴さ**と**緊張**がお互いに影響し合っているように見えないか，そして
エリーとの権力闘争に自分がうっかり巻き込まれていないかと，タニアに尋ね
た。タニアは，これらのことがあまりにも簡単に起こってしまうことが悲しい
のだ，と述べた。

　そこで大人たちは，現時点での課題を話し合い，エリーをじっと座らせて話
ができるようにさせるのではなく，より遊び心のある方法でやりとりをするこ
とにした。ジェニーはタニアに，親子間のコミュニケーションをとるために試
してみたアイデアや，エリーに効果があったアイデアについて尋ねた。タニア
は，エリーと同じ目の高さになるように，2人でカーペットの上に座ることを
提案した。ジェニーはこの考えが気に入り，声に出して「私たちも床の上に座っ
て，あなたのゲームに参加してもいい？」とエリーに伝えた。(幼児は椅子に座っ
てじっとしているよりも，床で遊ぶほうが心地よく，より成長した会話ができるようにな
る。しかし，遊び心のあるコミュニケーションは場所に縛られない。子どもに応じて，そ
して家族や子どもの文化に応じて，椅子または床のいずれかが機能するであろう。)

　ジェニーがタニアに，「エリーとごっこ遊びをするのは好きですか？」と尋ね
ると，タニアはうなずいた。「今，試してみませんか？」　タニアは「いいです
よ」と答えた。ジェニーは，タニアをエリーのゲームに誘い，エリーに「一緒
にしてもいい？　今，何になっているの？　魚なのかな？　猫なのかな？　そ
れとも車なのかな？」と思ったことを口にした。エリーは，唇をすぼめて魚の
口を作り，ふざけた感じでゴボゴボと音をたてた。ジェニーはゴボゴボと返し
た。タニアも笑って参加した。「この敷物は池なの？　それとも川？　それとも
海？」と尋ねると，エリーは「海」と答えた。ジェニーは「この海は，荒々し
くて嵐のようね」と伝え，「嵐の中で魚はどうやって泳ぐの？」と尋ねた。エ
リーは，魚がどのように波に逆らって進むのかを見せてくれた。ジェニーとタ
ニアも加わり，腕と音で波風をたてた。エリーがうまく波に逆らって泳ぐのを
見た後で，ジェニーは，エリーの泳ぐ動作が穏やかになったことに気づいた。
ジェニーは，「激しい嵐を抜けた魚が泳ぐのは，こんな感じなのね？」と口にし
た。エリーは，身体をさらにリラックスさせ，微笑んだ。「嵐は過ぎ去ったよう

ね。魚はどうやって静かに泳ぐの？」エリーは，手を合わせてから，手のひらを使ってゆっくりと水を掻く動作をしてみせた。「魚は落ち着いて泳いでいるとき，一緒に泳いでくれる魚を見つけるのかな？」とジェニーは口に出してみた。

タニアとジェニーは，嵐のような**乱暴さ**と緊張に代わって，どのようにして**リラックスした感じ**と**静けさ**が海に入ってきたのかについて話した。ジェニーは，**乱暴さ**がエリーを乗っ取り，会話を台無しにする代わりに，**乱暴さ**を落ち着かせるために演技や動きを使えば，より楽しくなるのではないか，と思った。そこでジェニーはエリーに，**乱暴さ**は自分を自分ではどうしようもないような嫌な気分にさせないかと尋ねた。**乱暴さ**がエリーを孤独にしたり，緊張させたりするのかと問いかけると，エリーは真顔になり，口をへの字に曲げてうなずいた。ジェニーは，「落ち着く方法を知っているのよね？」と観察したことを伝えた。そして，エリーの「自分を落ち着かせる技術」について質問を続けた。タニアは，エリーがこれらの技術のリストを色分けして表に書くのを手伝った。エリーはこれを忘れないように家に持ち帰り，後に思いついたり，発見したりするかもしれないスキルを付け加えられるようにしたのである。

ジェニーは，タニアとエリーと協力して，2人がどのようなリラックスした方法で仲良くやれるのかという知識を思い起こしてもらい，確認しようとした。タニアは，家族が苦労せずに**乱暴さ**と緊張から抜け出す方法を見つけたときのことを他にも思い返した。エリーが不安に駆られ，**乱暴さ**に乗っ取られ始めるのに気づいたら，どのような条件が嵐を呼ぶのかを見極めるために，親子で**乱暴さ**を「スパイ」するのはどうだろうか，とジェニーは尋ねた。

次のセッションでタニアは，不安になったり，期待が裏切られたりすると，**乱暴さ**が大きくなってしまうようだと報告した。これを受けて，エリーがこれから起こる出来事に対する期待を表すことができるようにしたり，新しい状況でリラックスできるようにしたりする方法について，ブレインストーミングを行った。

乱暴な行動は，初回セッションですぐに現れ，大人に対応を挑んできた。大人中心のコミュニケーションから，遊び心のあるコミュニケーションへとシフトしたことで，みなの緊張感が和らいだ。エリーのあふれんばかりのエネルギーは，会話に対する厄介な障壁となる代わりに，会話の中に持ち込まれるようになったのである。エリーは，母親が話したいと思っていたことについて話すようになり，彼女自身の良い考えや知識を探求したいと思うようになった。この示唆的なドラマはタニアに，**乱暴さ**と緊張がどのようにして波乱を起こし，どのように変容していくのかということについて，新鮮な見方を提供した。後に

第2章 問題から切り離して，その子のことを知ろう ……　61

タニアは,「緊張と不安がどのように私たちに対応しているのかがわかったことと,戦うよりも遊ぶことでリラックスし,早くその状況から抜け出すことができるのを覚えられたことは有益だった」と振り返った。

第**3**章

希望のストーリー

　ストーリーは，人々の人生を描写するとともに，それを形作る。本章では，ストーリーがなぜ重要なのか，ナラティヴ・セラピーにおいてストーリーがどのように概念化されるのかを説明する。まずは，ナラティヴがどのように形成されていくのかについて提示する。次に，個人的なナラティヴが社会文化，政治，経済の文脈に不可分に組み込まれていることについて考察する。そして最後に，外在化する言語を，その文法を含めて検討し，人と問題との関係性を説明するためのメタファーの使用について検討する。

　ストーリーといっても，おとぎ話や治療的メタファーを使った物語を意味しているのではない。人は，内的対話や社会的なコミュニケーションにおいて，自己と他者のことをストーリーとして語る。個人的なストーリーや対人関係に関するストーリーにはさまざまな形態がある。悲劇，コメディー，ロマンスもあれば，平凡で何度も繰り返されるものもある。そして衝撃的なストーリーもある。また活力を与えてくれるものもあれば，非難したり，貶めるものもある。

　ナラティヴの形式の中で意味は形作られ，登場人物は解釈される。出来事を解釈する方法は，私たちがどのように振る舞い，他者とどのように関わるかに影響を与える。どんなストーリーも生きられた経験の複雑さを完全に捉えることはできないが，私たちが強調したり，省略したりすることは，語り手や聞き手に実際の影響を与える。

どのようにナラティヴが形成されるのか

問題のしみ込んだストーリー

　問題は，実に個人的なものとして受け取られる傾向にある。その問題が，不

適切だ，救いようがない，悪いことだ，または意図的に怠けているなどという描写を通じて，子どもや家族のアイデンティティについて否定的なことを暗示すると，苦しみは増大する。子どもは，「(自分は) どうにもならない。バカなんだ。何をやってもうまくいかない」「死ぬしかない」と語るかもしれない。他者は，「アイツは怠け者なんだ。何も気にしていないんだ」「アイツは生まれつきああなんだよ」と断言するかもしれない。または，「あんなことするなんて，障害があるに決まっている」「ヒステリーだ」と診断するかもしれない。人間関係は，「息子と私は性格が合わないのです。だからうまくいかないんです」として特徴づけられるかもしれないし，「彼らは機能不全家族だよ」と診断されるかもしれない。問題志向の説明は，「彼はぜんそくに対処する強さがない」というように，身体的な問題で因果関係を定義するかもしれない。これらは一見単純に見える記述だが，そこにはストーリー性 (性格，筋書き，状況，意図) があるため，歴史的な「証拠」に裏付けられがちであるのだ。

　家族がセラピーに来ると，彼らは問題とそれを取り囲むナラティヴに焦点を当てる。何が悪いのかに注目すると，ストーリーは問題がしみ込んだ状態になる。問題のしみ込んだストーリー (White, 1989/1997; White & Epston, 1990b) は，ものの見方に強い影響を与える。それは，選択的注意と記憶を引き起こし，家族が支配的なストーリーにそぐわない情報を見失うように導く一方で，支配的なストーリーを裏付けるような情報，つまり固定化した仮定を証明するような情報に目を向けさせる。人を否定的に描写するストーリーは，考えや行動を好ましいものにならないように形作っていく傾向がある。欠陥や機能不全の原因を長く検討すればするほど，否定的なところに焦点が当たり手に負えなくなるのだ。

　問題のしみ込んだストーリーは，視界を遮り，希望と肯定的な意味の筋道を編集してカットし，可能性と潜在能力がよみがえるのを妨げる。そうなると，問題をコントロールしたり，他の人を変えようとしたりする最大限の努力をしているにもかかわらず，変化することは不可能に見える。自分自身の「欠陥」を管理できなかったり，他の人の否定的な行動や態度に対して何もできないと感じることによって，人は問題に圧倒されてしまうだろう。

　子どもや家族が自身のストーリーを話し，問題がいかに重荷となっているかを伝えるとき，私たちは問題を解決したい，正常化したい (誰にでも起こりうることだとしたい) という衝動に駆られてしまうことがあるだろう。しかし，私たちがあまりにも早く解決策を探し始めたり，早々に状況のポジティブな側面を取りあげ始めたりすると，家族は自分たちの困難の深さや質が十分に理解されていないと感じてしまう。外在化する会話は，限定的で病理学的な描写を確証

することなく，注意深く耳を傾け，家族とともにいる方法を私たちに提供する。家族が好むあり方と問題を抑制させるのに成功した出来事とともに，問題からの影響が詳細に描写される。私たちの対話の中で，問題の経験がどのようなものであるのかというニュアンスに関心を向け，探求することによって，家族の生活や人間関係に対する，問題のしみ込んだストーリーの影響が明らかになる。

　外在化する言語は，進行中の会話に合わせて柔軟かつ継続的に対応する必要がある。それは，私たちが子どもや家族の経験と密接に結びついていなければ，役には立たないのである。サリアン・ロスとデイヴィッド・エプストンは以下のように記述している。

　　会話によって人々は，人生におけるユニークな経験が十分に，複雑さを含め忠実に，そして痛みを伴って描写できていると感じられているだろうか？　人々は，会話が，自分の生き様を自分の経験に近い形で描写し，観察し，感じ，見通しをもたらしていると感じているだろうか？　会話は，不明瞭なものや影に覆われたものを照らすだろうか？　つまり，以前に人々の意識に上がっていたものを超えて，一歩前を進んだところまで行くだろうか？　人々は，そのことがどうであるのか，どのようであったのか，そしてどのようになるのかについて，理論ではなく，経験を分かち合っていると感じるだろうか？　人々の経験は，推論され，分析的に説明されるのではなく，ストーリー化されているだろうか？

(Roth & Epston, 1996a, p. 152)

制約としての問題のあるストーリー

　私たちは内在する機能障害の症状としての問題に取り組むのではなく，人々が望む人生経験に焦点を当てる。そうすることで私たちは，人々がどのように他者と関わり，どのように振る舞い，どのような信念をもつべきかについての規範的な期待に支えられている問題のしみ込んだストーリーを，自分たちの邪魔をしているものとみなすことができる（White, 1986/1997）。その人や家族の望ましい経験を問題のしみ込んだストーリーの制約から切り離すと，刺激的な歴史，現在の強み，未来の夢や希望に目を向けることができる。問題がどのようにこれらを抑制しているのかが明らかになるのだ。

　ここで，ある問題のしみ込んだストーリーが際限のない悲惨さと対立という観点からある家族を描いているとしよう。まずは，家族の一人ひとりに次のように尋ねることから始めることができるだろう。「比較的問題が少ないとき，家

庭内はどのような様子なのでしょうか？」「魔法の杖を振ると，翌日の朝までに問題が解決していたとしたら，具体的にどんなことが起こっているでしょうか？[*1]」「争いごとや悲惨さが家族の生活を蝕まなくなるとすれば，どのような経験が再び輝きを放つでしょうか？」

そして，問題のしみ込んだストーリーによって，家族の選択がどのように制限されているのかについて問いかける。家族にとっての大切な価値観と調和し，望む方向に導く選択とは何だろうか？　これらの選択は，家族についてのどのようなストーリーを語るだろうか？　そして，そのストーリーは問題のしみ込んだバージョンとは，どのように異なるのだろうか？

親は平和で親密な家庭生活のほうがいいと述べ，子どもたちはけんかをするよりも平和なほうが楽しいという意見に賛同するかもしれない。そうであれば，次のように尋ねることができるだろう。「**いさかい**はどのように平和を破壊し，お互いを引き離すのでしょうか？」「**いさかい**は，あなた自身にとって本当に大切なことをどのように忘れさせてしまうのでしょうか？」「それはお互いの愛に影を落とすのでしょうか？」「**いさかい**によって分断されるのではなく，団結したら何が起こるでしょうか？」「**いさかい**は，どうやって楽しみを妨げるのでしょうか？」「それは，みんなで楽しく冒険に出かけるのを妨げているのでしょうか？」「それは，どのようにして，娘さんを信頼して友だちのところに外泊させることを妨げているのでしょうか？」　このような質問によって，子どもや家族を覆っている（ストーリーに埋め込まれている）問題の影響に目を向けていくのである。

問題のしみ込んだストーリーからの影響を調べると同時に，その影響に対する例外も模索され，回収されていく。これらの例外（輝かしい瞬間）や「ユニーク・アウトカム」（Goffman, 1961; White, 1989/1997; White & Epston, 1990b）は，問題のしみ込んだストーリーとは相容れない思考，動機，意図，感情，行動から成り立っている。問題に対する家族の影響力が今まさに模索されているところなのである。問題のしみ込んだストーリーとは一線を画した結果に目を向けながら，私たちは家族と一緒に，例外やユニーク・アウトカムを勇気づけ，裏付ける新しいストーリーを紡いでいく。

オルタナティヴ・ストーリー

次に，オルタナティヴ・ストーリーについて述べよう。私たちは，子ども自身や家族の他のメンバーの強みや特別な能力，願望などに強い関心をもっている。問題のしみ込んだストーリーとは矛盾する出来事や描写が織り込まれるこ

とによって，この情報はオルタナティヴ・ストーリーにつながる。そのストーリーは，人々の人生の豊かさと，どのように自分の人生を人に知ってほしいのかについて望む方法を反映しているのだ。オルタナティヴな視点は，問題のしみ込んだ子ども像や家族像とは対照的な見方を発展させる。

たとえば，第１章のベンのストーリーで，デイヴィッドは，ベンと新しい子犬レネーの間で何か有益なことが起こっているのに気づいた。子犬とコミュニケーション（子犬-少年トーク）をとることができたベンの幸せは，制御不能の嘔吐からベンの気を逸らした。そして，不幸が続き，ベンの身体が自分で（または他の誰かによっても）コントロールできないという悲劇的なストーリーの中に，かすかな希望を与えた。デイヴィッドは，潜在的にある新たな現実が根を下ろすように支援したかったので，ベンとレネーの関係をめぐるストーリーの詳細，つまりそれが暗示していたり，提供しているものすべてを含めて慎重に引き出した。意味の橋を架けるという言語的な取り組みによって，癒しの発展は見過ごされたり忘却されたりすることなく，盛んになったのである。言語は，この出来事を希望のナラティヴとして形作ったのだ。

しばしば，特に子どもとのセラピーにおいては，勇敢な要素が，新たに出現しつつあるオルタナティヴ・ストーリーに存在する。問題が敵対者とみなされる一方で，子どもは変化と希望のストーリーの主人公であるという感覚を強めることができる。たとえば，勇気や決意，創意工夫といった子どもの資質に対して，外在化された問題は「不公平」な影響を与えるという観点から非難されるのだ。驚くことではないが，不正を感じた子どもは，自分の勇気を試し，問題との関係に挑戦したいという意欲が高まる。私たちは，問題のストーリーを一つのプロット（筋書き）であるとみなす。オルタナティヴ・ストーリーは，主人公が問題を弱体化させるための対策に取り組んだり，敵対者と直接争ったりする，勇敢な対抗プロットをしばしば発展させてくれる。

ただし，子どもと問題は，必ずしも敵として対立するわけではない。これは，人と問題との関係を説明する比喩的な方法の1つにすぎない（Freeman & Lobovits, 1993; Roth & Epston, 1996a）。ストーリーの解決はしばしば複雑で，家族をめぐる他の併存するナラティヴとともに展開するのが普通である。本章の最後に，人と問題との関係に関する他の比喩についても検討する。

ナラティヴの社会文化的文脈

次にナラティヴ・セラピーの中心的な面である，ナラティヴの社会文化的文

脈に目を向けてみよう（Freedman & Combs, 1996; Lobovits, Maisel, & Freeman, 1995; Madigan, 1991; Pinderhughes, 1989; Tamasese & Waldegrave, 1993; Tapping, 1993; Waldegrave, 1990, 1991; White, 1991/1992）。

　セラピーに来るまでに，家族は通常，社会文化的な思い込みに影響を受けた，問題のしみ込んだナラティヴに染まりきっている。家族と問題との間に複雑な関係があるように，問題と広範にわたる社会的な力との間にも複雑な関係がある（Rosenwald & Ochberg, 1992）。これらの力は，家族の外部にあると同時に，家族に内在化されている。他の要因が作用しているときに，問題が個人または家族だけに存在していると単純に考えないようにするために，問題が発生する社会的状況を把握しておくことが重要である。フリードマンとコームズは，以下のように述べる。

　　私たちのところへ来談する人々と共に問題に取り組むとき，彼らが個人の生活で生きているストーリーと，彼らの文化，つまりローカルな文化とより大きな文化の両者の間に流布されているストーリーとの相互作用について考える。文化的なストーリーが彼らの日常的な経験を解釈する方法にどのような影響を与えているのか，そして彼らの日常の行動が社会に流布されているストーリーにどのような影響を与えているのかを考えるのだ。

　　　　　　　　　　　　　　　　　　　　（Freedman & Combs, 1996, pp. 16-17）

　問題のしみ込んだストーリーは，役割と行動に関する社会的，文化的，経済的な，そしてジェンダーによる思い込みの中に巣を作っているため，私たちはこれらの要因について尋ね，家族のそれぞれにどのような影響を及ぼしているのかを認識するように努める。子どもと家族に影響を及ぼす人種差別や性差別などの要因を認め，時には行動を起こす必要があるのだ。そのためには，社会状況を認識し，人の選択を狭めるような当たり前とされている思い込みに挑戦する必要がある。このように私たちのセラピーには，構造的失業，住宅問題，片親に対する差別など，社会的不正義に根ざした問題のナラティヴが含まれているのだ（Waldegrave, 1990, 1991, 1992）。

事例　スーパーママのマーサ

　フィリピン系アメリカ人のフランクリン（12歳）は，警察から少年サポートセンターに回されてきた。セラピストであるディーンは，そこで彼と母親に出

会った。シングルマザーであるマーサは，「ホブソンの選択[★1]」に直面していた。彼女には，放課後フランクリンと家で一緒に過ごすために，自分のキャリアを変更し，昇進の可能性がほとんどない，給与の低い仕事に就くという選択肢があった。さもなくば，今の仕事を続け，息子を「適切に」監視できず，それによって「母親として失格」となることを受け入れるしかなかった。

　社会的プレッシャーについての会話は，シングルマザーであり有色人種である女性についての職場におけるステレオタイプを，マーサをめぐるオルタナティヴなナラティヴへと弁証（法）的に発展させていった。ディーンはマーサに，どのような社会的メッセージがプレッシャーになっているのかと尋ねた。そして，彼女とディーンは，家族を支えるひとり親が，自分のキャリアを追求することで子どもを「心情的にネグレクトする」というステレオタイプにさらされていることを明確にした。「女性，特に有色人種の女性が，不誠実な従業員，または怠慢な母親だとみなされることなくキャリアを維持するには，どうすればいいのでしょう？」　マーサは，仕事と家庭を両立させようとするとき，従業員としての忠誠心が疑問視されるのではないかという不安を口にし，それがアジアの女性にとっていかに幅を利かせているかを語った。また，母親として感じていたプレッシャーは，次のような疑問として表現されたのである。「私は，専業主婦というロールモデルを生きていかないといけないのでしょうか？　それが子どもにとって最善，または唯一の可能性なのでしょうか？」

　会話の中でマーサは，こうした偏見のもとで生活することが彼女に「労働者としても母親としても半人前」であると確信させているのだ，と気づいた。彼女は，男性や白人の女性労働者やパートナーのいる親よりも，仕事や子育てにもっと専念しなければならないという感覚をもたせられることになっていたのである。その結果，「自分が十分にできていない」と感じている限り，雇い主や息子に多くを求めてはいけないという考えをもつに至ったのである。

　息子のフランクリンは話し合いの間，静かに座っていた。ディーンが目の前の問題について彼の意見を求めたところ，マーサは興味深い発見をした。彼女は，フランクリンの「性差別をしない」女性観を聞いて驚いたのだ。フランクリンは，マーサを重要な仕事をしている「人」としてその素晴らしさを認識しており，自分の面倒を見てくれている「親」として見ていたのである。

★1　原文はHobson's choiceで，「選り好みできない」「やむにやまれぬ選択」という意味の慣用句である。この慣用句は，17世紀のトーマス・ホブソンという馬貸しが馬を貸すとき，どれほどの重要な人物であろうとも馬舎の入り口から近い順に馬を貸し出し，断れば馬を貸してもらえず，どのような馬でも必要であれば選り好みはできなかったという故事にちなむ。

第3章　希望のストーリー ……　69

ここで，シングルマザーをめぐるステレオタイプによって覆い隠されていた選択肢が，マーサの前に現れた。彼女は，合理的な解決策を求めるために，自分の心配事を雇い主に訴える権利があると感じるようになった。さらに，息子のフランクリンにも協力してもらうように頼むことができた。マーサは，フランクリンがボーイズクラブの実施している放課後のスポーツプログラムに参加することに興味があるのを知り，再び驚くことになったのである。しばらくしてマーサは，フレックスタイム制に移行でき，より自宅に近い職場への異動を認められたが，彼女のキャリアに影響はなかった。

　問題を孕んだ社会文化的影響との関係を家族が認識し，改めるのを支援することは，1つのステップである。ニュージーランドのジャスト・セラピー・センター（Waldegrave, 1990, 1992）には，失業，不十分な住宅，家族のメンタルヘルスに対する人種差別などからの影響に関する情報が集まる。そこでは，これらの情報を，研究報告白書やプレスリリースを通じて一般の人々に公表するという類まれな取り組みをしている。センターで働いている人の中には，家族のための社会活動やアドボカシーにも関わっている人もいる。

‖‖‖　　　悪を聞かず，悪を語らず，悪にならない　　　‖‖‖

　問題と人との関係をめぐる社会文化的文脈を明確にすることによって，家族とセラピストが問題のナラティヴの影響を批判的に検証し，人を支持するナラティヴを選択し，発展できるようにする。そうすれば家族は，これらの影響が人生に課した制約から自由になるために力を合わせることができる。

　社会文化的な課題は，12歳になるエマが抱えるジレンマに不可欠な要素をつくり出した。ここに紹介するのは，エマが学校での「評判」という問題とともに，社会文化的な課題に取り組むための実験をいかにして思いついたのか，というストーリーである。

　白人でアメリカ人のエマは，最近転校したばかりだった。彼女の先生は，他の生徒との競争や大声での口論が彼女をトラブルに巻き込み，クラスメートとの友だちづくりを妨げていると，両親に苦情を伝えた。エマは他の子どもたちが嫌いだと訴え，「敵の1人であるグロリアのことだけど。みんな彼女が嫌いなの。うるさいし，暴力的だし。それに，膀胱の病気をもっているし。何より，ひどく臭いのよ」と不満を述べた。

　両親は，エマ自身が学校での悪い評判を高めることに一役買っていると感じていたが，それは両親が知っているエマとは一致していないとも感じていた。エ

マは，とても聡明で，人を惹きつける魅力があり，多才なので，どうしてエマがこのような評判を得ることになったのか推測するしかなかった。継母であるダリアは，なぜなのだろうかと考えてみた。おそらくそれには，新たに自分の子どもとなったことへの緊張感に加えて，エマが表現力豊かで率直な女の子であり，リーダーの役割を担えることも関係しているのだろう。ジェニーは，エマの困難について社会文化的な視点を提供した。エマと同年代の女の子たちが自発的にはっきりと主張することを妨げる，性役割に適合することへのプレッシャーについてダリアと話し合った。エマは興味をもって聞いていた。[*2]

　続いてダリアとジェニーはエマと，リーダーシップがあり，力強くはっきりと主張する女の子に対してどのような態度をとるのかについて話し合った。ジェニーは，「女の子は力強く主張しても友だちができるものなのかな？」と尋ねた。エマは，他の女の子たちとの権力争いに巻き込まれたと感じていたので，この言葉が心に響いた。ジェニーはこの線で質問を続けた。「女の子は，友だちからあからさまに競争心が強いと思われたり，男の子から『女らしくない』と思われたり，先生から問題視されたりすることなく，リーダーシップの資質を発揮できるものなのかな？」　エマは，訝しげに彼女を見た。ジェニーは，「女の子がうまくやっていくためには，他にどんな可能性があるのかな？」と続けた。ダリアは，別の方法でエマが縛られていることを表現した。つまり，エマが強い声で自分を表現すると，ネガティブな注目を集めてトラブルに巻き込まれる危険性があった。ところが一方で，声の調子を落とせば，生まれもってのリーダーシップの一部を失う危険性があるのである。どうしたらいいのだろうか？

　次のセッションでは，エマはただビー玉で遊ぶだけであった。彼女は「その話，したくないの」と語り，「実験してみることにした，とだけ言っておく。詳しくは次のときに話すわ」と意味ありげに付け加えた。

　数週間後のセッションで，ジェニーはエマに，何があったのかを聞きたくて首を長くして待っていたの，と伝えた。エマは，「悪を見ず，悪を聞かず，悪を語らず，悪にならない」[*2]と名付けた実験を明らかにする準備を整えていた。彼女は発見したことを説明しながら，図 3.1 を描いた。エマは，「騒がしい問題」を見聞きしても無視したらどうなるのかを観察しようと決めたのである。彼女は，意識的に「他人事から離れること」に取り組み，けんかやトラブルに巻き

★2　原文は，"See no evil, hear no evil, speak no evil, be no evil." である。三猿で著名な「見ざる，言わざる，聞かざる」を想起するが，この故事は，日本固有のものではなく，世界に広く伝播している。

第 3 章　希望のストーリー ……　71

込まれないようにしていた。ジェニーは、エマが声を抑えて、活発な性格を抑えなければならないと感じているのではないかと心配した。幸いなことにエマは、実験を通して自分らしさを失わず、自分のアイデアを称賛してもらえることを発見した。彼女は、このことを演劇の授業で知った。そこは「自分が表現する」には「いい場所なの」と言った。彼女は学校劇の主役のオーディションを受け、「ドラマチックな性格と声」をもつ女の子と友だちになった。今では異なるストーリーが展開しており、エマは、それが自分のなりたい姿をより反映していると感じていた。

図 3.1　悪を見ず、悪を聞かず、悪にならない

　ジェニーは、これらの発見について先生に伝えるための「評判を変える手紙」を一緒に書こうとエマに提案した。エマは、「良いアイデアかも」と賛同し、一緒に手紙の下書きをするために座ったが、ふとペンを置いて、「大丈夫だよ、先生はもう気づいていると思う」と言ったのだった。

セラピストの責任

　セラピストとして私たちは、社会文化的偏見やステレオタイプによってナラティヴがどのように形成されるのか、そしてこれらがどのようにして私たちに特定の視点をもたらし、他のものを無視するように仕向けながらある事実を重要視させ、ある経験に意味をもたせるのかについての検証をやめることはほぼないだろう[*3]。他者のストーリーの「読者」として、私たちが保有する視点は、私たちが注目すべきもの、意味があるものと考える見方に大きく影響する。個人または家族の病理をめぐる診断や治療に基づく心理療法的／精神医学的処方に従うと、セラピストは、治療が必要な人、病理学的に診断する対象、そしてどのような専門家主導の治療が必要かを特定していくだろう。これらはすべて、あまり検証されていない、専門家およびその専門的職業が有する文化的、階級的、性的バイアスの影響下にあるのである。このようなバイアスは、セラピストがクライエントのナラティヴから、どの出来事が「治療的に」注目に値する対象かを選択し、どれを除外するべきかを選択することに影響を及ぼす。

　ナラティヴが言及している基準が当たり前のことだとされてしまうと、通常、

対話したり，選択したり，観察したことを共有したりする，あるいは意見を述べたりする機会はほとんど失われてしまう。このようにして私たちは，うっかりと病理学的なナラティヴを支える，未検証のステレオタイプを支持してしまっていることに気づくだろう。セラピストとして私たちは，自分自身のバイアス，アジェンダ，価値観を検討し，それらについてクライエント，同僚，私たち自身が意見を述べることができるようにする必要がある。私たちが協働する目的は，私たちを沈黙させ，互いを引き離すジレンマを明らかにすることである。

　カウンセリングルームで，人種やジェンダーによる差別などの社会文化的な問題に気づいた場合，私たちは，それに取り組む責任があると感じる。たとえば，14歳の白人の少女ジョエレンは，学校でのけんかについて話しているとき，相手を「クロンボ」と激しく罵った。ジェニーは，人種差別に取り組む倫理的責任を感じたし，実際，それをしないまま会話を進めるのはいい気がしなかった。しかし同時に，もし自分が道徳的な人だという印象を与えたら，ジョエレンを遠ざけてしまうことも理解していた。

　ジェニーは，この若いクライエントを，学校における仲間づくりと人種間の緊張についての話し合いに招いた。ジェニーは，どのような経験がジョエレンをこのような敵意をもつように仕向けたのだろうかと思ったのである。2人は，まず学校での**みじめさ**と**孤立**に対するジョエレンの個人的な感情を探索することから始めた。**みじめさ**と**孤立**は，「私たちとあの人たち」と線引きをするグループに参加することで，彼女が友人を得ることができると約束したのだろうか？

　ジョエレンは，仲間外れにされて不安だっただけでなく，人種間の緊張を不快に感じていたことがわかった。このことは，次のようなさらなる質問につながった。人種グループによる対立が学校に緊張をもたらしているのだろうか？　彼女は，傷つくことや恐れることでつながったグループの一員であることが幸せで，満足しているのだろうか？　他のグループを貶めることで集まったグループに彼女を誘い込む**みじめさ**について，彼女はどのように感じているのだろうか？　彼女の不安感は，**人種差別**とそれを助長する態度によって救われたのだろうか，それとも傷つけられたのだろうか？　彼女は，**人種差別**が子どもの人生に不安と疎外感をもたらすために「分割して統治せよ」という戦略を使ったと思うだろうか？　そのような汚いやり方をするためにどのようなステレオタイプが使われたのだろうか？

　これらのような質問は，偏見に満ちた態度が子どもたちに与える個別の影響について考えさせ，そのような態度を持続させる，問題となっている人間関係の条件を特定するように促す。善悪を説くのではなく，「主義」の効果や運用を

外在化することで，それらが増幅させる個人的な不幸と社会的疎外をより明確に示すことができるのである。

外在化の言語

言葉はどのように人を形作るのか？

　次に，治療的なナラティヴに対する文法とメタファーの影響を探ろう。外在化する会話は，外在化の文法を用いて行われる。この文法の効果を見るために，まず8歳になるサミュエルの両親が書いた説明を読み，続く質問について考えてほしい。[*4]

> 　サミュエルは，とても自己中心的だ。彼は忍耐力がない。ほしいときにほしいものを手に入れることができないと，怒り出してしまう。

　これを読んでどう思うだろうか？　この描写は，サミュエルについてあなたに何を伝えるだろうか？　両親についてはどうだろうか？　両親が助けを求めて彼を連れてきた理由は？　サミュエルと彼の家族を助けるという点で，これは何を提案しているのだろうか？　誰がその助けを提供すべきだろうか？
　サミュエル自身による自分の描写を読んで，続く質問について考えてほしい。

> 　俺は学校が嫌い。俺にさせようとすることは退屈なので，自分のゲームをやりたいんだ。先生や他の子どもたちは俺を好きじゃない。なぜって俺が興味をもっているふりをしないから。奴らが俺をイライラさせたら，俺は奴らをイライラさせるんだ。

　これを読んでどう思うだろうか？　この説明は，サミュエルについてあなたに何を伝えるだろうか？　彼の学校での体験について，何を言っているだろうか？　これは両親による説明に何を加え，何を引くのだろうか？　サミュエルを助けることについてどう感じるだろうか？　これはどのような治療戦略を示

74 ...... 第Ⅰ部　遊び心のあるコミュニケーション

唆しているのだろうか？　またそれは誰によるものだろうか？

　セラピストによるサミュエルの診断的描写を読み，続く質問について考えてほしい。

　サミュエルの注意力の持続時間は短い。ADHD[3]の可能性についてさらに検討されるべきである。サミュエルは，年齢の割には不安をうまく抑えられない。サミュエルは，年齢相応の協力が必要な社会的状況で，自己愛的で誇大的な発達段階に退行する。

　これを読んでどんな気持ちになるだろうか？　この描写は，サミュエルについて何を語っているのだろうか？　彼の性格や発達について，何を伝えているのだろうか？　両親の説明に何を加え，何を引くのだろうか？　これは，どのような治療戦略を示唆しているのだろう？　またそれは誰によるものだろうか？

　最後に，外在化するナラティヴを示そう。そして，続く質問について考えてほしい。

　サミュエルは，自分が何を求め，何を期待しているかをはっきりと理解できるタイプの子どもなのだろうか？　不公平を感じたり，自分が鮮明に思い描いた通りにならなかったりするときに，**かんしゃくと短気さ**が，彼を打ち負かしてしまうのではないだろうか？　このことが彼の心の平和を妨げているのだろうか？　このことが先生や他の子どもたちの彼に対する評価に影響を与えているのだろうか？　彼自身のゲームは，彼の興味を引きつけるような何を提供しているのだろうか？

　これを読んでどう思うだろうか？　この描写は，サミュエルについてあなたに何を伝えるのだろうか？　彼の性格と発達についてはどう書かれているのだ

★3　ADHDは，Attention Deficit Hyperactivity Disorderのことであり，診断名としては，アメリカ精神医学会による診断マニュアルDSM-5-TRに従って「注意欠如多動症」と表記されることが多い。

第3章　希望のストーリー ⋯⋯　75

ろうか？　両親やセラピストの描写に何を足したり，引いたりしているのだろうか？　これは，どのような治療戦略を提示しているだろうか？　サミュエル，両親，セラピストの中で，誰が変化の効果的な担い手となるだろうか？

　それぞれの描写は，どれもがサミュエルを理解するうえで異なる視点を提供しており，それぞれのナラティヴに力がある。外在化する質問は，彼自身，両親，あるいはセラピストによるサミュエルの描写に取って代わるものではなく，またサミュエルの全体像についての新しい「真実」を描写するものでもない。むしろ外在化する質問は，さまざまな視点から問題を見たときに，サミュエル本人や両親，そして善意の「援助者」にどのような影響があるのかを考えるよう招くのである。

　たとえば，サミュエルの状況を複数の視点から見るために，すべての異なる説明を組み合わせて考えてみよう。ここで外在化された描写を削除してみよう。何を失っただろうか？　何が強調されただろうか？　外在化された描写によって，それなしには存在しないどんな可能性が呼び起こされるだろうか？　それがあってもなくても，サミュエルの人生を変えるような権限を与えられるのは誰だろうか？

人と問題のメタファーをつくる

　人のアイデンティティから問題を切り離す姿勢は，外在化のメタファーを介して，問題と人との関係をめぐるさまざまな特徴や影響を明らかにし，それらを名付け，振り返りながら検討することになるため，私たちを会話の旅へと招くことになる。

　人と問題との関係を表すメタファーは，できるだけ子どもや家族自身の言葉から選択し，つくりあげる。問題に名前を付けようとするとき，私たちは通常，家族や子どもに「この問題に名前を付けるとしたら何と呼べるでしょう？」と尋ねる。名前を容易に思いつくこともあるが，もし子どもや家族が適切なメタファーを考えるのに苦労しているのであれば，他の家族が考え出したものを提供することもできる。すなわち，「他の子どもや家族が問題との関係をどのように描写しているかを知りたいでしょうか？　それとも，もうすこし自分たちで考えてみますか？」と問いかけることができる。

　メタファーとそれが暗示する関係について，私たち自身の好みを押しつけるのを避けるために，私たちは子どもや家族に注意深く確認していく。「このような言い方で大丈夫でしょうか？」「そうでなければ，私たちが思いつくよりもっと適切な描き方があるでしょうか？」「どれが一番合うでしょうか？」「もし問

題に対する名前がしっくりこないのであれば，何ならぴったりはまるでしょうか？」「もしこのメタファーがあなたの言いたいことに手が届きそうで届かない範囲にあるとすれば，あなたの心の目ではっきり見えるようにしてくれるものは何でしょうか？」

　問題は，さまざまな見かけや形をとるので，それに取り組む方法，いや，それと遊ぶ方法は数多くある。問題をキャラクターとして捉えることができたり，絶えず変化するデュエットのパートナーとしてみなしたり，あるいは，突然変異を起こしているとか，他の問題と共犯関係にあるとみなしたりすることもあるだろう。ここでは，比較的単純な外在化に焦点を当てることから始めよう。

　メラニーの両親は，彼女の「意地の悪さ」と「不機嫌」を心配して，ディーンのもとにメラニーを連れてきた。質問されても，どんなに優しく語りかけられても，メラニーは目を逸らした。ディーンは，彼女がきまり悪く思っているのではないかと推測した。たぶん，問題はすべて自分のせいだと思われている，と思い込んでいるのであろう。ディーンは彼女の両親に，彼女が**おこりんぼ**[★4]に取り組むことをどのように考えるかと尋ねた。このようなことを話しているうちに，メラニーも会話に加わり始めた。すべての質問に「わかんない」と答える代わりに，彼女は**おこりんぼ**がどのように彼女の楽しみと友人関係を「台無し」にしたのかについて話し始めた。

　メラニーが**おこりんぼ**について率直に話し合うことは，**おこりんぼ**の存在を支持するための条件を明らかにすることに役立つだろう。**おこりんぼ**は，悲嘆や抑うつに関係しているのかもしれない。または，**おこりんぼ**は，メラニーの外部環境（学校でのいじめや彼女が不満を抱いていること）や人間関係（仲間との，または家庭における緊張した関係），あるいは女の子たちの自尊心を下げる内在化された社会文化的なステレオタイプの中にあるのかもしれない。

　子どもの怒りのような問題は，比較的簡単に単純な外在化に招き入れることができる。しかし子どもが両親の離婚に関わる長期のいざこざとともに生活しており，怒りを覚える正当な原因があるとしたらどうだろうか？　家族は，失業から抜け出すことの難しさとそれに伴う金銭的困難のためにバラバラになっているのかもしれない。このような状況では，「かんしゃくを取り除く」というような単純な外在化は，家族の困窮をめぐる子どもの経験をなきものとし，私たちを迷走させてしまう。セラピーに家族を含めることは，家族みんなが苦し

★4　原文はthe Grumpiesである。著名な民話であり，グリム童話にも収録されている『白雪姫』には，「Grumpy」が登場する。日本語訳では，「おこりんぼ」となっているのでこれを採用した。

んでいるのだという文脈に対応していることを思い起こさせるだろう。

　社会的文脈に名前を付けて，外在化する会話に持ち込む必要がある場合もある。たとえば，家族一人ひとりに対する「失業の影響」を探索していくというものである。家族の「交戦」「緊張」「離散」は，家族が直面している経済的な問題に照らし合わせて論じることができる。家族を追いやっている経済状況，家族の評価を下げている文化的慣習，そしてそれに伴う屈辱感を特定し，名前を付けることができる。このような状況下での離婚や家族離散の発生率の上昇を示す統計を，家族と共有することもできるだろう。同時に，怒りや無力感はどのようにして子どもが生き延びることを感情的な面で支えているのか，他方では，そのような感情がその目的をどのように果たしていないのかを見ることができるだろう。

相互作用のメタファー

　いくつかの問題は，人と人との間に存在するものとして比喩的に表現されることがある。人と人との間に生じる問題だけでなく，人と人との関係性も外在化されることがある。このようにすると，「けんか」という問題は，たとえば以下に示す事例のように，母娘関係に対する影響という観点から検討することができる。

　パートナーと別れた母親のデリアは，10歳の娘エイプリルのためにセラピーを受けようと来所した。デリアは「最近，娘が私を嫌っているように見える」と話した。母親に対するエイプリルの反応は批判的であった。彼女は父親と一緒に住むと脅し続けた。デリアは，エイプリルとのコミュニケーションが崩壊してしまったと嘆き，怒りを感じ，緊張に疲れてしまったので，自分はそれでも娘と暮らし続けたいのかわからなくなっていたのである。

　デリアとエイプリルは，2人の間に何が起こっているかを説明するメタファーを自分たちで思いつくことができなかったので，ジェニーは他の家族が使っていたいくつかのメタファーを共有した。「意思疎通ができない」「傷の壁」「深い穴」「未解決な憤りの歴史」「拒絶反応」「突き離し」などである。エイプリルはすこし考えて，母親との間に何が起こっているかを説明するために「壁」を選んだ。デリアも，この名前を受け入れた。エイプリルとデリアのどちらも，母親と娘の関係に及ぼす**壁**の影響についての質問に答えることは比較的容易だった。2人は，「父の新しいガールフレンドに対する葛藤」，デリアの「拒絶感」，「シングルマザーになることへの恐れ」といった，**壁**をつくっているレンガを特定していった。

エイプリルが住むべきところをめぐる誤解から生まれた，傷つきと拒絶の連鎖がエスカレートしていることが明らかになった。エイプリルは，壁が彼女を傷つけていること，そして2人の関係が「以前の状態に戻る」ことを望んでいるのだと認識することができた。エイプリルと母親はともに泣き，拒絶の感情を打ち破るためにそれぞれが必要としていることについて話し合った。やがて壁は解体された。壁によって隠されていた愛は，母と娘の関係の中心という，本来の場所に戻っていったのだ。

二重の外在化

この種の単純な外在化は，しばしば効果的でポイントをついている。ただし，問題を要約するために1つの外在化を見つけることに固執しないことが重要である。多くの場合，家族は複数の複雑な問題に直面している。会話の過程で浮かび上がるさまざまな問題のある状況を外在化するために，柔軟性と準備が必要である。

私たちにとって特に有益な実践は，家族との悪循環を分析し，より良い循環を求めて，サポートすることである。次の例では，悪循環における複雑な二重の外在化を利用し，10代の2人のきょうだい関係で生じているお互いを傷つけ合ってしまうあり方を探索していく。

14歳のローレンは，12歳の弟ジョンにひどく腹を立てていて，彼にかける優しい言葉が見つからないほどだった。ジョンは自暴自棄になり，自尊心を回復するために，できるだけ姉から離れようとしていた。2人のすべてのやりとりは，ローレンの否定的な感情とジョンの無言の抵抗[★5]に支配されていた。このような関わり方が「うまくやっていけないこと」の基盤となった。ローレンの側からは，ジョンは「甘ったれ」に見え，ジョンには彼女が「意地悪」に見えた。

ディーンが否定的な感情についてローレンに尋ねることで外在化する会話を始めたところ，驚いたことに彼女は「私はジョンに対してあからさまに怒ることはできない」と語ったのである。ディーンが「それはなぜ？」と問いかけると，彼女は，もしそうしたらジョンは「穴を掘って隠れちゃうの」と答えた。これでは，関係上のニーズや懸念について彼女は彼に本当のフィードバックができないため，不満を感じていたのである。このようにフラストレーションがた

★5　原文はsilent retreatsである。retreatsには，撤退，避難所，研究や瞑想のため引きこもる，無言の隠遁生活などの含意がある。

第3章　希望のストーリー ……　79

まるのにも限界があるため，彼女は弟に意地悪をするつもりはなかったにもかかわらず，否定的な感情に陥り続けたのであった。

ディーンが**穴掘り**のことについて尋ねると，ジョンは「姉が口を開いたらすぐに穴を掘って隠れる」ということを認めた。こうなると，姉が何を言いたいのかを聞く前にけんかが始まってしまう。2人は，10代になる前には2人ともが大切に思っていたきょうだい関係を，これらのけんかが台無しにしていることを悲しそうに認めた。どちらも自分の身に起きていることに悲しさと苦しさを感じていたのである。

ローレンの**否定的な感情**とジョンの**穴掘り**が外在化されたとき，彼らは感情的なもつれから一歩退いて，**否定的な感情**と**穴掘り**が2人の関係を悪循環させる憎しみを増幅させるのに，どのように関係していたのかを考えることができた。外在化は，2人が比較的友好的だった時代を思い出すことを可能にした。相互協力的な関係の記憶は，悪循環を断ち，好循環を再構築することを促したのだ。ディーンはウインクして，おそらく2人は**穴掘り**して**否定的な感情**を投げ込もうとしていたんだね，と伝えた。

関係性のメタファー

初期の頃，問題に取り組むために使われるナラティヴ・セラピーのメタファーは，競争的あるいは攻撃的な傾向にあった。セラピストは，しばしば問題を人の人生から追い出すという考えにとらわれていたのだ。たとえば，私たちは「戦う」「追い出す」「口説き落とす」「打ち負かす」などのように語るだろう。これらの攻撃的で「問題に勝る力」というメタファーは，社会的関係における支配，競争，攻撃性を引き出したり，それらを支持したりするかもしれないため，検討する必要があると私たちは考えている。また，それらは制圧的なので，軽やかな，あるいは遊び心のあるアプローチを阻害することもありうる（Freeman & Lobovits, 1993; Roth & Epston, 1996a）。

権力争いのメタファーに代わるものとして，「問題に関係する力」のメタファーを探求していきたい。問題との継続的な関係を描写するメタファーは，それを打ち負かしたり，追い払う努力を描写するものの代わりとなる。メタファーは文化や性別に根ざしているので，好みのメタファーについて家族と相談することが重要である。たとえば，カール・トムは日本で外在化の概念を発表したとき，対立と奮闘のメタファーは「問題に対する妥協とそれとの共存という日本の基本的な志向」と矛盾する，と日本人の研究者から説明された（Tomm, Suzuki, & Suzuki, 1990, p. 104）。

特定の感情や生活環境を完全に取り除くのを前提とするのではなく，それら
と調和する方法を学ぶ必要があるのだろう。双極性障害を払いのけるのではな
く，双極性障害と調和することやバランスをとることを考えるほうが有益とな
ることもあるだろう。抑うつを経験しているのであれば，外在化する会話は，何
が抑うつを「養っている」のか，または何が支えているのか，そしてそれに対
して何ができるかを調べるのに有用である。クリスチャン・ビールスは，以下
のように述べる。

　　問うべきことは，自分を行き詰まらせる経験にどう向き合いたいのだろ
　うか，ということである。うつ病と，どのような関係をもちたいのだろう
　か？　何が効果的であると感じているだろうか？　それは，治癒か敗北か
　という二者択一の状況ではないのだ。(Christian Beels in Cowley, 1995, p. 74)

　怒りや恐怖などの人間の感情を永久に追い出すことができるという考えを持
ち込むのは，子どもを失望させることにならないだろうか？　臨床家として私
たちは，人々が直面している状況からどのような意味を見いだしているのか，そ
して，これらの意味がどのような経験をつくり出しているのかを扱う。私たち
人間は，振り返りながら選択する能力が非常に高いので，進化の過程で得てき
たものと意識的な関係をつくることができる (Freeman, 1979; Wilson, 1993)。た
とえば，子どもたちが恐怖に対していかに適応的であるかということと同時に，
問題を孕んでいるのかという観点で，恐怖との複雑な関係を子どもたちと詳し
く調べることができるだろう。ここで，次のような質問が考えられる。「**恐怖は，**
いつあなたの友だちになったの？　それは，君に何かいいことをしてくれるの
かな？　そしてどのようなときに敵が乗っ取ってきて，君に良くないことをす
るの？」
　自閉症のような生物学的要因とみなされる疾患は，現時点では，一般的に「治
癒」の対象とはみなされないことがある。ところが，家族と病気との関係はさ
まざまであるし，その病気が何を意味し，どのように取り組むのかという点に
おいても，家族によって多様で，変化もするのである。子どもの湿疹やぜんそ
くを治すことは難しいかもしれないが，これらの症状と交渉することで，暴走
する悪影響をより意識的にコントロールすることができる。たとえば，8歳の
少年が症例のきわめて少ない遺伝性の皮膚疾患にかかり，両親や身近な人々が
毎日患部の包帯を交換していた。この問題に対する心配は広範囲に及び，生活
の隅々にまで広がっていた。包帯を交換するのに1日6時間もかかっていたの

第3章　希望のストーリー ……　81

で，家族は他のことを話したり考えたりすることがほとんどできなかった。子どもと両親は，問題に注目し心配するのを，問題が「住み着いて」いる特別な「包帯室」に限定することを決めた。彼らは，問題とその解決策についてのすべての会話をその部屋の中に限定して行うことにしたのである。その家族は，家の残りの部分と残りの人生を取り戻した。その結果，彼らの判断では，息子の皮膚の状態は80％改善したという。

図3.2 外在化された気持ち悪さ

　適切なメタファーを選ぶにあたっては，まず問題との関係についての最良な説明はどのようなものか，子どもや家族と自由に話し合うことから始める。その問題は，彼らを「縛り付けている」のか，「牢獄に閉じ込めている」のか，「だましている」のか，それとも「制限している」のだろうか？　問題を描写することは，協働作業であり，言葉やシンボルを使って遊ぶ楽しみでもあるのだ。

　子どもと一緒の場合，問題をキャラクターとして，時にはモンスターとして擬人化することが役に立つことが多く，楽しくもある。形をもたないキャラクターであっても，名前を付け，描き，空間に配置することによって，幻想的であると同時に具体的なものとして命を吹き込むことができる（図3.2）。ここで1つ注意しておきたい。初心者は，どんな問題も怪物にしたくなってしまうものだ。怪物は，時々裏目に出る。怪物は，圧倒的なイメージをもつので，子どもを威圧し，怖がらせるようになることがある。またそれは，セラピストによって家族の体験が単純化されてしまうことにもなる。

　問題の性質と家族が好むそれとの関係によるが，多くの異なるメタファーをつくり出すことができる（Roth & Epston, 1996a）。機知とユーモアでくすぐったほうがよい問題もあれば，人の人生から抹殺されたり，追い出されたり，打ち負かされることがふさわしい問題もある。

　1つの有用な指針は，適切な比喩的関係が問題の抑圧の程度と相関するということである。神経性やせ症（アノレクシア）のような特に抑圧的な問題は，レッテルを貼って争う闘争的アプローチを必要とする。たとえば，病院のカウンセリングルームで，セラピストのデイヴィッドが，やせ衰え，死に直面している16歳の若い女性と話している場面を想像してほしい。デイヴィッドは，点滴を続ける必要があると彼女を説得しようとする代わりに，「アンチ拒食症リーグ」[*5]から女性たちが拒食症に対する抵抗と悪戦苦闘について語るアーカイヴ資料を

図3.3　ジェンナの背中に心配がくっついている　　図3.4　心配に「アッカンベー」

読みあげた。そして次のような質問をする。

　「カースティン，私と話しているとき，君は自分のために話しているのでしょうか？　それとも**拒食症**が君に代わって話しているのでしょうか？　**拒食症**が君に代わって話し始めたり，君が自分のために話すのをやめたりするとき，猿ぐつわをされているように思いませんか？　**拒食症**は，いわば君を罰し拷問するように君に話しかけているのでしょうか？　なぜ，この**拒食症**は君に命，権利，自由，幸福をもつのを禁じているのだと思いますか？　**拒食症**が君の自由を否定する理由は何でしょうか？　君は，何の罪に問われているのでしょうか？　君は，自分を守る機会を与えられたのでしょうか？　君の状況において，正義が行われていると思うでしょうか？」[*6]

　他には，より価値のある目的のために仲良くなったり，飼い慣らされたり，雇用されたりする問題もあるかもしれない。たとえば，子どもが二度と怒りを感じないように仕向けることなく，**かんしゃく**を遊び心をもって飼い慣らすことができる。子どもは，「問題に立ち向かう」（図3.3および図3.4を参照のこと）「言い返す」「革命を起こす」「刑務所に送る」「罠を仕掛ける」「捨てる」「想像力で問題を『変身』させる」「宇宙に追放する」「『人生をやり直せ』と言ってやる」などではなく，「問題に背を向ける」「トリックにかける」「飼い慣らす」「ひっくり返す」「なだめる」「剪定して良い株に戻す」などの表現を好むかもしれない。人によっては，「上昇する，または上に登る」「手放す」「『問題』に対してバランスをとる」など，スピリチュアルな実践に関連する比喩が適切な場合もある。また，外在化した問題から「目を背ける」「他の選択肢を求める」という

第3章　希望のストーリー

考え方についても検討できるだろう。

　ライフサイクルの概念もメタファーの源となるだろう。「特定の段階から成長し，新しい段階に移行する」または「移行を受け入れる」ことを考えてほしい。より年少の子どもには，成長の兆候に基づく「変化への準備」というメタファーが特に有用となる。この年齢層では，問題が「君を後退させる」のではなく，「君が成長する」という考え方も使えるだろう。また「問題が小さくなっている間に，君の内側が成長したの？」と尋ねることもできる。

　本人が問題は自身の「一部」だと感じていたり，問題の外在化に加わってこない場合には，「この部分は君の望む形にどのようにすれば合わせられるだろうか」または「捨てたい部分から取っておきたい役に立つ部分を整理するにはどうしたらいいだろうか」「この部分と仲良くするにはどうしたらいいだろうか」というふうに話をしていく。

　もちろん，物事が進むにつれて，人の見方が変わることもある。問題との関係が時間とともに変化するにつれてメタファーも変化していくだろう。たとえば，人は，（内在化した）横柄な「批評家」に立ち向かうことを学び，自尊心を回復し，自尊心が「耐えられる」状態になったならば，批評家がいくらかの知恵をもたらしてくれることに気づくことだろう。このようなメタファーには，ジェンダーに対する考慮が影響する。たとえば，若い女性の場合，内在化した批評家との関係や自己不信との関係は，特定の方法で自己を監視する「ジェンダーをめぐる規範意識」に根ざしている可能性が高い。

まとめ

　外在化する会話は，問題と人との関係を改訂する役割を果たす。この実践は，私たちセラピストやクライエントが自身の望む生活を送ることを制約するような，当然のこととされている前提を批判するための安全な空間を提供する私たちの能力を高める（Parker, 1995）。読者には，遊び心と気楽さ，そして包括的な精神をもって，ここに紹介されているアイデアを試してもらいたい。同時に，これらのアイデアを，これまで述べてきたような社会文化的責任を欠く治療的テクニックとみなすことに対しては，注意を促したい。

第4章

子どもが参加する
家族療法における親について

　家族療法では，子どもも養育者も目の前の問題と関係をもっているとみなす。
本章では，子どもに焦点を当てた家族療法において，ナラティヴ・セラピーで
は，どのように親に参加してもらうかについて述べる。これを検討するために
3つの平行した視点を提供する。①子どもと問題との関係に焦点を当てる遊び
心（プレイフル）のあるアプローチに参加する親の役割を検討し，②親と子の相
互の影響，特に子どもが親に与える大きな影響についてセラピストが名付けた
り支援したりすることによって，子どもが成長するうえでの課題を提示してい
く。そして③親の自己認識と行動に対する社会文化的ステレオタイプと期待の
影響を検討する。その後，子どもの「食べさせる問題（feeding problem）[*1]」に対
するアプローチを示し，子どもと協力して遊び心を活かして問題に取り組みな
がら，親の懸念および社会文化的問題にどのように対処するのかについて示す。

　私たちは，両親や子どもたちとのセッションを柔軟に構成する。常に家族と
相談しながら，家族内の誰が，あるいはどの関係者がセッションに参加するか
を決めるのだ[*2]。さらにセラピーの間，家族に，どこに焦点を当てたいかを確認
する。家族療法は複雑で，特定の問題や個人に関するさまざまな懸念が流れと
して収束したり，離れたり，再び収束したりする。たとえば，第1章のベンの
ストーリーでは，両親は病院スタッフとの関わり方に関する不安を解消し，ベ
ンは子犬レネーの助けを借りて嘔吐の問題をコントロールするようになった。第
11章では，子どもが「かんしゃく調教師」となり，メディアによる暴力への賛
美を検証し，それに反対しながら，家族のあり方として「多世代にわたる**激怒**

★1　原文ではeating problemとfeeding problemを使い分けている。子どもが自ら食べることが
　　難しいという問題にはeating problemが用いられており，これは「食べる問題」であるといえる。
　　一方で，子どもが食べることができない場合，親はなんとかして子どもに食べてもらうようにす
　　る。この場合はfeeding problemとしており，本書ではこれを「食べさせる問題」と訳出する。

85

**中毒[★2]の歴史」と呼ぶものを放棄するように両親にはたらきかけたことについて論じている。

　問題の中には，当然ながら親にとって非常に厄介なものもある。子どもの困難に対して子どもの視線でアプローチするものの，親の痛みや苦しみのストーリーを聞き，そちらにも対処する必要がある。たとえば，トニーと家族のストーリー（第14章）では，母親と祖母が不公正な社会でアフリカ系アメリカ人男性を育てることの難しさについて話し合う一方で，トニーはトラブルから脱出する支援を受けている。別の例（第11章）では，息子のエヴァンが家庭内の争いに対抗する立場をとる一方で，夫婦は家計の圧迫に直面した。

||| **プレイフル・アプローチへの親の参加** |||

　家族がセラピーに持ち込む問題の多くは，学校での問題，恐怖，夜尿症などへの対処や，ぜんそくのような身体の病気など，子どもを中心としたものである。本書の事例の多くは，両親がさまざまな形でその取り組みに参加しながらも，子どもが問題解決の中心的な役割を果たしている。自分の子どもが知識や能力を問題に応用するのを見ることは，親にとって特に喜ばしいことだろう。親は子どもの創意工夫をただ傍観者として見ているのではなく，子どもの心を捉え，積極的に参加する。しばしば親は，より楽しいコミュニケーションの方法に引き込まれ，それに貢献することを楽しむのだ。

　ナラティヴ・セラピーでは，親は多くの役割を果たすことができる。

- 子どもと一緒にアイデアや解決策をブレインストーミングする（たとえば，第8章で母親のマリーナと父親のロバートは，別れるときに不安になる娘のゾーイのために，ポケットいっぱいにキスを詰めて学校に送り出した）。
- 親は，子どもと一緒に問題を監視したり，反対する共謀者となる（たとえば，第5章でポールの家族は**ずるがしこいウンチ**を出し抜くことによってポールを支援した）。
- 同様に，時に家族は，一方に問題，もう一方に家族を抱えながら，チームというメタファーに則って行動する。チームのメンバーそれぞれが問題に対処するのに貢献する。

★2　原文はrageaholism。rageは「激しい怒り」という意味である。この問題に取り組むための自助グループ（Rageaholics Anonymous）も存在する。

86　……　第 I 部　遊び心のあるコミュニケーション

- 親は，遊びや会話の中で出てくる子どものナラティヴに意味を付け加えることによって貢献する（たとえば，第 15 章のジェイソンの母親は，息子の箱庭を見て，その象徴的な意味に貢献している）。
- 親は，儀式やゲーム，または「通過儀礼」（たとえば，本章のバイパス作戦，第 7 章の正直者のパーティー，第 13 章のジョナサンの夜のガードマンの冒険）に参加できるかもしれない。
- 親は，期待できるナラティヴを発展させるための細部や事例を提供したり，問題のしみ込んだストーリーに対する例外を提供したりすることができる（たとえば，問題に対して成功した過去の出来事や，ある週に子どもが成し遂げたことのリストなど）。
- 親は，子どもの行動が変わったことを裏付け，子どもとともにその変化を祝う，子どもの語り直しの聞き手となる（たとえば，第 8 章でゾーイの両親は，ゾーイの変化のストーリーを振り返るために，人形となってリフレクティング・チーム[★3]に参加した）。

絶望感は伝染する

　セラピーを受けるときに，親は「途方に暮れている」と言うことが多い。子どものコミュニケーションに忌避，回避，先延ばし，敵意などが含まれると，親は，怒り，フラストレーション，引き下がってしまうなどの挑発を受けていると感じるものである。私たちはセラピーを実践する中で，親が強いフラストレーション，懐疑心，自暴自棄，または絶望を表現しているときに，セラピスト自身が動揺したり，親と距離をとりたくなる誘惑があることに気づいている。それでも私たちが親を歓迎し，良い感情も悪い感情も受け入れるとすれば，親はしっかりと向き合い，思いがけないことが起きるのである。深刻な問題につきものの強烈な否定を恐れず，そのことをめぐり保護者を病理的な視点で判断しなければ，希望に満ちたナラティヴが生まれてくるのだ。

★3　ノルウェーの精神科医であるトム・アンデルセンたちが発展させた治療面接構造である。セッションの会話をめぐり，それを聞いていたチームがその会話について会話を重ねていく。『リフレクティング・プロセス（新装版）』（金剛出版，2015 年）と『トム・アンデルセン 会話哲学の軌跡』（金剛出版，2022 年）を参照されたい。

事例 ライルとシェーン

　セラピストのディーンは，学校に行かなくなった10代の息子シェーンに父ライルが厳しく「やってみるんだ。失敗してもいいんだ。気にする必要はない」と言う姿を目撃した。ディーンは，シェーンが父親に虐待されているのではないかという最初の恐れに抵抗した。ディーンは，ライルの親心を信じて，ギリギリのところで冷静さを保っていた。そうするうちに，この父親が表現していた強い失望感が伝わってきた。ライルは，息子に教育を受けさせたいという自身の願いがシェーンには伝わらないことに失望していたのである。

　ディーンは，ライルが「シェーンには自制心がないんだ。学校をあきらめてしまっている。関心があるのは，同じように学校に行かない友だちだけなんだ」と話すのを聞くと，ライルの傷心とフラストレーションに近づき，懸念をはっきりと語る手助けをした。そして，シェーンが**不登校**と向き合うために乗り越えなければならなかった困難について，ライルがユニークな理解の仕方をしていることがわかった。シェーンは，「自分は成功できる生徒だ」という考えを捨ててしまっているように見えた。

　ライルが「シェーンの態度ではどこにも行けないだろう。世界は自分のために回っているとでも思っているんだ。今持っているものは，何もすることなく手に入れたんだ」という語りを聞いて，ディーンは，父親が自分の息子についてよく知っていることを認めた。ライルは，息子が現実的な問題に急かされているのを知っていた。シェーンが友人と一緒に学校をサボっていたとき，外でこのような問題を拾ってきたと，彼は理解していた。また，息子が学業面での困難を「現実ではない」と感じ，退学して就職したいと思っていることも知っていた。

　さらにディーンは，ライルが次のように息子に語るのを聞いて，息子の変化を見るための有用な判断基準とはどのようなものであるかを推測することができた。「お前がそう思うのであれば，最低限できることは，逃げ出すのではなく，先生の目を見て，教えられていることの関連性を理解していないと伝えることだろう。何かわからないことがあったら，たとえ自分が愚かだと思われてしまうのが怖くても，相手にそのことを伝えるべきなんだ。この問題は学校を辞めてもなくならないんだ。仕事でもあることなんだ」

　ディーンは，セッションの最後でライルがシェーンに話したことから，子育てについての重要な教訓を学んだ。「学校が自分の意見を述べるのに適した場所ではなく，自分が誰で，世の中がどのように動いているのかを知るために，学

校を辞めて仕事に就く必要があるなら，俺はお前を応援する。俺が受けられなかった教育を受けてほしいが，今はそうはいかないようだ。お前に，別の人間になってほしいわけじゃないんだ。ただ，お前には持てる力を発揮してほしいんだ」

　ディーンは，ライルの苦しみに耳を傾け，シェーンをかばうのではなくシェーンに敬意を示しながら，この父親の苦しみの複雑さを十分理解するようになった。ライルがありのままの息子を愛し，受け入れようとしていることを認めた。さらに，「できることができるようになる」ための努力を避けている彼の息子と共謀したくはなかったのである。

‖‖‖　　　家族療法の場面で子どもが親に与える影響　　　‖‖‖

　家族療法のセラピストにとっては，親が子どもに及ぼす影響を明確にすることのほうが，その逆を明らかにするよりもはるかに容易である。子どもが影響力を強くもてる最もわかりやすい状況は，家族にセラピーを受けるように問題が仕向けているときであろう。セラピーから子どもを除外することで，親の変化の機会を逃してはならない。家族療法のセラピストは，親と協力して親自身の希望を確認し，個人および家族の変化のための話し合いの場を提供するのだ。

　たとえば，両親であるレイとニコル，そして6歳の息子ケビンは，ケビンが学校で3人の白人少年に暴行され，危うく窒息死しかけるという，人種差別的な事件から精神的に回復するまで苦労した（Lobovits, Maisel, & Freeman, 1995）。彼らは，「偏見に立ち向かうこと」を家族の肯定的な遺産として定義し，白人が圧倒的多数を占める学校やセラピーの中で，アフリカ系アメリカ人としての独自の文化的アイデンティティを主張し，偏見や差別を耐え忍ぶ精神的な源泉を活用することで，直面する困難に立ち向かったのである。言うまでもなく，家族がこのような困難に直面しなければならなかったのは，実に不幸なことである。

　また子どもが虐待を受けていたり，（きょうだいなどに対して）自らも虐待を行っていたりする場合には，家庭内に虐待的な怒りの表出，アルコール依存，偏見，厳格な性役割への期待などのような多世代にわたるパターンがあるので，親がそれらに終止符を打つのに取り組む姿も私たちは見てきた。

　子どもに処方するのと同じ「薬」を進んで飲もうとする親を目のあたりにすると，私たちは実に勇気づけられるのである。親たちが自分の子どもに触発されて，自分たちの怒りを抑え，自分たちの恐れに立ち向かい，病気や障害があっ

たとしても，自分たちの人生により強い影響力をもてるようになるのを見てきた。

　時に私たちは，口論や「（相手を）気にかけないこと」，権力闘争など家族のコミュニケーションの難しさに焦点を当てるよう求められることがある。そして，子どもが目の前の問題をめぐる家族での対話に積極的に参加するようになるだけでなく，家族の関心事をめぐる話し合いにおいても子どもの懸念が認められることによって，親と子のコミュニケーションの難しさが改善することを私たちは見いだす。チェイスンとホワイトがうまく表現したように「子どもたちは，セッションにそれぞれの視点を持ち込むだけでなく，しばしば即時性，自発性，新鮮な率直さによって特徴づけられる，刺激的で貢献的な独自のコミュニケーションのモードをも持ち込む」(Chasin & White, 1989, p. 5) のである。私たちはこれに，さらにユーモア，笑い，親の成長と変化の機会を付け加えたい。

‖　　　　親に対する社会的な期待　　　　‖

　従来の援助戦略では，「不適切な子育て」を是正し，子どもに「正しい」経験をさせるために，セラピーでは子どもを親から分離したり，専門家の解釈に基づいて子どものことを親に伝えたりしていた。ウォルターズ，カーター，パップ，シルバースタイン (Walters, Carter, Papp, & Silverstein, 1988) は，一部の心理学理論や一般的な文化では，親（特に母親）は多くの場合，子どもの感情的混乱に対して全体的な責任があるとみなされている，と述べている。これらの一般化された信念を内面化した結果として，多くの親は，子どもたちが専門家の注意を引く問題に苦しんでいるときに，自分が非難されていると感じてしまうのである。私たちは，「悪い親」が子どもたちの問題を引き起こすという思い込みの影響を明らかにしようとする。これらの思い込みが外在化されると，それについて意見を述べ，批評することができるようになる。これにより，外部からの親に対する非難と，内部からの自己非難の腐食作用を軽減することができる。

　さらに私たちは，ほとんどの親が子どものためを思っている，とみなすことを選択する。多くの場合，親は困難な状況の中でも最善を尽くし，子どもを助け，愛そうとしているのだと感じるのだ。私たちも，同じような状況に直面したときにうまく対処できないかもしれないということを，心に留めておくようにしている。[*3]

　これは，親が自分自身や子どものためにならない態度や行動をとることはない，と浅はかな考えで示唆しているのではない。このような行動や態度は外在

90　……　第Ⅰ部　遊び心のあるコミュニケーション

化することによって，それらと親の関係を探索し，修正することができるだろう。私たちの社会や援助理論の中にある親に対するネガティブな憶測にしっかりと対処しなければ，私たち自身が親に対するネガティブな態度を示してしまい，それが親に伝わってしまうのだ。

　私たちは，親の行動が虐待やネグレクトであるかどうかを問うとき，私たちの懸念を明白にしながらも，外在化する会話で親とその問題に向き合うことを選択する。問題行動は，十分かつ率直な話し合いを促すような形で外在化される。たとえば，親の近くにある虐待行動が子どもの恐怖心や気性に影響を与えている場合，虐待行動とその社会文化的背景を外在化し，話し合うことにする。個人の責任とそれらの行動との癒着の問題は，意見を申し立て，選択するために利用可能な状態になる（Jenkins, 1990）[*4]。そして，たとえば男性側の虐待が問題となる場合，マイケル・ホワイトが言うように，男性は「男性のあり方に関するオルタナティヴな知識の認識と実践に従事する必要がある」（White, 1991/1992, p. 39）のだ。

　文化の違いは，親に対するイメージに影響を与える。親の態度や行動を形作る多様な社会文化的・経済的影響を完全に把握していると思い込むことはできない。特に私たちと異なる階級や文化圏の家族が助けを求めてきた場合には，それが顕著である。家族は，ユニークな歴史や伝統に基づいた思考，感情，そして行動に基づく生態系をもっている。私たち自身の国とは異なる文化をもつ家族の「良い子育て」「悪い子育て」を自然と把握できると思い込むことは，その生態系を軽視し，利益よりも害を及ぼすことが大きくなる可能性がある。したがって他文化からの家族に取り組むセラピストは，文化的な違いを尊重し，自身の判断や決断をその文化的集団のメンバーに説明できるような実践方法を発展させる必要がある（Lobovits, Maisel, & Freeman, 1995; Madigan, 1991; Tamasese & Waldegrave, 1993; Tapping, 1993; Waldegrave, 1990）。

　どんなに愛情に満ちた家族でも，親を非難するようなステレオタイプによって影響を受け，問題を改善する試みが阻害されることがある。これは，親に多大な苦悩をもたらす。養育者が善意を尽くしたにもかかわらず，罪悪感や，場合によっては知識や情報が乏しいことが強い影響をもたらすことがあり，その結果，子どもに悪影響を及ぼすような「問題の生命」に不注意にも加担してしまうことがある。これが意味することは，親が自分の変化する可能性に社会文化的な期待と指示に従うような制限が課されていると気づくことができると，親は問題に共謀してしまっていることが見えるようになるということである。たとえば，十分栄養を摂らない子どもに対処する親が「良い」親でいるための

第 4 章　子どもが参加する家族療法における親について ⋯⋯　91

処方箋は，子どもの食事量に関心をもち，子どもの食習慣を変えることに責任をもつこととされる。残念なことに，親がこの期待に応えれば応えるほど，「食べさせる問題」のある子どもは自分の食欲を認識する機会を乏しくさせ，自分で食べることをめぐる責任感も低下させてしまうのである。

　「問題の生命」に不用意に加担してしまう別の例を示そう。思春期の子どもが「手に負えない」というディスコース[★4]は，子どもがさらなる問題に巻き込まれないように，もっと管理しないと悪い親としてみなされると親に感じさせることで，悪循環を生じさせる。この悪循環は，親が関心をもち続けること，子どもの考えや関心事，興味について子どもと話し合うこと，そして誰もがある程度納得できる解決策を交渉することなどといった，他の手段を閉ざしてしまうであろう。

　外在化する会話によって，適応しなければというプレッシャーを含め，問題と親の関係性が明らかになり，話し合うことができるようになる。以下に示す事例で，「食べさせる問題」が外在化されることによって，次のような見解が洗い出され検討される。(a) 幼い子どもたちは，「障害」をもっているので自分で解決することができない，(b) このような幼児期の「食べさせる問題」は，親（特に母親）の育て方に原因がある，(c) 親には，問題を解決する責任がある，(d) もし失敗したのであれば，自分自身，自分の失敗，そして子どもを，よりうまくやれる「援助の専門家」に委ねなければならない。

　親の罪悪感や非難という問題を外在化することによって，親は自責の念から解放され，創造性を解き放ち，親としての態度や行動をめぐる独自の生態環境の中で変化することができる (White, 1991/1992)。そうなると，親は問題を自分自身や配偶者，または子どもとの関係から生じているものとして経験しなくなる。さらに，問題やその必要性とは無関係に，子どもたちへの希望，伝えたい価値観，守るべき文化的アイデンティティがあることを忘れないでいられるだろう。それらの希望や理想，伝統の中で，子どもを肯定する親の資質やスキルが育まれていくのである。

★4　ディスコースについては正確な定義をすることができないが，大まかに「私たちのものの見方を決める，社会文化的なレンズ」と表現できるだろう。

バイパス作戦[*5]
子どもに食べさせる問題に対するアプローチ

　本章における理論的な探求は一段落したので，ここからマイケル・ホワイトとデイヴィット・エプストンによる，子どもに食べさせる問題をめぐるプレイフル・アプローチを詳しく述べよう。ここでは，以下のことを説明する。

- 親に対する非難と子どもの問題の両者をめぐる社会文化的背景が，どのように外在化されるのか。
- プレイフル・アプローチが，いかに問題と親に対する非難を「バイパス」し，子どもとその家族の創造的な試みを促進するのか。
- 親が「問題の生命」に不用意に加担していることを，非病理学的な方法で，かつ親が尽くしている善意と努力を尊重する態度で，どのように検討し，批評するのか。

　次の「バイパス作戦」の説明は，約10年前（訳注：1997年当時）にマイケルとデイヴィッドによって書かれた未発表の原稿に基づく。埃をかぶったまま，最終的には時間の経過とともに失われることになるのではないかと懸念していた原稿だ。私たちが貴重であると信じているアイデアが失われてしまうのは大きな損失である。マイケルの賛同を得て，私たちは埃を払い，この原稿を本書のために編集し直した。

　このアプローチは，幼い子どもたちに食べさせる問題，つまり摂食拒否や栄養不足などの問題について，マイケルとデイヴィッドが家族から何度も相談を受けたことから発展した。親がマイケルとデイヴィッドに会うときまで，これらの食べさせる問題は，さまざまな専門家の介入と民間療法を乗り越えて，生き延びていたのである。

　親は，次のような経緯について報告した。すなわち，(a) 継続的な逆流（嘔吐）および胃の障害，(b) 食欲を抑制する子どもの病気または治療薬，(c) 食物摂取量と体重の減少，である。家族との最初のコンサルテーションのすべて

★5　原文はBypass Operationである。一般的なアプローチは，問題をしっかりとアセスメントし，原因を突きとめ，それを解消するという方針をとる。そこには親や子どもに対する非難，自責の念なども含まれてしまうので，そのような自責や他責を迂回（バイパス）しながら治療に取り組むことを示す。さらに，「食べる問題」において，「子どもが食べる，あるいは食欲がある」という要件もバイパスすることができる。

第4章　子どもが参加する家族療法における親について ……　93

において，医学的な検査や，行動主義的あるいは心理学的な実践を通じて，問題に対処する試みがあったことがわかった。こうした試みにもかかわらず，「食べさせる問題」は存続しただけでなく，時間とともに悪化していった。

食べさせる問題はさまざまな様相を帯びていたが，デイヴィッドとマイケルはそれらの経緯に共通する特徴をいくつか見いだしていた。家族の中でも特に親が，子どもに食べさせようとあらゆる手段を講じていた。親はしばしば，失敗を自身のせいにする強い文化的思い込みや社会的期待を内在化していた。そして，時には密かに，食べさせる問題が親としての不適切さと失敗を反映していると信じており，そのことにかなりの罪悪感を抱いていた。こうした「支援」努力の対象となった子どもたちには，自分たちの生活に関わる問題に効果的に対処する主体者としての意識が，ほとんど，あるいはまったくなかった。

このように，親が子どもに食べさせるための方策に中心的に関わることは，十分に理解できる。もし子どもの栄養摂取がわずかで，これに苦しんでいるならば，親は栄養摂取を改善することにますます責任を感じることになる。しかしながらこの方向性がもたらす結果として，しばしば子どもは自身の食欲を認識する能力を低下させ，さらにそれを満足させる責任感も弱めるので，しだいに子ども自身の栄養所要量に関心をもつ能力が低下する。デイヴィッドとマイケルは，家族が「問題の生命」に不注意に加担している社会文化的な情報が引き起こす悪循環によって，このような展開に拍車がかかっていると考えた。家族は，ますます問題のまわりに組織化され，反復的で自滅的なサイクルに縛られるのだ。すべての関係者に与える切実な影響は，自責，自暴自棄，燃え尽きである。

このような子どもの親たちはみな，状況が絶望的になると，食べてもらえないことについて医療専門家に相談した。この時点でほとんどの親は恥を感じていたが，ほとんど認識されず，対処もされなかった。親に何がもたらされたのかというと，最初に相談を受けた医療専門家の意図とは関係なく，「何かが欠けていると判断された」という感覚であった（これらの親の一部には，「メンタルヘルス」の専門家との相互作用の中で，明瞭かつ強力に病理学的な方法で理解されてしまい，より強い恐れを抱くことになった者もいた）。このような恥と，知人や友人，親戚からの明確な期待と励ましに対して，これらの親のほとんどは，自身の歴史にある成功のストーリーとは無縁となり，社会的なつながりからも遠ざかってしまうのであった。

こうした家族との面談で，「食べさせる問題」の維持や親の失敗のストーリーの構築に関連してはたらいているさまざまな力を検討しながら，マイケルとデ

イヴィッドは，新しい解決策に熱意をもって踏み込もうとする親と子を発見したのである。親子からの勇気づけに応えながら，マイケルとデイヴィッドは，2人が「バイパス作戦」と呼ぶ「食べさせる問題」に対するアプローチを開発した。

罪の一時停止

「バイパス作戦」は，罪の一時停止から始まる。セラピストが罪悪感と自己非難を一時停止するのを奨励することは，親，特に母親を安心させるために重要である。これは，麻痺させてしまうほどの負担から親を解放し，子どもに食べさせる問題を解決するための新しいアプローチを探求し，参加する準備を整える。デイヴィッドとマイケルは，この一時停止を開始するための多くの方法を開発した。

1つの方針は，他の家族から集めた情報を元にした，一見でしゃばった質問を通じて，家族の罪悪感や自己非難を予測または先取りすることである。前置きで，質問の根拠を提示することができる。セラピストは次のように述べることができるだろう。「あなたの状況に似た食べさせる問題に関する相談を何度も受けているので，その経験者から広い範囲の自責の言葉を聞き，それらをまとめました。あなたに当てはまるものがあったら，教えてもらえますか？　あなたの経験に近いものがあるかどうか，注意しながら聞いてください。また，あなたが回避できたものを見つけることにも興味があります。そして，徐々に長くなっているリストに，あなた独自の自責の言葉を追加できないだろうかということにも興味をもっています」。その後セラピストは，リストを一つひとつ読みあげていく。それは次のようなものである。

- 「授乳期間が長すぎたことで，自分を責めていないでしょうか？」
- 「母乳を与えていないことで，自分を責めていないでしょうか？」
- 「子どもを産むのが早すぎたことで，自分を責めていないでしょうか？」
- 「子どもを産むのが遅かったことで，自分を責めていないでしょうか？」
- 「子どもとの距離が近すぎることで，自分を責めていないでしょうか？」
- 「子どもとの距離が離れていることで，自分を責めていないでしょうか？」
- 「アンビバレントな感情をもっていることが，この食べさせる問題を助長していると，自分を責めていないでしょうか？」
- 「アンビバレントな感情をもたず，子どもを全面的に受け入れることが，この食べさせる問題を助長していると，自分を責めていないでしょうか？」
- 「職場に早く戻りすぎたと，自分を責めていないでしょうか？」

- 「職場に戻らないという決断に対して不安を感じていることで，自分を責めていないでしょうか？」
- 「カップルとしての結束が足りないと，自分を責めていないでしょうか？」
- 「自分たちの関係において十分に自立していないと，自分を責めていないでしょうか？」

このようにリストは続く。

　これは自責のあり方についてのほんの一例を示している（ほとんどの親は，上記の一部または全部に共感できるだろうが）。このようなあり方は無限にあるように見える。自責感は認められると同時に弱くなるので，通常親は安心する。皮肉を交えながら，セラピストと親は，私たちの文化における子育てをめぐる，特に母親をめぐって広まっている罪悪感と非難を，私たち自身の中に取り入れて苦しんでしまう悲痛について，一緒に話し合えるだろう。

　また，「母親非難」などの特定の自責に対して真逆の事実を選択するよう，家族にはたらきかけることも可能である。そのために，親が自分自身や人間関係について問題に染まった定義を弱体化するような出来事のストーリーを語ってもらうように，質問することができる。このような話に耳を傾けることで，家族がどのようにして，親をめぐる問題に染まった定義によってもたらされる，強力な自己非難の影響から逃れることができたのかについて，詳細に話していくための質問を作成することができるだろう。また，こうすることによって，セラピストと親は，受け入れてしまわずに回避することができた自責に触れることもできる。

　たとえばマイケルは，親であるエリスとバイロンに，これらの自責のうち，2人にとってどれがなじみ深いもので，どれがそうではないものかと尋ねた。2人は，これらの自責感のどれも熟知しているが，両親として互いの関係を病的なものとみなすという罠に抵抗できていたことを明らかにした。マイケルは，落胆や絶望感を抱えていたにもかかわらず，どうやってこれを回避したのかと尋ねた。この成果は，両親としてのお互いの関係性をめぐって何を反映しているだろうか？　その後の再著述する会話において，エリスとバイロンは，「連帯感」，「理解」する能力，そしてその根拠となる重要な価値観を通して，2人の

★6　ナラティヴ・セラピーのプロセスを極端に単純化するとすれば，人に対する問題からの影響を外在化する会話によって解明していき，その後，人がどのように「問題の生命」に影響を与えることができるのかを探求していく。この後半の会話を，再著述する会話と呼ぶ。つまり，問題に染まった人生の物語を，別の視点から再著述していくということである。

関係を再描写していることに気がついた。この会話が進むにつれて，エリスとバイロンは治療的な文脈の中で自分たちの関係を尊重することを経験していき，多くの自責に強く束縛されることがなくなり，失敗と絶望の感覚が減衰していった。

孤立と社会的脆弱性に対する挑戦

　多くの親は，友人や見知らぬ人からの一方的で矛盾するアドバイスを受けて，ますます孤立していく。子どもたちはかなり体調が悪そうに見えるので，「母親の育て方が悪い」「児童虐待」などという，あからさまな，あるいはこそこそとした非難から身を守らなければならないと感じていることが多い。これに疲れたとき，親はしばしば社会的な関係から身を引き，親戚，友人，知人から往々にして遠ざかってしまうのだ。これを打破するために，デイヴィッドとマイケルは，親（特に，母親）に「関係するみなさん」に宛てた手紙を提供するのが効果的であることを見いだした。次のようなものである。

　　関係するみなさん
　　スティーブンは生まれたときから食べさせることの困難を抱えており，そのため年齢の割には小柄です。彼は小児科医であるアダムス医師の医療的ケアを受けており，食べさせることの困難に関係した行動の問題を克服するための治療機関に通っています。私たちは専門家として，ノーマン夫妻は，非常に困難な状況に対応する能力を有し，深い愛情を有していると判断しています。両親を尊重していただくようお願いします。
　　　　　　　　　　　　　　　　　　　　　　心を込めて
　　　　　　　　　　　　　　　　　　デイヴィッド・エプストン

　以下は，こうした手紙の効果を探るため，デイヴィッドがこのような親に行ったインタビューの抜粋である。手紙が罪悪感や非難を回避するために使われただけでなく，孤立の痛みにも触れていることがわかるだろう。

　デイヴィッドは，「あの手紙をお渡ししたことに意味はありましたか？　誰かに見せたでしょうか？」と尋ねた。母親であるアレインは，「はい，見せました」と答えたので，「よかったです。どんな状況だったのでしょうか？」とさらに問いかけた。

　アレインは，すこし考えてから「まあ，昔は結構な数の人に『お子さん，ど

第4章　子どもが参加する家族療法における親について ……　97

こか悪いところがあるの？』とか，『病気なんじゃないの？』と言われていました。そこで，『そうね。あまり食べないし，成長もしないの』と答えていました。そうすると『食べさせてあげないの？』って聞かれるんです。『面倒を見ないの？』って。人は，私が受け取ったようには言っていなかったんですけど，そのときにはそのように感じていました」と述べた。

　彼女の言葉からは容易に痛みを汲み取ることができた。デイヴィッドは「私はあなたを責めるつもりはありません」と伝え，「手紙を読んだ人は何と言うのですか？　手紙は，あなたの立場から見て問題を解決したのでしょうか？」と尋ねた。

　アレインは「ええ，解決しました。みんな何も言わなくなったの」と言い，笑った。「私のかかりつけ医にも見せました。『素晴らしい，本当に良いと思う』と言ってくれました。アダムス先生にも見せました。『お子さんが元気で弾むような赤ちゃんだったら，素晴らしい親とみなしてくれるのにね』と言ってくれたの」と答えた。

　デイヴィッドはこの皮肉を理解し，「そうですね。それが病気となると，あなたに何かおかしいところがあるというふうになってしまうんですよね」と付け加えた。

　アレインは「そうなんです。それは私のせいになっちゃうの」と述べ，「でも全然ちがいます」と付け加えて強調した。夫のモリスは「言うまでもありませんが，その手紙は私たちにとっても有益だったと思います。1週間ほど前に私たちはその手紙を取り出して，読み返してみたんです」と話した。

　デイヴィッドは「もしお二人も読むと知っていたら，もっと長い手紙を書いていたでしょう」と冗談交じりに述べた。モリスは「たぶん自分たちがしていることを再確認できたので，もう一度読み返すことができたのかもしれません。このことについて人に話したことが一度もないんです。それは，相手の問題ではないのですが。でも，知人や友人からのプレッシャーがあったのは確かです。息子のスティーブンのことでたくさんの友人を失ってしまいました。起こっていることに対する彼らの態度に耐えられなかったので，私たちは離れていったのです[5]」と述べた。

子どもの内面の強さを名付ける

　ここまで述べた親との取り組みとともに，あるいはその後に，セラピストは，子どもの目的意識の強さと食べることの責任を，遊び心をもって見いだそうとし，それに取り組む。この種の発見は，通常，「食べる問題」が子どもの生命に

及ぼす影響を詳細に調査するための，外在化する会話によってもたらされる。

- 「この食べる問題は，君自身のことについて何を語っているのかな？」
- 「それは，多くの場合，どのようにして君の気持ちを置き去りにしてしまうのかな？」
- 「それは，君の身体能力にどのように干渉してくるのかな？」
- 「それは，君の元気を搾り取ってしまうのかな？」
- 「それは，友だちづくりの邪魔をしようとしているのかな？」
- 「それは，パパやママとの関係を壊すつもりなのかな？」
- 「それは，もっと楽しみたいという希望を台無しにしようとしているのかな？」
- 「それは，保育園や幼稚園に行くことや友だちの家に泊まる機会を台無しにしようとしているのかな？」

　これは，数ある質問の中のほんの一例である。年齢に応じて適切な表現を用いることが重要である。非常に幼い子どもであれば，親は子どもがこのような会話に参加するのを助けることができる。
　こうした外在化する会話の過程において，子どもの人生のさまざまな領域におけるユニーク・アウトカムや例外がじきに明らかになる。食べる問題は，子どもたちの人生を支配しようとしても完全に成功することはけっしてないのだ。特定の状況下において，子どもの目的意識の強さが勝る例が必ず見いだされるし，子どもの強さを完全に搾り取ろうとする食べる問題への取り組みにもかかわらず，肉体的な強さの例を見いだすこともできる。たとえば，子どもが食事を拒否することを含め，多くの点で「意志が強い」と親が表現する。このような場合，セラピストは，問題を解決するとなったら，子どもの「強さ」はどこにあるのだろうかという好奇心を示す。そして，セラピストと家族は一緒に，この例外をめぐってさまざまに考えていくことができるであろう。
　子どもの目的意識の強さの例を集めると，それらの性質についての探索を始めることができる。

- 「その力は，どこから来たのかな？」
- 「それは，どんな強さなんだろう？」
- 「この強さに何か良い名前を付けられるかな？」

この強さに名前を付けることによって，さまざまなアイデンティティが呼び
起こされる。子どもの場合，これらは常に動物を模したアイデンティティであ
る。たとえば，「タスマニアデビルの力」「ゾウの力」「クジラの力」などがある[*6]。
ところがなぜか，子どもたちは，「トラの力」と名付けることが多い。

　このような強さの呼称は，子どもの「トラらしさ」（もしくは「タスマニアデビ
ルらしさ」など）をめぐるナラティヴを形作るための質問，そして子どもがサバ
イバルする際にこれが果たしてきた歴史的重要性について尋ねる質問の選択肢
をセラピストに提供する。このようなナラティヴが親と子どもの関わりの中で
展開していくにつれ，子どもの人生とアイデンティティをめぐる，問題がしみ
込んだストーリーが影を潜めていく。このことは，子どもがトラとのより強い
同盟関係を発展させ，食べさせる問題から子どもの命を救おうとするトラの取
り組みを支援するきっかけとなる。さらにこのことで，この致命的で深刻な問
題に対して，はるかに遊び心のあるアプローチを選択することができるように
なる。これは，多くの不安を抱え，問題解決のための努力が実を結ばないこと
を経験してきた親にとって，大きな安堵をもたらすのである。

　私たちは，子どもの目的意識の強さに呼びかけたいときにはいつも，「トラら
しさ」に言及する。トラのメタファーを通して，子どもの目的意識の強さに関
連する質問をするのである。

- 「自分を強くするトラが自分の中にいると思うかな？」
- 「自分の中にトラがいるとわかってうれしいかな？」
- 「どのようにしてトラを自分の中に入れたの？」
- 「自分の中のトラを飼い慣らしたのかな？　それとも野生のままなのかな？」
- 「私が初めて君に会ったとき，君の中でトラを飼い慣らしていたことを私が
　想像できたと思うかな？」
- （親に）「どなたかはこのことに気づいていましたか？　それともあなた方
　お二人にとっても，これは新しいニュースでしょうか？」

　自己非難とそれに伴う罪悪感の一時停止，親の孤立感と社会的な傷つきやす
さの緩和，親と子が参加しての再著述する会話，子どもの強さに対する具体的
な名付けなどが「バイパス作戦」の準備となる。

バイパス作戦の導入

　多くの家族は，かつて一緒に遊び心とともに過ごした歴史がある。今まで遊

び心に満ちた体験をしたことがなかったとしても，普通はその可能性に惹かれるものである。この過去の経験や将来の希望について話した後，セラピストは，長い間失われていた遊び心が戻ってくる，あるいはそのようななじみのない状態が愉快に出現してくるという，家族の期待を強調する。次にセラピストは気軽な感じで，「バイパス作戦」に取り組みたいかどうかの確認をする。導入において，家族が遊び心をもって取り組む準備ができていることを確認するための質問をしていく。導入の質問では，2つの選択肢を示す。問題の深刻さにさらに協力するのか，それとも反対に遊び心のある解決策に取り組むか，である。

　この場面における質問の例をいくつか示す。この質問に対する回答は，親にとっても子どもにとっても常にターニングポイントとなるものである。

親に向けた質問：
- 「今，食べる問題に対するご自身の責任をめぐる見解を探求したいと思いますか？　それともここからは，これまで試みられてきたこととはまったく異なる解決策にエネルギーを注ぎ込むべきときだと思いますか？」
- 「あなたたちが経験してきたことを振り返ってみると，この問題の歴史の中であなたたちが取り組んできた，重苦しい問題解決の戦術を展開し続けることが賢明だと思いますか？　または，もし利用可能であれば，家族として一緒に取り組む楽しみのある方法に沿って，問題解決に向けてより気軽に遊び心のあるアプローチを選びたいでしょうか？」

「自分の中にいるトラ」と関係性をもつ子どもに対する質問：
- 「君のトラの強さを教えてくれてありがとう。何がトラを強くするのかな？　トラに餌をあげると強くなるの？　それとも飢えさせると強くなるのかな？」
- 「餌を与えることでトラが強くなるのであれば，トラの邪魔をするべきだと思うかな？　それとも邪魔をせずにトラに餌を食べさせるべきだと思うかな？」
- 「もしこのトラが君の友だちなら，餌をやるべきかな？　それとも飢えさせるべきなのだろうか？」
- 「食事の時間にトラが餌に向かう道を塞ぐべきかな？　それともトラが餌を食べられるように道を空けることが大切だと思うかな？」

これらの導入の質問に対して，必ずと言っていいほど親は，「食べる問題」の

さらなる調査や負担が大きい厄介なアプローチから離れ，より気軽で遊び心のある選択を強く希望する。そして，子どもたちはトラに餌を与えることが公正だと判断する。子どもたちは通常，自分たちが食べることであると示唆されない限り，トラに餌を与えるために道を譲ることに夢中になるのである。これで家族が「バイパス作戦」に取り組む準備が整った。

バイパス作戦

　バイパス作戦は，食事をめぐる遊び心のある儀式的なものである。奇数日と偶数日のスケジュールを作成し，親と子どもたちは1日おきにトラだけが食事に参加するように伝えられる。このような日に，トラの食事を中断しないことを忠実に守るために，子どもは邪魔にならないように自分を脇に置くことになる。それ以外の日は，子どもはいつものように食卓につくことができるが，子どもが食べることを期待しない。

　親は，トラが食べる日だけに着用するトラの衣装を作るように求められる。そのような衣装を作るための選択肢について話し合うと，親は通常，素晴らしいものを作ってくれる。トラの衣装，トラの振る舞い，トラの冒険，トラの食事メニューなどを取り込むことで，トラの人格に生命が吹き込まれる。たとえば，黄色と黒のウールを組み合わせて作ったトラの尻尾，トラの頭に見立てて切り抜いた紙袋，トラをプリントしたTシャツなどがある。トラの食事メニューは，親の助けを借りながら子どもが一緒に考える。トラは「好き嫌いがない」ので，メニューは通常，厳しい食事管理に基づくものではなく，幅広い種類の食品から選ばれる。

　また親は「トラのアルバム」を作るよう求められる。このアルバムには，トラの食事メニューだけでなく，トラが食べる日に取り組んださまざまなトラの偉業の詳細も含めることができる。また，トラの気づかれずに忍び寄る力，耐久力，精神力を写真に捉えることができたら，それらを含めることもできる。親と子どもは，トラにちなんだ記念品や身のまわり品を探すこともできるし，それらをアルバムに収めることもできる。このアルバムをセッションに持ってきてもらい，セラピストと共有するのがいいだろう。

　これまでの子どもの食行動を変えるための生死をかけた真剣さとは対照的に，衣装，アルバム，その他の身のまわりの品は，遊び心のある雰囲気を促進する。これはさらに，子どもの栄養に関する親の不安を一時的に保留することに寄与

★7　トラに食べさせるために，自分は食べたくないという気持ちを脇に置くということ。

する。このアプローチでは，トラの人格を導入することによって「子どもが食べる，あるいは食欲がある」という要件をバイパスできるのである。食欲は，子どもではなくトラに見いだされるのだ。子どもの食欲に対する外在化と具象化はまた，親と子どもの食に関する慣習的な不安に基づく相互作用をバイパスすることも可能にする。それは，「トラに十分な栄養を与えたい」という共通の思いを基盤として，誰もが途方に暮れるような厄介な問題を解決するために，お互いに協力し合うことを可能にするのである。

事例の紹介

　ここで，バイパス作戦に関する2つの事例を紹介する。1つ目の事例では，マイケル・ホワイトによる，ここまで説明したプロトコルをふまえた実践を示す。2つ目の事例では，デイヴィッド・エプストンと一緒に取り組んだセラピストのフィリス・ブロックが，家族からの思いがけない創造的な提案を受けて，このプロトコルを変更した実践を示す。

事例 フレッド

　4歳になるフレッドは，小柄で痩せていて言葉の発達が遅れている男の子であり，目に見えて肌が青白く，目の下に大きな黒いクマができていた。彼は，小児科医からマイケルに紹介された。小児科医は，フレッドの飢餓状態を改善するために既存の方法を使い果たし，成長ホルモンの著しい欠乏を非常に心配していたのである。既存の方法には，数回にわたる入院治療とさまざまな行動変容プログラムが含まれていた。

　フレッドは，生後10か月頃に胃の感染症を発症し，体調を崩していたが，当初は誤診されてしまった。その結果，フレッドは重病となり，市立病院の集中治療室に緊急入院しなければならなくなった。フレッドの家族は町から離れた地域に住んでいたので，彼は救急飛行機[★8]で病院に搬送されなければならなかった。不幸なことに，この救急飛行機には集中治療の専門医が複数乗っていたため，両親がフレッドに付き添うスペースがなかったのである。両親は車で町へ向かったが，途中で車が故障したため，フレッドが親を最も必要としていたと

★8　空路で救急搬送するという話を聞くとヘリコプターを想像するかもしれないが，オーストラリアでは，セスナ機も使われていた。1986年から1992年に放送されたオーストラリアのテレビドラマ『フライング・ドクター』では，医療チームがセスナ機で僻地に向かい緊急医療にあたっていた。

きに駆けつけることができなかった。

　その後しばらくフレッドは危うい状態だったが，徐々に回復してきたので，一般病棟に移された。一般病棟に移された後間もなく，アレルギーを示すとわかっていた粉ミルクを知らないうちに与えられてしまい，症状が出たので，集中治療室に戻らなければならなかった。その時点からフレッドは，病気，吐き気，（両親から分離されたことによるものも含む）トラウマを，食べ物や水分の摂取に関連づけるようになり，それを拒むようになったのである。

　それから1年ほどの間に，彼は食べることに非常に「気難しく」なり，両親は明らかに遅れている彼の成長と発達を心配するようになった。さらに検査を行ったが，害を及ぼす医学的要因を見いだすことはできなかった。その後，さまざまな行動変容プログラムが試みられたが，効果はなかった。その状態のまま2年が過ぎ，フレッドの両親は，彼の貧弱な食生活と将来にますます絶望するようになった。フレッドはますます衰弱していったのである。

　最初のインタビューで，両親のアランとジョーンは涙を流しながら，マイケルにこの問題の経緯を語って聞かせた。2人は，コンサルテーションが何らかの変化をもたらしてくれるとはもはや思えなかったが，他に何をすべきかわからなかった。「思いつくカードはすべてめくって」いたのである。2人は，疲れ果てており，精根尽き果てたと感じていた。健康な子どもをもつコミュニティに属し，アドバイスを提供したがっている親たちからはますます孤立していった。これと同じ理由で，自分たちの実家ともかなり距離を置いてしまっていた。ジョーンとアランの「失敗した親」という肩書きは，深刻な社会的傷つきやすさをもたらしたのである。2人とも，もう行き場がないと感じていた。相談室の中で，彼らの孤独感は明白であった。

　マイケルは，問題に対する責任，親としてだけでなく人としてのアイデンティティについても，どのような結論に達してしまっているのだろうかと思いをめぐらし，伝えた。ジョーンとアランは，これを聞いて驚いたようだった。マイケルは，すこし時間をもらえないかと伝え，席を立った。そして数分後に戻って，同じような厄介な状況に苦しんでいた他の親たちとの面談から得られた，自責のリストを読みあげ，そのことについて尋ねた。アランとジョーンは再び涙した。マイケルは，少し待ってから2人に何が起こっているのかを尋ねた。2人が返答するまでには，しばらく時間がかかった。アランとジョーンは，自分たちの流す涙は安堵からのものであり，2人が切望していた体験に対するものであると言った。突然，今いるところに，他の人たちもいたことを悟り，2人は孤独を感じなくなったのである。

2人の自責の念をさらに探究すると，13のリストのうち4つはジョーンとアランには当てはまらないことが判明した。これは，親として，そしてより一般的な意味で人として，彼らのアイデンティティをめぐる欠陥がしみ込んだ説明に対して，力強く挑戦する，再著述する会話への入り口をもたらした。この会話で，両親は寂しさや絶望感から目に見えて解放された。そして彼らの人生のオルタナティヴ・ストーリーが解明されていく中で，時折，喜びの瞬間を経験したのである。

　バイパス作戦の導入に向けた質問について，彼らはためらいなく快諾した。バイパス作戦に取り組む準備ができていたのである。その後の外在化された会話で，フレッドはすぐさま自分のトラの強さを見つけることができた（彼のトラは，遠く離れた国からはるばる泳いできたのである）。ただマイケルは，フレッドの言葉を理解するためには，ジョーンとアランの手助けが必要だった。

　「男の子や女の子がものを食べると気分が悪くなることがあるって知っていた？」とマイケルが尋ねると，フレッドは力強くうなずいた。

　「フレッド，トラはものを食べても病気にならないって知ってる？　多くの子どもたちが知ってるんだけど」

　これらの質問を聞くと，フレッドは母親を見て，次に父親を見たが，ふとこの事実をすでに知っていることに気がついた。知ってる。フレッドは，トラが大きく，強くなり，自転車に乗ることや釣りに行くことができるように，トラに食べてもらうために，自分のことは脇に置いておく覚悟ができたのだ。

　奇数日と偶数日のスケジュールが決められた。本物そっくりのトラのスーツを作成するための計画を練り，トラの食事メニューを考え，両親の支援を得てフレッドからトラが何を計画しているのかのストーリーを聞き出した。そしてこのやり方を進めるにあたって想定できる「紆余曲折」について話し合った。フレッドと両親は，ワクワクした雰囲気と楽しさを感じながら議論に加わった。マイケルは，彼らが実はとてもユーモアのある人たちであることを発見した。その後家族は，動物園に寄ってから，自宅に帰ることにした。これは，フレッドにトラと知り合う機会を与え，アランとジョーンにアルバムに取りかかるきっかけを提供するためであった。彼らは何頭かのトラの写真を撮った。そして，トラが大きく強く成長するという計画をめぐるフレッドのストーリーと一緒に，これらの写真をアルバムに貼ることにしたのである。

　家族は2週間後に，2回目のセッションのために戻ってきた。フレッドは，すでに別の子どものように見えた。目の下の黒いクマは消え，健康的な血色が彼の顔に戻っていた。両親は，フレッドは自分がすると宣言した通りのことをし

たのだと報告した。つまり，トラに餌をやるために，自分のことを脇に置いておいたのだ。彼らはみな，トラの大胆な食習慣に驚かされていた。トラが「休みの日」でも，フレッドがトラの口に食べ物を差し出すと，トラは「食べた」のである。フレッドは，「やりすぎ」るところまでしていたのだ。フレッドはマイケルに，誇らしげにトラのアルバムを見せた。フレッドの能力と自分自身で栄養を摂ることができるのを示す，オルタナティヴなナラティヴを描いた素晴らしい作品であった。それからフレッドはトラの服を着た。マイケルが怖がったので，トラは再びフレッドの姿に戻り，危険はないと安心させた。ジョーンとアランは明らかな喜びと安堵をもってオルタナティヴなナラティヴの厚みが増すように加わった。

　1か月後に3回目のセッションが行われた。この面談でマイケルは，フレッドが前回のセッションの後ウイルス感染症にかかっていたのにもかかわらず，進展が維持されていたことを発見した。フレッドは，6週間前には自力でペダルをこぐことができなかった自転車に乗り始めた。彼は，今では他の子どもたちと遊んでおり，話すことに目覚ましい進歩があった。アランとジョーンは，親としてどのような違いを感じているかについて語った。彼らは，以前より外出の機会が増え，友人や家族との交流を再開していた（これらの人々は，バイパス作戦の精神を受け入れ，推奨するように，フレッドと両親を支援した）。

　マイケルは，この家族とさらに2回面談したのち，18か月後にフォローアップの面談を行った。それは，素晴らしい再会となった。フレッドは，健康で冒険好きな少年になっていた。彼のトラは，今では食事中にめったに訪れることはなくなった。フレッドは，主に自分のために栄養を摂ることの責任を引き受けていた。アランとジョーンは，みなが「人生に夢中になっている」という意見で一致した。

事例　ニック

　ニックは，6歳半のとき，両親と3歳の妹オリビアとともに，フィリス・ブロックとデイヴィッド・エプストンに会うためにレズリー・センター[*7]を訪れた。フィリス・ブロックは，家族にインタビューし，デイヴィッド・エプストンはオブザーバーとなり，セッションの振り返りを提供した。

　オリビアと比べるとニックは，青白く，疲れきっているように見えた。プレイルームにある魅力的なおもちゃなどには目もくれず，椅子に腰掛け，頭を肩に預けていた。奇妙なほど動かなかったのである。

フォスター夫妻は，デイヴィッドとフィリスに問題を説明した。ニックは，生後18か月までよく食べていた。小児科の看護師であった母親は，一般的な発達の統計的曲線にうまく乗っている，と安心していた。ところが突然，明らかな理由もなく，ニックはバランスの取れた食事を拒否し始めた。彼はしだいに，白パンとジャムサンドだけを食べるようになった。他には，たまに食べるリンゴやレーズンだけであった。その当時，フォスターの家族は，ニックが「そこから抜け出す」ことを期待して家族や友人以外に助けを求めなかった。ニックは厳格な管理体制から抜け出すどころか，いっそう偏食が強化されていったので，両親の失望感は増すことになった。家族は，彼が小学校の身体的基準や知的な基準を満たしていないのではないかと恐れて，ニックが5歳になったときに小児科医に相談した。体重は少ないが生命の危険はないと聞き，安心した。そして，食欲増進剤と「すこし眠くなるような他の薬」を処方された。

ニックの体重はこの治療で2ポンド（1kg弱）増えたが，彼の食事は依然として制限されたままであった。彼は，パンとジャム以外ほとんど口にすることがなかった。フォスター夫妻は，ニックの薬を止めることにした。ニックが病気にかかりやすく，子どもの遊びに参加することもできず，午後5時前にはベッドで横になることなどから，夫妻の不安は増していった。

ニックの両親は，レズリー・センターに辿り着くまで，問題を解決するために「賄賂から戦闘まで」のあらゆる手段を使い果たしたと感じていた。事実デイヴィッドは，「苦戦」，「戦闘」，「戦い」，「戦争」などのような軍事的メタファーが使われる傾向にあることに気づいていた。母親は父親以上に「より最前線に配属されている」と感じていた。父親は，シフト勤務の仕事に就いており，食事の時間には不在であることが多かった。

母親は定期的にニックに食べるよう迫るのだが，そうすると「ニックは三日三晩，何も食べなくなる」とのことであった。「そうなると，学校に行けなくなるので，サンドイッチに戻ってしまうんです。彼がまた試合に勝つことになるの」と説明した。このような試みの後には，今度こそ「試合に勝つ」という彼女の決意が戻るまで，宥和政策の期間が来るのであった。フォスター夫妻は，絶望的になり，友人のアドバイスを受けてレズリー・センターに紹介してもらうように頼んだのであった。

セラピストは，「食べさせる問題」でセンターを訪れた家族が残していた治療後のコメントを読んでもらうことで，フォスター夫妻が自責の念にどれほど影響を受けているのかを探った。このようなコメントは，他の親がどのようにして罪悪感や非難から解放されたかに焦点を当てていた。フォスターの家族は，そ

こに加わろうとした。

　セッションの終わりになると，いくつかの準備が整ってからでないと，これ以上の話ができないということになった。母親は，ニックのためにトラの服を作り始めることに十分な希望を感じていた。母親が「戦い疲れ」るのを考慮して，父親はニックがトラのように吠え，成長するようコーチすることに賛同した。家族がその場を離れようとしたそのとき，予期せぬ素晴らしいことが起きた。フォスター夫妻は，セラピストに『おちゃのじかんにきたとら』(Kerr, 1968)[8]という絵本を薦めたのだ。

　2回目のセッションは，ニックが「トラのうなり声」によって目的意識の強さをアピールするところから始まった。セッションを担当するセラピストのフィリス・ブロックは椅子の後ろに隠れた。ワンウェイミラー（マジックミラー）が振動し始めたので，ニックは驚いた。フィリスは「デイヴィッドが鏡の後ろで震えているんだよ」と説明した。みなが落ち着くと，カウンセラーも落ち着きを取り戻し，トラの衣装の「トラらしさ」と，Tシャツにプリントされたトラの「凶暴さ」に目を向けた。

　その日のもう1つの驚きは，ニックのためのものであった。フィリスは，『おちゃのじかんにきたとら』を取り出した。そして彼女が絵本を読む間，自分の隣に座るようにニックを促した。ニックは，その話はすごくよく知っているんだよと言いながら，隣に座った。

　フィリスは，ニックにリラックスして目を閉じるように勧めた。「目を閉じているときに，テレビの画面を思い浮かべられるかな？」ニックがうなずいたので，「それは白黒テレビ？　それともカラーテレビ？　大きいテレビ？　小さいテレビ？」とフィリスは尋ねた。ニックは，頭の中に「大きなカラーテレビ」が見えると伝えた。フィリスが読んでいるうちに，ニックはよく知っているトラのストーリーをその画面に映像化し始めた。

　『おちゃのじかんにきたとら』は，両親が不在で少年と妹が留守番をしている間に，自ら訪問してきた獰猛なトラのストーリーである[9]。そのトラは食欲旺盛であり，家の中にあるものすべてを食べてしまう。ケーキを食べるトラや，トラ用の缶詰，ティーポット，そして，蛇口から直接水を飲むトラなど多くの絵が掲載されている。トラの食欲はかなり旺盛のようである。トラは家中のものを食べ尽くした後に去っていく。両親が食べ物のない家に戻ると，子どもたち

★9　原著『*The Tiger Who Came to Tea*（おちゃのじかんにきたとら)』では，父親が出勤し，母親と子どもが留守番をしている。

は両親に予期しない訪問者の旺盛な食欲について話す。両親は，それらのことを受け入れているように見える。その夜，家族は外食をしなければならない。翌日，家族はトラの次の訪問に備えてスーパーに買い出しに行く。本は「トラは二度と来なかった！」で締めくくられる。

　このストーリーは，フィリスがほぼ一字一句漏らさず読みあげた。もちろん，いくつかの計算された変更があったことを除いて。トラが登場するたびに，トラの代わりにトラの着ぐるみを着た少年を登場させるような変更が加えられたのだ。たとえば，トラのスーツに身を包んだ，青い目にブロンドの少年がこのようなことをしたとか，トラのようにうなる少年がこのようなことをした，とかいうものである。

　また，ストーリーの妹の代わりにニックの妹オリビアが登場した。他にもニックを獰猛なトラと関連づける変更が行われた。ストーリーの結末を前にフィリスがためらうと，ニックは「トラは，二度と来なかった！」と大きな声を出した。フィリスはニックの手を取り，軽く握手をした。彼女は，ニックに心の中のテレビを見るように促した。そして，すこしだけ間をとってから，「私のストーリーでは，トラが１日おきに来る！」と言った。

　ニックとオリビアは，大人たちが話をしている間，別の部屋で待つように言われた。フォスター夫妻は喜んで，ニヤニヤするのを隠すことができなかった。彼らはセラピストと協力して，トラが一晩おきに夕食に来るように手配した。トラの日以外は，ニックは自分のために食べることになった。トラの日には，ニックがトラの格好をしている間，フォスターの家族は，フィリスが読み聞かせた新しいバージョンの「おちゃのじかんにきたとら」を，テープで再生することになっていた。その後，ニックは，裏口から表口へ付き添われて移動し，オリビアがトラの訪問に応じることになった。ニックは，不可欠なトラのうなり声で，トラとして訪問したのだと告げることになった。それからトラは，本に描かれているような食事を提供されるのである。その食事が難しい場合は，代わりにトラ用のお弁当にすることにした。

　３週間後，フォスター家の人々はセンターに戻った。その頃にはニックの血色が変わり，夏らしい顔色をしていて，男の子として普通に見えた。家族は「トラが訪問しない夜でさえ，とても幸せそうに食べていました」と報告した。ニックが食べることのできる肉や果物，野菜，お菓子などのリストを作成したので，みなが差し入れをしてくれるようになっていた。彼はおかわりまでしていたし，妹の分まで食べてしまって怒られたこともあった！

　デイヴィッドとフィリスは，トラが太りすぎになるほど食べているのだろう

かと尋ねた。ニックは，それはありそうもないと述べた。彼の活動レベルは，初回面談とは比べものにならなかった。彼は部屋中を駆け回り，おもちゃ箱の中を漁ったり，黒板を使ったり，その熱意でオリビアを興奮させたりしたのである。家族は，彼らが言うところの「彼の騒々しさ」にいくぶん当惑したが，デイヴィッドとフィリスに，これは楽しんで解決策を見つけることができる問題であるとした。彼らは，トラが訪問する間隔を徐々に空けており，間もなくトラは訪問するのをやめるだろうと述べた。

　6か月後，デイヴィッドとフィリスがフォスター家の近況を知る機会を得たとき，ニックは「食べさせる問題」とかなり距離ができているように見えた。前回会ってから，トラは，さらに5回訪問しており，訪問回数は合計で10回になっていた。ニックはもはや軽症で受診することがなくなっていた。彼の髪は，以前の「パサパサに乾いた」髪に比べて「生き生き」しており，同年代の仲間たちの遊びに没頭していた。

　以下のやりとりは，6か月後のフォローアップ面接からの抜粋である。インタビューは，母親が，デイヴィッドとフィリスに初めて会う数か月前に，ニックの小児科医を訪ねたことを回想するところから始まる。

　母親は「小児科の先生はそれほど心配していませんでした」と切り出した。デイヴィッドは「でもあなたは？」と尋ねた。母親は「そうですね，心因性のものだと思っていました。食べられないのは，身体的または器質的な問題からではないと思っていたんです」と説明した。

　「まあ，最低限の食事は摂れていましたが，親は子どもにもっと求めたいものですよね」とデイヴィッドは感慨を込めて伝えながら，「人生にはジャムサンド以外にも，ニンジン，ポテト，レモンメレンゲパイなどがあります。彼の楽しみを奪われていると感じていたのでしょうか？」と尋ねた。

　「そうではないです」と父親が口をはさみ，「ただ，彼があまりにも自分を拘束していたので，エネルギーやモノで狭いところに押し込められていると感じていただけなんです」と説明した。

　デイヴィッドはすこし間を置いてから，「この状況がどうしてこんなに早く好転したかについて，どのように理解しているのでしょうか？　私たちに役立つような考え方が何かないでしょうか？」と尋ねた。

　「そうですね，あなたたちのおかげで，私たちは本当に理解することができました……」と父親は述べてから，考えをまとめるためにすこし間を置き，「あなたたちが種を蒔いてくれて，それをどうするかアイデアをくれたので，私たちでそれを実行できたのです」と述べた。

デイヴィッドは「それをするにあたって，自分たちを信用できたのでしょうか。親が自分自身を信用しないのであれば気になってしまうのですが。自分たちで成し遂げたと感じることができたのでしょうか？　それとも私たちがしたのだと思うのでしょうか？」と尋ねた。

母親は「あなた方がアイデアをくれたのです。私たちはそれらのアイデアをやってみました。これまでと違ったやり方をするためには，私たちはあなた方に出会う必要があったのです」と答えた。

デイヴィッドは「『問題に対して別の角度から見ることができた』と言う人もいました」と別の家族が述べたことを共有した。

母親は「そう，そうです。そうなんです！」と熱心に賛同した。父親も「そうそう。それは違うアプローチだったんです。先ほども言いましたが，この問題にとらわれてしまっていたんです」と同調した。

次にデイヴィッドはニックに向かい，次のように尋ねた。「カセットテープでストーリーを聞いたことを覚えているかな？　そして，ストーリーで何が起こるのだろう？　覚えているよね？　このストーリーを聞いて，トラは何をしたの？」　ニックは「トラは，玄関までの道を歩いて家に来て，ドアをノックするんだ」と答えた。

デイヴィッドは「このテープにトラのうなり声を録音してもいいかな？」とリクエストした。ニックが「いいよ」と言ってニヤリとした。デイヴィッドは「私は後ろに下がったほうがいいかな？」と言った。ニックは笑って，大きなうなり声を出した。デイヴィッドは「うわー！」と叫んだ。

「そして，オリビアがドアを開けたんだね？」

ニックはうなずいた。

「このトラが家に入ってきたらどうなるの？」

「トラはぼくのエプロンを着けてテーブルに座るんだ」

するとオリビアが口をはさみ「トラが食べ物を全部食べちゃう」と言った。

「食べ物を全部だよ」とニックも認めた。

デイヴィッドは驚きながら「トラは食べ物を全部食べちゃうの？」と繰り返した。

「そうだよ。ぼくがいつも食事の途中途中で2，3分休むから，食べ終わるのはトラが最後になっちゃうんだ」

「どうしてなのかな？　ずっと食べ続けるから疲れて，休みが必要になるのかな？」

「そうだね。食後はアイスクリームを食べたんだ。ガツガツ食べちゃうんだ。

いつも全部食べちゃうんだよ」

「このトラは，食べ物を全部食べてすこし大きくなって強くなったのかな？」

「そうだよ」とニックは答えた。

「そして，大きくなって強くなったトラは，もっと楽しめるようになったのかな？　もっと騒いで，もっと遊ぶようになったと思う？」と，このテーマを足場にしてデイヴィッドは続けた。

笑顔のニックは「そうだよ」と繰り返した。

「なかなかのトラだね。このトラとは仲良しなのかな？」とデイヴィッドが尋ねると，ニックはうなずいた。そこで「トラになることを他の男の子や女の子にどんなふうに伝えたいかな？　何か言いたいことはある？」と尋ねた。

ニックはテープに自分のコメントを録音した。「まずレズリー・センターに行くと，ストーリーを読んでもらえるんだ」

デイヴィッドは「どんなストーリー？」と尋ねた。ニックはマイクに向かって「夕食を食べに来たトラは何でも食べて，皿の上のものは全部好物なんだ」と語った。

「レズリー・センターに行ってストーリーを聞かされるんだね。そしてその後何があるの？」とデイヴィッドは要約してから尋ねた。

ニックは続けて，「それからトラの衣装を作れって言われて，こうやって吠えるんだ」と言った。そして大きなうなり声をあげた。ニックは，しみじみと「時々，これを見ると，『大人になった気がするから，もうトラにはならないでいいかな』と思うことがあるんだ」と付け加えた。

デイヴィッドはニックのコメントを聞き，「トラはもういらないの？　トラを超えて成長したのかな？」と尋ねた。ニックは満面の笑みを浮かべながらうなずいた。

デイヴィッドは「これからも子どもたちは，トラに助けられるかもしれないと思うかな？」と推測した。

「そう思うよ」とニックは答えた。

||| **まとめ** |||

過去10年間，デイヴィッド・エプストンとマイケル・ホワイトは，4歳から7歳の数多くの子どもたちにバイパス作戦を提供してきた。彼らは難治性の摂食の問題または食欲の問題を呈した子どもたちである。このアプローチは，（それぞれの状況に応じて変更されるものの）一般的には，ここに提示されたガイドラ

112　……　第I部　遊び心のあるコミュニケーション

インに従って提供されており，現在までに，このような訴えがあったすべての子どもの「食べさせる問題」の改善に有効であった。

　マイケルとデイヴィッドは，このアプローチをショートカットしてしまうことに対して注意を促している。このようなショートカットは，通常，バイパス作戦を単なるテクニックとして考えてしまうことによって生じがちである。親はこのバイパス作戦に着手する前に十分な準備をすることが不可欠である。この準備には，親の自己非難を弱体化させる介入を含めるべきである。このような安堵感がなければ，成功の可能性は大きく低下する。彼らは，このアプローチの準備に必要な土台づくりの重要性を強調している。全体的な方向性と取り組みの政治性に基づく土台づくりが不可欠となるのである。

　デイヴィッドとマイケルは，子どもたちのさまざまな問題，特に子どもが心身の行き詰まりに巻き込まれている問題を扱う際に，「バイパス」というメタファーを利用する可能性を検討し尽くしていないと考えている。彼らはまた，ネグレクト，親密性の欠如，虐待によって「健康に育つことができない」子どもと，バイパス作戦を適用できる子どもや家族を区別するよう，しっかりと注意を払う必要性を強調している。

第**5**章

問題のプロットを薄くし，
対抗プロットを厚くする

　ストーリーをある方向に導き，その意図を描写し，意味を形作るのがプロットである。このような機能があるので，プロットは出来事を意味のあるストーリーに結びつけるといえる。「ストーリーは出来事からつくられる，ただしそれは，プロットが出来事をストーリーにする範囲においてである」（Brooks, 1984, p. 3）というブルックスの格言は，ストーリーの一貫性を確立する接着剤としてプロットをうまく説明している。

　ブルックスは，「ナラティヴ」を，時間的な枠組みの中で私たちの経験を理解するために用いる大きなシステムの1つとし，一方プロットを，私たちが収集する意味に秩序をもたらす主要なモードであるとした。ブルックスにとってプロットとは，「ナラティヴのダイナミックな様相を形作る活動形態である。それは，ナラティヴの展開において，意味への進展を約束する意図の流れと構造の前兆を探すように促すので，ストーリーを『前進』させ，私たちに先を読ませる」（Brooks, 1984, p. xiii）のである。言い換えれば，プロットは生きた経験の流れから情報を組織化し，特定の瞬間の出来事にまつわる意味のあるナラティヴとして描写されることになるのだ。

　悲惨な状況にあって新しい希望のナラティヴを共著するのであれば，問題がしみ込んだストーリーのプロットを，批評と修正の対象としなければならない。これには注意が必要である。なぜなら，ブルックスが指摘しているようにプロットは，私たちが経験することの意味を形作るうえでしっかりと根づいてしまっているために，私たちは通常，その形成的な役割を当然のこととみなしているからである。ブルックスの言葉を借りれば，「議論するにはあまりに明白なので，多くの場合，批評は無言で通り過ぎていく」（Brooks, 1984, p. 3）のである。

問題のプロット

　問題のあるストーリーは有利である。それらは長いこと存在している。それらのプロットは厚くなってもいる。雪だるまのように，家族生活における特定の事件やエピソードが丸め込まれ，最終的に氷の塊として凝結されてしまっている。かつて無邪気だった雪だるまは，誰もが無視できない力となってしまうのだ。このような問題がしみ込んだストーリーはとても説得力がある。厄介なことは，それらが否定的でやる気を失わせることである。このようなストーリーが私たちを取り込んでしまうと，狭い枠に収まらない体験は見過ごされ，希望や可能性に関するヒントは見えなくなる。それらは通常，文化的，階級的，ジェンダー的な思い込みを検討されることもなく伝えられるのである。これらの思い込みは，しばしば権威をもたらし，「証明」や「真実」を伝えようとする。

　問題がしみ込んだプロットには，その人が誰で，過去にはどうであったのか，そしてどのような人になりうるのかということを要約して，その人自身のことを他者に伝える厚かましさがある。このようなプロットを批評の対象としていく質問を検討してみよう。

　ここでは，ジャックが問題を抱えているとする。

- この問題はジャックに，ジャックが何者であり，どのようにして彼自身の人物像に辿り着いたのかについて，どんなストーリーを話してくれるのだろうか？
- もしジャックが，問題が彼に語るストーリーに基本的に忠実であるとすれば，どんな未来が待ち構えているだろうか？　このライフストーリーのプロットによると，彼はどのような人だということになるのだろうか？
- このような（問題のしみ込んだ）ストーリーの中において，問題はジャックに，彼自身，他人，彼の性質や行動を，どのように受け取るようにと伝えるのだろうか？
- その問題はジャックに，どのように彼自身や他人に対して行動するように仕向けるのだろうか？
- そのような問題はジャックに，彼の能力，才能，個人的な資質の性質について，どのようなストーリーを語るのだろうか？　それらは（もし表現することが許されるなら）どのように表現されるのだろうか？

オルタナティヴ・ストーリーという対抗プロット

　問題のしみ込んだストーリーには，その勢いを支える質量と相当な証拠があることから，セラピストからの単純な肯定的な発言やリフレーミングは，容易に却下されてしまう。登場人物，その意図，置かれている状況において，問題と同じくらい十分に発達した，色彩豊かで説得力のあるオルタナティヴ・ストーリーを構築する必要がある。それゆえにマイケル・ホワイトは，「言葉の真価を発揮するセラピー（therapy of literary merit）」を提案したのだ（White, 1988a/1997, p. 8）。

　ナラティヴ・セラピーが主に焦点を向けるのは，子どもおよび家族と問題の間にある「関係」である。問題が擬人化されれば，それ自身が特性，価値，そして手段をもっているとみなされる。オルタナティヴ・ストーリーを始動させるための1つの方法は，子どもの特性，能力，知識を問題の特徴と対比させることである。セラピストと家族が一緒になって，子どもや家族の病理や病歴ではなく，問題の病理学的な「価値観」や「意図」を分析するので，燃え尽きや悲観論から自分自身が守られていることに気づくことができるであろう。

　オルタナティヴ・ストーリーという対抗プロットは，家族の人生のさまざまな側面に対して問題がもたらす影響と，問題の「人生」や「キャリア」に対する子どもと家族の影響の間を行き来する，質問やコメントによって明らかにされる。問題の人生に対する子どもの影響を示すために，子どもの特別な性質，知識，スキルだけでなく，問題の影響に対抗していると解釈できる意図，コミットメント，態度，または行動をも強調する。決断，勇気，鮮明な想像力などのユニークな性質は，子どもが問題の制約から自分自身を解放しようとする際に不可欠となる。子どもと家族は，自分たちに一番合う方法で，問題を乗り越える，あるいは問題とともに生きるという，新しく出現するストーリーの主人公となるのである。

　ここで再びジャックを取りあげ，読者がオルタナティヴ・ストーリーの性質についてしっかりと考えていくための質問をいくつか提示したい。

- ジャックと家族，そして「セラピー」が，問題のストーリーとは相容れない別のバージョンを語るのであれば，どんなプロットが必要になるのだろうか？
- ジャックと家族，そしてセラピストは，問題のストーリーとは異なるオルタナティヴ・ストーリーの中において，どのように見え，どのように行動

するのだろうか？

- オルタナティヴ・ストーリーというジャンルには，奇妙なもの，変則的なもの，不規則なもの，あるいは問題のストーリーの手の届かないところにあるもの，さらには軌道から外れたところにあるものを指し示すための，十分な柔軟性と遊び心が備わっているだろうか？
- 問題のストーリーが予測することの外にある異常さ，不規則さ，不可解さは，子どもの人生においてどのように意味のある出来事とみなされ，問題に対する強力な解毒剤となるのだろうか？

問題のプロットと対抗プロット

　問題のプロットと対抗プロットが併置されたのであれば，次の目的は，対抗プロットを厚くし問題のプロットを薄くすることとなる。子どもや家族についての思い込みや「事実」とされるものに異議を唱えることで，厚い問題のプロットを弱らせることができる。同時に，問題のしみ込んだストーリーと矛盾する刺激的な出来事やアイデアによって，対抗プロットは強化される。ここに示すケースでは，次のような事実によって支えられている。「リックときょうだいはいつもけんかしている」「彼らは協力できない」「この子たちはお互いのことを気にかけない」「この子たちはいつも仲良くしていない」「去年はけんかがひどかったので，休暇から予定よりも3日早く帰ってきた」「息子たちの行動をしつけられない」「この家族はコミュニケーションがとれない！」さらに，このような発言には「常に」や「けっして」という言葉がよく伴われるものである。

　このような特性に対しての例外を集めていくことは，良いスタートではあるが十分ではないだろう。必要なことは，例外を首尾一貫させ，しっかりした対抗するナラティヴとして練りあげていくために，セラピストと家族が協力することである。たとえば，問題に支配されたストーリーに対するユニーク・アウトカムは以下のようになる。「リックときょうだいは，小さい頃は仲良くやっていた」「先週，ジャクソン（一番下の弟）がトラブルに巻き込まれたときに，全員が彼をかばった」「いつもけんかばかりしていたわけではなく，今週は2回も穏やかに遊んでいた」

　セラピストは両親に次のような対抗プロットを提示するかもしれない。「話してくれたように，『リックときょうだいは，小さい頃仲が良かった』のですね。『心の底では，彼らは本当にお互いを気にかけている』と信じていらっしゃるのですね」。そしてリックときょうだいのほうを向き，次のように伝えることがで

きるだろう。「君たち全員が『お互いを仲違いさせる**かんしゃくやけんか**に疲れきっている』と話してくれました。先日，学校でジャクソンが誰かに責められたとき，彼を責めた相手に対して一緒になって立ち向かったことも教えてくれました。これは，あなたたちが仲の良いきょうだいでいるために**かんしゃくやけんか**に立ち向かう意思があるという意味でしょうか？」

　次にセラピストは，対抗プロットを厚くするために，家族の協力を求めるような質問を提示する。「これらの進展についていくつか質問があります」。きょうだいに向けては，「結束と分断では，どちらがいいですか？」「**かんしゃくとけんか**は，あなたたちが何をしているのを見たがっていると思うでしょうか？」「**かんしゃくとけんか**は，今，あなたたちが結束して立ち向かってこようとしているのを，どう感じていると思いますか？」　両親に向けては，「お子さんたちは，**かんしゃくとけんか**にどのように立ち向かうことができたと思いますか？」「協調性，忠誠心，気遣いといった価値観を息子たちに伝えられたことは，親としてのあなた方の能力について何を物語っているでしょうか？」　家族全員に向けては，「このような進展は，来月の家族旅行に関するどのような予兆となるでしょうか？」「**かんしゃくとけんか**は，何が起こるのを見ることになりそうですか？」「あなた方は何が起こるのを見たいのでしょうか？」「今週，家族内で**かんしゃくとけんか**が少なくなることは，来月の休暇が楽しくなる見込みを増すのでしょうか，それとも台無しにしてしまうのでしょうか？」

　新しく展開されたばかりの対抗プロットは，次のセッションまでに色あせてしまい，古いプロットの陰に隠れてしまうことが多い。それを防ぐために，次のセッションまでに，問題のプロットから離れていた，目立ったことやきらめいた出来事（ユニーク・アウトカム）を記録しておき，セッションでそれらを教えてほしいと伝えることもある。そうすれば，次のセッションでは，冒頭から対抗プロットが脚光を浴びることになる。

　また，問題が抵抗することなしにあきらめることはないことも覚えておく必要があるだろう。問題のプロットは，出来事をめぐる問題が支配しているストーリーを支持し，それに反する証拠を不十分なもの，または意味がないものとしてしまうのだ。問題によっては，自身が「返り咲き」できるように誘導するのがうまいこともある。実のところ，このような「返り咲き」は予測可能であり，当然のことなのである。そこで，それを再発ではなく「一時的な障害」とみなすべきであろう。そのような予測を立てておけば，実際に生じた場合には，誰もがそれぞれどのように反応するのかについて考えておくことができる。たとえば，「**かんしゃくとけんか**が戻ってきて，休暇を台無しにしようとしていると

思うでしょうか？」「奴らがやってくるのが見えたら，どうやって追い払うことができるでしょうか？」と尋ねることができる。

一方で，問題を完全に解決できるという不合理な期待を抱いていると，家族は落胆し，改善へのどんな希望をも捨ててしまうことがある。この苦境の中で，対抗プロットは，問題とともに生きる新しい態度や方法を提示する必要があるだろう。「お互いをダウンさせてしまうような**けんか**ではなく，お互いに拍車をかけるような競争についてはどう思いますか？」

「言葉の真価を発揮するセラピー」において，「語り直し」のプロセスには綿密な取り組みが必要となる。鳥が巣を作るときのような工夫と心遣いで，対抗プロットをつくりあげていく。セラピストは，家族と協力し，問題が支配するストーリーと対比される過去の出来事，意図，希望，夢などを集めて記録する。そうして，行動や考えの一つひとつがナラティヴに織り込まれていき，問題のしみ込んだストーリーに代わるものとして十分に機能するようになるのである。

本章で紹介する2つの事例は，オルタナティヴなナラティヴが展開する過程で，敵と味方，プロットと対抗プロットを併置しながら説明する。最初の事例において，セラピストのデイヴィッド・エプストンは，すでに確立されてしまったアイデンティティが固定化され，そしてそれが問題であるとする描写を緩めるようにはたらきかけ，以前はあまり目立たなかった資質を強調する。

ポールのストーリーにおいては，便失禁の問題が**ずるがしこいウンチ**として擬人化されている。そして，**ずるがしこいウンチ**とポールの関係がインタビューにおいて焦点化されていく。会話を通して，ポールと家族の性格，意図，能力と，**ずるがしこいウンチ**の性格，意図，能力が比較される。ポールは，**ずるがしこいウンチ**が彼の人生にしたことは公正なものであったのだろうかと問われる。子どもたちはたいてい，問題が自分にしたことが「不公平だ」ということに賛同する。このような不正であるという感覚は，ポールが自分のスキルと創造性を使って**ずるがしこいウンチ**に立ち向かい，この問題とまったく異なる関係を築くことを促すのだ。

事例 「オマエが臭いの！ 弟は臭くない！」

デイヴィッドは，初回のセッションで7歳のポール，9歳の兄，15歳の姉，そして父と母と会った。そこで，誰が一番問題に悩まされているのかを把握することには苦労しなかった。家族は部屋に入ってから振り向き，ポールが入る

のを待った。ポールが部屋に入るには，おだてられなければならなかったのだ。ポールは渋い顔をしながら部屋に入ってきたが，次に何が起こるかについて明らかに不安を感じているように見えた。ポールを動揺させ，さらに沈黙させることを恐れて，誰も話し始めようとはしなかった。

　デイヴィッドはすでに母親のジュリーと電話で話していたので，自分でリスクを背負った。「ポール，風の噂で聞いたんだけど，君は**ずるがしこいウンチ**を飼っているらしいね。つまり君が知らないうちに，**ウンチ**がズボンにこっそりと入ってくるのかな」。デイヴィッドが話していると，ポールは自分で席の配置を変えた。彼は立ち上がり，デイヴィッドと家族に背を向けた。デイヴィッドは続けて次のように語った。「個人的には，**ウンチ**がそんなにずるいことをするのは，とっても不公平だと思うんだ。ほとんどの7歳の男の子がするように，トイレに忍び込ませたいんだよね。そうすれば，外の道の下を通って，下水道に，こっそり流せるからね。たどり着いた下水処理場で，花とか野菜が大きく健康に育つように，肥料に変えられるのを知っているかな？　**ウンチ**についてどう思っているのかわからないけど，私は，自分のウンチが役に立っているのを思うと誇らしく思えるんだ」。その頃には，ポールは顔をデイヴィッドのほうへ向けて耳を澄ませていた。「この中で，**ずるがしこいウンチ**がポールを臭わせるのは公平なことだと思う人はいるかな？」　**ずるがしこいウンチ**が自分の弟と息子にこんなことをすることに対して，全員が心から非難したのであった。

　そこでデイヴィッドは，なぜ**ずるがしこいウンチ**が弟や息子にこんなことをしたいのだろうかと尋ねた。なぜそんないたずらをするのだろうか？　汚いいたずらときれいないたずらについて考えたことがあるだろうか？　**ずるがしこいウンチ**は，クラスメートや友人にポールを避けるように仕向けていたのだろうか？　それは，直近の誕生日が示していた年齢よりも，ポールが幼いのだと伝えていると思うだろうか？

　話し合いの中では，**ずるがしこいウンチ**がポールの人生，自尊心，成長，特に姉と兄との社会的活動やレクリエーション活動への参加に及ぼす影響について，怒りの感情が高まり始めた。

　幸いなことに，**ずるがしこいウンチ**は，両親の自尊心と子育てに対する信念をあきらめるよう説得する試みに失敗していた。それでも両親は，現時点では途方に暮れているのを認めざるを得なかった。その時点でポールは，首を痛めてしまいそうなくらいの角度でこちらへ顔を向けていた。彼が真剣に聞いていることに疑いの余地はなかった。

　続いてデイヴィッドは，次の質問に対してある程度返事をしてもらうように

求めた。「ポールが**ウンチ**を出し抜いてきれいになれたら，ポールをより知ることができるでしょうか？」　誰もが，それはとてもありそうだと認めた。「ポールについてすでに知っていても，臭いのせいで見えなくなっていたことに気づくようになるでしょうか？　彼のことで何か新しいことに気づけるようになると思うでしょうか？」

父親は，実に興味深い可能性を思いついた。「何かをしようと決心したとき，ポールはそれを成し遂げるんだ」。父親がこのように語ったとき，この信念に疑いをもっていないことは明白であった。

デイヴィッドは「そうすると，ポールがお父さんの信念に従って行動したとすれば……」と思案しながら話し始めた。「**ずるがしこいウンチ**を出し抜く決心をして取り組んだとしましょう。そしてポールが下水の彼方に流してしまう前に，トイレの中で**ずるがしこいウンチ**を見るとすれば，それに何と言ってやりたいでしょうか？　みなさん，一人ひとりに聞いてもいいですか？」

ポールはこの質問に興味をそそられ，椅子から落ちそうになった。デイヴィッドが「ポール，君も参加しない？　だって君を悩ませている**ずるがしこいウンチ**だよ」と促した。ポールはうれしそうに椅子を回転させ，この謀議に参加した。姉が**ずるがしこいウンチ**に「オマエが臭いの！　弟は臭くない！」と非難したとき，ポールはとてもうれしそうだった。さらにポールは，「下水道に行ってしまえ。ずるがしこいネズミめ」という父親の叱責を聞いて笑った。

ここまでくると，ポールは，デイヴィッドが次のような質問をしても躊躇なく答えるようになった。

- もし君がきれいになると決心したとすれば，**ずるがしこいウンチ**が君を臭わせることができると思うかな？
- きれいになる理由は何だろう？
- きれいになることが君にとっていいといえるのは，なぜだろう？
- 君の人生にとっていいことなのかな？
- お姉さんとお兄さんにとっていいことなのかな？
- お父さんとお母さんにとっていいことなのかな？
- 全般的に家族にとっていいことなのかな？
- もし**ずるがしこいウンチ**が，臭わせるべきだよ，それが君のためだよ，とそそのかしたらどうする？
- **ずるがしこいウンチ**は，君が臭いんだと君に確信させてしまったのだろうか？　それは，君が臭ければ他の人々が君を好きになるんだよ，と君に言っ

たのだろうか？

　それからデイヴィッドは家族に向き直り，ポールがこの問題に対して発揮できる能力を検討した。何しろ父親は「何かをしようと決心したとき，ポールはそれを成し遂げるんだ」と語っているのである。デイヴィッドはポールや家族に，「決心する力」についての質問を続けた。ポールが人生の中で，自分の関心事に対して「心の力」を発揮したときのことについて詳細な描写を集めたのである。

　デイヴィッドは，ポールの「心の力」と，ポールが重大な不正だとみなすことを改善する可能性に，強い関心を抱いていた。さらに，以前から存在した，問題とは区別されるポールの力に焦点を当てたかったのである。子どもや家族をめぐる問題のしみ込んだ描写を受け入れるのはあまりにも簡単だが，それはポールの資質を隠してしまうため，私たちは彼に敬意を示すことができなくなってしまう。問題を離れてポールを知ることによって，デイヴィッドは，ポールが問題を抱えているとか発達上の障害があるということではなく，他に類を見ない能力をもっているという見方と期待を維持できたのだ。デイヴィッドは，**ずるがしこいウンチ**の支配下にあったときと，ポール自身の支配下にあったときを区別した。実のところ，**ずるがしこいウンチ**はポールから心の力を奪ってしまっていたが，今まさにポールはそれを取り戻そうとしていたのである。

　デイヴィッドはポールに，**ずるがしこいウンチ**が彼の心を弱くしたのは公平だと思うかと尋ねた。ポールは，自分の**心の力**が弱まっているのは明らかに不公平だと判断した。その後デイヴィッドはポールから，**ずるがしこいウンチ**はポールがコンピュータゲームに向かっているときや遊びに夢中になっているときに，ポールにつけ込むことを知った。**ずるがしこいウンチ**がいつも使う手口は誰の目にも明らかになったのである。それは特定の場面（コンピュータゲームの前）で活動し，特定の活動（ポールの遊び）につけ込んでいたのであった。デイヴィッドは，ポールと戦略を練ってセッションを終えた。彼らは，ポールがコンピュータゲームで遊んでいる間，ポールの**心の力**を使って**ずるがしこいウンチ**との形勢を逆転させることに賛同した。このことによって，ポールの決意は強まり，自分を忘れさせてトイレに行きたい気持ちを無視させる**ずるがしこいウンチ**の力は弱まるだろう。

　明らかにポールは，**ずるがしこいウンチ**との立場を逆転させるために奮起していた。2回目のセッションでデイヴィッドは，ポールがそれまでの3週間の間に数回だけしか**ずるがしこいウンチ**に裏をかかれなかったことを知った。こ

第5章　問題のプロットを薄くし，対抗プロットを厚くする ……　**123**

れは「昔のウンチがある日々」から 75％改善していると，みんなが同意した。

　デイヴィッドは，ポールの**心の力**について思いをめぐらせながら，「決心したんだよね？」と尋ねた。ポールは，そうだと強調した。なぜ決心したのかと尋ねられると，ポールは「ヤツがいつも偉そうにしているから，今度はぼくが偉そうにすることにしたんだ」と答えた。そして「**ずるがしこいウンチ**に悩まされている他の子どもたちに，どんなアドバイスができるだろうか？」と尋ねた。するとポールは「決心しなきゃだめだ」と答えた。

　次に，2 回目のセッションからの抜粋を示す。

　デイヴィッドはポールに，「私が初めて君に会ったとき，**ずるがしこいウンチ**は君のちょっとした友だちだっただろうか？」と尋ねた。ポールは「そうだった」と同意した。デイヴィッドは「それは君の友人だったんだね」と繰り返してから，「それでも君はヤツを出し抜いたんだね。どうやったの？」と聞いた。

　「遊ぶときはいつもヤツを気にかけているんだ。ヤツの気配を感じたら，トイレに駆け込むか，我慢するんだ」

　デイヴィッドは次のように続けた。「前回会ったとき，**ずるがしこいウンチ**は君を馬鹿にしていて，君がコンピュータゲームをしているときにやってきたんだったね。でも，どうやって，逆に彼をだましたの？」 ポールは最初，どうやってやったのかわからなかったが，しばらくの間振り返ってみると思いつくことができた。「どうやってだませたのかっていうと，トイレに駆け込んだとき，ヤツはぼくが遊んでいるままだと思ったんだと思う」

　「そうなんだ！」とデイヴィッドは叫んだ。「**ずるがしこいウンチ**がコンピュータゲームのまわりをうろうろしていて，トイレに行く途中でヤツを追い越したんだね。うまいトリックだね！ ヤツを困らせたんだね？ 君の後ろに置き去りにしたのかな？」と尋ねた。ポールはすぐに「そうだよ」と答えた。

　デイヴィッドは，ポールの話から問題の話にもっていこうとした。そこで，**ずるがしこいウンチ**自身の視点について尋ねた。「**ずるがしこいウンチ**は，君が今までとは違う種類の男の子になったと思い始めたと思うかな？」

　「そう思うよ」

　デイヴィッドは，**ずるがしこいウンチ**の敗戦ムードと，ポールの勝戦ムードを対比させるために，「ヤツは君に怒っているだろうか？」と尋ねた。

　「うん」

　「なぜヤツは君に腹を立てているのだと思う？」

　「ぼくは正しいことをしているけど，それはヤツがぼくにやってほしいことではないからね」

「もし**ずるがしこいウンチ**が君のボスで，ヤツが言うことを君が全部やったとしたら，ヤツは君に何をさせるんだろう？」

「ぼくを遊び続けさせて，ヤツはぼくのパンツの中に出てきたいんだ」

「ヤツをトイレに流している今，ヤツは君のことをどう思っていると思うかな？」

「動揺しているよ」

「ヤツが動揺しても気にしない？」

「ヤツに動揺してほしいよ」

デイヴィッドは，問題との以前と異なった種類の関係性を強めるために，問題に対してポールの「心の力」を対置することに興味をもったので，次の質問をした。「君は，**ずるがしこいウンチ**のボスになることに決めたと思う？」と尋ねた。ポールは「うん！」と大きな声で答えた。

デイヴィッドは，**ずるがしこいウンチ**が支配的だった頃と，現在の状況をさらに比較させるために，「**ずるがしこいウンチ**がボスだったときは何をしていたの？」と尋ねた。

「ぼくは時々しかトイレに行かなかったんだ。ママがトイレに行くように言ったときだけ。もっと行けば良かったけど，遊んでばかりいた。ママは『トイレに行きなさい』って言うけど，そのときにはぼくのパンツの中にヤツがいたんだ」

デイヴィッドは，年代と成熟に関するところを対比させるように，「ママが言わなくてもいいようになった今，すこしでも大人になったと感じるのかな？　**ずるがしこいウンチ**は，もっと幼くなれって伝えようとしたり，ママの言うことを聞かないよう伝えようとしたりしたのかな？」と尋ねた。ポールは，より大人になったと感じていることに同意した。

「トイレに行きたくなっているじゃない，とママが注意してくれたとき，**ずるがしこいウンチ**は何て言ってきたの？」

「そんなの忘れて，遊び続けろって！」

デイヴィッドは，望ましくないと理解されるポールの特徴を**ずるがしこいウンチ**のものであるとするために，「それは，子どもに対する汚いトリックだよね？」と尋ねた。

「そうだね」

「**ずるがしこいウンチ**が君を幼いままにしていたと思うかな？　**ずるがしこいウンチ**は君に何歳になってほしかったと思うかな？」

デイヴィッドは，子どもが年齢を自己評価する際に，問題がどのような影響

第 5 章　問題のプロットを薄くし，対抗プロットを厚くする ……　125

をもたらしているのかを追っていくような質問を好んで用いる。このような問題がもたらすさらに悲惨な影響の1つは，実年齢よりも幼く見えるようにすることで，子どもたちの成長を奪うことである。子どもたちの成長を抑えるという問題の意図を明確にする質問は，変化に必要なコミットメントを提供しながら，子どもたちの目的意識を呼び起こす。年齢を自己評価する質問は，たとえば，問題の影響が及ぶ領域から自分の成長を取り戻すことなど，子どもが成し遂げたこととして識別するようにできる。

「4歳」と，ポールは自分の年齢を評価した。

「それで今は，何歳になったの？」

「9歳」

「3週間で5歳成長したんだね！　今までと違う感じがする？」

「いつもと違う気がする」

「外から見たら同じ身長だけど，中身は大きくなった気がする？」

「そうだね」

「中身は何センチぐらい大きくなったと思う？」

「これくらい」と言い，ポールは両手を広げてその大きさを示した。

「ほぼ1メートルだね」とデイヴィッドは推測した。「**ずるがしこいウンチ**は，君に自分の召使いに戻れって説得できると思うかな？」

「できないよ」。この答えをもって終結となった！

敵役と主人公

治療的なナラティヴにおいて，問題が敵役であるとみなされるようになると，その性格，動機，家族の人生に及ぼす影響の範囲が関係者全員によって明確に理解されるようになる。そうすれば子どもと家族は，問題とは異なる性格，動機，影響力をもった主人公の役割を担える。**ずるがしこいウンチ**を敵役，ポールを主人公にしたことで，ポールと家族は生活において，**ずるがしこいウンチ**が，母親がポールをトイレに行かせることを常に思い出すように仕向けることや，ポールに自分が幼いと思うように仕向けることのような，問題の要求から自由になることができたのである。

このような視点と結果の変化は，どのようにして起きるのだろうか？　一見すると，落胆するような状況の中でポジティブなことを探しただけで，達成されたと考えてしまうかもしれない。ネガティブな出来事に対するリフレーミングであるとか，既存の状況をポジティブに捉えるようにストーリーを語るアプ

ローチである，と言われてしまうかもしれない。このようなポリアンナ主義（極端な楽天主義）[★1]は，家族やその関係の複雑さ，子どもの内面を無視することになる。

　困難な状況でポジティブなことを探し求めたり，リフレーミングしたりすることだけで成功するなら，私たちの人生はもっと楽になるだろう。しかし，子どもも大人もそのようなアプローチはまがい物で単純化しすぎていると感じるのだ。もしデイヴィッドが家族に，大きな苦悩をもたらしてきた厄介な状況にポジティブな見方を押しつけようとしたら，その家族がなんとかしようとしながら経験してきた問題の深刻さや苦痛に満ちた奮闘に対して，敬意を示していないことになってしまう。ナラティヴのインタビューによって，セラピストは，人々の奮闘がもっともなものであると認める方法で，問題をめぐる人々の苦悩や困難な体験を深く探求することができる。

　ポールのことを診断名（遺糞症）とそこから臨床的に示唆される内容で判断してしまうことはできる。遺糞症には，ポールと両親についてのアイデンティティや動機に対してさまざまなことを示唆する理論が存在する。たとえば，遺糞症はポールが未発達であることの証拠とみなされるかもしれない。以前の発達段階に退行しているように見られるかもしれない。ポールの幼少期において母親が役割を果たしていない，またはある種の虐待的な関わりがあったことを示すものとして解釈されてしまうかもしれない。さらに，結婚生活がうまくいっていないために起こる症状，つまり両親が否認している夫婦関係の困難がポールのストレスを引き起こしているとみなされてしまうかもしれない。しかし私たちは，このような考え方に支配されず，セラピーで出会う人々を病理学的な描写で表現しないようにしている。

　提示された問題について，子どもに直接はたらきかけるかどうかは，セラピスト側の判断となる。虐待と発達段階をアセスメントする必要もあるだろうし，結婚生活がうまくいっていないことを無視すべきでもない。セラピストは，子どもや家族に影響を与えるさまざまな内的および外的要因に注意を払う必要があるが，どんなに悲惨な状況であっても，それらに圧倒されないようにしなければならない。提示されている問題の背後にもっと深刻なものが隠れているとしても，ひたすら病理学的な追求をする会話よりも，子どもや家族の葛藤，強

★1　ポリアンナ主義とは，エレナ・ホグマン・ポーターが書いた小説『少女ポリアンナ』（1913年）『ポリアンナの青春』（1915年）にちなんでいる。ポリアンナは，貧しさと不幸に負けずに，ポジティブな側面に気づくことができる。ところがそれが極端になると，微細な良い面だけを見て負の側面から目を逸らすことになり，現実逃避的な状態に陥ってしまう。

第5章　問題のプロットを薄くし，対抗プロットを厚くする ……　127

み，リソースを特徴づける外在化する会話のほうが，より容易に明るいところに出ることができるのを私たちは発見している。

説得力のあるストーリー

　ジェローム・ブルーナー（Bruner, 1986, 1990）によれば，ナラティヴのメタファーは，人が自身の体験をストーリーの形式で認知的に整理する傾向を理解するのに適したものである。会話は，私たちの認知を説明し，合意に基づいたストーリーを構築する拠り所となる，社会的出来事なのである。それと同様に，治療的な会話は，人生の状況をめぐるクライエントの理解を組織するストーリーを形作る際に影響を及ぼす。

　このプロセスに気づいているセラピストは，会話を肯定的かつ臨床的に有益なものにするよう方向づける実践を展開していく。ネガティブな認識によって構成されたナラティヴは，ネガティブな経験と，動機，意図，および性格に対する否定的な属性を強調しながら，問題に支配されたり，問題に染まったりする傾向がある。希望や可能性についてのナラティヴは，問題のしみ込んだストーリーとは一線を画し，矛盾する人生の特徴や出来事に基づいている。

　これらの例外は，直面する問題に関係なく，子どもと家族のそれぞれが有する人生経験の中に存在する。家族は問題の状況に対してポリアンナ主義的な視点を受け入れないが，子どもの知識や能力には問題に対処できる側面があることを喜んで認める。セラピストがこのことを積極的に質問することで，子どもの能力が家族によって強化され，さらに精緻化されていく。このプロセスを通じて，ナラティヴはしっかりとした一貫性を獲得する。

　セラピストは共著述のプロセスで積極的な役割を果たすが，セラピストの有効性は，家族の痛みのストーリーを，どれだけ「外在化する耳」で聴けるかにかかっている。このために，セラピストは次のような訓練に取り組む。

- 家族が直面している問題と家族との悲痛な関係について聴くこと。
- 問題がどのように作用しているのか，問題が家族を抑圧するためにどのような方法を使っているのかについて，興味を抱き，好奇心旺盛な観察者として家族に加わること。
- 問題が自分のプロットを厚くするために使うメッセージを聴くこと。特に，問題が家族を中傷する権限を得るために利用している，検証されていない思い込みについて。

• 家族が問題とどのような関係を望んでいるかを見つけること。

　セラピストは，次のような場合に，一貫性があり永続するオルタナティヴなナラティヴを導きやすくなる。

• 問題の影響力から逃れることのできた例外を熱心に読んでいるとき。
• 子どもや家族の能力に好奇心を示し，ワクワクし，これらを説得力のあるオルタナティヴな説明につくりあげるとき。
• 問題の現状を変えるための，目新しい可能性や既存の可能性に強い関心を払うとき。
• 問題のしみ込んだナラティヴの代わりとなる，既存の理解の仕方や可能性を強調する編集者としての役割に就くとき。
• 問題のやり口と，そこから逃れようとする取り組みを対比させることで，詳細な対抗プロットを展開するとき。
• 最終的に，家族内の変化について，意味のあるストーリーの共著者となるとき。

　次に続くストーリーで，ディーン（セラピスト）は，家族の痛みのストーリーを外在化する耳で熱心に聴く。そして，彼は，問題がどのように作用して，家族関係における帰属意識を損なうことになったのかを知る。彼と家族は一緒になって，問題の権威を生む社会文化的な源を発見する。子どもと家族は，対抗プロットを厚くする出来事を覚えていたので，ディーンは，それを問題が家族の人生にめぐらせる企みと対比させる。最終的に，彼と家族は，帰属意識と思いやりを含み込んだ一貫性のあるナラティヴを育んでいく。

事例 ジャニスの不満

　ジャニスの両親は，11歳の娘を「傲慢でわがまま」と表現し，彼女が「否定的」であることを示す例を多く述べた。両親は失望を語り，燃え尽きや悲観的な感情を伝えた。そして，このように感じるのは自分たちだけではないと，ディーンに断言した。

　ディーンは，「ジャニスは，何にでも不満を感じ，けっして人に譲れないんです」というような心配事を，外在化する耳を用いて聴いた。そして「**不満は時にジャニスを打ち負かし，協調する機会の多くを台無しにした**」と言い換えて

第5章　問題のプロットを薄くし，対抗プロットを厚くする ……　129

返した（同時に，記録もした）。「ジャニスはとても要求が多いのです。たぶん，私たちが彼女を甘やかしすぎたのかもしれません」という表現は，「**不満**は，ジャニスを短気にして，両親を罪の意識をもつように招いた」と言い換えられた。「ジャニスは，あまりにも否定的なので，いつも家族の楽しみを台無しにするんです」は，「**否定的**は，ジャニスと家族の間に入り込み，彼らが楽しみを共有することはほとんど不可能だというところまできた」となった。ジャニスが「誰も私のことが好きじゃないのに，どうして他の人たちを気にする必要があるの？」と述べたことは，「**楽しみ**が共有されなくなっただけでなく，**思いやり**も失われてしまった」に変えられた。

　ここで重要なことは，ディーンのノートに書きとめられる前に，家族が表明した懸念を編集したものを，それぞれの当事者が確認し，承認しているという点にある。セラピーの後，家族は，これらの修正を経験したことが有効であるとみなし，このプロセスが大きな治療的効果をもたらしたと評価した。

　ディーンは，問題が家族に与える影響をグラフ表示するために，**思いやり**と**楽しみ**がどのように変化してしまったのか，1から10までの尺度で評価するようそれぞれに求めた。家族が最初に楽しみが減ったことに気づいたのはいつだったのでしょうか？　ジャニスが思いやられていることが減っているのに気づいたのはいつだったのでしょうか？　それは1年前にさかのぼるというのが，一致した見解であった。実際のところ，その間**楽しみ**は7から2へ，**思いやり**は8から3へと大きく低下した。

　ディーンは，**楽しみ**と**思いやり**を新たにつくり出すのではなく，回復することが可能かもしれないと考え始めた。そうすることによって，ジャニスに，過去も現在もすべてが困難であるという問題のしみ込んだストーリーに対抗するための，対抗プロットを提供できるのだろうか？　そしてこの家族にとって，問題が台無しにしてきた**楽しみ**と**思いやり**の歴史があったということが，妥当な対抗プロットとなるのだろうか？

　問題とその影響，つまり問題が**楽しみ**や**思いやり**を抑圧しているということを追跡することの重要性を過小評価することはできない。そうした追跡はさまざまな目的を担っている。たとえば，ディーンが問題をめぐる家族の経験を正確に理解していないのであれば，家族のつらい状況について話す試みを蔑ろにしてしまうであろう。この取り組みを怠ることは，それぞれの言葉の使い方や考え方，何がそんなにも苦しかったのかを説明する機会を奪うことにもなるだろう。

　問題のプロットを理解するために，ディーンは次のような質問を考え始めた。

- この問題はどのような「性格」なのだろうか？
- この問題はどのような価値観に基づいて実践しているのだろうか？
- この問題は家族を信じ込ませるためにどのような社会文化的なステレオタイプを用いるのだろうか？
- この問題はジャニスと家族にどのような将来を計画しているのだろうか？

　このような一見奇妙な質問をすることによって，ディーンは，ジャニスと家族の価値観と問題の価値観を区別する外在化された改訂版を提供することができる。問題とはトロイアの木馬[★2]のようなもので，性別や文化をめぐる検証されていない思い込みの中に封じ込められているのだ。

　ディーンとジャニスは，その問題を**不満**と呼ぶことに同意した。2人はすぐに，問題は他の子どもたちにジャニスを嫌いになってもらいたくて，友だちになってほしくないのだ，と解き明かした。実際，**不満**はジャニスに，誰も彼女を好きではないと告げていた。ジャニスが他人と協力しないように成長するという予測によって親を怖がらせることは，問題の目的を十分に果たしていた。その問題の価値観を調べることは，ディーンにとって特別な関心事であった。そのような探究を通して，問題がジャニスとその家族に課していた社会文化的制約をすぐに特定できるだろう。ディーンはすぐに，問題の主要な信念の1つが，女の子のグループの中で「親友」がいない子は，うまくやっているとみなされないというものであることを知った。

　ディーンは，**不機嫌さ**と**怒り**を伴いながら，黒い雲のように頭上を覆っている**不満**について，ジャニスにインタビューを続けた。ディーンは質問によって，**不満**が子どもの人生に孤独と怒りをもたらしているというストーリーの中で，ジャニスを主人公に見立てた。対抗プロットを厚くするために，問題の方法，価値観および性格を，ジャニスの方法，価値観および性格と対比した。

　ディーンはこの情報を元に，「問題とは別の」ジャニスの人生について，次のような質問をつくりあげた。

- **不満**は，君に友だちがいないところを見るのが好きだと思うかな？
- **不満**は，君が他の子どもとうまくやるチャンスを邪魔したいと思うかな？
- それは，君の忍耐力を奪っているのかな？

[★2]　トロイの木馬とも呼ばれる。ギリシア神話のトロイア戦争において，トロイアを陥落させるために使用されたとされる兵器。木製の馬の中に，人が隠れることができるようになっていた。

- **不満**に対する忍耐を失うことは，君の目には，良いことに映るのかな，それとも悪いことに映るのかな？
- 君が孤独になるという**不満**の計画に，君は賛成するのかな？
- **不満**が好きなものを，君も好きなのかな？
- **不満**がそれ自身の方法で君と一緒にいるのと，君が君自身の方法で自分と一緒にいるのとでは，君はどちらの君が好きなのかな？
- 君は**不満**が幸せにしているのを見たいのかな？　それとも，君自身が幸せにしているのを見たいのかな？
- **不満**は，君のことを一番に思っていると思うかな？
- それは，君のことを独り占めしたいということなんだけど。実際は，君が自分の友だちをもつことに嫉妬しているということなんだろうか？
- 嫉妬深い友だちをもつと，他の子どもを遠ざけてしまうことになるんだけど，それっていいことだと思うかな？
- 本音を言えば，君はどんな友だちがほしいのかな？
- **不満**が不満を抱いているのを見るのはどう思う？

　これらの質問に対するジャニスの返事からディーンは，彼女にはかつて「親友」のサマンサがいたことを知った。残念ながらサマンサは，1年前に引っ越してしまった。サマンサとは，「一緒に楽しんで」「お互いに何でも話す」ことができていたという過去があった。このことが，ジャニスには親密で楽しい友情を築くだけでなく，何よりも「友だちになる」能力があるという，対抗ナラティヴを共著述していく始まりとなった。この描写は，ジャニスのサマンサとの友情と，ジャニスの**不満**との関係を対比させる一連の質問によって強化された。

- サマンサと**不満**，どっちと一緒にいたいのかな？
- **不満**は，君にみじめな人生を望んでいるのかな？　それとも幸せな人生を望んでいるのだろうか？
- 君はみじめな人生を送りたいのかな？　それとも幸せな人生を送りたいのかな？
- サマンサは，君にみじめな人生を望んでいるのかな？　それとも幸せな人生を望んでいるのだろうか？
- サマンサは，君の幸せの一部だったのかな？
- だから一緒に楽しめたのかな？

- **不満**は，君のみじめさの一部なのかな？
- **不満**と**サマンサ**，どっちが君の好きな人生をよりよく知っているのかな？
- サマンサと**不満**，どっちが君にとって良い友だちなのかな？
- サマンサは，君の将来に何を望んでいたのかな？
- サマンサは，君のどんなところが好きだったのかな？　サマンサは，**不満**には見ることのできないどんなものを君の中に見ていたのかな？
- サマンサは，君のことを独り占めしようとしたのかな？
- なぜサマンサは，**不満**のように嫉妬しなかったのかな？
- なぜ**不満**は，サマンサと君の間に入り込んで「親友関係」を壊すことができなかったのかな？
- サマンサとの友情における，**不満**を避けるためのテクニックを誇りに思えるかな？

　家族や友だちがジャニスを見ると，怒り，傷つき，不機嫌さが目に入った。**不満**は，ジャニスを思いやりがない，自己中心的な子どもとして他者に見せることによって，彼女を誹謗中傷していた。ディーンは，ジャニスが**不満**に憤りを感じていることをはっきりさせた。するとジャニスは，**不満**が彼女になすりつけてきた評判に抗議し始めたのである。彼女の思慮深い応答から得られた情報から，ジャニスの「**不満**の回避術」と**不満**の意図の間に，興味深い対比が生まれた。
　ディーンは，家族と協力しながらオルタナティヴ・ストーリーの輪郭を描写したかった。家族の誰もがジャニスと**不満**のギャップを広げたいと思っているかのように，一貫した説明を育むための出来事，観察したこと，アイデアを喜んで提供した。ジャニスの両親は，ジャニスが**不満**を封じ込めながら，人と協力し，友情を育んだ過去の出来事を思い出した。両親は，なぜ彼女が仲間内で友人関係を築くのが難しいのか，つまり，その仲間の中の誰かと親友にならなければならないというプレッシャーのせいで，サマンサの代わりを見つけにくいのだということをより明確に理解した。そのようなステレオタイプが，11歳の友人関係にどのような影響を与えたのかについて一緒に話し合った。こうしたステレオタイプが支配的になると，誰が友だちになれるのか，誰が友だちになれないのかという同調圧力（ピアプレッシャー）は，仲間同士の関係に残酷さを招くほど強烈になりかねない。そしてこのプロセスは，どのような女の子にとっても，快適さと心の支えを得るための「親友」がいなければ乗り越えることが難しいだろう。

おそらく，前年にサマンサが去ったときに，**怒りと身を引くこととともに不満**がジャニスの人生に忍び込んだのであろうと，誰もが結論づけた。**不満**は，喪失による傷心と，同調圧力の残酷さからの護身を提供したのである。**不満**はジャニスに，排他的な同調圧力を利用して，彼女は社会的な敗者であり，誰も彼女のことを好きにもならず気にもかけないと伝えることによって，彼女を自分自身や家族に背を向けるように陥れたのである。

白日のもとにさらされてからの**不満**が，家族と一緒に受けるセラピーにあった**楽しみと思いやり**を奪うことはできなかったというディーンの見解に，家族皆が同意した。実際のところ，誰もが**不満**のせいで娘が傷ついたことを嘆きはしたが，家族そしてサマンサが大切に思っているジャニスが，自分たちの人生に再び現れてくれるのを見ることができたのは良かったと述べたのである。

‖　　　　　　　　　まとめ　　　　　　　　　‖

声の調子を整え，問題から切り離した子どもを見るように促し，問題を外在化するための最善の努力をしても，子どもに対する病理学的で問題志向的な見方は，親，教師，さらにはセラピストを支配してしまうことがある。セラピーを頼るとき，家族は非常に心配し，燃え尽き，問題に抑圧されていることが多いので，状況がどれほど悪く，どれほどの痛みを伴っているのかをセラピストに伝えたいというニーズを示すことがある。落胆や絶望は，経験豊富な支援者にも伝染しやすいものである。たとえ落胆や絶望があったとしても，支援者は，問題の描写に耳を傾け，外在化する方法で応答するのである。

ナラティヴ・セラピーでは，問題を敵役とし，子どもや家族を主人公にすることによって，希望，可能性，クライエントの能力が見いだされていく。問題は，文化，階級，ジェンダーなどをめぐる思い込みの中で，出来事を位置づけ，パーソナリティを描写する力を前提としている。これらの思い込みが議論，批判，修正にさらされるとき，問題のプロットは弱体化するのである。

これは一見難しいように見えるかもしれないが，このような思い込みは家族の経験をめぐる複雑さとユニークさを完全に説明することはないため，それほど難しくはない。問題のストーリーラインに対する例外が集められると，家族とセラピストは協働して家族の価値のシステムを反映し，問題との新しく好ましい関係を定義するオルタナティヴ・ストーリーを生み出していくのだ。

第6章

手紙を通じて
ナラティヴをつくりあげる

　治療的手紙[*1]は，ナラティヴ・セラピーと密接に関連している（Epston, 1989a, 1994; Epston & White, 1992; White & Epston, 1990b）。エプストンは，セラピーに用いる手紙の理論的根拠を以下のようにしっかりと述べている。

　　会話というものは，本質的に儚いものである。特に有意義なセッションの後，クライエントは刺激的な新しい考えをもって光り輝く外に出ていくが，数区画も過ぎれば，深遠な意味をもって心に残った言葉を正確に思い出すことは難しいだろう。……一方で，手紙の言葉は，会話のように色あせたり消えてしまったりすることはなく，時間と空間を超えて残り，セラピーにおける取り組みの証人となり，それを不朽のものにする。

(Epston, 1994, p. 31)

　手紙は家に送られれば，何度も読み返され，家族内で語り継がれる口承のように繰り返し語られるだろう。もし手紙が，ベッドに入る前に，トイレで座りながら，木陰で，家族の食卓を囲むとき，パーティーにおいて，夏の夜にベランダで読まれていることを想像してみると，文学的な精神の中に入っていくことになる。

　ナラティヴ・セラピーにおける手紙は，診断的というよりも文学的であり，説明や解説というよりもストーリーであるということが特徴的である。手紙は，論理的に結論を出すための議論ではなく，次に何が起こるのかの問いかけによって，読者を魅了する。セラピーにおいて出現するオルタナティヴ・ストーリーを語るように構造化され，歴史，現在の発展，将来の展望を文書化するのだ。

手紙の価値

　デイヴィッド・エプストンとマイケル・ホワイトは，どちらも非公式の臨床研究として，クライエントに次のような質問をしてきた。

　質問 1　あなたの見解では，あなたが受け取った手紙は，どれくらいのセッション数に値すると思いますか？
　質問 2　もし私たちの会話から生じた肯定的な結果を 100％だとすると，そのうちの何％が手紙によるものだと思いますか？

　質問 1 に対する平均的な回答は，手紙には 4.5 セッション相当の価値があるというものであった。質問 2 の回答では，セラピーの肯定的な結果全体に対して，手紙は 40 〜 90％の範囲でその評価がなされた。この研究結果は，カリフォルニア州ストックトンにあるカイザー・パーマネンテ HMO[1][2] で実施された小規模な研究でも再現された。ナイランドとトーマスの報告によれば（Nylund & Thomas, 1994），回答者は 1 通の手紙の平均的価値を 3.2 回分の面接に値すると評価しており（回答の範囲は 2.5 〜 10 回分），治療の肯定的結果の 52.8％が手紙によってもたらされているとした。セラピーの平均回数は，4.5 セッションであった。

　子どもたちにこのような質問を始めてすぐに，デイヴィッドはこれまでずっと深刻な便失禁の問題を抱え，苦しんできた 11 歳のピーターに出会った。ピーターと母親との面談後，デイヴィッドは彼に手紙を書いた。以下のコメントは，デイヴィッドが送った手紙を評価するように求められたときにピーターが述べたものである。

★1　カイザー・パーマネンテは，1945 年に設立された，米国で最も大きな非営利のヘルスケアのプロバイダーの 1 つである。2021 年現在，1,200 万人以上の会員がおり，39 の病院と 700 以上の診療所を運営している。

★2　米国には大きく分けて 3 種類の医療保険がある。HMO（Health Maintenance Organization），PPO（Preferred Provider Organization），EPO（Exclusive Provider Organization）である。HMO は，かかりつけ医を決め，原則的にその主治医を通して治療を行う。専門医にかかるには自分のかかりつけ医の紹介が必要となる。PPO は，保険会社と契約している医療機関から自由に選ぶことができ，それ以外の医療機関にかかると保険の一部が適用される。EPO は，保険会社と契約している医療機関から自由に選べるが，それ以外の医療機関には保険が適用されない。

手紙が届いたとき，驚いたし，うれしかった。手紙には（セラピーで）あったことが書いてあって，次の回まで覚えておくことができたんだ。何回も読んだよ。それから手紙用のフォルダに入れて，特別な引き出しにしまったんだ。それが良かったのは，書いてあるものを持っていると，間違っているものに間違っていると言えることなんだ。この手紙を見た瞬間，ぼくへの手紙だとわかった。ぼくが開けると，まずママが読んで，それから声に出して読んでくれたんだ。それから3回読んでフォルダにしまったんだよ。それからも月に何度か見てみたんだ。ぼくがこの手紙が好きなのは，子どもたちに「子どもたち自身がわかっている」と思わせてくれるから。これは，話し合いの後で，子どもたちとやりとりするいい方法だと思うな。1回目が終わって2回目の話し合いまでに**ウンチ**の問題が75%良くなったから，手紙を40%の評価にするよ。

手紙の書き方のコツ

　初心者にとって，手紙を書くことは気が重くなり，時間がかかることだろう。「ハウツー」を学ぶには，マイケル・ホワイトの「治療的文書再考」（White, 1995）という小論から始めるのがいいだろう。この論文では，次のような進め方について述べられている。「セラピストは，最小限の『面接していない時間』を費やすだけでいい。しかも，このような治療的文書にはかなりの効果がある」（p. 201／邦訳321頁）。ホワイトの説明に全面的に従いたいところだが，ここでは手紙を書くことを志す人のためにいくつかのコツを紹介しよう。

- セッション中に取った逐語メモをそのまま引用することで，手紙の主人公は，自分の言葉とメタファーで自身のストーリーを読むことができる。逐語的な引用は，主人公の世界に入ることになるので，セラピスト（手紙の作者）にとっても有益なこととなる。これにより，新しく新鮮なアイデアを生み出す，より協働的な取り組みが促進される。たとえば，セラピストがジャネットの「ボーイフレンドとけんかしたからって，もうママに八つ当たりしたくないの」という言葉を引用したとすれば，セラピストは，彼女の具体的な提案を捉えることになるし，彼女が懸念する状況に持ち込もう

としている良い意図を汲むことができるだろう。この言葉は，ジャネットが変えたいと思っている特定の行動（八つ当たり）と，それがいつ起こる可能性が高いかという彼女の評価（ボーイフレンドとのけんかの後）を隠してしまうような「ジャネットが最近，母親への接し方が良くなった」といった発言とは対照的なものである。

- 手紙の途中で，質問を頻繁に挿入することができるし，こちらの考えを提示するときにも質問で締めくくることができる。問いかけは，クライエントに代わって未解決のことに決着をつけることで結論に達するのではなく，省察と思索のための新しい複数の道筋に導いていく。たとえば，前述の引用に，「ジャネット，あなたは"八つ当たり"するのではなく，仲良くやっていくほうがいいと言っているの？」という質問を追加してみよう。

- 再帰動詞[★3]は，主語が通常存在せず，主語と目的語間の主体的な関係をつくり出す。そうした言い方は，あなたがあなた自身から，あなた自身についてより学び，より理解できることを示唆する。「ジャネット，あなたは自分自身を落ち着かせることによって，お母さんとうまくやれたのかな？」と「ジャネットは落ち着いていた」を比較してみよう。

- 動名詞（英語で動詞の語尾をingにすることで名詞として使われるもの[★4]）を使用することによって，進展や動きの感覚を提供することができる。これらの言葉は外在化に適している。なぜならば，たとえば「ジャネット，自分を落ち着かせることは，母と娘の関係を良くしたのかな？」というように，その人とその人自身との関係性を描写するからである。

- 仮定法の使用を考えてみよう。それは望むこと，不確定なこと，あるいは将来の偶発的なことや可能性を表現するであろう。「ジャネット，あなたは物事をやり過ごすときと，自分の気持ちを伝えるときとを察するコツをつかもうとしているのかもしれない，と思うかな？」と，「ジャネットは，静かにしているときと自分のために立ち上がるときを学んだのだろうか？」を比較してみよう。1つ目の質問では，ジャネットはこの考えに賛成か反対か，あるいは「コツをつかむ」というプロセスの最初から最後までの連なりにおいて，自分自身をどこに位置づけるかを選択することができる。2つ目の質問においては，彼女が学んだか，学んでいないかという，二者択

★3　主にヨーロッパの言語で用いられる他動詞で，ここでは自身の動作を起点としながら自身に動作が及ぶ動詞をいう。

★4　日本語では「～すること」といった形の，動詞の連体形＋名詞（体言）に相当する。

一の回答しかできない。

- ダジャレや皮肉を効かせた言い回しで，息抜きのユーモアを加えることができる。

　手紙は，出来事をめぐる問題のプロットを抑え，対抗プロットを厚くするというナラティヴ・セラピーの役割を果たすことがよくある。オルタナティヴ・ストーリーの主人公は，手紙に描写されると自分自身のストーリーの読者になる。主人公の武勇伝を繰り返し反復する，逐語的な引用，質問，プロットの思いがけない展開を通じて，主人公の声がこだまするのである。本書では治療的な手紙の例を数多く紹介しているが，手紙を通してどのようにオルタナティヴ・ストーリーが展開され，文書化されるかを示すために，次の2つのストーリーを選択した。

事例 ジェラルド
12歳の誕生日前に，家族の中に11歳のスペースを手にした少年

　ゴードン一家とデイヴィッドの初回セッションにおいて，息子である11歳のジェラルドが人々の関心の的となった。ジェラルドは，妹のミミ（6歳），兄のジョニー（15歳）とバリー（18歳），母親のシャロン，父親のジムとともにやって来た。両親と兄たちはジェラルドの過去2年半のことについて心配していた。ジェラルドは，自分の人生や家族の楽しい活動にも，ほとんど楽しみを見いだせず，また誰の頼みも断るようになり，かなりみじめな状態になっているように見えた。ゴードン一家は，お互いに責任を分かち合い，協力し合うことを重視していたため，これは残念なことであった。

　実際のところデイヴィッドには，ジェラルドがかなり悲痛に見えた。ミミがデイヴィッドの好意を受け入れるのに長い時間がかからなかったのとは対照的であった。問題は，ミミが生まれたとき，ジェラルドが明らかに「嫉妬深く」なり，生まれてからずっとミミと激しく張り合っていることだ，と彼らは説明した。この問題のプロットによると，ジェラルドは，末っ子の立場をミミによって失ったので，注目を得ようとしてミミと競っていた。ジェラルドが言ったように，彼は「悪いことをする」ようになっていた。絶えず「注目を集めようとしている」のであるが，ジェラルドはまったく否定的な方法でそれを求めていた。

　ミミとジェラルドは，対極にあるようだった。バリーは「ミミはポジティブ

第6章 手紙を通じてナラティヴをつくりあげる …… 139

なほうに向かうが，彼はネガティブなほうに向かうんだ」と言った。ミミが魅力的なのに対し，ジェラルドはネガティブな反応を磁石のように引き寄せていた。その一方で，彼の大胆で奔放な創造性などの長所は，まったく見えなくなっていた。

　家族とデイヴィッドが一緒になって現状に対するユニークな視点を探るうちに，ジェラルドが「競争」のために家族内で「6歳のスペース」に留まり，「11歳のスペース」が空いたままになっていることに気づいたのである。次男のジョニーと長男のバリーは確かに「若い男の子のスペース」を「しっかりと保持」していた。ジェラルドの両親と2人の兄は，ジェラルドをミミと同じくらいの年齢だと思うようになってしまっていたこと，そしてそれが彼らにとって不満であると気づいたのである。

　「11歳のスペースが空いていた」のだけれども，ジェラルドがそこに「住む」のを誰もが歓迎することは確かだった。ジェラルドは，将来そのスペースに住むことになるのは，自分自身の意志に反しないことを認めた。ミミは何の反論もしなかった。ジェラルドとミミの競争は，すぐに過去のものとなった。その後明らかになったのは，ジェラルドがすでにその方向に向かっていたということであった。このことについては後述しよう。

　母親のシャロンは，この有益な話し合いによって生み出された熱意に後押しされた。彼女は，ジェラルドを彼にふさわしい居場所，彼らしいユニークな特長，創造的な心，そして非常に厳選された友人やプレーヤーと一緒につくりあげたゲームを尊重する家族内の場所に導くために，独創的な提案を考え出した。誰もが競争に釘付けになっていた状況を急速に解消する，母親の提案を誰もが歓迎した。

　ゴードン一家との初回セッション後，デイヴィッドは次の手紙を書いた。手紙は，彼がセッション中に取ったメモに基づいて書かれている。挿入された注釈は，セッションが展開されたときのデイヴィッドの思考プロセスについてのものである。

　ゴードン家のみなさんへ
　ご家族のみなさんにお会いできて楽しかったです。すべての家族があなたたちのようだったら，仕事がもっと楽になると思います。しかしこう言うことで，ジェラルドが「不幸で，楽しそうではなく，誰の頼みも断る」というあなたたちの懸念を取り去るつもりはありません。みなさん全員が，この2年半にこのことが起きていたのを見ていたのですね。

バリーとジョニー，あなたたちはジェラルドがネガティブな行為を好んでいると理解し，あなたたちの意志に反して，彼に対してネガティブになってしまっていたのでしたね。私たちはみな同意しましたが，対照的にミミは明らかに魅力的で，私を魅了したのと同じようにあなたたちを魅了しました。バリー，あなたの言い方を借りれば「ミミは人の目を集める方法を知っている」のですね。そして，これは彼女が驚くほど「冷静」であることに貢献している，とみんなが思うところです。バリー，あなたの言う通りです。「ミミはポジティブなほうに向かうが，ジェラルドはネガティブなほうに向かう」のです。バリーとジョニー，あなたたちはジェラルドを「6歳」とみなしたいのではなく，彼の成長に見合った敬意を示したいということがはっきりしましたね。ジェラルド，君もライバルとしてではなく，ミミの兄として扱われたい，と言っていましたね。

問題のプロットの外在化。手紙の次のセクションでは，デイヴィッドはミミとの争いと結びついた「ネガティブな習慣」を外在化し，ミミの魅力的なやり方と結びついた「ポジティブな実践」と対比する。ジェラルドは，自身がけっして非難されないことを感じ始めた。その代わりに，「6歳のスペース」のためにミミと争うことで，自分がそのような「ネガティブな行為」に「だまされ」ていることに気づいた彼は，ネガティブに争う行為に関与していることを素直に認め，すぐに出口を模索した。その出口とは彼の創造性であり，彼の最終目的地とは「11歳のスペース」であることが明らかになった。その出口と目的地は，彼にとっても家族にとっても魅力的なものに見えたのである。

従来の内在化された会話において，ジェラルドがあらゆる要求を拒否し，宿題を先延ばしにすることによって，いかにして「ネガティブな注目」を得るに至ったかを説明すると，おそらく恥ずべき告白として経験されたであろう。外在化されたインタビューにおいては，通常「告白」と考えられるものは，問題の「作用」の仕方と，ジェラルドの人生に対する影響と意図をめぐる，専門知識の要約となるのである。

さらにデイヴィッドは，オルタナティヴ・ストーリーにプロットされるいくつかの重要な行動や事件を発掘した。たとえば，この数か月間，ジェラルドに要求を通すために家族が怒鳴らなければならなかった回数が，3回から2回に減っていることを発見したのである。最近では，ジェラルドは「怒鳴られるとき」を1回にしていた。対抗プロットを厚くするためには，たとえ些細に見えても，このような既存の変化によって取り組むことが最も良いのである。

第6章　手紙を通じてナラティヴをつくりあげる …… 141

ジェラルド，君はミミが生まれたとき，ミミに「嫉妬」していると思ったのですね。「嫉妬」にだまされて彼女のライバルになってしまったのでしょうか？　そして彼女が「ポジティブなもの」によって「人々を惹きつける方法を知っている」ことで争いを完勝しているから，それは負け惜しみになってしまうのでしょうか？　ジェラルド，君には「ネガティブなもの」で人々の注意を引くという選択肢が残っているだけだと思いますか？　もしそうなら，「ネガティブなもの」はそのように機能してくれるのでしょうか？　それとも，ミミのために機能しているということはないのでしょうか？　どう思いますか？

　ジェラルド，君の話を聞いていると，君は自分自身が11歳になり，6歳はミミに任せるという考えに興味があるようでした。明らかに，彼女は君より6歳であることが上手です。ジェラルド，私たちが話していたときに，「悪いことをする」ことは君の家族のためにならないことに気づいていましたか？　確かに君は，人々の注目を集める方法を見つけていました。それは「怒鳴られるまでは何1つ手伝いをしない」ことです。でもどうして，最近君は「怒鳴られるとき」の回数を3回から2回，そして1回に減らしたのですか？　そうすれば，バリーとジョニーからは兄弟としての深い敬意を受け，親の深い愛情を受け，ミミからは妹としてより深い敬意を払われることになると思いますか？　もう試したのであれば，「悪いことをする」よりもうまくいきましたか？　興味があるので，次回お会いするときに教えてください。

　また「学校の勉強をしないでペンや本を出すことにすごく時間をかける」というのも有効であることを見つけ出していました。しかし君は，自分の人生を6歳から，たとえば8歳か9歳に引きあげたとしたら，本とペンを取り出すのにかかるのは1分くらいだろうと思うということでした。そして11歳になるところまでいけば，30秒でできるようになりそうなのですね。君は，ミミと向かい合うのではなく，彼女が君を尊敬できるように，ミミの「お兄ちゃん」になることも考えているのですね。彼女が君を兄として尊敬し始めたら，それでいいと思いますか？　そしてジョニー，ジェラルドの6歳の癖が，彼の本当の年齢よりも若いことを「伝えている」としたら，あなたはがっかりするのでしょうか？　私は，「叱責と命令」ではなく，「一度伝えて，その後思い出してもらう」という考えを誰が思いついたのかを思い出せません。

142 ……　第1部　遊び心のあるコミュニケーション

対抗プロットを成熟させ厚くする。デイヴィッドは，「ペンや本を出す」や「宿題を始める」といった行動に対して，「年齢」によってどれだけ時間が必要なのだろうかと尋ねることによって，ジェラルドが自己評価する年齢評価システムを採用した。具体的な課題の使用は，自分自身で定義する「年齢レベル」とマッチさせることができるので，本人が望む方向性を提供できるだろう。

デイヴィッドは，ジェラルドに「問題は君の年齢を何歳だと言っているの？」「この前の誕生日は，君を何歳だと告げたの？」と尋ねることによって，問題が彼を「6歳ぐらい」と評価したことを発見した。問題は彼を格下げしただけでなく，彼が年齢相応になるのを妨げていた。自分を「幼く」しておくようにする問題の試みにジェラルドが抵抗したことをめぐって，対抗プロットを発展させることができるだろうか？　もしできるなら，問題のプロットに多大な損失を与えながら，対抗プロットの厚みを力強く増すことになるだろう。

デイヴィッドは，ジェラルドは家族の中で「6歳のスペース」だけに留まっているのではない，と推測した。この前提に基づいて，ジェラルドの意図，行動，考え，希望，感情などあらゆる側面から，6歳という年齢にそぐわない部分について尋ねていった。そして，いくつかの例が見つかると，これらの「成熟度」を年齢で評価するように招いたのである。

　ジェラルドには，みなさんが「自己抑制」と呼んでいるものの兆候がいくつかありました。たとえば，ジェラルドには「先延ばしする」ことに関する自己抑制があります。ジェラルドが言っていましたが，「遅くするのをやめる」ということができれば，それは，11歳半の価値があると認めることができるということでした。ジェラルド，そのことで，他の人から評価を受けられるかもしれない，と君も思ったのですね。君は「みんな，ぼくに対してポジティブになるだろう」と言いました。バリー，ジョニー，怒鳴り声を静かな注意に置き換えるのは難しいでしょうか？

ひとたび，ジェラルドの中には「11歳であること」が存在しているのをみなが理解すると，何が11歳のスペースをより広げていくのかについて，一緒に想像をめぐらせることができる。そして，ジェラルドがそこに住みたいと望むならば，どうやってそこに導いていくのかを検討することができる。

ミミの6歳のスペース，バリーとジョニーの若い男性のスペース，シャロンとジムの大人のスペースのように，ゴードン家の中に11歳のスペースをつくろうという話になりました。シャロン，あなたは非常に興味深いアイデアをおもちでした。ジェラルドが「クリエイティブなゲームとか面白いことをたくさん言うので，真剣に耳を傾けてくれる人が必要なのかもしれない」ということでしたね。ジェラルド，君は「5分か2分もあれば十分」という意見でした。けれども，君は他のみんなが交代で君にインタビューすることにも応じるということでした（創造的なことを話し合うのに，何らかの助けが必要ならということですが。創造的なことを人に語るのが難しいことは確かです）。そして記録を取ることも了解してくれました。私は，11歳の創造性に非常に興味をもっていることを告白しなければなりません。実際私は今，そのようなことについての本を書いています。ミミが夜の7時に寝るようにするのがいいかもしれないということについて，全員が賛同しました。そうしないと「大人の時間を浸食する」からでしたね。そしてジェラルド，君の就寝時間は午後8時30分でした。

　　ジェラルド，家族みんなが11歳のスペースを見守ることに君は賛同してくれました。スペースに余裕があるかを教えてください。この件については，今後も話を続けたいと思っています。ジェラルド，次回は君のメモを持ってきてくれますか？

心を込めて

デイヴィッド

　5週間後，再び全員が集まり，ジェラルドが「年齢」を何年分補うことができたのか，そして11歳のスペースに居を構えたのかどうかを話し合った。彼は，11歳のスペースには収まりきらないほど成長していた。幸いなことに，彼は12歳の誕生日にも救われたので，家族の中にもてる「部屋」がさらに広がったのであった。

　　ゴードン家のみなさんへ

　　ジェラルド，12歳の誕生日を迎えましたね。それによって，君は6歳の自分だけでなく，11歳の自分をも後にしてしまったように見えます。

他の誰もがそのことに同意しているように見えました。ミミもそうでした。君が言うには、「ポジティブな注目を得るのがうまくなってきた」ということだけど、それは「難しいこと」であるということでした。ひとたび、ポジティブになることを決めたら、それは実は簡単なことになるのでしょうか？　バリー、あなたはジェラルドが「言われる前にしている」ことに気づきました。ジェラルド、これが君にとって良い方向に向かっていて、それで「いいのだ」とみなしたのですね。君は「次の1か月以内に、ネガティブな注目から逃れられるかもしれない」とまで言っていたね。ジェラルド、このことを他に誰が知っていますか？　多少年齢をさかのぼって、もう一度試してみるのもいいかもしれないね。ミミは、君と向かい合っているのではなく、すこし見上げていると言っていましたね。私が「なぜ？」と尋ねると「時々、ジェラルドは不平不満を言うことなく宿題をする」からだと答えてくれました。ジェラルド、12歳であることは、数学で猛勉強をして、初めて学校の賞をもらったこと[5]に何か関係があるのだろうか？

オルタナティヴ・ストーリーが成長する。 これらの進展を検討した後、デイヴィッドと家族は、ジェラルドが有していたネガティブな注目を集める人としての評判を一変させたことに賛同した。なおかつデイヴィッドは、この展開を確実なものにし、維持することに関心をもっていた。セラピーで典型的に起こることであるが、この点に到達することは多いものの、次のネガティブな出来事がこの問題あるいは別の問題の力を復活させ、到達した頂点から転落してしまうのである。

　厚みを増した対抗プロットは、人の能力がしっかりと強調されるときに、一貫性のあるオルタナティヴ・ストーリーに発展する。そうすれば、問題が再発しそうになったり、仮に再発したとしても、これまで気づかなかった能力と冷静さをもって対応できるだろう。セラピストは、インタビューの間、繰り返し遊び心のある態度でそのようなスキルを探す。現存するスキルと専門知識の明確化と確認は、セラピストが導入する新しい「スキルの訓練」よりも望ましい。ジェラルドの想像力は、ミミとの競争の間はほとんど表出されていなかったが、

★5　ニュージーランドの学校では、教科ごとの成績優秀者や、ボランティア、スポーツや文学・音楽・芸術、文化活動に参加した者を表彰する。できるだけ多くの子どもたちに何らかの賞を提供しようとしているのである。

第6章　手紙を通じてナラティヴをつくりあげる ……　145

成熟してきた今，彼の活発で創意工夫に富んだ心が開花し，家族が楽しむところとなった。デイヴィッドは，この点を強調し続けようとした。

　シャロン，「彼の頭の中には刺激的な世界がある」と認めざるを得なかったのですね。みなさんが彼にインタビューを始める前から，このことに気づいていたのでしょうか？　ジェラルドの頭の中には，こんな刺激的な世界があることに気づいていた人は他にいなかったのでしょうか？　バリー，何か思いついたでしょうか？　彼の刺激的な世界は，あなたが彼と同じ年の頃にもっていた世界に似たものだからでしょうか？　ジョニー，あなたは本当にうまい言い方をしてくれました。「ジェラルドは心を重視している」のですね。そして彼の心の大部分は，彼が友人と一緒に発明したゲームで，サイコロを振ることに向けられているようですね。ジェラルド，今は，照明が消えて眠りにつく前，特に覚醒と睡眠の間に，君の想像力がサイコロを振ることに向けられると言っていたね。シャロン，君はジェラルドが「自分のために考えて」いて，「物事を行う自分に満足している」という意見でした。ジェラルド，君は自分自身に満足していると思いますか？　それともシャロンが君自身に満足しているということだろうか？

　デイヴィッドは，想像力の歴史を認めながら，ゴードン家における特別な能力の歴史とそのような能力の抑圧についてのナラティヴに目を向けていく。想像力が豊かな子どもたちには，想像するためのスペースが必要である。シャロンとジムは，ジェラルドに十分なスペースがないのではないかと心配していた。ジムのこれまでの経緯を考えると，その懸念を抱くのはもっともなことであった。

　ジム，あなたは，ジェラルドと同じような想像力があったことを思い出しながら，ジェラルドのことを心配していました。ジム，若い頃，自分の特別な能力が認められなかったと思いますか？　人々はあなたからそれを追い払おうとしたのでしょうか？　あなたが成長するときに起こったのと同じようなことが，ジェラルドにも起こるのではないかと心配しているのでしょうか？　ジム，シャロンと共同で築き上げたあなたの家

族は，あなたが育った家族とは，どのように違うのでしょうか？　振り返ってみると，あなたとあなたの「型破りな能力」について，あなたは何を認められたかったのでしょうか？　あなたの家には「型破りな能力」の系譜が続いていると思いますか？　ジム，もしそうだとしたら，あなたの前には誰がいましたか？　彼らは「型破りな能力」を認められたのでしょうか，それとも追い出されてしまったのでしょうか？

　手紙の最後は，ジェラルドと兄たちとの関係や，12歳のスペースに住み「ネガティブな注目から抜け出す」ようになった今，起こっている変化についての会話を要約している。

　　バリー，ジェラルドの保護者を演じても，うまくいかないと思ったのですね。それがジョニーにも当てはまると思いました。ジョニー，あなたは素晴らしいアイデアを思いつきました。それは「彼にとっての鍵は，自分でやること」というものです。誰もが，木曜日の夜にジェラルドが自分自身を管理するという考えを気に入りました。ジェラルド，あなたもそれを気に入ったでしょうか？　それとも他の人に自分を管理してもらうほうがいいでしょうか？　どちらがいいですか？　次回は，この件を含めて検討したいと思います。

　この時点まで，ジェラルドの12歳としてのポジティブさに注意の大半を向けてしまっていたので，デイヴィッドは，ミミの6歳としてのポジティブさに十分な注意を向けられていないのではないか，と反省を込めて心配した。そこで，ミミに助けを求める形で手紙を締めくくった。

　　ミミ，私は，これまで君の話を十分に聞けずにいました。ごめんね。次回，君の話をしっかりと聞いていなかったら，私に忘れずに教えてください。

　　　　　　　　　　　　　　　　　　心を込めて
　　　　　　　　　　　　　　　　　　デイヴィッド

事例 自分の秘密を自分自身にも秘密にしないで

　次のストーリーでは，デイヴィッドは，困難に巻き込まれている 15 歳の少女に次々と短い手紙を送った。そしてその少女は最後に，封筒に入れた手紙をデイヴィッドに手渡してくれたのである。

　母親のゲイルは，娘のヨランダが 11 歳になる頃には娘をコントロールできなくなっていることに気づいた。ゲイルは，ヨランダのために薬を処方してくれた精神科医に相談した。するとその精神科医は，ヨランダが一生涯にわたって薬を飲めば大丈夫だ，とゲイルを安心させた。唯一の問題は，ヨランダにどうやって薬を飲ませるかだった。ヨランダは，どんなことにも怒ってしまうのであった。

　過去にゲイルは，娘に手をあげられ，一生の傷を負っていた。ヨランダが 15 歳になった今，ゲイルは定期的に警察に通報して，家族の秩序を回復し，自分自身と他の子どもたちを守る必要があった。残念なことに，このようなことが何度も起きるため，今では警察も対応してくれなくなっていた。ゲイルは，他の 2 人の子どもとともに家から逃げ，シェルターに避難しなければならなかった。ヨランダは，家族に傷を負わせたことに加えて，友人関係にも深刻な傷を負わせていた。彼女はとても孤独で，学校で同情を得るために腕が骨折しているふりさえした。

　デイヴィッドがこのような状況を知ったときには，ヨランダが次に暴行をはたらいたら，少年裁判所の被後見人[6]にする以外に方法がないとゲイルが思うほど，状況は悪化していた。デイヴィッドは，警察とニュージーランド児童少年局[7]の代表者が出席する面談に招かれた。ヨランダを少年裁判所の被後見人にするという最後通告が申し渡されると，ヨランダは唖然として黙り込んだ。デイヴィッドは，彼が知る限り初めて，ヨランダがかんしゃくを起こしたり，悪態をついたり，逃げ出したりすることなく，5 分以上過ごしていることに気づかずにはいられなかった。この特異な（ユニークな）出来事を捉えて，デイヴィッドは何か特別なことが起こっていると指摘し，次のように尋ねた。「何が起きたか誰か知っていますか？」　誰も何も言えなかった。そして彼はヨランダに向き

★6　少年裁判所の被後見人になると，裁判所が未成年者（16 歳未満）の管理と治療をめぐる責任を家族から引き継ぐことになる。

★7　現在の組織名は「オランガ・タマリキ（Oranga Tamariki）」というマオリ語となっている。Oranga とは，「サバイバー，食べ物，暮らし，福祉，健康」などの意味であり，Tamariki とは，「子どもの」という意味である。

直り，「ヨランダ，生まれて初めて自分の気持ちをコントロールしたね。どうやったの？」ヨランダは，急に彼のほうを向き，「余計なお世話よ！」と言った。デイヴィッドは平然として「君を責めているんじゃないよ。どうやったかを披露するには早すぎるので，秘密にしておいてください。でも，自分自身にも秘密にしてしまわないようにね」と答えた。ヨランダの激昂は当惑へと変わっていった。デイヴィッドは「そうだね，3か月間は披露しないでください」と続け，「君の秘密兵器がちゃんとはたらくかどうか確信できるまではね……」と伝えた。

　デイヴィッドはヨランダに，「かんしゃく調教記録」のために，かんしゃくをコントロールする秘密を守ることがどのようなものかを3か月間記録できるかな，と尋ねた。デイヴィッドが驚いたことに，ヨランダは賛同したのだ。デイヴィッドは，このことが，ゲイルだけでなくヨランダにとっても多くの落とし穴がある冒険的な取り組みであることを理解していたので，成功するという希望を見失わないために，頼まれてもいない手紙を不定期に送った。

　これらの手紙の例を次に示そう。

　ヨランダへ
　君の秘密兵器は，フォース（力）をもたらしているだろうか？　もしそうなら，フォースとともにあらんことを！[8]　私は，君がその秘密を安全な場所に保管しているだろうか，と心配しています。そこが私が思うようなところであれば，虫が食わないように防虫剤を入れたほうがいいかもしれないね。
　ところで，新しい髪型が良かったですね。とても親しみやすいと思いました。

心を込めて
デイヴィッド

　追伸　お母さんやお姉さんに私が心配性だと思われたくないので，当分の間，この手紙は内緒にしておいてね。

★8　原文は "May the force be with you!" で，1977年から始まった映画『スターウォーズ』シリーズの名台詞である。

第6章　手紙を通じてナラティヴをつくりあげる …… 149

ヨランダへ

　昨晩，夢を見てしまい，怖くて目が覚めてしまいました。それは，君が怒りを爆発させて，母親を殴り，そして母親は君を暴行で告発したという夢でした。目覚めると，私はそれが真実ではないことに気づきました。そう，ただの夢で良かった。

　他に夢の中で起こったことは，君が秘密を壺に詰めて庭に埋めたということでした。ある庭師が君の家に来て偶然それを見つけて，庭師の娘の**かんしゃく**問題のために家に持って帰りました。君がクールダウンが必要になったときに取りに行くと，秘密を入れた壺は跡形もなく消えていました。秘密兵器を庭に埋めていないことを祈ります。大切に保管してくださいね。

謹んで
デイヴィッド

ヨランダへ

　頼んでもいない手紙を押しつけがましいと思っていなければいいのですが。それはけっして私の望むところではありません。もしそうであれば，教えてくださいね。

　この前の手紙で，ニュージーランド軍は君の秘密兵器に興味があるのではないかと思っていたと伝えました。君の秘密兵器を，海軍や空軍より先に陸軍に提供するのは公平だと思う？　そうすることは，軍の一部門を優遇することになるね。君には，何か好みの軍があるだろうか？　それともすべてのところにチャンスを与えるべきだと思うかい？　もしかしたら，君はそれを最高入札者に売ることができるかもしれないね？　もしかしたら，お金が入っているかもしれないかな？　誰か知ってる人はいるのかな？　私は武器を発明したことがないので，どのくらいの値段で売れるのかわかりません。とはいえ，調べてみる価値はあるかもしれません。

謹んで
デイヴィッド

> ヨランダへ
>
> 前回の面談で，君が友だちをつくっていて，新しい友だちが君との友情を楽しんでいると言っていたので驚きました。その1日では物足りないと感じたので，ボーイフレンドとなる方向に発展するかもしれないとも言っていました。彼のために，私の心配事を君に伝えたかったのです。君は彼に秘密兵器を使ったことがあるの？　もしそうなら，彼の同意なしに秘密兵器を使うことは，公正だと思いますか？　彼に理解するチャンスはないのかな，と心配になります。"それ"を彼に話したと言っていました。しかし，彼が君の秘密に直面していることを十分にわかるように，必要な情報を提供しましたか？　私のアドバイスは，"それ"を彼には秘密にしないことです。だって，**公平じゃないよね。**
>
> それでも，私たちの間で合意したように，3か月が経過するまでは家族に秘密にしておくことをお勧めします。そのときになって初めて，君はそれを明らかにすることを考えるべきです。待ちきれないね！
>
> 心を込めて
> デイヴィッド

　これらの手紙は，ヨランダに問題行動を起こさせてしまう状況に，彼女が非常に接近しているときには，必要な励ましとユーモアを提供した。秘密にしていた3か月間，ヨランダは暴力をふるうのを避けることができた。さらに彼女は，母親や姉妹に対して，以前の暴力への償いに懸命に取り組んだ。そんな彼女の恩返しの集大成ともいえるものは，2人の姉妹と協力し，「母への感謝パーティー」をサプライズで企画したことであろう。そのような姉妹の協力は，家族には前例がなかった。

　このような状態になっているにもかかわらず，ヨランダは自分の秘密を明かすことに消極的だった。彼女は，暴力をふるわないことを維持することにまだ確信がもてないので，さらに3か月間の延長を求めた。半年間，平和を守ってきたヨランダは，面談の後で，デイヴィッドに封書を手渡し，家族の前ではこの秘密を明かさないように求めた。封書の中にあったのは，次の手紙である。

> デイヴィッドへ
>
> 何が私の**かんしゃく**をコントロールできるようにさせてくれているの

第6章　手紙を通じてナラティヴをつくりあげる ⋯⋯　151

かを，あなたに伝えようと思い，この手紙を書いています。去年の終わりに里親に預けられたとき，私は自分の人生と，それをどうしたいのかということについて，コントロールを失ったことに気づきました。私の家族は，もはや私や私の**かんしゃく**に耐えられなくなっていました。当時，みんな意地悪で愛情がないと思っていましたが，今では愛からこのような決断をしたのだとわかっています。

　私が**かんしゃく**をコントロールしているのは，自分が必要とされない，愛情も思いやりもない家に送られてしまうのを恐れているからだと思います。警察とソーシャルワーカーとの面談で，私が児童養護施設や精神病院に送られるリスクがあると言われたとき，私は彼らが間違っているのを証明しようと決心しました。私は自分が家族の一員であることを知っていますし，みんなが私を愛していることを知っているので，私をどのように扱っても気にしません。あなたを信用しているので，私のコントロール方法を教えるのは怖くありません。まだ誰か特定の人がいるわけではないのですが，3か月前の自分と同じような境遇の人がいたら，ぜひ助けてあげてほしいです。困っているときに，友だちになってくれて本当にありがとう。

あなたの友だち

ヨランダ

第7章

ニュースを広める

　ナラティヴ・アプローチには，関心のある人に変化のニュースやオルタナティヴ・ストーリーを広める実践が多く含まれる。オルタナティヴ・ストーリーを子どもや家族の生活の中にしっかりと定着させるには，治療の輪のすぐ外にいる人たちにも変化を知っておいてもらうことが助けになる。さらに，他の人の見解が特定のナラティヴに貢献してしまっているのであれば，それらの見解を改訂できるように支援することが重要になる場合もある。重要な人々は，注目すべき進展の聴衆となり，子どもと家族が好むストーリーに積極的に貢献するよう招かれる。そして，情報を収集して他の人々と共有するプロセスは，さらなる「意味の遂行」につながる。その結果，ナラティヴが強化されるのである。多くの場合，これらの新しい意味は，セラピストからの手紙として文書化され，家族にとって具体的で耐久性のある記録となる。

　フリードマンとコームズは，（当事者が）好むストーリーを広めることの魅力を次のように説明する。

　　支配的な文化において，セラピーは秘密裏に行われる活動となりがちであるが，ナラティヴ・セラピーというサブカルチャーにおいては，私たちに相談を求める人々は，通常，他の人々をプロセスに参加させるというアイデアに大いに心を惹かれる。外在化と病理に対抗する実践は，セラピーにおいて異なる体験を人々に提供すると考えている。セラピーが，人々が好む自己を構成するような文脈となるとき，人々は，隠すことがなくなり，むしろ披瀝することが多いのである。　（Freedman & Combs, 1996, p. 237）

　ビル・オハンロンは，クライエントが自身の好むストーリーで主人公の役割を果たしている場合，情報開示がもたらす利益について次のように記述してい

153

る。「このセラピーでは，人々はヒーローとして登場し，そのヒーロー的行為が何らかの社会的な方法で認められることをしばしば望む。通常，他者と連絡をとり，自分のストーリーを語るのをうれしく思うのだ」（O'Hanlon, 1994, p. 28）。

||| 君がコンサルタントになり意見を述べる |||

　聴衆と共有するために情報を収集するプロセスは，たとえば，子どもが問題との関係を改善するために重要な措置を講じ，その際，同様の懸念に取り組む他の人々を支援する知識と専門知識を得たという前提から始まる。デイヴィッド・エプストン（Epston, 1992）とマイケル・ホワイト（White, 1995）は，「彼らが自身の人生の『ドミナント・ストーリー（支配的なストーリー）』，つまり彼らの問題，症状，社会的に帰属する『病理』を中心に組織されたストーリーに抵抗し，乗り越えてきた方法を記録する」（Epston, White & "Ben", 1995, p. 278）ために，当の本人が他者をコンサルティングするという実践を展開した。

　この実践には，子どもの「オルタナティヴな知識」を引き出し，文書化していくためのインタビューが含まれる。たとえば，子どもが**かんしゃく**に精通してきたのであれば，その子自身が苦労して得た知識について，インタビューをするために招くことができる。セラピー中のどの段階でも可能だが，そのようなインタビューは，セラピーにおけるいわゆる終結プロセスに対するオルタナティヴなモデルをつくり出す。デイヴィッドとマイケルは，セラピーの終結を「損失としての終結」というメタファーではなく，「通過儀礼」というメタファー（van Gennep, 1960）によって表現することを好む。彼らは，この儀式のプロセスに従って人が励まされることについて，次のように述べている。

　　初心者からベテラン，クライエントからコンサルタントへの移行を切り開くために，セラピストや他の権威者が提示する「専門知識」に依存するのではなく，このセラピーは，セラピー中に復活した，あるいは生まれた，オルタナティヴで「特別な」知識を解放できる地点に到達することを可能にするのである。　　　　　　　　　　　　　　　（Epston & White, 1992, p. 280）

　その過程で，子どもの新しい立場を確認し，祝福する機会を設けることができる。

　コンサルタントとして取り組むとき，子どもたちは，従来とは異なる役割を担うことになる。

- 子どもは，自分の人生に対する権威者として意見を求められる。
- 既存の，そして新たに習得した知識や能力は，有効であり，尊敬に値するとみなされる。
- 子どものアイデアは，文書化され，他の人たちに回覧されるほど重要だと認められる。

　子どもたちが自分の知識やスキルを他人に「披露する」チャンスを逃すことはない。おそらくさらに重要なのは，自分の経験を共有することで，子どもたちが他者への貢献という利他的な満足感を得られることである。

　最終面談は「君がコンサルタントになり意見を述べる（consulting your consultant）」という形式のインタビューで構成されることが多いが，このようなインタビューは初回面談以降一般的に行われる。セラピー中に出現する興味深い技術や知識について，子どもに意見を求めることができる。たとえ収集された情報が外部に流布されなくても，インタビュー自体が有効なのである。アイデアのストックを増やし，自身の取り組みに刺激をもたらしてくれるという点で，最も恩恵を受けるのはセラピストである。

　子どもと家族の考えや知識は，同じ問題に苦しんでいる人々のコミュニティに流布させることができる。マディガンとエプストンは，このようなグループを表すために「関心を分かち合うコミュニティ」という用語を提案した（Madigan & Epston, 1995）。「アンチ拒食／過食リーグ」は，関心を分かち合うコミュニティの一例である（Cowley & Springen, 1995; Epston, Morris & Maisel, 1995; Madigan & Epston, 1995）。リーグのメンバーは，問題の社会的な，ジェンダーの，および文化的な側面に関する知識を含む，拒食および過食との関係を改訂するための奮闘とアイデアを共有する。「アンチ拒食／過食リーグ」のメンバーは，たとえば，高校での教育的プログラムを通じて，文化全体にまたがる問題の定義を改訂する積極的な役割を担うことを選択したのである。

　このような個人から政治への動きを促進することは，個人と社会の変革のための強力な手段である。それゆえに，高い倫理基準が要求されるような価値のある追求なのである。これは，クライエントからインフォームド・コンセントを得るという継続的なプロセスを必要とし，高度に協働的な文脈の中で行われる[*1]。

　本書のストーリーの多くには，「君がコンサルタントになり意見を述べる」インタビューをして，その後，本書の読者を含め，セラピーの文脈の外に流布された文書が含まれる。本章では，このようなインタビューに焦点を当て，収集

した情報を責任ある方法で流布するいくつかの方法について説明する。

ニュースを嗅ぎつける嗅覚

　セラピストは，どのようにして協働的な方法で責任をもち，個人と社会の変革をめぐる重要な情報の流れを集め，促進するのだろうか？　報道機関のメタファーは，ナラティヴ・セラピストがどのようにこの探求に取り組んでいるのかを説明する，遊び心のある方法であろう。報道機関のメタファーでは，次のような役目を見いだせる。

- セラピストには，レポーター，共同編集者，共同発行者の3つの役目がある。
- 子どもとその家族にもまた，ニュースになる人，共同編集者，共同発行者の3つの役目がある。
- 「ニュース」は，セラピスト（レポーター）がクライエント（ニュースになる人）から収集する。
- 「読者」は，子どもと家族の生活が変わったというニュースの聴衆として認定される。
- ニュースは，セラピストとインタビューを受けた者によって「発行」前に共同編集される。
- ニュースは，報道する価値があると判断される前に，他のソースによって裏付けられ，正確性が確認される。
- ニュースのストーリーは，手紙，録音テープ，絵など，選択された媒体で作成される。
- ニュースは，聴衆のもとに届けられる。

ニュースの収集

　インタビューはニュース収集の基盤となる。セラピストは，報道する価値のあるニュースを探り当てる嗅覚を発達させ，インタビューを受ける人が自身の発見を見つけ出し，自身が成し遂げたことを認証できるようなインタビュースキルを発達させる必要がある。

　ここでは，ぜんそくに苦しんでいる人たちに届けるために，報道する価値のある材料を集めるための質問例（対象は，高学年の子どもや10代の若者）を紹介する。

- **ぜんそく**と闘っている子どもが他にもいることを知っていますか？
- もし私が**ぜんそく**に苦しんでいる子どもたちに会ったら，励ましたり助けたりするために，**ぜんそく**をめぐるあなたの専門知識を伝えてもいいでしょうか？
- 君に効果があったことの中で，**ぜんそく**に負けてしまわないようにするための，君のお気に入りのアイデアは何でしょうか？
- 他の子どもが君のように**ぜんそく**から人生を取り戻そうとするならば，どのような方針をとるように勧めますか？
- **ぜんそく**が君の人生のすべてを握っていたとき，それによってどのようにみじめな思いにさせられたでしょうか？　それはどのようにしてきたのですか？
- **ぜんそく**は，君が自分のことを「病弱な」人間であるとみなすように説得してきたのでしょうか？
- 君は，辛抱強い患者になりすぎたと思いますか？
- **ぜんそく**は，どのように君を辛抱強くさせ，長く苦しむようにしてきたのですか？
- **ぜんそく**は，君にどんな将来を望んでいたのでしょうか？　それは，そのことを君に隠そうとしていたのですか，それとも君に見せびらかしていたのですか？
- **ぜんそく**が君に何か企んでいるのに気づいたとき，君は逆にだましてしまうようなトリックを思いつきましたか？
- **ぜんそく**から自分の人生を取り戻す前に，それをスパイして，それがどのように君から君の人生を奪おうとしているのかについて調べましたか？
- 両親がとても頼りになるので，**ぜんそく**は，君に両親を頼るようにさせたのでしょうか？
- **ぜんそく**が耐えられないほどのどのような個人的な資質や能力を君は発揮したのですか？
- **ぜんそく**が体力を奪ったとき，力関係を五分五分に戻すために，精神的な強さを発達させたのですか？
- 君がどのようにして**ぜんそく**から自分の人生の大部分を取り戻したかを今振り返ってみると，他の子どもたちを元気づけ，希望を与えるために，何を言ってあげられるでしょうか？

ニュースの共同編集

　レポーターとして取材する立場と，共同編集者として記事をどのように組み立てるかを提案する立場とを行き来するとき，最も扱いにくい要素は役割の混乱かもしれない。この役割を混乱させると，レポーターはインタビューを受ける人よりも先回りしてしまいがちになる。インタビューのプロセスにおいて，インタビューで集めたニュースは，ニュースになる人に定期的に戻し，編集してもらう必要がある。私たちの信条は，「『ストーリーに釣られず』，事実をしっかりと確認する」である。

　以下のガイドラインは，セラピストがニュースになる人の背後に留まり，自身の役割を明確に維持するために役立つものである。以下の例は，セラピストが少年ドンとその父親に代わって少年裁判所に手紙を提出することになったため，2人にインタビューしたものである。

- インタビュアーが行おうとしている取り組みについては，必ず事前に同意を得る。「ドン，お父さんとの関係で起きている変化について，いくつか質問してもいいでしょうか？」
- ニュースを取材する際の倫理として，ニュースになる人の言葉とメタファーを優先的に扱うように要求される。「君は変化を『戦わずに話をする』『今は，より良い道を歩んでいる』と表現しました」
- 別の表現を提案する前に，レポーターはまず，ニュースになる人が共同編集の役割に移行するのを伝える必要がある。「『戦わずに話をする』ことが，あなたの対人関係を**かんしゃく**から解放するのを示唆する例ですが，このことについて，もっと知るために時間をとっていいでしょうか？」
- レポーターは，自分の理論を反証するような答えを常に想定して準備する。「当たっているでしょうか？　君とお父さんが『戦わずに話をする』ことが**かんしゃく**を出し抜いた例であると思わないでしょうか？　これが，君が『建設的な話し合いをする』と呼んでいたことの例だと思うでしょうか？」
- 相手を引っかけるような質問はしない。レポーターは，個人的な経験や偏見を含め，質問の根拠を快く開示する。「私はあなたたちのけんかを心配して，まったく口論をしないでコミュニケーションをとってほしいと思ったのです。しかしもしかしたら，私が口論をしないことが正解であるとしてしまったために，あなたたちが『建設的な話し合い』と『破壊的な戦い』

を区別するという，重要なことに気づかなかったのかもしれません」

- ニュースの切り口そのものは，常に議論や改訂の対象となる。「あなたは『ただの反応』をしてしまう前に『お父さんの話を聞く時間をとった』と言いました。それに私は，あなたたち2人がお互いの論点をかなり詳細に説明できることに気づきました。お互いの意見に耳を傾ける時間をもつことが，『破壊的な戦い』ではなく『建設的な話し合い』の機会となるのであれば，何らかの違いをもたらすでしょうか？」
- 最終的なストーリーはそもそも共同作業となるが，みんなのもとに届ける前に最終的な確認を得るために，ニュースになる人へと戻される。「少年裁判所への手紙にこのように書くのはいかがでしょうか？『ドンと父親は，互いの視点を理解するための第一歩を踏み出しました。2人は，反応する前にお互いの話を聞く時間をとることによって，破壊的な戦いをするのではなく，2人が建設的な話し合いと呼ぶものでコミュニケーションをとるようにしています』」

聴衆の識別

　聴衆は，クライエントの人生に関係している人から，「同じ問題を抱えている，同じくらいの年齢の子どもたち」のような仮想グループにまで及ぶ。これらの人々は，省察的な質問を通じて，子どもや家族の中でさまざまに思い起こされるだろう。たとえば，誰にセッションに参加してもらいたいのか，子どもについての手紙を誰に送ることができるのか，さまざまな「メディア（媒体）」を通じて誰と接触できるのか，誰を学校のような会議に招くことができるのだろうかと尋ねることによってである。聴衆は，「既存の聴衆」，「仮想の聴衆」，「召集された聴衆」などに分類できるだろう（Freeman & Lobovits, 1993）。

　「既存の聴衆」は，子どものことを知っており，その子に対する見解をもっている人たちである。子どもの人生の意義に対する証人となり，さらなる意義を追加するように求められる。このような人たちを特定するために，これまでセラピーで得られた変化について知っておいてほしい人や，古くなった情報を更新しておいてほしい人がいるかどうかを，子どもや家族に尋ねることがある。この聴衆には，親戚，友人，教師，または医師や学校関係者などの専門家が含まれるだろう。

　中には共感し，自身の応答を求められたら，それに応え，発展しつつあるナラティヴに積極的に貢献しようとしてくれる人もいる。ところが当然のことな

第7章　ニュースを広める　……　159

がら，中には懐疑的な人もいて，問題のしみ込んだナラティヴに巻き込まれたままになっている人もいる。たとえば，教室で子どもの対応に苦労してきた教師には，その子がもう問題児（トラブルメーカー）ではないことを納得してもらう必要がある。敬意を示しながらも，そのような人たちを再ストーリー化する過程に含めていくことが不可欠となる。私たちは，子どもと協力して次のような手紙を送るかもしれない。

プロスロー先生

ぼく，バートは，今年，**トラブル**のせいで大変な目に遭わせてしまったことを，先生とクラスメートに謝ります。今では，自分が「トラブルメーカーという評価」にふさわしいことを実感しています。

セラピストのディーンに会ったとき，ディーンはぼくが考えられるように質問をしてくれました。そして，ぼくが思いついたのは，「良い評判」を取り戻したいということでした。ぼくは，それをただでもらえるとは思っていません。ぼくはそれを自分で取り戻さないといけないことを知っています。取り戻すための良い考えが思いつかなかったので，ディーンに聞いてみました。彼はお母さんに，家では良い評判が残っているだろうか，と尋ねてくれました。お母さんは，ぼくは庭仕事のお手伝いをすることで良い評判がある，と言いました。そこでディーンはぼくに，学校で庭仕事のお手伝いをする機会があるだろうか，と聞きました。ぼくは，ある，と言いました。ぼくが花と雑草の違いを知っていると伝えたので，ディーンを安心させることができました。

たった1回のことで，良い評判が戻ってくるとは思っていません。でも，玄関に雑草の生えていない花壇があるのを見ることができれば，それは，ぼくの真剣さの現れだということです。トラブルから抜け出すことは一晩ではできないけど，もしぼくが十分にできていないと思うのでしたら，そのように言ってください。そうしても，キレたりしません。

署名：バート

追伸　ディーンが質問して，この手紙をタイプしたけど，答えはすべてぼくのものだと誓います。

追々伸　ディーンが，ぼくを笑わせた質問を入れていいかどうか確認してくれました。それは，「君が雑草（weeds）を校庭から引っこ抜くの

と，君が学校から引っこ抜かれる（be weeded）のと，どちらがいい？」
というものでした。

　私たちが伝える新しい情報に揺さぶられた教師が，子どもの悪い評判にまど
わされなかったとき，その教師の変化した認識と行動は，子どもの変化のストー
リーを力強く裏付けることができる。かつての懐疑論者ほど価値のある転向者
はいないものだ！　このような人の認識が変わると，さらにその変化を裏付け
る手紙に貢献しようとすることもある。

　これらの実践を提案すると多忙な専門家がしばしば示す懸念を，簡単に取り
あげたいと思う。それは，時間である。「そんなことしてる暇はないよ，特に今
は管理されたケアをしているから」。私たちは，家族のネットワークに取り組む
のに必要な時間が，高利回りの投資であることを発見した。セラピストの有効
性は，当然ながら循環するものの一部であり，これが子どもを取り巻くネット
ワーク全体に好印象を与える。このような取り組みをするのに伴い，しばしば
紹介先が増えることもある。

　「仮想の聴衆」とは，想像上の友人や，亡くなってしまったがその人や家族の
心の中で生きている重要な人物のことであり，省察的な質問を受けることで想
像の中に浮かび上がってくる[*2]。お気に入りのおもちゃやペットでさえ，助けと
なる情報を提供するために，子どもの想像の中で思い出される。たとえば，夜
の恐怖に直面していた8歳の少女は，一連の質問を受けて，ベッドのそばで眠
る愛犬の目を通して，夜の部屋にいる自分を見るように招かれた。彼女は次の
ような質問を受けたのである。「もし，君の犬が話すことができたら，君が昨晩，
恐怖に乗っ取られることなく，犬を撫でて自分を落ち着かせることができたこ
とについて，何と言うかな？　君のことをよく知っている君の犬は，君の勇気
に驚いただろうか？　君の犬から君の勇気を学んだのかな？」

||| クラブ，ネットワーク，リーグ，そしてプロジェクト |||

　最後に，相談室に同席するリフレクティング・チームのメンバーのような「召
集された聴衆」がいる。ここでは，リフレクティング・チームについて説明し
ないが，これは，治療的なナラティヴを発展させるための強力な支援となるも
のである[*3]。もちろん，セラピーを受けている人々は，変化に対する価値ある聴
衆になりうる。

　関心を分かち合うコミュニティは，手紙，ニュースレター，その他のメディ

第7章　ニュースを広める ……　161

アを通じて召集されることがある。このようなコミュニティには，「作成中のオルタナティヴ・ストーリーを認める力と，人と問題を同一視する支配的で問題のしみ込んだストーリーを変えるために，ローカルな知とテクニックを提供する力」(Freeman & Lobovits, 1993, p. 222) がある。

ホワイトとエプストンは，同様の問題に直面している子どもたちのために「かんしゃく調教クラブ」というクラブを最初に結成した（White & Epston, 1990b）。エプストンは「アンチ拒食症リーグ」など，ネットワーク化された関心を分かち合うコミュニティを，先駆けて積極的に開拓した。それ以来，支援，知識，情報だけでなく，社会的行動の点で，子どもや家族を結びつけるネットワークやリーグがいくつか誕生した。その中には，「怖くても大丈夫，心配をなくすクラブ（The Fear Facers and Worry Stoppers Club）」，「平和な家族プロジェクト（The Peace Family Project）」，「完璧主義にバイバイ・ネットワーク（The Freedom from Ferpection(Perfection) Network）」などがある。

このような活動は，特定の問題とその社会文化的側面について学び，それに対処するという点で，セラピーの取り組みをそれぞれの家族を中心としたものから，より公的で社会的なものへと移行させることができる。子どもや家族がクラブに招待されたり，クラブをつくるとき，彼らが他の子どもたちの聴衆となったりする。そして，彼らが他の子どもたちにとっての専門家やコンサルタントとなるとき，彼ら自身のストーリーも認められる。

‖ ニュースの裏付け ‖

ニュースを配信する主な利点の1つは，ニュースになる人の話を裏付けする機会を提供できることにある。裏付けのプロセス自体が，新しい発見や理解をめぐる意味と妥当性を豊かにする。裏付けは，子どもと直接接触して変化を目のあたりにした人，問題によって悪影響を受けた人，あるいは変化の可能性について懐疑的だった人が提供できるだろう。これらの当事者は，家庭内，学校（教師，副校長など），地域社会（保護観察官など）といった身近なところにいることが多い[4]。

裏付けおよび立証は，さまざまな方法でいろいろな人から得ることができる。それらは書かれることや，インタビューされることによって得ることができるだろう。たとえば，子どもが「米国かんしゃく調教クラブ」に応募するのであれば，応募プロセスには，裏付けとなる情報源（図7.1）からの推薦状が含まれることになる。

```
米国かんしゃく調教クラブ
紹介状

        申請者名：_____
        審判員名：_____

・ 申請者とかんしゃくの以前の関係について，どのようにして知るこ
  とができたのですか？（かんしゃく，議論，けんかなど）


・ あなたの見解では，かんしゃくはそのような状況で申請者をどのよ
  うな人物にしたのでしょうか？


・ 申請者がかんしゃくをなだめる能力を発揮した例を一つ以上挙げて
  もらえますか？


・ その間，申請者はどのような強みや能力を発揮したのでしょうか？


・ あなたは，同じようにかんしゃくに悩まされている子どもたちに，
  申請者のかんしゃくを飼い慣らす技術を共有することができる「米
  国かんしゃく調教クラブ」に参加するのを推薦するでしょうか？
```

図 7.1　米国かんしゃく調教クラブの紹介状フォーム

ニュースの媒体

このストーリーを伝える媒体は，数多くある。それは，エッセイ，手紙，リスト，録音されたインタビュー，証明書[*5]，宣言書（図7.2），アート，詩，そして会話の逐語録などである。これらは，「身分証明書」（White, 1995, p. 144）のような個人的なものから，バンクーバー・アンチ拒食／過食リーグの機関誌『リバイブ[*6]』のような大衆的なものまで多岐にわたる。

幼い子どもにとって，リストや図表は，発展の経過を追うための有用な媒体

第 7 章　ニュースを広める ······ 163

> ### サイモンズ家の平和宣言
>
> 　言い争いは，最近までサイモンズ家のコミュニケーションを蝕み，愛と敬意を奪い，苦渋に置き換えてしまっていた。
> 　それゆえに，サイモンズ家は，「家族の平和」を宣言し，言い争いが始まる食事の時間において，その芽を事前に摘んでしまい，言い争いのない食事をすることで，これを実現してきた。
> 　であるがゆえに，家族のそれぞれは，言い争いがいかなる形態であってもコミュニケーションに入り込んだと考えられるのであれば，自身の力と知識の限りを尽くして警笛を鳴らすことを誓う。
> 　この宣言書は，冷蔵庫，暖炉，留守番電話など，見やすく利用しやすい場所に掲示することを決議する。
> 　さらに警告が必要な場合には，誰でも，本宣言書を家族全員に声に出して読み聞かせることができるものとする。
> 　最後に，家族の一人ひとりが朗読に耳を傾け，言い争いや敵意の終わりを聞き，それを再確認し，家族に協力と平和が戻ることを告げるものとする。
> 　1996 年 6 月 10 日，カリフォルニア州バークレーのアラメダ郡にて，署名および立会。

図 7.2　サイモンズ家の平和宣言

となる。バージニア・シモンズ（セラピスト）とキャリー（クライエント）による「勇敢プロジェクト」（Freedman & Combs, 1996, pp. 232-236）のようなプロジェクトは，リストの形にまとめることができる例である。リストのもう 1 つの使い方は，問題から離れて子どもが成し遂げたことをまとめるというものである。たとえば，幼い子どもに以下のように尋ねることができる。「最近，6 歳の子どもとして，自慢できるようなことがあるかな？　私が君を見ただけではわからないようなことで，君ができることが何かあるかな？」家族は，通常，子どもがどのようなスキルや能力を身につけているのかを喜んで教えてくれる。リストは，問題に対する子どもの能力を示すストーリーの参照すべき点を提供する。さらにその後，問題に関連した成功例をまとめた別のリストをつくり始めることができる。たとえば，「6 歳から 7 歳になるリストに，誇りに思えるようなものを追加できるかな？　自分を落ち着かせる新しいスキルを追加できるかな？」となる。

　関心を分かち合うコミュニティのメンバーは，さまざまな媒体を介して互いにつながる（Freedman & Combs, 1996, Lobovits, Maisel, & Freeman, 1995, Madigan & Epston, 1995）。これは，個人的な手紙，詩，アート，または録音インタビューを含み，セラピストが関係している関心を分かち合うコミュニティのメンバーの 2 人以上によって共有される。たとえば，習慣（強迫性障害）に苦しんでいる

人の手紙を読み，それに反応することができれば，とても感動的な体験になることだろう。そのような手紙は，そのコミュニティのすべての人によって読まれ，レビューされる。手紙のやりとりから始まった雑誌『リバイブ』は，その典型的な例である。

‖ いろいろな活用方法ができるハンドブック ‖

　数年前，ジェニーは「セラピストが患者についてではなく，問題についてファイルを保管していたらどうなるのだろう？」と自問した。このことがきっかけとなり，彼女は特定の問題に関する子どもたちの知識や成功を集めたハンドブックを作成した。これらの中で，子どもや家族は，自分自身のために投稿を記述したり，読者のために自分自身の成功談やアドバイスを提供する。他の人たちが同じ問題にどのように取り組んできたのかを読む機会をもつこともできる。

　ハンドブックへの執筆は，「君がコンサルタントになり意見を述べる」という形式の１つであるとみなすことができる。子どもは，あるトピックに関する知識を文書化することによって，貢献することができる。あるいは，適切なときには，記事に対する潜在的な読者とは，「同じ問題に直面し，君の発見から恩恵を受けるであろう他の子どもたち」であると，子どもに紹介することができる。

　このプロジェクトにはいくつかの目的がある。

- 同じような問題に直面している他の子どもたちのために，相談に乗ってくれるよう子どもたちを招くことによって，子どもたちに力を与え，尊重する。
- 奮闘と成功をめぐる子どもたちの説明を正当なものであると認める。
- 成功をアピールする楽しみや，自分自身を超えて（他の人に）つながる楽しみをもつ方法を提供する。
- 子どもたち自身が後戻りを経験した場合に，インスピレーションや参考文献とするための，子どもたちの説明を保管しておく。

　子どもたちは，自分のストーリーや声明，質問，詩を無地のノートに書いたり，口述したものを書き取ってもらったり，絵，漫画，地図，グラフで自分の貢献を描写するように招かれる。ハンドブックには，ジェニーが描き添えたカラフルな絵や漫画も含まれている。ハンドブックは，子どもを担当するセラピストの間で回覧され，次々にセラピストが項目を追加していく。ハンドブック

第7章　ニュースを広める ……　165

図 7.3 キッズかんしゃく調教ハンドブック：クールオフでクールになる！

には，次のようなものがある。『キッズかんしゃく調教ハンドブック：クールオフでクールになる』『怖くても大丈夫，心配をなくすハンドブック：想像力で友だちをつくろう』『ぐっすり眠る：習慣から解放されるハンドブック』『普通とちがう学校の本』などである。図 7.3 および図 7.4 で，コラージュの表紙を付けた 2 つのハンドブックの例を示す。

　ここで重要なのは，ハンドブックは成功した人や経験豊富な人の記録として，新しく来た人や能力の低い人に見せるためのものではないということである。またマニュアルやガイドとして使用することを目的としたものでもない。それは，このハンドブックの精神に反する。それでも，セラピーを受ける子どもたちに，彼らと同じ道をすでに歩いた子どもたちの話を聞かせることがある。他の子どもたちからの話を聞く心の準備ができている子どもたちは，関心の高さでそれとわかるだろう。しかしながら，ハンドブックの主な価値は，子どもが自分自身の項目を付け加えるのに参加することであると考えている。多くの子どもたちは，投稿者になることに強い興味をもち，以前の記事を読む時間すらとらない。子どもがハンドブックの項目を読めば，通常，自分自身も貢献したいと思うようになるだろう。

　ハンドブックは，山頂の防水コンテナに入れられた「山頂の寄せ書き帳」のようなものである。山頂に到達したクライマーは，景色を眺め，「山頂にいる」スリルを感じ，過去の記録を読んで，自分の登山について投稿する。「山頂の寄せ書き帳」をつける楽しみの大部分は，自分の記録を作成することにある。いくつかの投稿記事はこれまでの集大成となっているが，他の投稿はこれまでの

道のりの節目として記録される。登山の旅はそれぞれで異なる。登山者は，それぞれに登頂ルート，天候，その他の状況に直面するので，山頂まで辿り着いた経験やそこでの景色は独自のものとなる。このハンドブックは，問題に対応することによって人生を変えた子どもの知識，いわば旅の登頂記録なのである。

子どもとともに変化のナラティヴを共著できるセラピストは，ハンドブックに新たな項目を追加できるスキルの持ち主であろう。セラピストが自分の指導スキルとしてハンドブックを利用するのであれば，子どもを威圧し，不快にさせてしまうかもしれない。一般的に子どもたちは，変化のストーリーを発展させ，確認するために，ユニーク・アウトカムに関係する投稿記事を書くように招かれるのである。

図7.4 怖くても大丈夫，心配をなくすハンドブック：想像力で友だちをつくろう

次に示すのは，5歳になるレイチェルが口述したものを「ぐっすり眠るハンドブック」へ投稿した記事である。

> ベッドの下のモンスターが怖かったので，誰かに一緒にいてもらいたかったの。ママのベッドに入ると，ママは起きたくないから，不機嫌そうに部屋に戻るように言ったの。だからラジオを点けることを思いついたの。そうしたら眠れて，4時44分にまた起きたから，ラジオを聞きながらまた寝ちゃった。そして，いいよと言われていた6時に，ママのベッドに行ったの。6時だと，ママも私もハッピーで，一緒にベッドにいたの。私はうれしかったし，自分が誇らしかったの。テディベアも，ライトを点けて助けてくれたの。

別の5歳の子どもは，セラピストのスザンヌ・プレジャーソンに，朝ベッドから起き上がる自分の絵に添えるコメントを，次のように書き取らせた（図7.5）。

第7章 ニュースを広める 167

おばあちゃんが助けてくれたので，私は1人で寝ちゃった。もう6時だ。もう起きる時間だ。ベッドから出たけど，妹はまだ起きていないので，犬の様子を見に行ったの。私は1人で寝る方法を学んでいるの。私とスリッパがニコニコしているのは，私が1人で寝ていたから。

図7.5 「私とスリッパがニコニコしているのは，私が1人で寝ていたから」

ある7歳の女の子は，夜の恐怖に対処する経験から次のようなアドバイスを提供してくれた。

私は自分のベッドを好きになる方法を見つけたの。枕とぬいぐるみで安心できる巣を作って，クモの巣のようだと思うの。その中にいると，怖い夢を変えることができるのよ。目が覚めたら，リラックスできる音楽をかけてね。

次に，「かんしゃく調教ハンドブック」への投稿記事をいくつか紹介しよう。

私は，怒っているより遊んでいるほうがいい。遊んでいるときにかんしゃくが来たら，その場を離れて，それが消えるまで何か別のことをして，そうすれば落ち着けるから（リサ，6歳）。

かんしゃくをなくす方法を思いついたの。今では，いつでもできるの！　そいつをスパイするのよ。前までは，私の後ろからまっすぐに登ってきたけど，スパイすると，ぐるぐる回りながら登ってくるようになったの。それが近づくまで待つの。だって，それをだますのが好きだから。それから笛を吹くと，それは飛び上がって空中を走るの。そして，それは消えて，失敗しちゃう。時には，けちょんけちょんに言っ

ちゃうの。「いつまでもガタガタと音をたてないで！　バカ！」　そうすると，止まってどこかへ行っちゃう。たとえば，ママとパパが夜出かけたときに，ママが予定を間違えちゃったの。思っていた人とは違うベビーシッターが来ることになったの。パニックになるかもしれなかったけど，自分のアイデアを使って落ち着いたの。パパもママも知らないの，私が冷静だったってことを（マリア，8歳）。

さらにマリアは，「怖くても大丈夫，心配をなくすハンドブック」に，自分の**人生で恐怖，怒り**そして**楽しみ**がレースをするというチャートを投稿した（図7.6）。

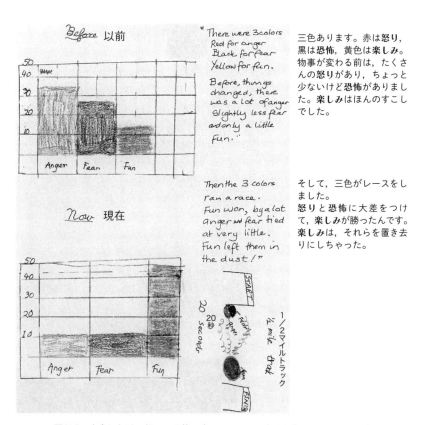

図7.6　人生における怒り，恐怖，楽しみのレースを示したマリアのチャート

第7章　ニュースを広める　……　169

卒業，宣誓，そしてお祝い

　終結は，家庭の厄介者に必要なことのように聞こえないだろうか？　卒業や宣誓は，子どもの生活に大きな変化が生じたときに行われる儀式の例である。通過儀礼は，子どもの変容の成果を子どもが所属するコミュニティと共有するというメタファーである。家族や子どもたちは，セラピーの最後にこうした儀式を楽しむ。「君がコンサルタントになり意見を述べる」インタビュー，またはアーカイヴに貢献するという形式をとりながら，子どもたちの成果の要約によって，セッションに肯定的な結論を持ち込むことができる。ところが，私たちの中には，食事やお祝いとともに，変化を確認し，証書を授与し，手紙や詩を読み，あるいはお祝いの箱庭を作るなどの，昔ながらのパーティーを企画することを好む者もいる。

事例 ジミーの正直者のスピーチ

　12歳のジミーとデイヴィッドの最後の面談は，「正直者のパーティー」の形を取った（Seymour & Epston, 1992）。デイヴィッドは準備のため，パーティーの参加者リストについて，12歳のジミーに次のように尋ねた。「君が正直に戻ったことを，誰がお祝いしてくれると思う？　誰が君や家族の人生に不正直さがあったことを知っていたと思う？　不正直さの犠牲者で，君が仲直りをするために招待したい人はいるかな？」

　ジミーは，祖父母を特別ゲストとして招きたい，と提案した。しかし残念ながら，彼らはパーティーに出席できなかったので，デイヴィッドは1つ提案をした。それは「おじいちゃんとおばあちゃんはパーティーに来られないので，パーティーが2人のところに行くというのはどうだろうか？」というものであった。「正直者のパーティー」のハイライトは，もちろん「正直者のスピーチ」である。ジミーは両親に，自分の「正直者のスピーチ」を録音して，祖父母に送るように頼んだ。次の逐語録は，「正直者のパーティー」で行われ，特別ゲストに贈られたものである。

　みなさんは，ぼくが今年初めにしたことを知っています。ぼくは今，自分がしたことがバカだった，自分勝手なことだったと気づいています。そのことを謝ります。事件が起きてからママとパパとジョンとぼ

くは，ファミリー・セラピストのエプストンさんに会いにいきました。エプストンさんは，みんなが知っている正直さのテストプログラムに参加するように勧めてくれました。自分と家族に，自分のものではないものを盗る誘惑に耐えられることを証明するために，このようなことをしました。ぼくは今，テストを無事に完了したので，この集まりを実行することにしました。自分のしたことが間違っていたのに気づかせてくれた，みなさんのサポートに感謝したいと思います。ぼくは将来，お金を稼ぎ，盗らないようにします。

まとめ

ニュースをめぐってインタビューし，それを適切な聴衆に回覧させることは，子どもに対するセラピーにおけるナラティヴ・アプローチの際立った特徴の1つである。その際に，ナラティヴ・セラピストには次のことが求められる。

- 専門知識と，問題に苦しんでいる子どもが苦労して得た知識を見極める耳を養うこと。
- そのような専門知識をめぐる豊かで詳細な説明を求める，ユニークな質問を発展させること。
- 子どもに関するオルタナティヴなナラティヴを編集し，展開すること。
- 自分の見解が正しいかを，子ども本人，家族，周囲の人と常に確認すること。
- 家族の内外にニュースを流布させるために，リアルかバーチャルかを問わず，適切な聴衆を特定すること。
- 読者を惹きつける出版手段を工夫すること（手紙，アーカイヴ，ハンドブック，証明書，アートワークなど）。
- 関心を分かち合うコミュニティ（クラブ，リーグ，ネットワーク，プロジェクトなど）と協働して発展させ，支援すること。
- 卒業，宣誓，そしてお祝いの儀式を協働して執り行うこと。

第7章 ニュースを広める 171

⋯⋯第Ⅱ部

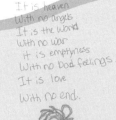

遊び心があることの
意味

PLAYFUL MEANS

第8章

審美的で文学的価値のあるセラピー

　外在化された問題を克服するという冒険に引き込まれると，多くの子どもた
ちは心を開き，積極的に言葉を交わしていく。しかし私たちがよく知っている
ように，子どもたちは座って話すだけではなく，より多彩な方法で自分を表現
するのを好むものである！　子どもに対するセラピーでは，言語的なやりとり
の限界と他の形態によるコミュニケーションの必要性について多くのことが述
べられている（Axline, 1987; Brems, 1993; Case & Dalley, 1990; Combrinck-Graham,
1989; Gil, 1994; Moustakas, 1973; Oaklander, 1978）。コミュニケーションをとるた
めの多様でオルタナティヴな，そして遊び心のある方法は，ナラティヴ・セラ
ピーに容易に統合することができる（Barragar Dunne, 1992; Freeman & Lobovits,
1993）。

　本章は，非言語的な手がかりに注意を払い，表現アートセラピーやプレイセ
ラピーを子どもたちが利用できるようにすることの重要性について，いくつか
の考察を提供する。表現アートとナラティヴ・セラピーの統合は，事例の物語
をしっかりと提示することによって説明される。そのうえで，アートによって
ナラティヴ・セラピーの会話を広げるためのさまざまな方法について詳しく説
明する。

　親は子どものためにアートセラピーやプレイセラピーを求めるが，それは楽
しいだけでなく，子どもとのコミュニケーションを助けるのに効果的であるこ
とを知っているからである。言葉による会話に慣れている子どもでも，絵を描
くことや人形遊びなど，さまざまな表現方法を勧められると，ほとんどの子ど
もが喜んで飛びつく。オルタナティヴな表現手段が提供されなければ，子ども
のユニークな「声」が家族療法の会話から排除されてしまう可能性がある。

　表現アートセラピーやプレイセラピーを実践するために，次の点については
検討しておく価値があるだろう。

- セラピーにおいて言葉少ない子どもたちがいるということ。そこには，言葉を発するのが恥ずかしいと感じる子ども，最初に他の言語を話し始める子ども，言語に起因する問題を有する子ども，または話すには幼すぎる子どもなどが含まれる。
- 主に視覚的または運動感覚的に処理する子どもたちは，アート，箱庭，ダンスのような表現方法を好むであろうこと。
- たとえば，虐待されたときに脅迫されたことによって，ある時期に言葉で表現するのを制限された経験があるため，「話すセラピー」（Barragar Dunne, 1992）の居心地が良くない子どもたちがいるかもしれないということ。
- セラピストと子どもの間に，その家族独自の表現方法や文化的な違いが存在する場合もあるし，親が望む方法で子どもとコミュニケーションをとることを期待している場合があること[*1]。

たとえば子どもは，親から，権威のある大人（セラピストを含む）に対して目を合わせない，丁寧で手短な答えをするなどによって敬意を示すように期待されていることに気づいているかもしれない。そのときにセラピストは，そのようなマナーをどのように尊重できるかを確認しながらも，セラピーにおいて，どのように変えることができるかについて，失礼がないように尋ねることもできる。たとえば，その子の礼儀正しい行動を褒め，両親に絵や日記でコミュニケーションをとることはいい考えに思えるだろうか，と尋ねることができる。

　問題のある感情体験にとらわれている子どもたちは，言葉で自分自身を表現することが非常に難しいかもしれないが，表情や姿勢，動きなどで自分自身の体験をまるでニュースのように放送しながら，非言語的なコミュニケーションをとっているのかもしれない。このような経験に浸っている子どもたちへは，言葉的な関わりをどの程度続けるべきなのだろうか？

　問題に関する情報は，意識的にはほとんど認識されていない場合でも，身体レベルに横たわっていることがある。そのため，そのような経験に焦点を当てるアプローチが必要となる。他のところで私たちは，これを「身体的会話」（Freeman & Lobovits, 1993, p. 198）と呼んだ[*2]。

　上記のような状況では，非言語的な出会いが，子どもを受容しながらのオルタナティヴなコミュニケーション方法を提供してくれる。

心身の一体化と表現アート

　乳児はしばらくの間，言葉を使わずに社会的な文脈の中で，学習とコミュニケーションを行う。ミルズとクロウリーは，「乳児期中，乳児は言語能力をもたないが，膨大な質感，感情，ニーズが（乳児に）伝えられる」（Mills & Crowley, 1986, p. 92）と述べている。幼児が話すようになると，ますます感覚的な情報が脳によってナラティヴの形式に組織化される。

　世界を知覚し，理解することの複雑さを考えるのであれば，私たちの取り組みに対して示唆が生まれるであろう。人の一生を言葉で表現できうる「ストーリー化」されたものに限定し，心と身体の機能的な生物学的全体性を無視すると，デカルト哲学の二元論の陥穽[★1]に陥るかもしれない。言語記述による地図は，視覚によるシンボル的なプロセス，感情，情動および感覚の豊富さを含める生活経験の領域を完全には表していない。表現アートセラピーは，感情だけでなく，聴覚，視覚，運動感覚にも直接はたらきかける。非言語的な合図に注意を払い，異なる感覚を呼び起こすさまざまなアートを通して表現を促進することで，審美的にもやりがいができ，子どもたちとの会話にも効果的な新しい体験の次元が生まれる。

表現アート

　ナラティヴの会話を発展させるために，子どもや家族全員を表現アートに招くことができる。このようなアートの媒体としては，ペンや絵の具を用いた描画，漫画，詩や日記，彫刻，案内人に導かれる空想，海図や地図，箱庭，人形を使った演劇，着せ替えやロールプレイを用いたドラマ療法，身振り，パントマイム，あるいはお面作りなどがあげられる（Barragar Dunne, 1992; Freeman & Lobovits, 1993; Smith & Barragar Dunne, 1992）。

　本章で紹介するアプローチの多くは，子どもと直接取り組む方法を説明しているが，たとえば絵や人形劇，箱庭などに興味がある家族が，オルタナティヴなコミュニケーションの形態を促進することにも活用できるであろう。

　これに取り組むために，芸術家である必要はないし，ナラティヴ・セラピーと組み合わせて表現アートを使用するための特別な訓練を受けている必要もな

★1　デカルト哲学の二元論とは，肉体や物質といった「物」の実体と，それからは独立した「心」の実体を区別する考え方である。

第8章　審美的で文学的価値のあるセラピー　……　**177**

い。表現の幅を広げるには，簡単な方法がある。たとえば，多くの子どもたちに，問題や問題に対抗するものについてのアイデアを図や漫画の形で示すように勧めることである。表現アートやプレイセラピーのエキスパートである必要はない。子どもはすでに遊びの専門家であり，簡単な誘いを受けただけで，自分で先に進むことができるであろう。大人は，ただその場に寄り添い，生まれてくる意味を受けとめるだけでいいのだ。

　表現アートセラピーの領域には，ナラティヴ・セラピーと共通するものがいくつかある。これらのアプローチの背後にある理論は異なるだろうが，アートとして問題を「表現する」ことは，本質的に外在化の実践に似ている。問題との関係を描くこと，彫刻すること，戯曲化することの過程そのものは，問題を自分自身の外側に位置づけるという直感的な感覚を自然と呼び起こす。このように表現する行為は，それ自体が有益であると報告されることが多い。外在化された問題が，象徴的でありながら物理的に感じ取られる方法でまさに「表現」されるので，子どもたちにとっては安堵となるのである。このことによって，子どもたちは問題を「見る」ことができるようになり，それについて考えられるようになる。子どもたちは放っておけば勝手に遊ぶように，物事を直接話すよりも，人形劇のような遠回しの形式でストーリーに何度も取り組むのを好むことが多い。

　表現するのを可能にするアートセラピーの中には，理論的に自己の「一部」として概念化され，比喩的に表現された問題をクライエントが創造し，対話するものがある。たとえば，人の中の「批評家」は擬人化され，描かれることで，その人とより好意的な関係になっていく（McMurray, 1988）。表現アートセラピーにおける問題の芸術的表現からも，外在化の実践と同様の恩恵が得られることがわかっている。

　表現アートセラピー（Weller, 1993）とナラティヴ・セラピーの両方とも，客観的な診断や解釈のために利用されるのではなく，クライエントが自分自身の表現をめぐって意味をつくり出していくように促していく。セラピストは，クライエントの芸術作品について専門家としての意見を提供するのではなく，好奇心のある姿勢をとり，クライエントにとって好ましい意味が拡大するよう促進するのである。

意味の遂行

　ナラティヴ・セラピストは，オルタナティヴ・ストーリーを共著述していく

ことにつながる「新しい意味の遂行（パフォーマンス）」（Bruner, 1986, White & Epston, 1990a/1997）に興味を抱く。私たちの言語の使用は，単に表現することや説明することではなく，積極的に意味を形づくる，つまり経験を形づくるのだ。このことについて，マイケル・ホワイトは次のように述べる。

　　もし私たちが，人々が経験のストーリングを通して経験を組織化し，経験に意味を与えること，そしてストーリーの遂行において人々が彼らの生きられた経験の選択的側面を表現することを認めるなら，ストーリーが構成的であること，すなわち人生と人間関係を形作っていくことが了解されるであろう。　　　　　　　　　（White & Epston, 1990b, p. 12／邦訳 17 頁）

　この考え方は，表現アートセラピーの文脈の中における新たな局面につながる。他の表現も含めて，新しい意味やストーリーを「遂行」することは，新しい経験を確固たるものにすることに役立つ。文字通り，絵の中に異なるビジョンを見ることによって，意味の遂行に感覚的な次元を追加する。たとえば，子どもは問題が自分自身を見るように描き，どのように見られたいのかを描くことで，出現しつつあるオルタナティヴ・ストーリーに一致するように，問題が存在しない自分自身のストーリーを得ることになる。

　子どもたちは，ドラマや人形遊びを通して，問題との関係をめぐる新しいストーリーを演じることを喜ぶ。意味を遂行するための特別な企画を想像してみよう。たとえば，インタビュー，証明書，詩，絵や箱庭をめぐる意味深いイメージが含まれる，子どもや家族の好みのストーリーを特集した「ドキュメンタリー」ビデオである。

　言語的な解説や質問と統合することによって，これらの芸術形式による意味の遂行は，多次元的なものとなり，その結果，豊かなものとなる。

審美的な長所

　アートで表現することは，やりがいや癒しとして本質的に体験されることだろう。表現アートセラピーでは，作品の技術的な素晴らしさや審美的な長所（メリット）に主眼を置くのではなく，創作のプロセスに価値があるとみなす。表現アートを共著述するナラティヴと組み合わせることで，私たちは，ストーリーを使って作品を解釈や評価するのではなく，子どもをオルタナティヴな表現形態に誘い，その意味のニュアンスを尊重して問いかけ，私たち自身の想像と子

第 8 章　審美的で文学的価値のあるセラピー ……　179

どもの想像を重ね合わせることができる。

パオロ・クニル，ヘレン・ニエンハウス・バルバ，マーゴ・フックスらは，審美的に満足のいく表現の価値に注目し，次のように述べる。

　　ここでいう「審美的反応」とは，想像上の出来事，芸術的行為，あるいは芸術作品の知覚に対する，身体の明確な反応をさす。その人の深いところで反応し，魂を揺さぶるものであれば，「感動的」または「息を呑むような」と表現するだろう。私たちの言語は，イメージに関連する感覚的効果を示唆している。それは，ヒルマン（Hillman, 1994）が，美しさの前で経験する胸が高鳴る息遣い（または，ひらめき）に現れると表現したものである。

(Knill, Barba, & Fuchs, 1995, p. 71)

　多様な形態（multimodal）または相互間の形態（intermodal）をもつ表現セラピーは，自身の創造的な本能や興味に応じて媒体の間を柔軟に動くように，その人を促す（Knill, Barba, & Fuchs, 1995; Robbins, 1994; Rogers, 1993）。さまざまな感覚がはたらき，深まることで満足感が得られるのだ。このモデルは，ナラティヴ・セラピーの文脈で緩やかに応用することができる。たとえば，箱庭は詩や短編小説に書くことで振り返ることができる。その意味を動きの中でさらに発展させられるかもしれない。それは，絵や彫刻につながるであろう。

　さまざまな媒体が利用できるのを知っていれば，子どもや家族は，セラピー中にどのように自分を表現するのかを選択することができる。子どもにとって重要な意味が，この審美的体験と連動して現れることがある。11歳のアリアナは，深刻な身体的・性的虐待の影響から自由になるために，数年にわたって，個別のプレイセラピー，アートセラピー，そして読書セラピー（bibliotherapy）を受けていた。ある日，彼女はセラピールームに入り，静かに挨拶した後，箱庭に向かって歩いていった。中心に指を置くと，箱庭全体を覆うように，砂の上に渦巻きを丁寧に描いた。アリアナは，ジェニーに箱庭を見てほしいと頼んだが，ジェニーはそのときにはあえて何も言わなかった。穏やかな沈黙があった。ジェニーは，その箱庭について詩や絵を描くなど，何か他の方法で自分を表現できないかと尋ねた。アリアナは床に座り，図8.1の詩を書いた。

　アリアナが詩を読んだ後で，ジェニーは彼女自身の気持ちを表現し続けたいか，そうだとすればどのように表現したいかを尋ねた。アリアナは，日記を書いたりハンドブックで知識を共有したりしたいと思った。彼女の書いたものが将来，他の人と共有されるかもしれないことを知って，彼女は詩に添えるため

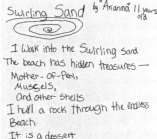

「渦巻く砂」　アリアナ　11歳

わたしは渦巻く砂の中に入っていく
砂浜には宝物がある
宝物は，しんじゅ貝，
ムール貝，
その他の貝がら。
果てしない浜辺に石を投げてみた。
それは，
サボテンのない砂漠。
それは，
天使のいない天国。
それは，
戦争のない世界。
それは，
イヤな感情がない空間。
それは，
終わりのない愛。

図8.1　「渦巻く砂」

の解説を以下のように書いた。

変わりゆく恐怖

　このストーリー，ポエムは，終わりのない恐怖が砂漠のように見えて，その果てしなく続く砂漠を歩いている女の子についてのものです。けれども，少女はそこが美しい場所であることに気づきます。少女は，本当は自分が1人ではないことを知り，砂の一粒一粒が真珠のように貴重なものであることを知ります。ムール貝や貝がらは，死骸ではなく，生きた宝物です。

　私は自分の感性をネガティブにではなく，ポジティブに使うことを学びました。誰かが私の悪口を言ったら泣くのではなく，今では「それはあなたの問題でしょ」と思い，笑い飛ばすことができます。**恐怖**は感受性のようなもので，それを変えなければなりません。実際のところ，**恐怖**は隠された勇気です。**恐怖**は，物事を指し示す矢印であり，あなたの友だちになることができます。**恐怖**には2種類あります。(1)**愚かな恐怖**　あなたが自分の感情を恐れているとき，あなたは傷つい

た感情をもっています。(2) **理由のある恐怖**　違いを見分ける方法は何でしょう？　あなたは，ただあなたの感情に耳を傾けて，あなたの心が何を語りかけているのか聞いてください。**恐怖が語りかけていることではありません。** あなたの心を通して，あなたの心で聞く必要があるのです。

これまでの2人の取り組みでは，恐怖や虐待に関係することが話題になると，アリアナの主な選択肢は解離することであったことを考えると，ジェニーはアリアナの表現の鮮やかさと雄弁さに感動した。

事例 ジェンナと人生の神殿

ここでは読者が，アートのためのいくつかの媒体を用いて自分自身を表現する子どもの創造的な旅を読み，眺めることができるように，すこし長い，イラスト入りの事例を提供しよう。ジェンナと母親のレイチェルは，2年間にわたって断続的に，個人および家族の共同セッションでジェニーと会っていた。

8歳のジェンナは，アフリカ系アメリカ人とユダヤ系の両親をもつ。ジェンナは，母親レイチェルとともにジェニーに会いに来た。レイチェルが言うには，「ジェンナは，1年前に父親を癌で失ったことに関わる問題に向き合う準備ができているように見える」とのことであった。レイチェルは，ジェンナが父親ジーンととても良い関係であったと語った。ジェンナの主な養育者はジーンだったが，療養が長かったこともあり，彼は疲れて不機嫌なことが多かった。さらに彼らの家族は二重の危機に瀕していた。レイチェルの癌の治療が終わろうとしていたときに，ジーンが癌と診断されたのである。幸いなことに，レイチェルの病態は現在のところ寛解していた。レイチェルは，娘を「活発で，激しく，カリスマ的で，芸術的なおてんば娘」と表現した。

ジェンナは，多くの恐怖と喪失に直面していた。そして1つ確かなことは，彼女が怒りっぽく不安定であるということであった。彼女は，頻繁に夜尿し，「悪夢」によって夜通しうなされていることもしばしばあった。ジェンナは，一晩中通して眠ることがなく，概して要求も多かった。これは，極端に疲れやすく，心身の健康を保つために睡眠を必要とするレイチェルにとって，深刻な問題となっていた。レイチェルは，すべてが戦いになっていると感じ，「ジェンナのニーズと自分のニーズの間でどこに線を引くのか」を決めるのが難しいと思っ

た。

ジェンナは，今や**恐怖**に支配されていたので，「怖い」本を読んだり，「怖い」
ビデオやテレビを観ることだけでなく，学校に通うことも困難となっていた。
ジェニーがジェンナに，**恐怖**が自分の人生や人間関係に与える影響について尋
ねると，「それは私に，本を読むのや友だちと一緒に遊ぶのをやめさせてしま
う」と不満を漏らした。レイチェルとジェンナはどちらも，**恐怖**にジェンナの
人生を奪われることなく，ジーンを失った後の時間を乗り越えたい，と考えて
いた。すでに 2 人は，夜間にミュージックテープを再生するなど，ジェンナが
落ち着くために利用できる方法を考え出していた。

レイチェルは，娘が自分を表現するためのお気に入りの方法を知っていたの
で，ジェンナのためにアートセラピーを探していた。ジェニーは，レイチェル
とジェンナと一緒に，（セラピーを進めるにあたって）合同セッションと個別のアー
ト／プレイ／トークセッションに分けるような緩やかなプランを立てた。ナラ
ティヴの会話の大部分は，レイチェルとジェンナが同席しているときに行い，表
現アートの大部分は，ジェンナだけのときに行うようにしたのである。もっと
も，ジェンナの作品や考えは，通常，後に母親と共有された。

セラピーの最初から，ジェンナの亡き父，ジーンもセラピーに含ませていっ
た。ジェニーの提案で，レイチェルとジェンナは，家族が一緒に過ごしたとき
の写真を持ち寄り，ジーンの人生や死についてのストーリーを共有した。[*3] さら
に家族は，たとえば，家族の生活の中でジーンがよく参加していた時間帯にろ
うそくを灯し，彼をリ・メンバリング[★2]するような，簡単な儀式を行った。ジェ
ニーは，ジーンはジェンナに何を望むだろうかという質問を投げかけた。ジェ
ンナが**恐怖**やその他の問題に向き合っているときに，父親はどのようなアドバ
イスをしてくれるだろうか？　ジーンは，ジェンナの成功について何と言い，そ
の成功をどのように祝うだろうか？　ジェンナは，自分の成果や歩んできたこ
とを父親に知ってもらいたい，と大きな声で言った。

しばらくの間ジェンナは，自分の恐れを単に**恐怖**として外在化することに満
足していた。そしてしだいに，彼女が示した怒りと要求行動は，**恐怖**あるいは
がっかりとして理解できるようになっていった。後にジェンナは，**恐怖**が特に

★2　リ・メンバリングとは，ナラティヴ・セラピーの重要な取り組みの 1 つである。「remembering
（思い出す）」という言葉と，「re-membering（再び自分の人生のメンバーになってもらう」とい
う言葉を掛け合わせている。つまり，自分にとって大切な人の存在をしっかりと思い出す取り組
みを示す。逆に，自分の人生には重要ではないと判断できる人のメンバーシップを降格または剥
奪することもできる。

出しゃばってくるときには，それが「ペテン師」という言葉で表現できると思いついた。母娘間で生じていたフラストレーションやいさかいを打開するために，ジェニーは，2つの大きな人形を用いて，部屋の反対側からこのような問題を一緒に眺めることを提案した。このように団結しながら，**がっかり**が蓄積するのを見抜き，それを阻止するために，「がっかり対抗チーム」を結成することを決めた。このような考え方の転換によって，家庭内における2人の関係が変化した。

図8.2　涙のバケツ

　ジェンナの悲しみは，彼女自身の経験を絵に描いてみるようにジェニーに促されるまで，長い間話すことができないものであった。ジェンナは，女の子の頭に「涙のバケツ」から水が降り注いでいる様子を描いた（図8.2）。ジェンナは，この一部は母親の涙だと静かに言った。これは，母親の悲しみに圧倒され恐怖し，自分自身が泣けなかったのだということをジェンナが語る道を開いた。

　ジェンナは，「パパの話をすると，ママが泣くの。それはうるさくて，怖いの。まるでシャワーみたい」，「ママがビクビクしているのを見ると，私は頭がおかしくなっちゃうの」と説明した。次回の合同セッションまでにジェンナは，この絵を母親に見せる準備をした。その絵は，レイチェルにジェンナの気持ちを千言万語で伝え，レイチェルがジェンナにとって「怖くない」方法と場所で，自分の悲しみをどのように表現するかについて話ができるように促した。ジェンナは母親に，悲しみや泣き声がジェンナをすこしでも圧倒しないようにできないかと尋ねた。

　数か月後，ジェンナは虹の絵を描いた。そして，ジェニーがそれに添える詩を書いてみてはどうだろうかという提案をすると，それを受け入れた。

嵐の日のレインボー

わたしは嵐の日。
わたしの空には，すこしのイナズマと黒い線，
そしてあらゆる色がある。
桃色と緑，
赤紫，ピンク，そしてすこしのラベンダー，
すべての色を通じて，わたしの上に虹が見える。

わたしは嵐。
私はゴウゴウと鳴る，ゴウゴウと。
とても気持ちいい。
嵐になるのは気分がいい。
ガタガタ，ピカッ，バン，ドスン，
それがアラバマのイナズマ。
ピンク，黄色，紫，茶色，
ぜんぶ合わせれば，嵐になる。

　レイチェルとジェンナにとって，ジェンナと**恐怖**や**心配**との関係を話し合い，**恐怖**が自分たちの眠りをどれだけ妨げているのかを検討することは，さほど難しくないようであった。驚くべきことではなかったのだが，**心配**が**恐怖**を「過剰に成長」させていたことに，2人は気づいた。特にジェンナは，テレビや本に怖いものが出てくるという恐怖が，本を読んだり，友だちと遊んだりすることを妨げていることに憤慨した。ジェンナは「うまくできないと思わせてから，オマエはバカだと言うのが**ペテン師**なの」と言った。ジェニーの質問に答えながら，ジェンナは，自分の人生の大半が**ペテン師の恐怖**に乗っ取られるのは不公平であると判断した。今や，その流れを止める準備ができたのである。最初のステップとして，ジェンナが**心配**と**恐怖**の違いを区別し，2つの間に線を引く必要があると判断した。

　ジェニーはジェンナに，**心配**が勝っていたときの様子と，ジェンナが**心配**を打ち負かしたときの様子を絵にしてはどうだろうかと提案した（図3.3と図3.4，p. 83参照）。そしてジェニーは，ジェンナが絵についてコメントするのを録音した。

第8章　審美的で文学的価値のあるセラピー

心配の良い面，心配の悪い面

　まず**心配**は成功します。それからジェンナは**心配**を打ち破ります。どうやってするのか知ってる？　彼女は，からかわれる代わりに**心配**をからかうの。そうすれば，彼女はもう心配しません。彼女はそのほうが好きなの。**心配**は，独房に入っているべきなの。そうすれば，道を渡るときなど，必要なときに出てきてもらえる。そうしないで学校に行ったら，誰かの調子をおかしくしたり，危険なくらい自分の調子をおかしくしたりしてしまうの。

　レイチェルもこの区別を後押しした。レイチェルは，「現実的な心配」についてと，**心配**が**ペテン師の恐怖**に変化するときに何ができるのかについて，ジェンナとともに検討した。これまで2人は，**ペテン師**がジェンナの身体的な緊張によって力を得てしまうことに気づいていたので，取り組むべきプロジェクトの1つは，ジェンナ自身の勇気や強さを見いだすとともに，音楽，深呼吸，肯定などの「リラクゼーションの友」を決め，育成することであった。ジェンナは必要なときに，夜中に母親を起こすのではなく，このような友を呼び出し，自身をリラックスさせ，**恐怖**をかわすための助けを得ることができた。ジェンナが思いついたオリジナルで新しいアイデアの1つは，「脳のスイッチを入れ直して，脳をシャットダウンさせてしまう**恐怖**のトリックから自由になるための架空脳内送信機」を発明することだった。

　一方で母親のレイチェルは，自分の限界を明確にしておく必要があると判断した。彼女は，昔ながらのチャートを用意し，早寝したときと夜通し眠れたときには星のシールを貼り，毎週のご褒美を渡すことにした。

　レイチェルとジェニーは，**ペテン師の恐怖**を指揮するジェンナが自身の能力をめぐるストーリーを詳しく述べる手助けをした。その次のセッションにおいて，ジェンナはワクワクして「『リターン・オブ・ザ・キラートマト』のようなホラー・コメディー映画」[*3]を見始めたと話した。さらにレイチェルは，ジェンナが「見たくないもの」を見たくないと気楽に言えたことに気づき，うれし

★3　『リターン・オブ・ザ・キラートマト』は，1978年に公開された米国のホラー・コメディー映画『アタック・オブ・ザ・キラートマト』の続編である。巨大化し人間を襲うようになったトマトとの戦いが，不条理なギャグの連続と，唐突なミュージカル・シーンを交えて描かれる。

くなったと伝えた。友人のパーティーで映画『サイコ』★4を見よう，と誘われたが，ためらわずに本を持って別の部屋に行ったのである。

ジェニーは，触覚や視覚など他の感覚を含む手段を通じて，対抗プロットを厚くしたり，オルタナティヴ・ストーリーの絵を豊かにしたりすることを好む。ジェンナが**恐怖**に対処する自信をもち始めると，ジェニーは**恐怖のお面**と**自由のお面**を作るように誘った。ジェンナは，3つのお面を作った。それぞれをおもちゃにし，顔に着け，声とストーリーを与えた。ジェニーは，それぞれのお面に次のような質問をしてインタビューしていった。「名前を教えてください。何をするのでしょうか？　人生の目的は何ですか？　ジェンナのような子どもたちをどのように悩ませますか？　ジェンナのような子どもたちをどのように助けますか？　あなたのことでどのようなことを私たちに知ってもらいたいですか？　ジェンナはどうやったらあなたと平和にやっていけるでしょうか？」ジェンナは，お面について次のようなストーリーを語り，記録した。

恐怖のお面（図8.3）

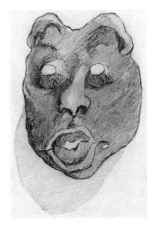

「恐怖のお面の名前はリッキーです。彼は恐怖でうつろな顔をしていて……（偽りの）幸せに囲まれています。（偽りの）幸せが彼を取り囲んでいるので，彼はうつろな目をして悲しげです。彼は今では**恐怖**と名付けられました。私はお面に次のように伝えました。『オマエはもう何でもない……名無しだったので，オマエを知ることが難しかった。でも一度名付ければ，オマエのことはわかっちゃうし，征服できちゃう！』」

図8.3　ペテン師の恐怖リッキー

★4　『サイコ』（1960年）は，アルフレッド・ヒッチコック監督による代表的なサスペンス映画の1つである。

自由のお面（図 8.4）

「20 歳になったら，ショートのカーリーヘアにするの。ホームドクターになっています。自分の仕事が好き。ルームメートと一緒に住んでいます。私は，面白くて，ハッピーで，ゲームをするのが大好き。ママは家にいます。私は，サラ・リーと呼ばれているかもしれません。自分が何をしているかを知っていて，正しい道を歩み，自分の人生をコントロールしています。彼女は心配していないし，ラッキーです。デートでも結婚式でも怖がらないの」

図 8.4　自由のお面サラ・リー「何をしているかわかっている女の子」

もう 1 つの未来のお面（図 8.5）

「彼はロック歌手で，ラップが大好き。髪は赤と青に染めてる。彼はバンドのリーダーです。彼は 20 歳で，もうすこし年をとったら違う職業に就きたいと思っています。それが私の夢です。だって楽しそうだから。明るい人生になるでしょう」

図 8.5　もう 1 つの未来のお面「明るい人生になるでしょう」

数か月後，ジェンナは**恐怖**と**心配**を支配する力を試されることになった。学校から帰ってきた彼女は，母親がいないことに気づいた。レイチェルが渋滞に巻き込まれたことを知った。そのときジェンナは，パニックになるどころか，気を取り直して，母親の友人に電話をかけ，一緒にいてもらうために来てもらったのである。ジェニーは，この画期的な成功を，勇気，ユーモア，そして**恐怖**からの解放という，ジェンナの新しいストーリーに織り込もうとした。彼女はジェンナに，祝福をアートで表現したいかどうかを尋ねた。ジェンナは，好きな媒体の1つである箱庭を作りたいと思った（図8.6）。それをしてから，ジェンナは箱庭を振り返る詩を書いた。ジェンナが詩を書いている間に，ジェニーは手紙を書いた。

　まずジェンナの詩を紹介しよう。

図8.6　箱庭：生命の神殿

人生の営みを見守る神や女神たち，
ヴィーナス，ブッダ，その他の神々が見守っている。
トラは，人生の危険に対する勇気の証であり，
宝石をちりばめたカエルは，人生の情熱と美しさの証。
ヴィーナスとブッダは，他の神や女神たちとともに人生の営みを見守る。
健康のための食事，金運をあげるお香，
愛のための花，美しさのために宝石をちりばめたカエル，
勇気と命のためのトラ。
それが神々の守りです！

第8章　審美的で文学的価値のあるセラピー

次に，ジェニーの手紙を示す。これは，ジェンナによって見直され，次のセッションの後，一緒に完成させた。

　ジェンナへ
　ジェンナ，あなたの最新ストーリーについて話し合っていたときに，次のように話しましたね。「これは，人生の中で恐怖に挑戦した少女の物語です。彼女は自分の勇気と信頼を再発見し，人生において自分自身の面倒を見ることができたし，大切にもされたのです」
　あなたはすでに**恐怖**に対処したことがあります。お母さんがいないことに対処する場合，自分自身の面倒を見ることができるかどうかが心配だったんだと，最近わかったと教えてくれました。最近，あなたがどのように自分自身の面倒を見ることができるのかを私たちに示してくれる，非常に重要なことが起こりました。このことで，あなたは今や自分自身の面倒を見ることができるようになっていると知ることができて，**恐怖**を手放す自信につながりました。
　あなたは，ヘブライ学校から家に帰ってきたら誰も家にいなかったときのことを話してくれました。怖かったかもしれませんね。でもその代わりに，冷静になり，頭を使い，問題を解決するために何をすればいいのかを考えたのです。そこでお母さんの親友に電話をしました。このことは，あなたに「私は緊急時に自分自身の面倒を見る方法を知っていて，お母さんに何か起こっても，自分自身の面倒を見ることができる」ということを物語っていました。あなたは，「自分は，はっきりと考え，先のことを考え，未知のものに向き合い，それを怖がらずに楽しめるとわかった……このことによって，自分が勇敢で，自分自身の面倒を見ることができることを知った。今や恐怖は必要ない」と話してくれました。
　ジェンナ，以前にもこの自由に触れたことはありましたか？　もう恐怖は必要ないというサインは，ほかにもありますか？　もしかしたら，あなたのお母さんや他の人が，信頼と勇気のストーリーをもっと追加できるかもしれませんね。アンナは，あなたのことをよく知っているのであなたがこのような能力をもっているのを知っても驚かないだろう，とあなたは思ったのですね。
　これらの気づきが，**恐怖**との関係にどのような影響を与えているのかを尋ねたところ，あなたは「今では夜ぐっすり眠れるようになった。もう**恐怖**に振り回される人生ではなく，自分の人生を送るようになった」

と話してくれました。

　ジェンナ，前にも話し合ったように，お父さんが亡くなった後，信頼と勇気を取り戻さなければならないのは自然なことです。あなたは，お父さんが自分を誇りに思う，と言いましたね！　もしかすると，あなたやお母さんは，お父さんが知っていた信頼と勇気に関するストーリーを，思い出すことができるかもしれませんね？　私も，お父さんは，あなたが自分自身に対する信頼を取り戻し，人生を歩み，恐怖から自由になった……そして，人生を楽しみ，祝福できるようになったことを知りたがると思います。

　このようなことを話し合った後で，あなたは「人生の神殿」という素晴らしい箱庭を作ってくれました。これは，人生における信頼をめぐるあなた自身の特別なストーリーと，あなたの自信と勇気について思い出させてくれますね。

自由の中にある信頼のために

ジェニー・フリーマン

フォローアップ

　ジェニーは，本書に掲載するストーリーの準備をしているときに，レイチェルとジェンナに会った。ありがたいことに，レイチェルはまだ元気であった。ジェンナは 14 歳になっていた。2 人の説明で，学校でも，家でも，社会生活でも元気にやっていることがわかった。ジェンナは，13 歳のときに書いた詩（p. 355 参照）を見せてくれた。

　本章の残りの部分では，表現アートセラピーとナラティヴ・セラピーを一緒に活用していくためのアイデアを組み合わせるコラージュを作り出すことに専念する。まず表現アートを活用するにあたって，子どもたちをどのように招くことができるかについて検討することから始め，表現アートの媒体をナラティヴ・セラピーと組み合わせる方法の可能性について，いくつかの地図を提供する。

子どもたちを
プレイセラピーと表現アートセラピーに招く[*4]

　子どもが部屋に入ってきたときから，セラピストは，非言語的な手がかりか

第 8 章　審美的で文学的価値のあるセラピー …… 191

ら，他のコミュニケーションの領域に移行したほうがいいかもしれないと気づくことがある。子どもが話しにくそうにしていたり，恥ずかしそうにしていたり，落ち着きがなかったり，質問に答えなかったり，感情に圧倒されていたり，言葉を探すのに苦労していたり，または，アートの素材に注意が向かっていたりすることにセラピストが気づく場合は，表現のための他の選択肢を提供することを検討する価値があるだろう。セラピストは，「時々，言葉で話すことが難しい場合があるけど，私たちは別の方法を見つけられるかな？」といった質問をすることで，移行に着手することができる。あるいは，「私たちがコミュニケーションできる方法はたくさんあるけど，どんな方法が好きなの？」と尋ねることもできるだろう。

　時々ジェニーは，子どもたちと友だちになることができる人形を手に取り，子どもと家族が一緒に話すことができるようにその人形を提供する。

　会話から表現アートの活動に移行するときは，ガイド付きリラクゼーション，想像ゲーム，身体を使ったゲームなど，ウォームアップを目的としたエクササイズをすることが助けになるだろう（Barragar Dunne, 1992; de Mille, 1976; Oaklander, 1978）。

　特定の媒体を使用する会話に招待するために，子どもまたは家族に以下のように尋ねることができるかもしれない。

- その問題は，君にとって，どのように見える／どのように思える／どのように感じられる／どのように響くものなのかな？
- その問題を，漫画や絵で描いたり，そのお面を作れるかな？
- その問題に，この人形の中で似ているものがあるかな？　この人形を使って話してみたい？
- 箱庭で風景や地図を作ると，どんなふうになるのか見せてくれる？
- 問題が元気になるとき，君がどのような気持ちになるのか，踊ったり，動きを作ったりしてみせてくれる？

事例 エマの決断

　個別セッションにおいて，ジェニーと12歳のエマは，虐待を理由に自宅と親権を奪われた母親のもとをエマが訪問したいかどうかを話し合うことに苦心していた。エマは，自分が母親のもとを訪問する準備ができているかどうか判

断しかねたが，エマと養育者は，エマ自身がこの決断に加わるときであることには同意していた。そして数週間にわたって，エマはこのジレンマを解決することができなかった。

　エマは，文字通り身をよじらせていた。話題を変え，ボードゲームで遊んだりすることのほうが明らかに楽であった。エマが母のもとを訪問してもしなくても，どちらを決断してもリスクがあることに気づいていたジェニーは，エマが陥っている「縛り」について考えていた。そこでジェニーはエマに，「**縛り**は，自分の気持ちを整理することを難しくしているのかな？」「**縛り**によって，訪問しても非難され，しなくても非難されることになるのかな？」などと尋ねた。エマは力強くうなずいた。エマは，「それが，私が決断するのを止めるの」と述べた。さらに顔をしかめながら「それに，そのことを話すのは難しすぎる」と付け加えた。そして，気まずい沈黙が続いた。

　ジェニーはエマに，**縛り**をもっと面白く見る方法はないだろうかと問いかけ，それについて「話す」以外の2つの選択肢を考えてみるように誘った。ジェニーは，「**縛り**を点検して，自分が何をしたいのかに触れてみない？　アートとか，人形を使ってみたいと思わない？」と尋ねた。エマは飛び上がって，部屋にある2つの人形，ドラゴンと蝶をつかんだ。そして自分の場所に戻り，期待を込めてワクワクしながら「それで，次はどうするの？」と言った。ジェニーがエマの発言を待つと，エマは長い沈黙の後，「ねえ，2つの決断を話し合ってるってことよね！」と持ちかけた。ジェニーは，このアイデアには大きな可能性があると考えた。そこで人形がエマの決断の是非を探求するために，書き込むことができる，2つの側面を示すカラフルなチャートを作ることを提案した。人形がチャートのそれぞれの側面に絵を描き，言葉を書き込むことによって，エマが言葉にできなかった思いや感情を明らかにすることができた。エマは**縛り**についてはっきり話すことができ，家族と自分の心配を共有する計画を立てることができた。エマは，翌朝までに自身の決断に達した。

人と問題の相対的な影響を探求するための遊び心のある方法

　子どもたちは，「擬人化された問題」との関係をドラマ化することで，それと直接対話することができる。たとえば，人形やお面，絵などを壁に掛けたり，立てかけたりして，その計画や意図についてインタビューし，声を与えることができるのだ。子どもに「問題のお面」を作るように促す一方で，オルタナティ

ヴ・ストーリーを発展させるために，解決策や「本人のエージェンシーのお面」
(Barragar Dunne, 1992) を作るようにも促す。

　好ましい関係を探求し推奨していくために，これらのお面は，お互いに対話
していくことができる。たとえば，9歳のジェレミーは，「擬人化された問題」
である**恐怖**のお面と**勇気**のお面を作った。**恐怖**のお面を着けたジェレミーが**恐
怖**の役を演じていたとき，ジェニーは「ところで**恐怖**は，ジェレミーが人生を
楽しむのをどうやって止めているの？」と尋ねた。ジェレミーは**恐怖**のお面に
声を与え，「オレは，夜は幽霊や強盗が多いぞ，とささやくのが好きなんだ」と
答えた。そしてジェレミーが**勇気**のお面を着け役割を切り替えると，ジェニー
は「**勇気**くん，君のことについて教えてほしいんだけど，**恐怖**が知らないこと
や**恐怖**を怖がらせてしまうことはあるかな？」と尋ねた。ジェレミーは「デタ
ラメなんだよ。**恐怖**め，オマエはボクを怖がらせようとして，いろいろでっち
あげるのが好きなだけなんだよな。オマエは，テレビの怖いドラマを使うけど，
それは，オマエを怖がらせるためのものなんだ。ボクはオマエの言うことなん
か聞く必要ないんだ！　ボクたちは，セキュリティシステムを導入したんだよ
ね，ママ？　……とにかく，ボクは毎日勇気が湧いているんだ！」と語った。

　別の例では，学校で多くのトラブルに対処していたミッキーが漫画を描いた。
彼は，次のような質問に対する回答を絵に描いて表現した。「**トラブル名人**は，
あなた自身について何と言うの？　もし問題が，あなたを漫画に描くとしたら，
あなたをどのように描くかな？」　ミッキーは，「学校のことなんか気にするな
よ。どうせただのダメ人間だろ！」という吹き出しを付けて**トラブル名人**を描
いた。

　問題のそのような「動機」をさらに明らかにするために，次のような質問を
することができる。

- **トラブル名人**は，あなたに何をしてほしいのかな？
- **トラブル名人**は，学校で，あなたと一緒にどうしていたいのかな？
- **トラブル名人**は，君の将来の計画をどのように立てているのかな？　それ
は君にとって公平なことなのかな？

そして問題との好ましい関係を明確にするために，ミッキーは，オルタナティ
ヴな絵を描くように促された。そこで，彼は休憩時間に遊び，**トラブル名人**は
居残りとなって勉強や作業をしている絵を描いた。

- 君は，この自分についての絵が好きかな？　これは君に似合っている？
- どうやって**トラブル**を（君の人生の）絵から消したの？
- 「手を引くこと」と「悩まされていない自分」を見せることは楽しかった？

　さらに，問題のプロットとオルタナティヴ・ストーリーの対抗プロットについては，地形図を使って描くことができる。箱庭または絵を使って，触ることのできる具体的な地図を作ることができるのだ。これは，冒険ストーリーや魔法という子どもが愛するものに訴えかけるだろう。地図は，領土，自由への道のりなどを表現することができ，その可能性は無限大である。たとえば，勇気や平和を求める魔法のクエストで，子どもは，「恐怖の湖」，「幸福への道」を求める「勇敢なチーム」，「平和の牧草地」，そして「心配症のイボイノシシの居場所」を創り出す。ゲームは，家族と問題との関係性を組み込み，図式化できるのだ（Davida Cohenとの私信，1995）。[*5]

　ここで，いくつかの具体的な表現アートのアプローチ[*6]について詳述し，ナラティヴ・セラピーに応用した事例を示すことにする。

||| 箱　庭 |||

　ミニチュアフィギュアの不思議な魅力や，それらで空想の世界をつくったことを覚えている人なら誰でも，箱庭に興味をもつだろう。子ども，親子，または家族全員を，セラピーを目的とした箱庭で遊ぶように招くことができる（Kalff, 1971）。通常子どもたちは，棚に並べられたミニチュアフィギュアに惹かれる。それらは，あたかも選ばれ，箱庭に置かれる準備ができているかのようである。自分自身にアートの才能があると思わない人にとっても，箱庭はとっつきやすく，象徴的なコミュニケーションの形式を満足させてくれる。[*7]

　ナラティヴ・セラピーの文脈において，箱庭を使うアプローチに取り組むには，いくつかの方法がある。まず子どもや家族は，問題がしみ込んだ箱庭を作るように求められる。「問題の世界はどのように見えるでしょうか？」「問題を思い出させるフィギュアはありますか？」「それはどのように生きているのでしょうか？」「その仲間は誰でしょうか？　何がそれを支援しているのでしょうか？」

　また箱庭の世界を使い，問題の影響を描写することができる。「問題がどのように乗っ取ってくるのか見せてくれませんか？」「砂の上にそのことを描いたり，シンボルを使って描写できますか？」　問題を視覚的に表現することで，子ども

第8章　審美的で文学的価値のあるセラピー ……… 195

は，その影響を描写しやすくなるのだろう。

　さらにセラピストは，問題がしみ込んだ箱庭をそのままにするか，変化の要素を取り込んで「移行の箱庭」を作るかの選択肢を，次のように提示できるだろう。

- 箱庭をそのままにしておきたい？　それとも変更したい？　別の箱庭を作りたい？

　子どもが箱庭を変更することを選択するのであれば，オブジェクトを取り除いたり，付け加えたり，移動したりすることができる。セラピストは，次のような質問をすることができるだろう。

- 他のフィギュアを砂の上に置いてみたい？　何か変化をつけてみない？
- この箱庭がいい感じになるために，何か追加する？　それとも何か取り除く？
- 何があれば自由になるかな？

　ユニーク・アウトカムに取り組みながら，次のように尋ねることができる。

- この場面で問題が悪さしている方法を変えるようなことを，生活の中で何かしているかな？
- 君の人生をどうやって取り戻しているのかを表現できるかな？
- 君が問題のボスになったときに，何が起こるのかを表現できるかな？

　会話が進むにつれて，子どもまたは家族に，オルタナティヴ・ストーリーの箱庭，または一連の箱庭を作ってもらうことで，子どもや家族が問題に対してどのように異なる関わり方をしているのかを象徴的に示すことができる。箱庭は，戦闘のシーン，問題への勝利，あるいは問題のない人生のビジョンを示すことができる。子どもの体験は，さまざまな箱庭を作ることで，さらに実際に触れる形態の中で新たな意味を演じることで変化していく。

　子どもが新しいストーリーを思い描く準備ができているのであれば，最初に問題を描写せずに，オルタナティヴ・ストーリーの箱庭の作成に取りかかることができる。「ミラクルクエスチョン[★5]」（de Shazer, 1991）に似た質問によっても，箱庭について考えてもらうようにすることができる。「物事がすでにあなたが望

むようになっているとしたら，どのように見えるでしょうか？」

　セッションごとに，箱庭は進歩の証として，あるいは後退を探索するために使うことができる。子どもたちが問題を無事に乗り越えてから，問題がしみ込んだ箱庭を表現することに取り組める場合もある。第15章のジェイソンのストーリーは，この例を示している。

　また，ポラロイド写真とスライドは，箱庭を記録することに役立つ。これらは，時間の経過に伴うナラティヴの変化を「描写」するために使用できる。子どもたちは，しばしば自分自身や自分のチームを表すためにフィギュアを選ぶが，これらは魔法的な性質を帯びる。箱庭上のシンボルやストーリーは，折に触れて参照されながら，ナラティヴの手紙の内容のように，将来の会話やアートの様式に織り込まれていくだろう。

　子どもや家族は，「どのようになっているのか，地図を作ってみませんか」とか「砂の上に表現してみて」という簡単な誘いを受け取るだけで十分である。個別に箱庭を作る前に，子どもたちには，箱庭を作るためのさまざまな方法を伝える。箱庭を作っている間，中には連載小説のように語る子どももいれば，黙って箱庭を作り，完成させてから家族やセラピストにストーリーを聞いてもらいたいという子どももいる。箱庭の光景は，あらゆる芸術作品と同じく作者と作品への深い敬意をもって受け取るべきであろう。箱庭には，子どもが誘ってくれない限り触るべきでないし，子どもの前で分解すべきではない。

事例 ゾーイはビクビクを捨てる

　7歳の少女ゾーイが両親と離れる恐怖から解放されることを主な目的としたセラピーにおいて，ジェニーは，以前に会った子どもが**ビクビク**を乗り越えるために，良いアイデアを書いたメモを入れた「宝物の思い出ポーチ」を使ったことを紹介した。するとゾーイと両親は，以前「ポケットいっぱいのキス」でゾーイを学校に送っていたことがわかった。それでも**ビクビク**はゾーイに，学校が終わっても両親は帰ってこないだろう，と信じ込ませようとしていた。そ

★5　ミラクルクエスチョンとは，ソリューション・フォーカスト・アプローチで用いられる手法である。問題解決後の状況を具体的にイメージさせるために，たとえば「今晩あなたが眠っている間に，奇跡が起こったと想像してください。奇跡とはあなたが抱えている問題がすべて解決してしまうというものです。ただ，あなたは，眠っていたので問題が解決していることに気がつきません。明日の朝，どのような違いによって，奇跡が起こったことがわかるでしょうか？」のように問いかける。

のため，家族とジェニーは一緒になって，勇気を出すための石のお守りと両親の思いが詰まったお守りを入れた「思い出ポーチ」というアイデアを考え出した。これは，ユニークな質問を通して，彼女の人生の中ですでに「リ・メンバリング」が起こっているという発見を裏付けるためのものである。実際にはポーチを作らなかったが，翌週ゾーイは，彼女が覚えている日々について熱心に報告し，それによって，すでにもっていた勇気と信頼をめぐる新しいストーリーが発展するのを強化していた。

　（合計6回のうち）最後の3回のセッションにおいて，連載ストーリーを示す箱庭（図8.7）が作成された。ジェニーはゾーイに，問題あるいはゾーイの言う**ビクビク**から，自分の人生をどのように取り戻すのかを砂の上に表現するように促した。ゾーイは，最初に大きな青いドラゴンを**ビクビク**として選び，箱庭の真ん中に置いた。そして，それが自分の人生にどのような影響を与えてきたかを話した。彼女は箱庭を今のところそのままにしておくか，変更したいかを尋ねられると，自分自身のシンボルを選び，**ビクビク**を罵声と脅威で隅に追いやるのを助けてくれる，さまざまな動物や魔法のキャラクターのチームを集めた。次のセッションでは，チームのメンバーがドラゴンを埋め，頭の上に座ったのである。

　大規模なチームは，**ビクビク**から逃れるためのアイデアを検討するために，ミーティングスペースを備えたクラブハウスを設立した。ここでゾーイは，「悲しい別れ」ではなく「幸せな別れ」があるという素晴らしい考えを思いついた。ゾーイがこの1週間でこの考えを実験していたことが判明し，すでに「幸せな別れ」が両親との朝の別れの経験を変えていた。最後の箱庭でのストーリーが終わる頃には，魔法のチームはあまりにも広いスペースを占めていたので，そこで楽しむための「ゲームハウス」を設置し，**ビクビク**については心配しなくなっていた。ニワトリやフクロウなどのチームのメンバーは，**ビクビク**の頭の上に座って楽しんだ。

　このような話を聞くと両親は，しばしば自分たちもその意味を考えるように刺激される。ゾーイが箱庭についての話を終えると，父親のロバートは**ビクビク**が隅に埋もれて退屈な立場にいるので，引退とはいわないまでも，長い休暇を考えているに違いない，と冗談を言った。この時点でゾーイ，マリーナ（母親），ロバート，ジェニーは，それぞれの人形を取り上げ，お互いにこれまでの発展について話し合った。

　スーザン・アンドレア・ワイナーは，箱庭に対して次の手紙を書いた。スーザンはトレーニングの一環として，リフレクティング・チームの一員として家

図 8.7 チームはビクビクを隅に追いやり,頭の上に座る

族とのセッションに参加していた。

> ゾーイ,マリーナ,ロバートへ
> 　数週間前に,ジェニーのオフィスで,みなさんにお会いできてとてもうれしかったです。ゾーイと彼女のチームが**ビクビク**に悩まされないために使っている,素晴らしく,とても賢いトリックについて「私に教えてくれて」ありがとうございます。ゾーイ,マリーナ,ロバート,そしてゾーイのチームを紹介されて,私は,**ビクビク**には３つも頭があるのに,ゾーイが成長し,楽しい時間をもつのを妨げるほどの頭脳をもっていないことがわかりました。
> 　ゾーイ,あなたがもっているたくさんのアイデアの中でも,私は特に「**空翔けるユニコーン**」が**ビクビク**に眠り薬をふりかけて「**ビクビクに檻の中でいびきをかかせる**」ところと,友だちと一緒に出かける計画を立てるときに甘いバラを使って「**ビクビクにくしゃみをさせ,混乱させて,あなたを困らせるのを忘れさせてしまう**」ところが好きです。ゾーイ,頼もしく創造的なメンバーをチームに採用しましたね！
> 　マリーナとロバート,あなたたちは疑う余地のない大きな愛情と支援,そしてゾーイと協力して恐怖を飼い慣らし,手放すための創造的な方法を発見するための姿勢を示しました。これらは,忠実で守護神となるトラに守られて,**ビクビク**を檻の中に閉じ込めておくのに役立ったように思います。別れ際にリラックスし,幸せな別れを経験する方法を見つけ

第 8 章　審美的で文学的価値のあるセラピー …… 199

られるようになったゾーイの能力について，最近，何か気づいたことがありますか？　ゾーイのポケットにハグやキスを入れるなど，あなたたちが考えた巧みなアイデアのうち，ゾーイはどれを使っているのでしょうか？　**恐怖**は，再びゾーイをだまそうとしているでしょうか？　**ビクビク**の裏をかくために，他のアイデアは思いついていますか？

　ビクビクが隅に追いやられたことで，幸せな別れ方をする余裕がより増えたのでしょうか？　**ビクビク**の意地の悪いトリックを振り払い，友だちのところにスキップしていくのを見ると，学校でのお別れはゾーイを幸せにし続けている，と想像してもいいでしょうか？　放課後には必ず迎えに来てもらえるというので，リラックスできるのだということを信じるために，ゾーイはどのようなアイデアを使っているのでしょうか？

　ゾーイ，**ビクビク**はまだ檻の中で寝ている？　それとも，くしゃみでもしているのかな？　あるいは，こそっと逃げ去ってしまった？　**ビクビク**が他の子どもたちを悩ませないといいんだけど。でもそうなったら，ゾーイが教えてくれた，恐怖が楽しみや友情を台無しにしないためのトリックを教えてあげてもいいかな？　私も気づいたように，「さよなら」の後に「こんにちは」が来ることに気づいている？　学校で友だちと一緒に楽しく過ごす１日に「こんにちは」，新しい経験に「こんにちは」，ポケットの中でクスクス笑っているハグとキスに「こんにちは」，放課後に迎えに来てくれるお母さんかお父さんに「こんにちは」。どのくらい「こんにちは」と言うのが楽になってきているのかな？　お父さんとお母さんは，あなたの１日が「こんにちは」でいっぱいになっているのを知ると，喜ぶかな？

　ゾーイ，あなたを悩ませていたものは「バカげたトリック」であること，そして，あなたには力強く支えてくれるチームがいることを忘れないでね。恐怖が楽しみを台無しにしないようにした巧妙なトリックについて，あなたと両親が教えてくれる気になったら，電話してくださいね。そのときには，たぶん「ハーイ！　こんにちは」と言ってくれるかな。

　繰り返しますが，賢いアイデアとパワフルな力を私に教えてくれてありがとう。

温かく見守っています

スーザンより

　８か月後のフォローアップの会話で，マリーナは，ゾーイがまだいくつかの恐怖を抱えながら生活していると述べたが，ゾーイと家族は，それらに対処す

るための多くのツールがあると感じていた。一方，ゾーイは，学校に行くのを楽しんでいると話した。**ビクビク**の話題が出たとき，彼女は笑って，**ビクビク**の後ろから耳の穴に指2本を入れることを想像していたと言った。「もっと**ビクビク**を笑ってやるの」と。

動作と身体意識

　運動感覚の領域では，問題の具体化とその解消の具現化に注意を払う。人は「問題に乗っ取られている」ときの直感的な体感を有しているし，ダンス，動作，そして姿勢を通じて，それから抜け出しているときの直感的な体感も有している。動作を通じて，問題との関係において自由に向かう旅をすることができるのだ（Smith & Barragar Dunne, 1992）。

　セラピストは，子どもが自身をめぐる問題のストーリーを抱え込んでしまうことによって身体にどのような影響を及ぼしているのか，つまり姿勢，呼吸，動作にどのような影響を及ぼしているのかについて，気づくよう招くことができる。子どもは「問題になって，その視点から物事を見よう」としているかもしれない（Clover Catskillとの私信, April, 1991）。子どもや家族は，問題が身体に与える影響を探るために，遊びながら，ダンスやボディ・スカルプチャー（身体的なエクササイズ）を用いることができる。

　たとえば，「自信喪失」と闘っている子どもには，次のように問いかけることができる。

- **自信喪失**は，君の身体のどこに住んでいるのかな？
- **自信喪失**が君をつかんだら，君をどのように歩かせ，立たせ，呼吸をさせ，そして動かすのかな？
- **自信喪失**は，君の顔に何をさせようとするのかな？
- **自信喪失**は，君にどのようなスタンス／姿勢で世界に臨むようにするのかな？
- **自信喪失**は，君の感覚をどのように色づけるのかな？
- **自信喪失**がクラスに現れたら，君の身体に何が起こるのか示すことができるかな？
- **自信喪失**は，君をどんな気持ちにさせるのかな？
- 代わりに，君は何を感じたいのかな？
- リラックスして自信をもっているときに，君はどのように座って，どのよ

うに歩くのかな？

- **自信喪失**が語る女の子をめぐるメッセージに逆らい，自分らしく歩き，自分らしく話したら，何が起こるのかな？

　その後セラピストは，過渡的な動きやボディ・スカルプチャーの中で，問題の影響から抜け出す方法を探索し，徐々にエージェンシーと自由の動きを発展させていくように招くことができるかもしれない。これらの解放的な動きやジェスチャーは，簡単に思い出すことのできるサインとなり，問題のストーリーとの関係をめぐるオルタナティヴな姿勢を思い出す役割を果たす。パントマイムでは，家族が問題のお面を剥がしたり，身体から問題を振り払うようにできるかもしれない。さもなければ，人や関係性から直感的なやり方で取り除くこともできるだろう。

　幼い子どもたちは，自分自身の身体に問題がどのようなトリックを仕掛けるのか，あるいは問題がどのように自分自身を歩かせたり行動させるのかをめぐって，「スパイする」ことに興味をそそられる。問題のあるストーリーが身体にどのような影響を与えるかは，セッション中だけでなく，セッションとセッションの間にも気づくことができる。私たちは，有能なスパイがするように自分の発見を記録することを勧め，スパイがもたらしたその内部情報を次のセッションに持ってくるように勧める。問題のトリックが解読されると，子どもは，姿勢や表情を変えること，深呼吸，あるいはそれを無視することなどによって，問題に対して逆にトリックを仕掛けることができる。

事例　ダン，ジュリア，そして「問題の重み」

　ここで，「ダンスまたは運動療法」に乗り気ではなかった 8 歳の男の子に，身体的な気づきとコミュニケーションを活用した例を示す。ジェニーがダンと母親のジュリアに初めて会ったセッションにおいて，ジュリアが悪態をつきながらけんかの頻度について説明している間，ダンはあごを引き，胸の上で腕を固く組んで座っていた。ダンがあきれた表情をしたり，怒ってカーペットの縁に自分のテニスシューズをこすりつけたりしたので，**怒り**や**けんか**を外在化しようとする試みは頓挫してしまった。「ヤツから始めたんだ」または「それはボクのせいじゃない」と，ダンは，自己弁護と公平性への不満を執拗に繰り返した。この不満は，ダンが**怒り**や**けんか**の責任をとるのを拒んでいるように見えた。

　ジェニーは，虐待の可能性がないかを見極めるとともに，家族の中で**けんか**

や**非難**がどのように行われているのかを調べるのが重要であると感じていた。ところが，このために外在化する会話を始めようとする粘り強い試みは，実を結ばなかった。最後にジェニーは，「ダンを非難される席から外して，代わりに**怒りとけんか**の問題を座らせるような方法で，2人が話すことはできるのでしょうか？」と尋ねた。ジュリアは承諾したが，ダンは無表情ながらも警戒心をもち続けていた。ジェニーは一瞬考えてから，ダンに「私が何を言っているのかわかりますか」と尋ねた。もしわからなければ，彼女は彼にどのように示すことができるだろうか？

　ジェニーは立ち上がると，ゆっくりとダンのほうへ歩いていった。そして，彼の胸のすぐ前まで本を近づけても大丈夫かな，と尋ねた。ダンが了解したので，ジェニーは，座っている彼に近づき，身体から数インチ離れたところで本を保持し，次のように言った。「この本が**けんか**の問題であるとしましょう。これがあなたの胸を圧迫しています。これが，どのようにしてあなたをトラブルに巻き込み，困らせ，あなたにその責任があるかのようにみせるのかを知っていますね。あなたにこのようなプレッシャーがあるのをどのように感じる？　**非難**が自分に重くのしかかっているように感じる？」　ダンはうなずいた。

　「もし私たちがこれをあなたの胸から離して，私たち全員がそれを見ることができる床に置いたら，何が起こるのかな？」と尋ね，ジェニーは本をダンの胸から離し始めた。「これは，いい考えかな？」　ダンは再びうなずいた。ジェニーは，芝居がかった表現で本を重たそうに持ち上げると，ドサッと音をたてて床に置いた。ダンは安堵のため息を漏らした。ジェニーは，床の上の「外在化された」問題を指さして，**けんか**の問題が常に彼に重圧をかけ，トラブルに巻き込むのは，公平なことなのかどうかと再び尋ねた。ダンは，本に向かって威嚇するように足を振りながら，「いや，ちがう」と力強く言った。

　彼の身体から問題が取り除かれたという身体的な感覚が，ダンをリラックスさせたようだった。彼は背筋を伸ばし，椅子の背にもたれかかり，わずかに母親のほうに身体を向けた。母親は，**けんか**が彼の人生にもたらした影響について，同情的に話し始めた。これが活発な議論への道を開いた。そこでダンとジュリアは，**けんか**と**かんしゃく**が家族の中でどのように作用しているのか，そしてそれに対して何ができるかを考え始めた。

　安全でリラックスした雰囲気の中で，身体的な次元に注意を向けることによって，感情的な情報が会話の一部に組み込まれる道が開かれる。ダンのような子どもがよりリラックスし，防衛的でなくなると，虐待のような難しい話題が浮かび上がる可能性が高くなる。

このような観点から，J. L. グリフィスとM. E. グリフィスは，「感情的な姿勢は，治療的な対話への可能性を開くことも閉じることもできる」と述べている（Griffith & Griffith, 1994, p. 66）。彼らは，動物行動学に基づいた，平穏の姿勢と可動の姿勢を区別する。可動の姿勢は，「探索する，調査する，警戒する，動かす，攻撃または防御を準備する，しつこく追跡する，逃亡する」と表現でき，言語を伴わずに示すことができる。言語を用いるとすれば，可動の姿勢は，「正当化する，非難する，恥ずかしい思いをさせる，コントロールする，距離を置く，抗議する，守る」などと表現される。平穏の姿勢は，休む，見つめる，遊ぶなどの行動に表れ，言語を用いれば，「振り返る，聞く，不思議に思う，創作，思い描く，空想する，白昼夢を見る」などと表現される。

これらのアイデアは，家族や子どもたちとのセラピーに役立つ指針となる。人々が持ち込んだ姿勢，あるいは会話の中で生じた姿勢に注意を払い，部屋の中で平穏さを促進するスキルを使うことができれば，緊張が解消され，安全な雰囲気の中でリラックスし，開かれた会話への準備が整う。

‖ あらゆるコミュニケーションが不可能に近い と思われる場合 ‖

遊び心にあふれた創造的な質問や，言語的，非言語的な方法で反応を求めることがすべて失敗に終わったとき，何が起こるだろうか？　いずれかの方法で子どもたちに自分自身を表現してもらうような試みには心をそそられるが，そうすることで，子どもに不必要なプレッシャーをかけてしまうかもしれない。

オルタナティヴなコミュニケーションの形式があまり成功しない場合，前に進むための方法は他にもある。デイヴィッドは，子どもとの直接のコミュニケーションが十分ではない場合での，会話を続ける方法を示している。それは，子どもの反応を引き出すことに熱心になるのではなく，同席している人々に，子どもについてとその状況についての両面をインタビューしていく方法である。このことによって，子どもから新鮮な反応を引き出すことができるかもしれないし，子どもはただ耳を澄ませ，会話に引き込まれていくかもしれない。たとえば，デイヴィッドは，ジルの母親に次のように取り組んでもらうかもしれない。「もしお母さんがジルだったとしたら，この質問にはどのように答えるでしょうか？」（母親に答えてもらってから）ジルに向き直り，「お母さんのジルと君自身のジルは，どの程度近かった？　お母さんが理解するジルが君自身のジルに近くなるようにお母さんが挑戦するから，近づいたら『そうそう』という感じでう

なずいてくれる？　そして遠くなったら『ちがう』という感じで首を振れるかな？」と尋ねるだろう。

　ジェニーは，コミュニケーションのための記号を実験してきた。たとえば，ある少年は問題について感情的になってしまい，話す気になれなかった。ジェニーは，彼は声に出して話すことを拒否していたが，質問に答えるために頭を動かしていることに気づいた。そこで，彼が言葉を発しなくても，ジェニーの質問に答えられるような記号を作ることを提案した。すると少年は，この提案に対して，喉の奥から鼻に抜ける低い音を漏らしすこしうなずいたので，これは「イエス」という意味かな，と尋ねた。すると少年は同じ音を漏らした。このように進めることができたので，2人はそのまま続けた。2人が考えた合図のシステムには，「イエス」には喉の奥から鼻に抜ける低い音を漏らす，「ノー」には首を振る，「わからない」には手を振る，そして「パスする」にはうつむくというものが含まれていた。このことによって，少年がジェニーの質問や推測に応答するだけで会話を続けることができるようになった。このコミュニケーションのための記号を確立してから，ジェニーは，問題の影響をめぐる経験と問題に対する影響を，他の方法で描いたり，伝えることができるかな，と尋ねた。このコミュニケーションのための記号は，彼にとって話すことよりもはるかに簡単であることが判明した。

　また子どもは，毛布の下にもぐり込んで手だけを出し，私たちの話に反応して，親指を立てたり下げたりすることもある。中には，大人の質問や推測に反応する際に，人形を通じて，うなずきや首を振るというようなことで話すことを選ぶ子どももいる。

　その一方で，子どもたちと取り組むときに，子どもがおしゃべりに夢中になってしまい，その場にいる他の人と必要な会話に集中できない，という課題が起こりうる。家族とのセッションで子どもが順番に話すことができない場合は，「割り込みカード」を使用できるだろう（Jeffrey Kerrとの私信，August, 1996）。さまざまな色のインデックスカードを子どもに渡して「割り込みメモ」を作成してもらうことができる。このメモは，子どもが話す番になったときに，言いたい重要なことを思い出すのに役立つであろう。家族とのセッションで大人が話している間，子どもが自分自身を表現するために，絵，詩，または他の媒体を提案することもできる。

第**9**章

無免許の協働セラピスト

多くの童話で，子どもたちは，犬，鳥，イルカ，モルモット，自分のペット，ぬいぐるみ，空想上の友だちなど，人間以外の仲間に囲まれ，助けられる。童話の中で「"ホッブスのいない"カルビン[*1]」，「"くまのプーさんのいない"クリストファー・ロビン[*2]」，「"ラッシーのいない"ティミー[*3]」，または「"ワイルド・シングスのいない"マックス[*4]」は，いったいどうなってしまうだろうか？

児童・家族療法のセラピストは，セラピーにおける子どもとのコミュニケーションを促進するための人形やおもちゃの価値について述べてきた（Barragar Dunne, 1992; Brems, 1993; Gil, 1994; Oaklander, 1978）。一歩引いた形で物事を話すことによって，たいていの場合，子どもは自由になる。オークランダーは以下のように述べる。

　　子どもにとっては，表現しにくいことを直接言うことよりも，人形を通して話すほうが簡単なことが多い。人形は程よい距離を提供するので，子どもはこの方法で自身の最も深い思いの一部を明らかにするのを安全だと

★1　『カルビンとホッブス（*Calvin and Hobbes*）』は 1985 年から 1995 年に米国の地方新聞に掲載されたビル・ワターソンによる連載漫画である。想像力豊かな 6 歳の男の子カルビンと，彼の最高の友人であるぬいぐるみのトラ，ホッブスのユーモラスで一風変わった日常を描いた作品である。

★2　『くまのプーさん（*Winnie the Pooh*）』は 1926 年に出版された A・A・ミルンの児童小説である。

★3　エリック・ナイトは 1938 年，新聞に短編作品として『名犬ラッシー家路（*Lassie Come Home*）』を掲載した。1943 年以後，『名犬ラッシー』として多くの映画やテレビドラマなどが製作された。孤児院を抜け出したティミーが納屋に隠れていたところをラッシーに見つかり，それをきっかけにラッシーの飼い主であるマーチン夫妻に引き取られることになる。

★4　『かいじゅうたちのいるところ（*Where the Wild Things Are*）』は 1963 年に出版された，モーリス・センダックの絵本。主人公の少年マックスがオオカミのぬいぐるみを着ているところを見て，母親が「ワイルド・シングス（いたずらもの）」と呼ぶ。

感じるものだ。 (Oaklander, 1978, p. 104)

セラピストである私たちの中で，すこしばかりでも支援，救済，新しい洞察を望まない者はいるだろうか？　そこで，想像上の，あるいは人間ではない協働セラピストに参加してもらおう！　人形や他のおもちゃ，あるいは想像上や神話上の存在の姿をまとった協働セラピストは，セラピストを支援し，会話を盛りあげるために呼び出すことができる。ナラティヴ・セラピーの初期の実験者として，ウェイン・マクラウドは，セラピーチームのメンバーである「ぬいぐるみ」に助けられた（McLeod, 1985）。同様にアンドリュー・ウッドの想像上の友人は，洞窟に住むトラの王で，子どもたちと文通するのが好きだという（Wood, 1985）。

　私たちの中には，協働セラピストが常に一緒にいてくれるのを願っている者もいる！　リフレクティング・チームの活用が増えているが，ほとんどのセッションに人間の協働セラピストを参加させるのは現実的ではないだろう。代わりに，家族やセッションに参加している他の人を誘い，人形を選んでもらい，そうすることでリフレクティング・チームを形成することがある。人形のリフレクティング・チームは，さまざまな声を部屋に持ち込むことが可能である。賢いフクロウ，カタツムリ，魔法使いで構成されるチーム，または王と女王，ドラゴン，カエルのチームを想像してみてほしい。

　児童セラピストは，それぞれお気に入りのキャラクターを協働セラピストとして起用し，独自の遊び方をしている。ジェニーのオフィスには，大小さまざまな人形やおもちゃがあり，辛抱強く，しかし熱心に子どもに呼ばれるのを待っている。時に，ジェニーまたは子どものどちらかが，ある人形が行動を起こしたくてもじもじと身をよじり始めるのに気づくことがある。ジェニーのオフィスには多くの人形やおもちゃがいるにもかかわらず，ラスカルという犬のキャラクターが登場する場合が多い。その人形ラスカルは，お座りをしていて，知的で警戒心が強く，いたずら好きな表情をした若い犬である。ラスカルは，いたずらやトラブルを熟知していて，それに巻き込まれた子どもたちに同情する。さらにラスカルは，トラブルから解放されることに関してはかなりの専門家であり，子どもたちに子ども自身のやり方について尋ねることに強い興味がある。

　人見知りをする子どもたちには，友だちをつくろうとゆっくりと触覚を出しているカタツムリが登場する。他には，フレンドリーでモップのようなイングリッシュ・シープドッグのジュノが登場するかもしれない。ジュノの目は，もつれ毛の下に隠れている。ジュノは，たくさん撫でてほしいとせがむようにお

腹を見せて転がるのでちょっと困り者だが，痛みと希望の話は辛抱強く聞いてくれる。カバのハルポは，ユーモアのセンスが素晴らしく，問題を泥臭く面白くし，深刻なジレンマをほぐす才能がある。これらの協働セラピストは，子どもたちのストーリーと長年にわたって関わってきたので，より良い質問とリフレクション（省察）を提供できるようになっている。彼らは，聴衆として，重要な情報の記録係として，そして子どもたちの知識と成果の伝達者としてはたらき，彼らが過去に遊んだ他の子どもたちが有する助言やストーリーを共有する。

　また，（シンプルなラグドールのぬいぐるみや無表情のウサギのような）地味で，セラピストによって十分に「人格」をつくりあげられていない人形をいくつか用意しておくと，子どもが想像力をはたらかせ，自分の「友だち」をつくる機会になる（Sallyann Rothとの私信，August, 1996)。

事例 リスニング・ラビット

　経験豊富な協働セラピストでさえも，あまり役に立たないように思うことがある。7歳のダナの場合，どの人形も彼女に話しかけることもできず，彼女の痛みを十分に聞くこともできなかった。ラスカルの魅力も届かなかった。ダナは，両親の離婚や祖母の死について悲しみや葛藤を抱えていただけでなく，しばしば「誰も聞いてくれない」「誰も理解してくれない」と絶望的な叫び声をあげた。この認識があまりにも強かったため，会話の中ですこしでも感情的な話題が出ると，彼女は両手を耳に当てて，「私の話を聞いていない！」と叫びながら崩れ落ちてしまうのであった。ダナの明らかな痛みと，痛みからくる発作のような孤立の苦しみは，しばしば母親の心を限界に導いた。ダナは，他の人たちと再び一緒にいられるくらい落ち着くまで時間をとることによって，（セッションが）「時間切れ」のために打ち切られるのも嫌った。両親はともに，彼女が発作をコントロールできるよう助け，なんとかコミュニケーションできる方法を探すことに熱心であった。**かんしゃく**と**孤立**を外在化し，聞いてくれないという経験を聞き出そうとするさまざまな試みは，それが優しい関わりであろうと毅然とした関わりであろうと，強烈な感受性がもたらすプレッシャーによってすぐに悪化した。どのような問題でも口にするやいなや，ダナは素早く耳を手で覆い，叫び声が部屋を支配するのであった。

　ダナの両親は，離婚協議の最中とその後にエスカレートした非難，恥，批判が家族全員に及ぼす影響に注目した。時が経つにつれ，家族の「アンチいさかいプロジェクト」の取り組みは進展していったが，それにはダナよりも大人た

ちのほうが興味をもった。彼らは**かんしゃくと叫び**に自分たちなりの制限を設けることに懸命に取り組んだ。それまで、ダナにさらに恥をかかせることを恐れて、制限を設けることができなかったのである。このように恥と非難に対して不用意に協力してしまうことによって、ダナは両親の離婚によってひどく傷ついている、父親との新しい関係に対処できないでいる、だから腫れ物に触るかのように慎重に子ども扱いされる必要があるのだという考えを強めてしまった。困難な問題に言及されるときの彼女の反応は、ダナは傷つきやすいということの継続的な証拠となった。

　このストーリーがその力、すなわち両親に罪の意識を抱かせる力や、ダナに自身が過度に傷つきやすい人間であると決めつけさせる力を失っていくにつれて、ダナは、自分自身を落ち着かせる能力を発達させ、示し始めた。これは一歩前進となったが、それでも大人がダナに不快なことを伝えようとすると、必死の叫び声で容易に会話が止まってしまうのであった。

　ある日、ジェニーがダナと話す方法を見つけるのに苦労していたとき、あるアイデアが浮かんだ。ジェニーは、突然、自らの手をダナの耳に当て、「魔法のリスニング・ラビットを作ったら、というささやき声が聞こえた」とダナにそっと伝えた。ダナは、微笑んだ。すぐに、ウサギの頭を白いスカルピー（造形用粘土^{*1}）で作成した。それは、大きな耳をもち、優しい笑顔をしていた。1週間のうちには、小さな毛皮に覆われた身体と尻尾が追加された。

　ダナが緊張し、「私の言うことを聞かないのね」と叫びそうになったとき、ジェニーのポケットから魔法のウサギの指人形が頭を出し、「ぼくはリスニング・ラビットです」と自己紹介した。リスニング・ラビットはダナに、「**かんしゃくと恥ずかしさ**が君の舌を無理矢理、捕まえちゃっているんだね。そして、誰も理解してくれない、聞いてくれないと思わせているんだよね。ぼくは、ダナの話すことと聞くことを**恥ずかしさ**から奪い返し、再びダナのものにするための、ちょっとした魔法をかけるために出てきたんだよ。ちょっと聞いてね。まず初めに、君がぼくを必要とするときはいつでも、君が話すことを魔法の耳で聞くんだよ。そして、聞くことと話すことを助けてあげるね。ぼくの耳を見て。ぼくの耳は聞くのが上手だと思う？」と語りかけた。ダナは恥ずかしそうに微笑んだ。「ただ話を聞いてほしいの？　ぼくが聞いたらわかってあげられるかな？」ダナはまた微笑んでうなずいた。これは初めてのことだった。

　この新しい協働セラピストは、ジェニーのジレンマを解決した。会話することなく、ナラティヴ・セラピーを進めることができるだろうか？　これまでこのような考えを伝えようとすると、すぐに打ち切られてしまった。しかし、小

さな魔法のリスニング・ラビットの魅力と予期しない出会いに誰が抵抗できる
だろうか？　リスニング・ラビットからのメッセージがダナに伝わり始めた。ダ
ナはすこしずつ好奇心を見せ始め，リラックスし始めた。会話の中で緊張した
ときはいつでも，ジェニーは，物事を整理するためにリスニング・ラビットを
呼び出した。

　リスニング・ラビットが登場してからすぐに，ダナは自分のリスニング・ラ
ビットを作りたいと言った。ダナのウサギは「最初のウサギと友だちになって，
お互いに耳を傾けることができる」ようになった。確かに，ウサギたちは，**恥
ずかしさ**と**かんしゃく**を閉め出して話しながら，お互いにとても穏やかに，そ
して安全に話をすることができたのである。リスニング・ラビットたちの間の
新しい関係が緩やかな変化への扉を開き始めた。ある絵はがきに書かれていた
リンネア・ウォッシュバーン[5]の言葉が，このことを最も良く表しているのかも
しれない。

　私たちは，昼と夜が出合う瞬間にある，まったくの静寂の中に座っ
ていた。
「聞いて」と彼は言った。「聞こえた？」
　私は「何も聞こえなかった」と答えた。
　彼は「時として，すべてが正しいと，ある種の音を奏でるんだ」
　私は「聞きたかった」と穏やかに言った。
　そして，一生懸命聴くことをやめた途端，私にも聞こえるようになっ
た。

事例　ケビンの初仕事

　かんしゃく持ちであるサルのケビンが，子どもの家に訪問する初めての本格
的な外回りの仕事に着手するまでには，しばらく時間がかかった。しかし，初
仕事の成果を見ると，デイヴィッドは，ケビンの将来には輝かしいキャリアが
待っていると確信した。[2]デイヴィッドは，米国の友人ダイアン・バーカンとル

★5　Lynnea Washburn は，ワシントン在住のアートディレクター，ライター，アーティストで，
自然をテーマにした作品や聖書研究とアートを組み合わせた作品を展開している。

第9章　無免許の協働セラピスト ……　211

シア・ガトーネからぬいぐるみのケビンを預かってから約1年後，ジャッキーと彼女の3人の子ども（9歳になろうとしていたブラッド，7歳のジェリー，5歳のスージー）に会った。ケビンには，手を押さえられると震え，奇声を発する能力があった。もう一方の手には，大きな赤色のハートマークがあり，「**YOU MAKE ME WILD**（オマエはオレをワイルドにする）」と書かれていた。

　3児の母であるジャッキーは何年にもわたって，当時の夫から虐待を受けていた。彼女の言葉を借りれば，（すべてのことに）「感覚が麻痺してしまった」のであった。彼女の母親と主治医に助けられ，「生死に関わる問題だ」というもっともな結論に達したので，最終的にその関係を終わらせることができた。

　驚くことではないが，虐待によって子どもたちに起こった恐ろしいことを償うために，ジャッキーは「みんなの気まぐれを満足させる」子育てにいそしんだ。彼女の願いとは裏腹に，これは問題を解決することにはならなかった。彼女は，規律がないことが，虐待的な規律を補ったり，置き換えたりすることにはならないと気づき始めた。ジャッキーは，子どもたちの絶え間ないけんか，いらだち，苦悩の兆候に直面して，どうすることもできなかった。ブラッドは，ほんの些細なことでもかんしゃくを起こした。時折，子どものかんしゃくは，家族の中で虐待が生じる可能性や，実際に虐待が行われているときの警鐘としての役割を果たすことがある。これは，かつてのブラッドがしたことであった。彼のかんしゃくは，警鐘としての役割を果たしたので，ジャッキーと彼女の母親，そして医師は，その警鐘に注意を向けることができたのである。ブラッドの弟のジェリーも同じようなストレスの多い状況にあったが，ジェリーはかんしゃくを起こすのではなく，パンツを1日に4，5回も汚してしまい，**ずるがしこいウンチ**の思い通りにさせていた。

　デイヴィッドは，家族全員にサルのぬいぐるみであるケビンを紹介し，デイヴィッドの横に協働セラピストの椅子を用意した。デイヴィッドは，左手のひらにある「**ここを押す**」のボタンを押し，ケビンが「キーキー，ホウホウ」と叫ぶのを見せた。みんなは，ケビンのかんしゃくを起こす様子を大いに楽しみ，本物のサルにそっくりであることに驚いた。

　このとき，デイヴィッドはブラッドに聞いてみたいことがいくつか浮かんできた。デイヴィッドは「サルを見たことがある？」と尋ねた。ブラッドは見たことがあったので，地元の動物園やインドネシアのバリ島を訪れた際に見たサルのふざけた行動を説明した。デイヴィッドは「君の**かんしゃく**は，家族やクラスメート，友だちにはサルのように見えるのだろうか？」と尋ねた。ブラッドは，そうだろうと思った。デイヴィッドは「サルがサルらしく振る舞うのは

正しくて適切だと思う？」と尋ねた。ブラッドは同意した。デイヴィッドは，最後のサルの質問をした。「**かんしゃく**が君をサルにするのをどう思う？」と。

　翌日がブラッドの誕生日だと，誰もが知っていた。デイヴィッドは，9歳になろうとしている男の子にこんなことが起きているのは不公平だと思わないか，と尋ねた。ブラッドは，顔を一方に向け，深く考えているようだった。彼は，9歳の誕生日を翌日に控えた男の子が，このようにサルにされることは，実に不公平であり，激しい怒りのようなものを感じると同意した。デイヴィッドは「明日，自分に成長したというプレゼントを贈れそう？」と口に出してみた。ブラッドは，不確かそうな顔をしていたが可能性はあると思う，と述べた。

　ブラッドが考えている間，デイヴィッドは，新しい協働セラピストのケビンと話をした。「ケビン，明日にも9歳になる少年が**かんしゃく**のせいでサルにされるのは，どう思う？」　ケビンは恥ずかしがり屋で，デイヴィッドの耳元でささやくだけなので，デイヴィッドはケビンの言うことを通訳する必要があった。「ケビンが私に言ったのは，もしこれで君が怒るのなら，ケビンは君から**かんしゃく**を引き取るよ，ということだったよ。ケビンはサルでいることに慣れているので，**かんしゃく**がケビン自身をサルにしても気にしないって。実を言えば，ケビンは高いヤシの木に登って，金切り声をあげたり，大声で叫んだりできるので，そんなふうにするのが好きなんだって。他のサルも，金切り声や大声で叫ぶことがサルのやり方なので，気にしないんだって」　デイヴィッドはブラッドのほうを向き，「ケビンに**かんしゃく**を引き取ってもらう？　それとも自分や家族，友だちのために取っておきたい？」と尋ねた。ブラッドは，もう**かんしゃく**をほしくないので，ケビンに持っていてほしい，と叫んだ。ブラッドが同意するのを聞いて，デイヴィッドは，「渡す方法をケビンに聞いてみようか？　どういう意味かわかる？　自分にはほしくないときに，ケビンに**かんしゃく**を渡してしまうということだよ」

　ブラッドはデイヴィッドに，すぐケビンにそのことを聞くように切望した。デイヴィッドがその希望をケビンに伝えると，ケビンはデイヴィッドにささやきたい，と伝えた。ケビンは結構長くささやいた。デイヴィッドは，ケビンの提案に大喜びで，ケビンが耳元でささやいている間についつい口をはさんでしまった。「まさか！　サルは，みんな，君と同じくらい賢いのかい？」と。最終的に，デイヴィッドはケビンの計画を理解し，非常に興味をもっているブラッドにケビンの提案を通訳した。「ブラッド，これはケビンがするように言ったことだよ。今日，ケビンは，君と一緒に家に行くんだって。**かんしゃく**が起きそうになったら（あるいは君よりも先に誰かが気づいたら），ケビンのところに行って，ケビン

第9章　無免許の協働セラピスト ……　213

の手を押して**かんしゃく**をケビンに渡すんだ。そのとき，ケガしないように後ろに下がっていて。もしケビンがサルのようにふざけても，ケビンを笑わないでね」と。その日，ケビンと一緒に帰るブラッドに，デイヴィッドはウインクした。

　このセッションの後，この家族がジャッキーの両親の家に引っ越したため，デイヴィッドは，7週間，ジャッキーと家族の進展を知ることができなかった。その頃までに，ブラッドはすっかり9歳になっていた。彼はその間**かんしゃく**を2回起こしただけであった。**かんしゃく**を起こすことは，ブラッドと彼の家族にとってすでに過去の出来事のように感じられたが，ブラッドは，**かんしゃく**をサルのケビンに渡したときに何が起こったのかを「すこしは覚えておきたい」と思っていた。彼は，最初にケビンに渡したときのことについて次のように説明した。「ママの部屋に入ってケビンの手を押したんだ。ケビンに**かんしゃく**が移った。それからケビンを食器棚に入れたんだ」。ブラッドは続けて「そうしたら，ぼくは大丈夫に感じて，すこし大きくなった気持ちになったんだ。悪さを遠ざけちゃった。ケビンがぼくに良いものをくれたんだ」。デイヴィッドは，次の質問に対するブラッドの答えを予測できなかった。「ケビンは，君にどれほどの良いものをくれたの？」と。するとブラッドは「一部屋丸々くらいの良いものだよ」と答えた。

　ジャッキーは，「彼はとてつもなく良くなった」とブラッドの主張を支持し，自分も両親も驚いたことを認めた。デイヴィッドは「君はケビンと別れる準備ができているのかな？　それとも食器棚の特別な場所にケビンがまだ必要だと思う？」と尋ねた。ブラッドは自分1人でやっていける自信を十分もっているようであった。そこでデイヴィッドはブラッドに，これがケビンの初仕事だったことを伝え，**かんしゃく**に悩まされている男の子や女の子を助けるにあたって，ケビンの前途は明るいと思うかどうかを尋ねた。ブラッドは，ケビンにきっと良い仕事が紹介できる，と言った。

　その日のセッションが終わる前に，デイヴィッドは，ジェリーがこの7週間で，**ずるがしこいウンチ**に2回しか「出し抜かれなかった」ことを知った。初回のセッションで，デイヴィッドはジェリーに，ケビンが万能なこっそりの専門家でもあり，**ずるがしこいウンチ**を出し抜くのを助けてくれる，と伝えていた。デイヴィッドはジェリーに，もし**ずるがしこいウンチ**をこっそり出し抜きたいのなら，ケビンの耳の近くで，どうやってこっそりするのかを尋ねるだけでいいね，と伝えた。驚いたことに，ジェリーにはケビンに相談する必要がな

かったのである。ジェリーによると「ウンチが出るようになった」だけで，そのことをあまり騒ぎ立てることに興味がないのだという。

　初仕事を無事に終えたケビンは，デイヴィッドのオフィスの一角に戻り，次の仕事を辛抱強く待っている。

第10章

型破りで特別な能力

　10歳のエミリー[*1]は，夜に親指をしゃぶる癖に抵抗するためにとった最近の行動について，デイヴィッドに興奮気味に報告しにきた。彼女が8歳のときに，2人は何度か会ったことがあった。その頃，しゃぶる癖は昼も夜も彼女を支配していた。実のところ，親指を口に入れていない彼女を見たことがある人はいなかった。彼女は，それが自分自身にとって非常に苦しいものであることを認めた。彼女はあごの形が崩れ，歯並びが悪くなることを心配していたが，確かにその当時は，目に見えるほどの兆候があった。

　2回目のセッション後，エミリーは親指しゃぶりが自分に及ぼす影響に憤慨し，親指の「生活」に介入し始めた。みんな，親指しゃぶりが夜に追いやられ，昼間にエミリーが自分の人生を営めるようになったことを喜んだ。それから2年半経った今日，エミリーは明らかに何かに興奮していた。デイヴィッドがそれが何かを見つけるのに時間はかからなかった。エミリーは，親指を吸わずに5晩続けて過ごせたことを報告したのだ。

　当然のことながらデイヴィッドは，このことに興味津々となり，彼女に成功の秘訣を教えてほしいと頼んだ。彼女は，成功の秘訣は自分の想像上の家族の助けがあったから，と伝えた。その家族は，ジム・ハリットとジムの両親，ジムのきょうだいの15歳のジョンと16歳のリサであった。デイヴィッドは，エミリーが実年齢よりも成長して見えたので，年上の想像上の友人がいることに驚かなかった。デイヴィッドは，ふだんから子どもたちと想像上の友人や家族について話すことに熱心だった。エミリーからジム・ハリットの父親がニュージーランドの型破りな子どもたちに想像上の友人を独占的に手配できる権利をもっていると聞き，興奮した。

　型破りな能力をもっているのはどのような子どもたちで，どのようなことなのだろうか？　それは，他の子どもや大人たちがそれを型破りであると思うほ

どの能力に長けた子どもたちである。エミリーがデイヴィッドに語ったように，このような子どもたちは「からかわれ，いじめられ」，子どもたちや大人たちに本来の能力よりも低く理解されてしまう可能性が高いのである。「型破りな能力」は，エミリーの考えでは，「そこにないものを見る」または「他の人とは異なる方法で物事を見て，時には俗世間なんてどうでもいいとさえ考える」ことができる特別な能力のことである。

デイヴィッドは，機会があれば想像上の友人たち[*2]について，そして想像上の友人たちが子どもの型破りな能力のある人生でどのような役割を果たしているのかについて，学ぶことにしていた。彼はエミリーにたくさんの質問をしたが，彼女はとても懇切丁寧に想像上の友人が何者で，誰がその友人たちを必要としているのかを話した。デイヴィッドは，エミリーの好意に応えようと，今後出会う型破りな能力をもつ子どもたちに，ハリット氏のことと，どのように彼に問い合わせたらいいのかを伝えたい，と言った。

デイヴィッドはエミリーに「想像上の友だちになるようにハリット氏に申し込むには，どうすればいいの？」と尋ねた。エミリーは，想像の中や秘密で書いた文書の中で誕生日と年齢を伝える，と言った。それより大切なことは，居心地が良いと感じる相手の年齢，と付け加えた。さらに，自分がどんな人間なのかも伝える，ということであった。たとえば，エミリーは，ハリット氏への応募書類に自分のことを「優しい人，助けられる人，強い人」と書いていた。また彼女はハリット氏に，自分の興味，そして同年代のほとんどの人たちや大人には秘密にしておきたい型破りな能力について伝えているのだ，という。加えて，好きな音楽，本，食べ物，服などや，特に好きな余暇活動についても伝える，という。自分の写真を撮るのもいい考えであり，そうすればハリット氏は自分の容姿をよく知ることができる。エミリーは，ハリット氏の本社がタスマニアとクック海峡の間の海底にあることを他の子どもたちが知っておくべきだと考えていた。

デイヴィッドはエミリーに「想像上の友だちがたくさんいたとしても，応募書類がたくさん来てしまったら，最初に誰のところに行くの？」と尋ねた。彼女はすぐに「最も孤独で，最も型破りな能力をもっている子どもたち」と答えた。

デイヴィッドは，初めに不思議に思っていたことをエミリーに伝えた。「想像上の友だちは，これまでの人生でどんなふうに君を助けてくれたのかなあ？」想像上の友だちがエミリーの人生の中でどれほど大きな役割を果たし，それを続けていたのかを知り，彼はとても驚いた。エミリーは「まず1番目に」と切

り出し，「想像上の友だちは，私が寂しいときや，家や学校で困ったときに助けてくれるの」と述べた。デイヴィッドは，努力すれば，今エミリーが言ったことを思いつけるかもしれないと思ったのだが，実は，それ以上のこともあったのだ。エミリーが彼に言ったことのほとんどは，どんなに一生懸命に努力したとしてもけっして推測できなかったことであった。

エミリーは続けた。「想像上の友だちは，私がうまくいかない宿題を手伝ってくれるの。役立つヒントをくれるけど，けっしてやってくれないの。子どもたちが望んでない癖，たとえば親指しゃぶりやいつも泣いてしまうようなことを乗り越えるための強さもくれるの」

エミリーはデイヴィッドと一緒に話しているときはいつでも，とても明るく楽しそうだったので，デイヴィッドは，エミリーが知らないところでずっと泣いているとは気づいていなかった。おそらくエミリーが明るく楽しそうにしていられるのは，デイヴィッドがエミリーのことを型破りな能力の持ち主だと知ってくれていると気づいていたからであろう。

デイヴィッドは「何が君を泣かせるの？」と尋ねた。

「ちょっとしたことや言葉で泣きそうになるけど，今は涙を笑いに変えてるの」

「想像上の友だちは，からかわれたときに助けてくれたの？」

「からかいのことだけど，すぐにそれがバカげたことだとわかっちゃうの……だから，からかいは，もう私をイライラさせることができないの！」

「想像上の友だちは，君を悩ませていることから引き離して，彼らを知る前よりも良い人生を送るために何かしてくれたのかな？」

「彼らのおかげで冒険ができるようになったの。高所恐怖症ではなくなったし。以前は雷が怖かったけど，今は雷が鳴ることが楽しみで嵐を待っているの。クモも怖くなくなったし」

「ちょっと待って。クモの怖さを克服するなんて難しいよ。彼らは，どうやって君の勇気を奮い立たせたの？」

エミリーは，想像上の友人であるジョンがしてくれた手助けの本質について語った。「ジョンは私に**アンチ恐怖アプローチは1日で効果があった**，と言ったの。だからジョンは私に，やってみないかと聞いたの。それは型破りな感じだったけど，その響きが好きだったの。ジョンは，片手にクモを持って，もう一方の手にキャンディを持っていたんだけど，どっちがどっちなのか教えてくれなかった。それからジョンは私に手を差し出すように言ったの。だからそうしたんだけど，クモが怖くなくなるまでに5回しかかからなかったわ。クモを何匹

第10章　型破りで特別な能力 ……　219

か捨てないといけなかったけど，考えてみるとクモは痛くないの」

　デイヴィッドは，このような型破りなアイデアが他にあるのかと尋ねた。案の定，エミリーには他にもアイデアがあった。かつてエミリーは，磯場の潮溜まりにいるカニを怖がっていた。ジョンは，最初に長い棒の使い方を示し，それからカニのハサミにはさまれずに手でカニをつかめるまで棒を短くしていく方法を示した。これは，引き潮のときにパームビーチ^{★1}からボートシェッドベイ^{★2}まで，エミリーが岩の上のウォーキングを楽しめることを意味した。

　デイヴィッドは，エミリーが一番いいものを最後に取っておくだろうと予想していた。「想像上の友だちの本当にいいところは，本当の友だちが来たときのいい練習になることなのかな？　想像上の友だちは，君がしてほしいようにしてくれるのかな」

　デイヴィッドはエミリーに最後の質問をした。「君の想像上の友だちに，1つだけ感謝するとしたら，1つだけだよ，何に対して感謝する？」　エミリーは「言葉の綴りや体育の授業でボールが自分に向かってきたときのように，自分のやり方や欠点がだんだんわかってきたの。でも，それさえも克服しようとしているの」と答えた。

　エミリーは，真の友人を見つけるまでもうしばらく待たなければならない孤独な子どもに想像上の友だちをつくることを勧めている。残念ながらエミリーのような人物は，実のところ型破りな能力をもっているにもかかわらず，変だと思われてしまっているかもしれない。

　エミリーと話した後，デイヴィッドは，想像上の友人が本物の友人よりも優れていると考えられる特長を考えた。その特長は，想像上の友人が常に自分には本当に素晴らしいところがあり，型破りな能力の持ち主だと知っている点である。自分を悪者だと思わせたり，トラブルに巻き込もうとしたりする想像上の友人がいるのであれば，クビにして，エミリーのように想像上の友人を求めてハリット氏に相談してみてはいかがだろうか。

型破りな能力の尊重

　子どもの能力が型破りだとみなされる場合がある。しかしエミリーは，型破

★1　パームビーチは，ニュージーランドのオークランドにあるハウラキ湾の，2番目に大きな島ワイヘキ島の海岸である。
★2　ボートシェッドベイは，パームビーチの東にある風光明媚な港である。所在地と同名のワインが名産品である。パームビーチとボートシェッドベイの間は，およそ1km離れている。

りな能力をめぐる陰謀論に遊び心をもって取り組むことによって，想像上の友人を称えることができた。これは，彼女が想像上の友人や彼女自身を十分に評価したいと思ったときに生じたのである。デイヴィッドが子どもの「特別な能力」に興味を示すと，多くの大人が子どもたちを奇妙または型破りとして分類しているだけでなく，子どもたち自身もそのように信じてしまっていることに気づいた。

　デイヴィッドは，自分自身を非難したり，「型破り」「オタク」「ボーッとしている」「夢見がち」「嘘つき」「空想の世界の住人」と非難された子どもたちのことを考えながら，子どもたちの秘密の体験にますます興味をもつようになった。彼は，このような子どもたちが誤解され，放置され，無視され，さもなければ過小評価されることからの抑圧的な影響について考えた。特別な能力について，その非常に矛盾した性質を尊重する方法で議論することが賢明であると考えたのだ。それは同時に，子どもに素晴らしい喜びを与え，子どもの人生における重要な人からも，型破りであるともみなされている。結局のところ，親と教師は，どのようなものが有益な知識であり，どのようなものが非常識であるかという基準を独占し，その基準によって子どもを評価してしまう。しかし，すべての子どもたちが，このような抑圧によって自分たちの能力を隠しているというわけではない。ただ子どもたちは，そのような活動が能力であると思ったことがないので，大人に自分の能力を打ち明けようとは考えもしないのだ。

　デイヴィッドが子どもたちに，彼らの特別な能力について質問し始めると，さまざまなことが発覚し，驚くべき新事実であふれかえった。子どもたちは，大人の中には自分自身の人生の中で理解できないことがあるのを恐れているように見える人がいる，と報告したのだ。他には，未熟だとみなして，「型破りな能力」にイライラしているようだった，と。子どもたちは，（おそらくこの「未熟さ」をなんとかしようと思う）大人が，しばしば子どもたちに「成長する」ように，それは早ければ早いほど良いとばかりに説得しようとした，と述べた。

　子どもたちは，自分の能力を笑いものにされたり，からかわれたりしたことを思い出した。すぐに，そのような能力を抑えたり，本当に信頼できる大人や友人にだけ打ち明けることを学んだのである。デイヴィッドが子どもたちに，何歳の頃，そのような抑圧が生じたのかを尋ねると，子どもたちは10歳から13歳頃の出来事について話をしてくれた。

　子どもたちの驚くべき新事実はデイヴィッドを驚かせたが，多くの両親は懐疑的であった。親たちは，子どもの人生の驚くべき側面を初めて知ったのである。これらの新事実を目撃した親たちは，やがて自分たち自身にとって当たり

前となった，しかし名付けられてもいない特別な才能の中に，型破りな能力の「痕跡」があることを思い出し，認められるようになった。親の中には，かつて自分が放棄した，あるいは拒絶した特別能力を復興させることに興味をもつ人もいた。

特別な能力をもち，それが自身の人生で主役の座を得ることができた子どもたちは，デイヴィッドと「自分はオタクさ。それが誇り」と書かれたTシャツを作るなどのアイデアを練っていた。誇り高き「オタク」たちは，「オタク系」と呼ばれるグループを作ることを考えた。

型破りで特別な能力の発見が私たちの視野を広げてくれたことによって，子どもたちがどのように意味をつくりあげ，どのように問題に対処しているのかを実証することに挑戦させてくれた。子どもたちが抵抗している，または「ボーッとしている」と見るのではなく，自身のリソースを隠しているかもしれないと見ると，いくつかの質問が生まれるであろう。「（『なぜボーッとしているのか』ではなく）何に夢中になっているのだろうか？」ということである。そのとき，子どもの心は，どんな領域に生きているのだろうか？　想像上の友人が関係している空想，または1人でゲームに没頭する空想に忙しいのだろうか？　このような質問は，ふだん軽んじられていることに重みを与えたり，軽視されていることを考慮することになるだろう。もし尋ねなければ，子どもたちの内的な経験や専門性が見いだされることはないだろう。それは，私たちの損失であり，同時に子どもたちやその家族にとっての損失でもある。

特別な能力は，直感，想像力，魔術の領域に存在する。また音楽の演奏，マジックの練習，ジャグリングの練習など，子どもに特有の才能がある場合もある。これらの才能の源を辿っていくと，そこには型破りな能力を見いだすことができる。たとえばそれは，心を読むこと，想像上の動物に変身すること，夢の中で物事を知るためにテレパシーを使うこと，不和な議論の中で調和を聞くこと，ジャグリングの技術を使って自分を落ち着かせること，などである。

一般的に家族療法では子どもたちを含めるが，「特別な能力」は除外されている。たとえば，家族療法の養成課程の中には，親子関係の困難に注意を喚起するために子どもが「行動化」するのだと教えるところもある。そこではカップル関係が治療的に注目を集めることになってしまう。子どもたちの「世界」は，風変わりで面白いけれども関係ないものとされ，周縁化された存在となるのである。

想像上の敵は，子どもの想像の中に住み着き，子どもの内なる世界と外の世界の両方で混乱をもたらす。子どもは，善意であれ悪意であれ，想像上の住人

との関係をもっている。ある種の関係は，変わることのない支援と心遣いによって賢明な助言や不変の親交を提供する。それ以外の関係は，子どもを侮辱し，恥をかかせ，苦しめ，迫害することによって子どもたちを呪う。次節では，後者の状況を取りあげる。

現実検討能力

　大人は，子どもの遊びの世界に入り込み，想像上の友人や型破りな能力を知ると，懸念を表明することがある。大人は「現実検討能力が発達途上にある子どもにとって，大人が子どもの空想の世界に加わって現実を当惑させることは，混乱や恐怖につながるのではないか？」と問いかけるかもしれない。それとは反対に，子どもたちは，そのような友人や能力を重要な大人に安心して開示できると感じるとき，しばしば相当な安堵を表明する。自分自身の内なる世界が受け入れられていると確信できれば，非難されることへの恐怖を脇に置き，大人が自分たちの想像力に十分にアクセスするのを許してくれる。そして子どもたちは，自分たちの目的にかなう想像力を呼び起こすか，問題に役立ってしまっている想像力を取り消すことができるのである。

　外在化する会話において，大人と子どもは，そのような経験の有無だけでなく，そのような友人や型破りな能力と，子どもたちがどのような関係をもっているのかを見いだすことができる。その関係における満足な側面が気づかれ，大切にされる一方で，子どもが関係の中で，悪用され，虐待され，だまされていたことが暴露され，疑問を投げかけられるのである。

　臨床医によっては，このような友人や型破りな能力を支援することで子どもの現実を混乱させるのではないかと懸念を抱くことがある。これは，かつて想像上の友人などの現象が，精神障害児の個人的な空想にすぎないと信じられていたことに起因しているのかもしれない。しかし 1973 年以降の研究は一貫して，想像上の世界や友人を創造する能力が，空想と現実を区別する能力とはまったく異なることを示している（Taylor, Cartwright, & Carlson, 1993）。私たちの実践でも，非常に幼い子どもでさえ何が作り話で何がそうでないかを正確に見分ける能力を身につけていることを確認している。活発な想像力をもつ子どもたちは，現実検討能力の点で他の子どもよりも劣っているということはなく，想像して楽しく遊ぶという点において，他の子どもたちよりも優れている可能性がある。

第 10 章　型破りで特別な能力 ⋯⋯ 223

型破りな能力をめぐるアイデアの系譜

　デイヴィッドは型破りな能力を振り返りながら，自分自身の子ども時代の経験を再評価し，自分の能力を育ててくれた人々について考え始めた。彼は，自分の父が愛すべきお馬鹿さんだ，という長年の確信を考え直さざるを得なかった。デイヴィッドの父親は，カナダの小さな町で「ベニー，ピーナツマン」として生活していた。ベニーはベンジャミンに由来しており，「ピーナツマン」は，彼が毎日焙煎したピーナッツを売る小さなランチバーを経営していたことに由来していた。ここで，デイヴィッドが回想するベニー，ピーナツマン（Epston, 1991/1997）のストーリーの中から，父親を見直す典型的なものを紹介する。

　　私は，15歳のとき，やや年上の友人たちと一緒に未成年ながら飲酒をしたことを両親に伝えた。期待していたように両親は，しっかりと受け入れてくれた。思いがけないことに，父はそのままにはしなかった。父はごくまれにしか酒を飲まない人で，ほとんどまったくと言っていいほど酒もビールも手元に置いていなかった。私が飲酒したことを伝えた後，父が酒屋からたいへん大きな袋を持って帰宅したので驚いた。振り返ってみると，父はこの袋を開けるのによいタイミングを図ったのだろう。父はラム酒，ライ麦ウィスキー，スコッチ，ウォッカ，ジンのボトルを並べていった。私は，これほど多くの種類のハードな酒（訳注：アルコール度数の高い酒）を一度に見たことがなかった。

　　私は何があったのかと尋ねずにはいられなかった。父によると，私が飲酒について話して以来，最近の強い酒は，父が私の年齢の頃と同じように「ハード」なのだろうかと考えていたとのことであった。そこで私は「それがここにあるボトルと何の関係があるのか？」と横柄に尋ねた。すると父は「確実に知る唯一の方法は，それぞれを試すことだろう」と答えたのだ。私は正直言って，いささか面食らってしまった。父は，強い酒の「ハードさ」を一緒に試してみないかと誘ってきた。無邪気に「どうやってやるんだ？」と尋ねると，「まぁ，簡単なことだろう。何をするかというと，飲むことだ。それしか方法がない」と答えた。

　　そこで私は，美味しいことが待っていることに気づいた。父のお金でタダ酒が飲めるのである。友人たちが酒を手に入れるために，親の酒を水で薄めるリスクを考えると，父のお馬鹿さ加減には笑うしかな

かった。私はいつも父を一種の馬鹿だと思っていたので，これは目新しいことではなかった。

たびたび父は，私と同じ年齢だった頃の，たとえばライ麦ウィスキーの強さと現在のそれとを比較しながら一緒に試飲する場を設けた。一緒に飲みながら話し，父はこのウィスキーは私にとってどれほど「ハード」なのかを考えるようにと私を促した。2人とも頭痛になったので，それはウィスキーがいかにハードなのかの証明となった。友人たちは，私がいかに父をだましているのかに驚嘆し，私の狡猾さを尊敬しているように見えた。

父親ベニーの「ハード」という考えが，おなじみの「限界を知る」という概念と非常に似ていることに気づいたのは何年も後になってのことであった。父は，私が自分の限界を本当に知ったという十分な手応えを得るまで実験を続けた。私がより慎重な飲酒の習慣を彼に示したことで，父は私が「友だちと出かけた」と知っていた夜でも，安心して過ごすことができたのである。

自身の父親との例を念頭に置いて，デイヴィッドは，型破りな才能の新しい評価を手にすることができた。型破りな能力を探求し，その能力を回復させるために，子どもたちの同志としてそばに立ち始めたのである。デイヴィッドは，子どもたちに敬意とともに好奇心をもちながら，これらの能力を際立たせ，確認するような質問を試し始めた。次に例を示す。

- 大人の目でしか物事を見られない大人をつまらないと思うかな？
- 物事を複数の方法で見ることができるかな？
- 自分の人生の中で，他の誰よりも知っていることがあると思うかな？
- 大人（もしくは，あなたの友人）から，そのような想像はやめるように言われたことはある？　君の想像は，地下に潜ってしまったのかな？　君だけの秘密になったのかな？
- 君の秘密を私に教えてもいいと思うかな？
- 何かするときに魔法のやり方（想像上のやり方）があるのかな？　もし私に言ったら，私はあなたの魔法（想像）をからかうと思う？
- 君のことを本当によく知っているのであれば，君が型破りな能力をもっているとわかるはずなのに，変な子どもだと思う人がいるのかな？
- 君の両親が，かつて想像力豊かな子どもだったなんて信じられないかな？

第10章　型破りで特別な能力 …… 225

型破りで特別な能力に関する非公式の研究

　おそらく本章は，読者に，子どもの頃にもっていた能力や，他の人がもっていることに気づいていた能力の記憶を呼び起こしたことだろう。これらの能力は，成長によって放棄されたのだろうか，それともまだ人生の一部としてあるのだろうか？　デイヴィッドは，子どもたちと問題に取り組むセラピストのためのワークショップで使用するために，次のような質問を開発した。

- 子どもの頃にもっていた特別な，そして今では型破りに見える能力を覚えていますか？　これらの能力は，あなたにどんな喜びや満足感を与えてくれたのでしょうか？　それらを，物事を良くするために使ったことはありますか？
- これらの喜びや満足感を他の人と分かち合いましたか？　それとも，ほとんど自分だけのものにしていましたか？
- 親，おじ，おば，祖父母，学校の先生，コーチ，街角の店でキャンディを売っていた人などで，あなたの特別な能力を十分に認めてくれた大人を思い出せますか？

もしあなたが誰か（あるいは複数の人）を思い出すのであれば，次の質問を自分自身に問いかけてみてほしい。

- その大人は，あなたの能力が「型破り」であり「奇妙なものではない」と，あなたにどのようにして示したのでしょうか？　話し方でしょうか？　目の輝きでしょうか？　あなたの内なる世界に関心をもち，尊重する姿勢が感じられたのは，その人のどんなところでしたか？
- たとえば10歳から13歳の間に，おそらく教師や親，友人からの批判的なコメントや，これらの能力を誤解され，そのために生じた恐怖心に反応したために，これらの能力を放棄したり，否定したのでしょうか？　それとも，どこかの時点でこれらの能力は幼稚だと結論づけ，自分の中にしまい込んでしまったのでしょうか？
- 大人になってから，一見型破りな能力を認めたり，回復させようと思ったことはありますか？　それはどのような状況においてだったのでしょうか？
- これらの能力を維持していたとしたら，あなたの人生において，どのような役割を果たしているのでしょうか？　どうやって育んでいるのでしょう

226　……　第Ⅱ部　遊び心があることの意味

か？

- これらの特別な能力のいずれかが，子どもや大人との取り組みで重要な役割を果たしているのでしょうか？

もしあなたの特別な能力を認めてくれた誰かを思い出せないようであれば，次の質問を自分自身に問いかけてみてほしい。

- もし今のあなたが子どもの頃の自分に会えていたら，どのように自分の特別な能力に興味をもち，評価していたでしょうか？　子どもの自分に対して，どのような態度をとれば，評価を間違いなく伝えることができたでしょうか？

多くの回答者は特別な能力に気づかなかったり，他人に抑圧されていたりした一方で，過去にそのような能力を認め，励ましてくれた重要な人物を思い出した人もいた。デイヴィッドは，そのような人々を思い出したセラピストにインタビューするときに，「そのように認めてくれた人々があなたに尋ねた質問を思い出せますか？　あるいは，もしそうでなければ，彼らがあなたにどのような質問をした可能性が非常に高いと思いますか？」と尋ねた。セラピストたちは，以下のような形式に沿った質問であったことを思い出した[3]。

- 何を考えていたの？
- 君の頭の中で，どんな大きな考えに取り組んでいるの？
- 君の想像では，何が起こっているの？
- ○○のときに，何が見えるのか教えて？
- もし○○だったら，何が起きたと思う？
- ○○について，何ができただろうか？
- 楽しかったのはいつだった？　何が君を笑わせたの？
- 次に何が起こると思う？
- そこに何が見えるの？
- 何が君を驚かせたの？　何が君にショックを与えたの？

デイヴィッドがインタビューしたセラピストによると，これらの質問はどのような種類の尋問としても感じることがなかった，ということである。これらの質問は，子どもの知能指数を評価するものではなかった。セラピストらは，質

問者の姿勢を「他者が知っていることに真に好奇心を示すもの」と表現した。言い換えれば，これらの質問は次のことを前提としている。それは，子どもが「知っている」ことが，その子どもにとってユニークなものであり，大人にとっては重要で興味深いもので，潜在的に驚くべきものであるということである。

事例 ロバートの読心術

15歳のロバートは，オプラ・ウィンフリー[★3]の番組で子どもの性的虐待について見たところ，自らを衰弱させるようなフラッシュバックを経験したため，デイヴィッドに紹介された。ロバートは，3歳から8歳までの5年間，当時の里親から長い間，虐待されていたことをデイヴィッドに打ち明けた。このためロバートは，自分を養育をすると約束した人の動機を用心深く慎重に見極める必要があると気づいた。このことが明らかになったとき，デイヴィッドとロバートは，他者が「不信感」と呼ぶであろうことを，筋の通った生存能力として再描写できたのである。言うまでもなく，ロバートは人を見る目が肥えていた。

ロバートが「オレは人の心が読めるんだ」と言ったときから，ロバートの能力に関する新しい描写が形になり始めた。デイヴィッドは，このスキルに興味津々となり尋ねた。「人の内側を見ることができるの？」 ロバートは「できる」と断言した。しかしその一方で，自分の能力をありふれたものとして軽視していた。デイヴィッドは，自分の好奇心を探究する質問を続けた。「人の内側には何が見えるの？」 ロバートは，良い人か悪い人を判断できることをさりげなく認めた。「心が読めるの？」と尋ねると，ロバートは，セッションが始まってから初めて思慮深くニヤリと笑い，「ああ，オレは心が読める！」と強く答えた。

デイヴィッドはロバートに，1人の人として自分らしく望ましい描写となるようなヒントとして，「型破りな能力」の概念を次の質問を通じて紹介した。「心を読めるということは，君が『型破りな能力をもっている』と十分にみなされることになるかな？」 ロバートは，それに賛同した。次にデイヴィッドは「君は，型破りである心を読む能力を，それほど型破りではない能力と同じようなものとみなすこともできるのかな？」と尋ねた。ロバートは自信をもって「そうだね！」と答え，型破りな能力の持ち主として自らを認めることができた。これによってロバートは，大人の知識とは一線を画し，大人に従属させられない

★3　Oprah Winfreyは，米国の女優，司会者である。1986年から2011年まで司会を務めたテレビトークショー『オプラ・ウィンフリー・ショー』が著名である。

異なる領域を確立することができた。

その後数か月間，ロバートは「心の中に幸福，喜び，良質のユーモア」をもつクラスメートや教師を探すために，心を読む範囲を広げた。このような「心」をうまく見つけることができたので，彼は誠実な友人に囲まれるようになった。また彼は，いじめられた人のために進んで立ち上がり，けがや障害を負った人の世話をすることによって，学校中で尊敬されるようになった。

事例 多くの想像上の友人
マーティンとディルク

ここで，デイヴィッドとのインタビューにおいて，16歳のマーティンが想像上の友人であるディルクとの関係の性質を探ったことを紹介しよう。マーティンは，無謀な麻薬使用と麻薬の取引を執拗に続けたため高校を退学になり，通信教育で学んでいた。父親との関係が非常に難しいものとなり，父親は児童保護サービスに通告した。そこで検討された方策は，マーティンを当分の間，里親に預けるべきだということだった。

デイヴィッドは，その頃にマーティンに出会った。なぜならば，家族との関係修復の前段階として，カウンセリングを受けるのが賢明だと（児童保護サービスの担当者たち）が考えたからであった。非常に背が高いマーティンは，年齢より年上に見えた。父親が「私は信用と信頼をすべて失い，お互いに話すことができなくなってしまったが，私たちは償いを始めたところだ」と話していたが，マーティンはそれを認めた。

初回セッションの終わり近くに，デイヴィッドとマーティンが彼の「特別な能力」の本質を探っていたところ，マーティンは想像上の友人であるディルクを紹介し，彼の秘密を明かした。デイヴィッドは，ディルクを知る1人目になったことを光栄に思った。

2回目のセッションの最初に，デイヴィッドは次のように要約を示すことから始めた。「型破りな能力をもった人であるという考えにとても満足していましたね。君の発言を振り返らせてください。君はいつも『かなり型破りだ』と感じていましたが，以前から知っているピーターのような人たちは，君がユニークで型破りな能力をもっていると感じさせてくれました。君は，これを知っていて良かったと言いました。そして，このような能力は，時間の経過とともに成長してきました」

デイヴィッドは，ディルクがどのくらいの間マーティンの想像上の友人であっ

第10章　型破りで特別な能力 …… 229

たのだろうかと思い，そのことを尋ねた。マーティンはデイヴィッドに，ディルクとの仲は「1年ぐらい」であり，「革の帽子とゴーグルを着け，口にタバコをくわえ，第一次世界大戦中の服を着ている」と説明した。

「ディルクは突然現れたの？　それともディルクを君の人生に招待したの？」とデイヴィッドは尋ねた。

「半々だね」とマーティンは答え，「心の中でディルクを形づくったら，手の中に現れてきた感じなんだ。手で受けとめたら，そこに座るんだ」と述べた。

デイヴィッドは，ディルクがマーティンの人生の助けとなったのかどうかが気になった。そこで「ディルクは，君が麻薬取引や麻薬の使用の問題から解放されるときに，何らかの役割を担ってきたくれたかどうかを聞いてもいいかい？君はディルクがいなくてもできたのだろうか？」と尋ねた。

「いや，ディルクは大きな役割を担ってくれた」とマーティンは言った。

「ディルクがどのように関係したのか，教えてもらってもいいかな？」

「ディルクは，俺のカウンセラーのような存在だった」

「ディルクにはよく頼ったの？」

「声をかけることもできたけど，部屋に座っていると，時々，ディルクが現れることもあったんだ」

「ディルクとのカウンセリングで，麻薬取引や麻薬の使用から人生を取り戻す転機となった，心に残るセッションを思い出せるだろうか？」とデイヴィッドは尋ねた。

マーティンは「ディルクは俺にこう言ったんだ。『未来を見ろ。オマエがどうなるか見ろ』ってさ。だから俺は自分が肺がんになり，脳細胞がダメになっている姿を想像したよ」と答えた。

「今のところディルクは，君へのセラピーに満足しているのかな？」

「ああ，ディルクは俺が変わってきたのを喜んでいて，俺がデイヴィッドさんに会うことを喜んでいるよ」

「そりゃ，良かった。ところで，なぜディルクは喜んでいるの？」

「デイヴィッドさんが違った見方をもっている，他の人とは違った人だから」

デイヴィッドは，マーティンがディルクという仕事仲間と良い関係を築けているこをうれしく感じた。「あの……」とマーティンは続け，「俺は自分が変人で，頭がおかしくなったと思っていた。しばらく本当に怖かったんだ」と述べた。

そこでデイヴィッドは，想像上の友人が問題の一部ではなく，解決の一部であるという可能性について，マーティンとともにじっくりと考えた。デイヴィッ

ドはマーティンが，何が「頭がおかしい」ことで，何が「頭がおかしくない」ことなのかを考えられるよう協力した。このことによって，マーティンの恐怖心は和らぎ，安心してディルクについて話せるようになった。ディルクを隠すことは，マーティンの内面的な経験の重要な部分に汚名を着せることになり，麻薬取引や麻薬使用に対抗するための貴重なリソースを奪うことになるので，マーティンにマイナスの影響を与えることになったかもしれない。

　デイヴィッドは，マーティンとディルクの関係が彼の人生において破壊的で，混乱の源であり，または抑圧的な力であったかを評価するための基準をいくつか提示した。「その想像上の友人が敵のような存在で，君を苦しめ，罵るのであれば，そのような友だちと付き合いたいのかと尋ねたでしょう。何しろ，羊の皮をまとったオオカミのように，友だちのふりをする敵もいるからね。ディルクが良い友だちではないかもしれないと疑う理由はあるのかな？」

　「いや，ディルクはいつも親友だったよ」

　「ディルクは，君を手に入れたがっていたのだろうか？」

　「酔っ払ってやってきた男に，喉に指を突っ込んで吐くように言ったことがあったんだ。男はそうしたんだけど，病院に行くことになってしまったんだ。息が詰まったんだ。ディルクは，その男を家に送り返すべきだと言ってたんだけど」

　「ディルクは，時々君に厳しいのかな？」とデイヴィッドは尋ねた。

　「ああ，親父が入ってきたときに，俺は自分の手のひらに向かって言い返していたんだ」と，マーティンは思い出して大笑いした。

　「面白いよね」とマーティンは思いに耽りながら話し始めた。「なぜって，俺はディルクがフルカラーで見えるんだ。彼は口ひげを生やしていて，顔中にしわがあるんだ。それで俺を怖がらせたんだ。だって，想像上の友人は，ここにいなくて，心の中にいるだけなのに」

　「君が想像上の友人を具体化することで，より親しみやすくなるのだろうか？」と尋ねた。

　「夢の中にもディルクが現れて，俺の潜在意識がディルクに話しかけるんだ。他に適当な言葉が見つからないのだけど，たぶん俺が彼をプログラムしたと思う。俺が望むことをディルクに託したんだ」

　これはデイヴィッドの好奇心を刺激したので，「ディルクを創り出すとき，どんな要素を含めたの？」と尋ねた。

　マーティンは即座に「友情，優しさ，敬意，ただの助っ人，笑い，面白さかな。俺の後頭部にディルクの居場所をつくってあげたんだ。目を閉じると，ディ

ルクのためのスイートラウンジが見えてくる。ディルクが俺のところに来てくれたのが不思議だと思うんだ。ある日，座って彼を描いてみた。ディルクを描いてみたんだ」と答えた。

デイヴィッドは，マーティンとディルクの関係が解放的な性質を具現化していると確信したので，「君が麻薬から手を引こうとしているとき，どのようにディルクを頼ったのだろうか？」と尋ねた。

マーティンは，しばらくの間考え込んだ。そして「ディルクのアドバイスは，チューインガムを 10 個買ってくることだった。吸いたくなるたびに，ガムを口に突っ込むんだ。ディルクは，俺に巻きタバコをやめたほうがいいって良いアドバイスをしてくれたんだ。巻きタバコは，マリファナを巻くのを思い出すからさ。こんな声が聞こえていたから俺は『精神病』だと思ったことがあるよ。俺は今，ディルクを受け入れているんだ。ディルクは，本当に俺そのものなんだ」と語った。

デイヴィッドはマーティンにアドバイスを求めた。「そのような友だちを他の人にも勧めるかな？」

マーティンは考え深げに「ディルクにできるだけ親切にしてやるだけだよ。そうすれば，危機や危険を警告してくれるんだ」と答えた。

最後にデイヴィッドは「ディルクがいなければ，今頃，君はどこで何をしていたのかな？」と質問した。

マーティンは，即座に「薬物治療プログラムにいるか，死んでた！」と答えた。

第11章

ファミリー・ポリティクスの実際

　家族や子どもの問題の多くは，私たち個人がつくり出したものでも，私たち個人の管理下にあるものでもない。むしろこれらの問題は，コミュニティよりも個人，神聖なものよりも世俗的なもの，女性よりも男性，時間よりもお金，貧困層よりも富裕層などを大切にするという，私たちの社会の不均衡の中に存在している。これらの不均衡は，家族を圧迫し，家族を「分割して統治せよ」と脅迫する。恐怖，欲求不満，または絶望が乗っ取っていき，敵意と服従につながっていく。そのため日々の家族の交流は，苦しみや皮肉，非難に満ちたものとなっていくのだ。

　そのような経験の真っただ中にいる家族は，個人的および社会的状況の中で，注意深く耳を傾けられ，敬意を払われる必要がある。本章では，家族療法の視点が，個人的なものと政治的なものが交差する点に向けて，どのように焦点を移すことができるかについて述べる。これは，そのような問題に関して，個人と家族の関係を見直すための必要条件となる。

家族における戦争と平和

　たとえば，継親が継子と衝突して家を出ていきそうになる，離婚が差し迫っている，思春期の子どもが家出をするなど，家族を織りなす構造が壊れる恐れがある場合，家族内の緊張は高まる。このような脅威には，虐待的な戦いや過度の罰を伴うことがある。

　家族が危機に瀕しているとき，意見を求められる子どもは，ファミリー・ポリティクスに取り込まれる。権力争いに参加した経験があれば，どのような発言も誰かの「味方」をしていると受け取られてしまう可能性が高いことを知っているだろう。このような状況は，子どもを黙らせたり，怒りに満ちた抗議を

233

誘発したりすることになるのかもしれないが，どちらの反応も子どもの目的を果たすことはないだろう。沈黙を選ぶとすると，その子どもは，きょうだいから手ひどく扱われたり，大人から無視されたりするかもしれない。一方で抗議行動を選ぶとすると，その子は，否定的な方法で注目を集める，失礼な振る舞いをする，単に行いが悪いなどと理解されてしまう可能性が高い。

　さらに身体的・精神的な脅威にさらされている子ども（あるいは女性）は，自己主張することによって家族の不安定さを増大させることを恐れ，自分の苦悩を密かに伝えるのを選択することもある。子どもは，家族の緊張や脅威について直接話すことを禁じられ，隠匿と迫害の悪循環が続くことになるだろう。たとえば，ストレスを感じている子どもは，家庭の騒動を避けるために宿題で困っていることを隠してしまうかもしれない。子どもが困っていることを隠し，それが虐待者によって発見されてしまうと，その子どもが家族の緊張の原因として非難される危険が常につきまとう。最終的に，学校で子どもの成績が芳しくないという事実が表面化するだろう。これが発覚すると威圧的な雰囲気があることではなく，子どもが隠しだてをしていたことがいさかいの焦点となる。

　その際，「そこに不在である」として，母親も非難を受けることになりがちである。この種の騒動が起こると，脅迫的な雰囲気を助長している人々による権力の乱用は見過ごされるか，容認されることになる。

　虐待的ではない状況であっても，女性と子どもが有する力の不均衡を平等にするための秘密裏の戦術は，セラピストとの信頼関係を損なってしまう可能性がある。たとえば，スクールカウンセラーが，子どもが心理的な問題を抱えていると判断し，セラピーを受けるように紹介したとしよう。子どもの父親は，妻が「家族のために」悪い選択をしたと絶えず非難する。父親は「息子は母親を必要としている」，「妻がオレたちよりも大切にしているあの忌々しい仕事を辞めても不自由しないくらい，オレには十分な収入がある。妻は昇進も昇給もない仕事に，あまりにも多くの時間を割いている」と述べ，さらに「オレの収入でやっていけるんだ。もし妻が子どもを世話すれば，保育所の利用も減らせるし，もっと妻が掃除をすれば掃除のために誰かを雇わなくていいし，もっと妻が料理をすれば，外食に使う金を減らせる」と言う。

　夫は，自身の給料の高さと昇進の速さが職場において男性が得られる昇進格差によって支えられていること，妻がガラスの天井という目には見えないが存在する障壁や，働く母親が子どもを蔑ろにしているという文化に広まっている否定的な特性と戦っていることを考慮していない。夫は，妻が「オレや子どもたちにとって大切なことをいつも忘れるんだ」と愚痴をこぼす。そして，息子

の問題を改善するために，妻の「物忘れや優先順位のまずさ」を改善すること
が必要だ，と声高にセラピストに伝える。妻の判断を導く自分の基準は「普通」
であり，「誰もが良き母親と良き妻に期待することだ」と主張する。

　母親は，息子が問題を抱え始めてからというもの，「私は混乱し，圧倒され，
不注意になってしまっている」と述べる。さらに「私は最近，物忘れが多くて，
本当に息子のそばにいてあげられない」と言う。セラピストは，夫の要求と妻
の黙従の間にはさまれて，容易に子どもの声を排除してしまう。さらにセラピ
ストは，妻が「普通」にできるようになることに取り組まないと，「母親の育児
放棄の発覚」を無視していると見られてしまうだろう。セラピストが，妻とし
て，また母としての基準を設定する夫の権限に疑問を投げかけると，夫からは
セラピストが「妻の側につく」と非難され，妻からは「自分の家族の問題を理
解していない」とみなされる危険性が高まる。セラピストは，それぞれの配偶
者を除外することなく支えながら，子どもの声を取り込んでいき，このような
力の差の影響を名付け，外在化するという綱渡りをすることになる。

　夫が妻に黙認するように説き伏せているのであれば，子どもの問題が改善す
る可能性は低いだろう。ここで示したような明白な行動や隠密の行動のパター
ンは，恐怖，敵意，恨みといった暗雲が立ち込めるところまでエスカレートす
る可能性がある。そのような感情が相当に増してきた場合には，真剣さが適切
な反応のように見える。カップル間の権力争いにどのように取り組むのかをしっ
かりと議論することは本章の範囲を超えているが，読者を中途半端な状態に置
き去りにしないように，考察のための素材を含めることにした。

　セラピストは，このような擁護できない立場に立たされたとき，子どもの声
とともに，家族とさまざまな社会的プレッシャーとの関係を探っていくことが
できる。たとえば，ジェンダーの不平等について「分割して統治せよの戦術」
を外在化できるだろう。職場における給与や昇進の差などジェンダーに基づく
不公平さは，男女の硬直した役割を支え規定する。これらの役割は，男性が「特
別優れた」稼ぎ手となり，女性が「特別優れた」ケアを提供する者になるよう，
過度なプレッシャーをかける。どちらもこれらの期待に応えることができない
ため，どちらかの領域で何か問題が起きると，互いに分裂してしまう。問題が
経済的なものであれば夫が失敗したのであり，問題が子どもや結婚生活につい
てのものであれば妻が失敗したとされるのである。家族のコミュニケーション
に対する問題の悪影響を明確にすることによって，変化への動機をもたらし，希
望と可能性の源を提供できる。

　家族のメンバーは団結して，男女不平等の「分割して統治せよの戦術」を弱

体化するための，遊び心のある謀略やプロジェクトを立ちあげることができる。そこで，ジェンダーに制約をもたらすステレオタイプから逃れた先人を再発見できるであろう。さらに現在の生活の中で，ジェンダーによる役割の制限に積極的に抵抗したヒーローを見つけることができる。そして，それぞれの新しい役割が家族のコミュニケーションにもたらす好ましい影響を推測することができるだろう。家族のメンバーは，自分たちの家族の経済的・人間関係的なニーズに合った役割を選択し，その精神と関心を共有する他の家族と団結することができる。

　以下の事例が示すストーリーを通じて，セラピストの関心が子どもから離れてしまい，家族のコミュニケーションが形成する権力争いに向けられる状況についての考察を提供する。このような雰囲気の中で，プレイフル・アプローチに取り組むことを想像するのは難しいことではあるが，むしろ取り組むことこそが重要なのである。そうでなければ社会的不均衡に伴う権力争いは，子どもたちの懸念や貢献を蝕み，不公平さを強め，家族は創造と変化の貴重なリソースを失うことになる。

事例 エヴァン，争わないために立ち上がる

　8歳のエヴァンと10歳の姉ブリアンナは，両親の離婚の危機に直面していた。両親は別居したいと願っていたが，双方とも相手が出ていくべきだと主張した。当然のことながら，膠着状態に陥った。父親は，職場の規模縮小のため解雇され，以前よりも収入の少ない仕事に就かなければならなかった。両親は長時間働いていたが，家族は経済的に困窮していた。このような経済的な変化は，（性別役割の変化や夫婦の絆の断絶など）家族に現実的な影響を及ぼす。これらはセラピーの中で扱われるべきであるが，子どもの参加や影響を制限することがないようにするのが重要である。

　エヴァンは，母親と姉から少額のお金を盗んでいたことが発覚した。さらにエヴァンには，テレビを観ること以外に興味がないうえ，友だちがほとんどおらず，学校の成績が悪いという心配があった。両親とも，争いが続くことが子どもにとって有害であると考えてはいたが，互いの違いを調整することに絶望しながらも，別居に踏み切れずにいた。

　セラピストのディーンや両親がどんな質問をしても，エヴァンは「わかんない」か「たぶん」と答えるだけだった。エヴァンは，（誰を支持するのかという）態度を明らかにしない立場から離れると，すぐに両親どちらかの立場について

しまうことに気づいていた。たとえば、エヴァンが最近の週末のボート旅行を「楽しかった」とコメントすると、母親から、母親の側（ボート以外の週末の娯楽）に反して父親の側（ボート）を支持している、と非難された。彼が学校行事を楽しんでいる、と話せば、姉から「優等生ぶりやがって」と非難され、姉の側ではなく両親の側につくのかと責められた。母親は父親を「ディズニーランド・パパ[*1]」と揶揄し、子どもたちの好きなことだけをさせて甘やかしている、と責めた。その間、父親はセラピストを見て、「ほら、彼女と一緒では何もかもがうまくいかない」とでも言いたげであった。対立が家族全員のまわりを濃霧のように渦巻き、誰も他人の足を踏まずに足を置くところを見いだせなかった。

　ディーンは、面談に家族が同席すると、エヴァンが自分の意見を言える可能性がなさそうだったので、エヴァンだけに会うことにした。しかし、エヴァンは態度を明らかにしない姿勢を崩さなかった。そこでディーンは別の選択肢を考えた。深刻な問題ではあるが、その問題を弄ぶような家族療法のセッションにしてはどうだろうか？

　ディーンがこのことを提案すると、全員がそれを試すことに賛同した。彼らは誰もが遊べるゲームをつくりあげた。そのゲームは、各々が、他のみんなが推測できるようなこと、たとえば好きな映画、不平不満、レストラン、達成感、休暇の計画などを書き出すことになっていた。そして各々は、他のみんなの回答に対する自分の推測を書き出す。ディーンは、競争的にアプローチするか、協力的にアプローチするかの2つの方法を提案した。家族が競争的な選択肢を選べば、他のみんなを困らせることになるだろう。1つのラウンドで最も正解の少ない人が抜け、最後まで残った人が勝者となるのだ。協力的な選択肢を選べば、他のみんなが推測しやすいようなことを考えるだろう。家族はチームとして取り組み、1ラウンドの正解数の合計を競うのである。目的は、家族の「ベストスコア」を目指すということになる。

　エヴァンは、協力的なルールや結果を強く希望した。ディーンはエヴァンに、もしお姉さんが「誰も勝たないのであれば面白くない」と言ったら、争いに対して妥協し、自分の希望を取り下げるだろうか、と尋ねた。エヴァンは、自分の希望を守り続け、引き下げるつもりはないと言った。さらにディーンはエヴァンに、家族から「父親の側」についていると見られれば引き下がるだろうか、と

★1　Disneyland Dadとは、「離婚後たまにしか子どもに会わず、その時に遊園地などに連れて行く父親」という意味であるが、ここでは「休日や休暇に楽しいことだけを提供して、ふだんの子育ての大変なところを顧みない父親」というような意味合い。

尋ねた。「君のお父さんは，戦いから切り替えるほうがいいと言っていたけど」と付け加えた。エヴァンは，依然として譲らなかった。ディーンは，同じ視点で別の質問をエヴァンにした。「お母さんは，君がお父さんのように強い意見をもっていないと信じているので，君がお母さんの側についているように見られてしまうとすれば，君は引き下がるだろうか？　君は強い意見をもっているようだけど」。それでもエヴァンは動じなかった。

　そしてディーンは，エヴァンが引き下がらないと思った理由について，家族にインタビューをしていった。彼は家族ぐるみで協力することに真摯に取り組んでいる，ということに意見の一致を見た。この話し合いの後，家族は両方の方法でゲームを試してみることにした。結果として，家族の精神がゲームの方法よりも重要であることが判明した。意気揚々とし，ユーモアがあふれ出て，競争を飲み込んでしまったのである。エヴァンの確固たる姿勢を認めることで，家族はユーモア・調和・協力に向かってさらに進むことができた。

　家庭内における最初の取り組みは，家庭生活の特定の領域を選び，そこを争いや対立から解放することであった。そこで，夕食の時間を第一紛争解放地帯にすると宣言された。エヴァンと姉は，あらゆる言い争いを夕食後とデザート前の間に延期しなければならないことに同意した。両親は，戦いが「公平」なもので「ルールに則っている」かどうかを見守る審判の役割に就くことにした。両親は，「審判のスキル」を磨くためディーンに相談した。そこで両親は，子どもたちが戦うための特設リングとスポンジ製のバットも用意したのである。

　不思議なことに，「試合」の時間になると，誰もが試合の代わりにデザートを食べることを好んだ。家族は，自分たちの身の丈にあった祝いをするために，「それらしいデザート[★2]」付きの高価な食事ではなく，「平和を楽しむ」ことにした。ユーモアが入り込んでいった。新しいお気に入りのデザートとなった「ピース・オブ・ケーキ[★3]」を作った。間もなくエヴァンと姉は，両親に夕食の時間を「仕事とお金の議論のない地帯」に宣言するように頼んだ。両親は，喜んでそれに応じた。

　ディーンのはたらきかけもあって，エヴァンの両親は，一緒にいてもいなく

★2　原文は just dessert であるが，ことわざに just deserts という言葉がある。just deserts には「因果応報」「人に値する報償と罰」「卓越性，価値」などの意味がある。ここでは高価な食事に相応のという意味で「それらしいデザート」と訳した。

★3　原文は，peace-o'-cake であるが，慣用句に piece of cake という言葉がある。これは「1切れのケーキをペロリと食べるように，とても簡単なこと，楽勝なこと，わけないこと，朝飯前のこと」などの意味である。この慣用句と「平和のケーキ」をかけている。

ても，「争いのない」イベントが自分たちだけでなく，子どもたちの幸せのためにも不可欠であると判断した。

事例 トランスフォーマー[★4]のサイモン

　両親が子どもを連れてセラピーに来る場合，子育てのやり方について意見が対立していることが多い。この身近な例は，「あなたはあまりにも厳しい」「いや，君はあまりにも甘やかしすぎだ」というものである。

　母親のサラはディーンに，11歳になる息子のサイモンがますます内気で過敏になっていると話し始め，相談内容を明らかにする。彼女は，引きこもってしまう原因を息子が説明できないのではないか，と心配する。息子の引きこもりとは，友だちが少なく，学校に興味がないことを意味している。彼女は，セラピストのディーンが「息子を殻から出してくれる」ことを望んでいる。さらに，夫のジェフリーが「あまりにも厳しくて威圧的」であることを心配している。

　一方，父親のジェフリーは，サラがあまりに優しくて，「息子がちょっと動揺しただけで，同情と心配でサイモンを甘やかす」という意見をもっている。ジェフリーは，サイモンの学業不振に対する影響をしっかりと見極めようとする試みを，サラが台無しにしてしまっていると信じている。さらに言えば，ジェフリーは，サラが息子の正しくない行為に同情したり，息子と長々と話し合ったりすることによって，「息子に対する自分の権威を蔑ろにしている」と主張している。

　ディーンがこれについてサイモンに質問すると，なぜ自分がそのように行動するのかわからないと答える。「学校は退屈。友だちはいる。テレビとファミコン[★5]が好き」と言う。ジェフリーが口をはさんで「息子は，宿題をしないで，ファミコンで遊び，テレビを観ているんだ」と付け加えると，サラは「同い年の友だちは1人もいないんです」と話し出す。

　ここでディーンは苦境に陥る。もしディーンがサイモンに同情的な姿勢で聞いたとすれば，ジェフリーはこれを，サイモンを見逃してサラの側についたと解釈するだろう。もしディーンがサイモンに制約を設けることに協力したとすれば，サイモンを疎外してしまい，サラからはジェフリーの側についたと思わ

★4　『トランスフォーマー』は，平和を好む「サイバトロン」と武力統治を目指す「デストロン」の戦いを描くSFアクションシリーズである。1984年に北米，1985年に日本で販売された変形ロボット玩具と連動し，同名のアニメやアニメ映画，実写特撮映画が放送・放映された。
★5　原文は，Nintendoとなっている。任天堂のファミリーコンピュータ（ファミコン）は，1983年に発売され，海外では，Nintendo Entertainment System（NES）として販売されていた。

れるだろう。もしディーンが問題の原因は両親の争いだとみなしたとしたら，検討する際にサイモンの視点を損なってしまう可能性が高くなるだろう。

　ジェフリーは，サイモンが「否定的な注目は無関心よりもまし」という格言に導かれている，と信じている。「否定的な注目の原理」によれば，問題行動に対して注目という報酬を得ることができるのである。もし親がこの理論に賛同するならば，子どもが望ましくない行動をとるときには，報酬が与えられないことによってその行動が消えることを願って無視し，子どもから距離を置くことになる。望ましい行動に報酬を与えるという選択肢は，ジェフリーによれば「優しすぎる」ことであるとみなされるため，この家族では除外される。「なぜ，その年頃の子どもがやるべきことをやったからといって褒美を与えなければならないのか？」　このような子育ての方針は，家族をある種の窮地に追い込む。両親が問題に注意を向ければ，否定的な行動に報酬を与えてしまうことになる。しかし問題を無視すれば，サラの懸念となっていることであるが，「助けを求める叫び」を無視してしまうことになりかねない。問題が注目を「集めている」と表現することもできるかもしれないが，注目を集めるために子どもが問題行動をしているということは，それほど有益なものではないであろう。

　「助けを求める叫びの原理」によれば，注目を必要とする根本的な何らかの痛みがなければ，子どもは周囲の人を動揺させるような問題行動をとることはない。そこで親は，叫びに応じるために，子どもが心を開き，症状や問題行動の裏にある「真の意味」を表現できる方法を探すことになる。私たちは，一般的に言って，男性が「否定的な注目の原理」を支持し，女性が「助けを求める叫びの原理」を支持する傾向があることに気づいている。両親は，しばしば原理とそれが示唆する解決策の間で引き裂かれてしまうことになる。

　家族療法のセラピストは，仲裁を求められるかもしれない。もしセラピストの考えが片方あるいは両方の親と対立するのであれば，論争に巻き込まれることになるだろう。たとえば，子どもにはもっと同情が必要，一貫性のある境界線が必要，または両親の論争自体が問題といったことを信じることが問題の原因となるのである。

　子どもに焦点を当てる家族療法の中において，家族の競合する主張に判断を下すことはセラピストの責務ではない。セラピストの責務は，問題が家族一人ひとりの生活や人間関係にどのように作用しているかを関係者全員に考えてもらうように促すことである。外在化する会話は，家族が問題の影響をある程度理解することを可能にする。全員が参加している限り，相反するアプローチも，問題がどのように作用しているのかについて多様な視点を提供してくれるので

貴重なものとなる。

　ジェフリーは，いくつかの問題が家族から過剰に注目されているので，無視してもいいのではないかと指摘した。一方サラの経験は，問題が子どもの助けを求める声を黙らせ，無効にしていることを示していた。問題を理解し，変更するためのサイモンの概念とアプローチは，大人が展開する対立する理論の前では，空想的，単純，または無関係にさえ見えることだろう。

　このような論争的な雰囲気の中では，サイモンの見解は「わからない」に限定されるか，登場さえしないだろう。サイモンの無反応を「やる気がない」や「引きこもり」と表現したくなるが，これは短絡的でしかない。サイモンは，想像上の友だち，型破りまたは隠された能力，精神的な実践，あるいは箱庭の人形やミニチュアフィギュアで描かれ，または演じられるヒーローやストーリーの源を有しているかもしれないのである。実のところ，サイモンは，大人の理論とは相反する独自のアプローチを発展させているかもしれない。そのためサイモンの視点を会話に含めていくことが重要になる。

　遊びの中で，サイモンの視点が浮かび上がった。彼は，学校が退屈で，興味がないと述べた。また彼は，自分が面白くないので誰も自分を気にかけないのも不思議ではないと感じていた。自分が想像したゲームで遊べるので，年下の子どもたちと遊ぶのが好きだということであった。

　サイモンは，トランスフォーマー（人型ロボットから武器などに変形したり，人型に戻ったりするミニチュアのアクションフィギュア）と遊ぶことで，自分の悩みを表現し，それを改善することの両方を得ることができた。サイモンは，トランスフォーマーとの遊びの中で想像力を使い，パントマイムで自分自身を変身させる能力を見せてくれた。ディーンが，サイモン自身は気づいていないような方法で自分自身を変身させているのではないか，と問いかけると，サイモンは興味をそそられた。ディーンがサイモンに，無口さをパントマイムの才能に変えたのだろうか，そして，パントマイムのスキルは友人の興味を引くことになるだろうかと尋ねた。サイモンが有する，同年代の友人にとってつまらない存在という自己イメージが疑問視されたのである。

　ディーンはサイモンに，担任の先生の中で無関心な生徒としてのサイモンの評判が変われば，学校生活がすこしは退屈ではなくなるだろうか，と尋ねた。サイモンは，そうかもしれないと思った。サイモンは，ディーンの誘いに乗って，映画やビデオゲームに興味があることをディーンと一緒に手紙に書いて担任の先生に送ることにした。担任の先生は，この手紙に応えて，サイモンが教室で視聴覚機器を操作することを許可した。学校でのこの活動は，サイモンの映画

第 11 章　ファミリー・ポリティクスの実際 ……　241

への興味と手先の器用さを活かしたものとなった。

　サイモンは自発的になるまで，まるで両親の議論が決着するのを待っているかのようであった。両親の議論は，両親の気づかない間に，サイモンの無関心さと無気力を支えてしまっていたのである。遊び心のあるコミュニケーションが両親の激しい議論を出し抜いたとき，サイモンの計画がセラピーの焦点となった。その結果，両親のこれまでの議論は，すぐに仮定的なものになった。サイモンの父は「サイモンが自発的になった」のを見て喜び，母はサイモンが「本当のことがわかった」と話し始めていたので満足した。サイモンの意見は，他の子どもたちが憧れるような「学校でするかっこいいこと」が好きだ，というものだった。

‖‖　ピース・ファミリー・プロジェクト　‖‖

　セラピストのディーンとジェニーは，他の家族と一緒に「ピース・ファミリー」になるために，**かんしゃく**，**戦い**，**口論**や他のいさかいによって悩まされている家族を集めようとしていた。ディーンがこのアイデアを思いついたのは，さまざまな家族に家庭生活における「平和」をめぐる好みについてインタビューしているときだった。多くの人々が自分自身の歴史，現在の生活，メディア，そして文化全般における敵意と暴力に反対を表明した。彼らは，自分たちの家庭や生活の中で，そのような関わり方を許容することに一線を引きたいと考えていた。家族の中で暴力を容認する文化に抗議するために団結するのをいとわなかった。たとえば彼らは，時々テレビを消す，暴力を支持する製品を買わない，「核不拡散条約」に署名する，または平和な生活を送る声明を平和宣言として出すなどの手段を講じた。

（事例）　かんしゃく調教師のアンドリュー

　アンドリューが**かんしゃく調教師**になったストーリーは第2章で述べたが，ここでは，アンドリューが周囲の人々に変化をもたらしたストーリーを紹介する。

　アンドリューの両親であるブライアンとジーンは，**かんしゃく**と**攻撃性**について自分たちなりの考えをもっていた。ブライアンは，自分が「機嫌が悪い」ときに，息子との権力争いに巻き込まれたり，短気になったり，アンドリューを罵倒したりしたことを認めた。ジーンは，「激怒中毒」の家族のもとで育った，と話した。両親は，息子を育てるための異なる方法を発展させることに熱心で

242　……　第Ⅱ部　遊び心があることの意味

あった。

　ジェニーがブライアンとジーンにどのように取り組みたいかを尋ねると，2人は，自分たちの家族の中で育ったことが，怒りやコミュニケーションについて何を教えてくれたのか探りたい，と答えた。そしてすぐに，メディアや文化全体からどのようなメッセージを受け取っているのかの会話に発展していった。ジェニーは，この取り組みに参加したことをうれしく思い，機会を見て「ピース・ファミリー・プロジェクト」について伝えた。それからジェニーは，ピース・ファミリーの考えが彼らの関心事に一致するのかどうかを尋ねた。「私と一緒に，これから平和を願う家族として，自分たち自身の考えや実践を研究してみませんか？　将来的に，他の家族にこのことを共有してはどうでしょう？」2人は，このアイデアを非常に気に入り，それ以降のセッションでは，「ピース・ファミリー・プロジェクト」を検討する時間を含めることになった。

　両親は，アンドリューがかんしゃくを調教するのを応援することから始めたが，今ではアンドリューが両親のかんしゃく教師になっていた。彼は，両親の声に怒りが含まれてくるのを聞くと，両親に**かんしゃく**を抑えるように注意した。ブライアンとジーンは，最初これに戸惑ったが，しだいにピース・ファミリーになるための道のりにある一里塚だと考えるようになった。

　次に示すのは，ピース・ファミリーの伝承となった，かんしゃくを教育する多くの逸話の1つである。ある日，渋滞の中，車を運転していたジーンは，後部座席のアンドリューが「ママ，気をつけて！　**かんしゃく**に捕まっちゃうよ！」と声をかけてくるまで，呪うような言葉をつぶやいていたことに気づかなかった。ジーンが**かんしゃく**に完全に支配される前に，アンドリューの言葉の面白さが**かんしゃく**を解消してしまった。さらにジーンは，自分が「ストレスに感じる」のではなく，「**かんしゃく**がこっそり忍び寄ってきたことに気づかせてくれた」とアンドリューに感謝していることに気がついた。

　次に示すのは，ジェニーが一緒に取り組んだことを手紙に記し，家族に送ったものである。

　　アンドリュー，ブライアン，ジーン
　　ピース・ファミリー・プロジェクトのことをみなさんにもっと詳しく聞いてみたいと思い，手紙を書きました。
　　アンドリュー，君が**かんしゃく**の最悪の部分を乗り越えるのを見るのは，とても愉快なことでした。以前は，頭を打たせたり，かんしゃくを

起こさせたり，君らしくないことをさせたりして，**かんしゃく**は，君を不幸にしていました。お父さんとお母さんが，君は人生において大切な人たちに「とても好かれている」と言ったのを覚えているかな？　私たちは，**かんしゃく**が君に，自分自身のことを好きじゃない，と言わせるように仕掛けてくるに違いないと思いました。君は，**かんしゃく**が「オレに岩を蹴らせるんだ」と，そして「**怒り**が怒鳴らせ，叫ばせ，怖がらせる」と言いました。

　初めてのセッションで，君は「それが好きじゃないし，うんざりしている」と断言しました。君は優位に立ち，**かんしゃく**と和解する準備もできていると思いました。君には準備ができていたことを示す兆候があります。(1) 君は大きくなりたかったし，**かんしゃく**によって理性を失わされるのではなく，自分自身のことは自分で決めたいと思っていました。(2) 君は「**かんしゃく**を止められる年齢に十分なっている」と感じていました。(3) 君には問題を解決するための良いアイデアがありました。(4) 君は大人のようにトイレを使うことにしました。(5) 君は大人がするようにベッドに行き，すんなりと眠るようになっています。そうすることで，家族全員が休息をとり，より平和に過ごすようになりました。私は，君が準備を整えていたこと，そして素早く**かんしゃく**から主導権を奪い取れたことに，すごく感心しています。**かんしゃく**を飼い慣らしたい他の子どもたちに，君の話をしてもいいでしょうか？　君の話は，他の子どもたちに希望と勇気を与えてくれることでしょう。

　それでは，君の両親に**ピース・ファミリー・プロジェクト**についてお聞きしたいと思います。ジーンとブライアン，あなたたち2人は**かんしゃく**が蔓延し，「激怒中毒」に陥っている家族で育ちました。それは，子どもが成長するには困難な方法であり，2人ともが，そしてアンドリューも望んでいない方法でした。**かんしゃく**が制御不能となり，2人が築きあげようとしている家族に感染してしまうことを心配しましたか？　このような感染は，何世代にもわたって受け継がれていくようです。**かんしゃく**は，「怒鳴り声と緊張感」と「家族を怖がらせること」であなたたち家族を悩ませていました。あなたたちは「このパターンにうんざりしている」と言いました。この世代でこのことをやめようと決めたのは，なぜなのでしょうか？

　私は，いさかいを平和的に解決することに関心と勇気をもっている，あなたたちのような若い家族に会うと感動し，感心するのです。何があなたたちに激怒中毒という遺産を受け入れない強さを与えるのでしょう

か？　どのように決断に至ったのでしょうか？　みなさんは，どのよう
に支え合っているのでしょうか？　ピース・ファミリーに関係して，ど
のようなことが行われているのを発見したのでしょうか？　すでにやっ
ていたことで，これからも続けていきたいことは何でしょうか？　この
プロジェクトは，家族の将来や息子さんの成長にどのような影響を与え
ると思いますか？

　ブライアン，あなたは現在，父と息子の権力争いの問題に取り組んで
いますね。これもピース・ファミリー・プロジェクトの一環なのでしょ
うか？　あなたは，父親と同じように考えている自分に気づいたとき，
権力争いに巻き込まれていた，と話していました。それは「支配された
くない，操り人形にはなりたくない」とのことでした。これらの思考は，
あなたをだまして，あなたが4歳の子どもよりも多くの力をもっている
ことを忘れさせてしまうのでしょうか？　父親と息子の間で支配や侵略
を助長してしまうような力は，どのようなものだと思いますか？　支配
の問題は私たちの社会の一部となってしまっているので，その影響を減
らすために人々が意識的にどのような選択をしているのか，私はとても
興味があります。2人の関係の中で，このことについて何か発見したら
記録に残していきたいと思います。

　ジーン，私は「激怒中毒」の後遺症を克服しようとするあなたの決意
に心を打たれました。ブライアンとしっかりと境界を設けていくことに
はどのような効果があるのでしょうか？　この試みは，ブライアンの支
配力を減らそうとする取り組みに支持されているのでしょうか？　これ
によって，家族全体の緊張感が和らいでいるのでしょうか？　家族の中
に「愛と良いコミュニケーション」があるということですが，私も同感
です。アンドリューは尊重されていると感じ，あなたと父親を信頼して
います。このことは，あなたたちの世代でピース・ファミリーを十分に
発展させることが，それほど困難なことではないと思わせてくれる土台
になっているのでしょうか？　あなたたちは，その道を歩んでいます。
このことについて，私がどんなことを言うのか想像できますか？　さて，
あなたの次のステップは何だと思いますか？

　次回お会いしたときに，あなたたちの「ピース・ファミリー・プロジェ
クト」がどのように発展しているのか，お聞きできるのを楽しみにして
います。

ジェニー・フリーマン

まとめ

　社会的なプレッシャーが家族を「分割して統治せよ」と脅かすとき，彼らのまわりに「専門家」のカーテンを引いて，彼らが住んでいる世界から彼らを切り離したくなるものである。「専門家」のセラピストには，その「部屋」がとても居心地が良いからだ。家族には，自分自身のこと，自分の親のこと，生まれ育った家族について話すことが常に豊富にあるものである。しかし，もしセラピストの視界が極端に狭い場合は，家族との会話を通じて，家族の苦境を家族自身の問題を超えたものとして捉えるにはどうすればいいのだろう？　社会的プレッシャーのもとで砕けようとしている家族は，私たちのようなセラピストによってそれ以上のプレッシャーをかけられるべきではない (Boyd-Franklin, 1989, Pinderhughes, 1989; Tamasese & Waldegrave, 1993)。私たちはこれを，ファミリー・ポリティクスの実践と呼ぶ。

第12章

自分自身の想像力

　私たちが出会った恐怖やその他の問題に苦しむ子どもたちの多くは，豊かな想像力をもっていた。本書を通じて想像力をテーマにしているが，本章では子どもたちと想像力の関係を変えることについて論じる。子どもと想像力の関係は，子どもに多くの喜びをもたらす源になるかもしれないが，それはまた恐怖をもたらすこともある。恐怖にとらわれ，恐怖に駆られると，豊かな想像力は制御不能となる。ジェニーは，ラジオでコメディアンが，「恐怖は，ネガフィルムを現像する暗室だ」とジョークを言ったのを聞いたことがあった。[*1]

　私たちの多くは，子どもの頃，ベッドの下や戸棚の中に架空のモンスターや魔法使いのようなものがいたことを覚えているだろう。恐怖に支配された想像力は，泥棒が家の外をうろついている，幽霊が寝室の壁をそっと歩いている，すべての犬は自分に噛みつこうとしている怪物である，と信じ込ませてしまうかもしれない。悪夢は，現実のものであると感じるほど非常に鮮明で，圧倒的な感情的影響を与えてしまうことがある。子どもは，自分自身の最も大きな潜在的リソースに支配されてしまうようになる。このような状況下で，子どもがこの能力をコントロールする見込みがほとんどないと考えてしまうことは不思議ではないだろう。[*1]

　トラウマや虐待のように，現実での恐ろしい生活環境から生じる恐怖もあることを認識しておく必要があるだろう。子どもがトラウマを受けているのかどうか，現在の状況が安全かどうかを確認するのは，私たちにかかっている。そのような状況を明らかにし，対処することが私たちの仕事となる場合がある。しかし，いったん子どもが安全になれば，恐怖を本当の危険のためにとっておき，自分の目的のために想像力を働かせることができるように，虐待から感情や想

★1　カメラの「ネガフィルム」と「ネガティブなフィルム（映像）」をかけたジョークである。

像力を取り戻すように促すことができるだろう。

事例 ジンジャーとドリーム・スクリーン

　8歳のジンジャーは悪夢に悩まされていた。彼女は何度も目を覚まし，息も絶え絶えとなり汗をかくほど，恐ろしい牙と爪を持つ獣に脅かされていた。ジェニーは，ジンジャーが安全な状況に置かれているとしっかり確認できた後で，これはジンジャーの鮮明な想像力が**恐怖**に乗っ取られたのだと判断した。

　ジンジャーの一番最近の「怖い夢」では，巨大で恐ろしいライオンが彼女を追いかけてきていた。ある湖のところで，彼女は友だちと舟を出し，安全を求め向こう岸に向かった。向こう岸に着くと，洞窟の入り口が見えた。洞窟は，暗くて不吉な感じがした。覗き込んでみると，恐ろしいことに巨大で凶暴そうなワニがいた。ワニは目覚めると，彼女たちのほうに向かって動き始めた。どこにも行き場はなく，安全な場所はなさそうであった。このとき，彼女は夢から目を覚ました。そのため，その後，その夢がどうなったのかはわからなかった。昼間にそのことを語り直しているときでさえ，ジンジャーの声は，神経質に震え，表情には恐怖の影が浮かんでいた。

　ジェニーは，ジンジャーを人形劇に誘い，夢の呪縛を解いた。ジンジャーは，飛び上がって喜び，自分で選んだ問題について楽しい劇をつくり出した。彼女の即興のスキルと豊かな想像力は，素晴らしいものであった。それを見た家族は，「素晴らしい想像力」があることを認めた。家族は，ジンジャーの視覚化する能力と，彼女がごっこ遊びをいかに好むかを語ったのである。

　ジェニーは，両親に**恐怖**がジンジャーを独占しているときと比較して，想像力を自由に楽しんでいるときについて質問した。そしてジンジャーには，「あなたの才能をもっともっと自分のものにしたいのかな？　それとも今までのように**恐怖**が主導権を握っているようにさせておきたい？」と尋ねた。彼女は前者を選んだ。そこで，**恐怖**に想像力を使わせるのではなく，自分自身のために想像力を使う練習ができるイマジネーションゲームに興味がないかと尋ねた。その準備段階としてジェニーは，ジンジャーに目を閉じて，部屋の中にビデオスクリーン[*2]を想像できるか尋ねた。もしできるようなら，そのスクリーンに想像上の人形劇を映し出すことができるだろうか，と問うと，ジンジャーはできると回答した。彼女の内なるスクリーンに劇が映し出されると，ジンジャーは，即興劇をするように招かれた。ジンジャーは，想像上のスクリーンにいくつかの劇を作り出し，それを見ながら笑い続けた。ジンジャーの自由奔放な想像力は

魅力的であった。

　しばらくしてからジェニーはジンジャーに，想像で怖い夢のイメージで遊ぶことに興味があるか尋ねた。ジンジャーは，緊張するけど，試してみたいと言った。そこで「昔の夢」からモンスターを投影した。2人は，ジンジャーが楽しめるように，コミカルなバリエーションを試した。しだいにジンジャーは，モンスターを赤い水玉模様の下着姿で走り回らせたり，オペラを歌わせたり，ぐるぐると回せることを発見した。ジンジャーは，みんなと一緒に笑い合った。ジェニーはジンジャーに，ユーモアのセンスを夢に持ち込むことができることに以前から気づいていたのだろうかと尋ねた。ジンジャーは，自分がこれほど遊び心のある想像力をもっていたことに気づいていたのだろうか？　**恐怖**もこれに気づいたらどうなるのだろうか？　赤い下着姿で逃げ出してしまうのだろうか？　ジンジャーは，笑いながら「そうね」と答えた。

　ジェニーはジンジャーに，最近の悪夢で遊ぶ準備ができているかどうかを尋ねた。ジンジャーは，準備ができているし，そうしたい，と言った。そして，彼女の内なるスクリーンに映し出し，しばらく時を「巻き戻し」た。ジンジャーが夢を再生するにあたって，今回，本当に怖いところにさしかかったら，夢でどんなことが起きるのかを見続ける準備ができているのかどうかを尋ねた。[*3]

　ジンジャーは深呼吸をしてから，夢の映画が上映されるのを想像した。洞窟と恐ろしいワニが現れた。しかし今回，ジンジャーが見ていると，湖から牢獄の柵が立ち上がり，洞窟の入り口を塞いでいった。中を覗くと，紫色のまだら模様のワニが悲しそうにしていた。するとそのとき，向こう岸からライオンの咆哮が聞こえたので，一瞬緊張した。ジンジャーは，父親にどうしたらいいのか確認した。父親は，リラックスして，夢を上演し続けたら何が起こるのかを見るように促した。ちょうど湖の上に可愛い妖精が舞い降りてくるのが見えた。ジンジャーがライオンのほうを指さすと，妖精が飛んでいって，ライオンの上にきらきら輝く粉をふりかけた。ライオンは喉を鳴らす子猫に変わったので彼女は微笑んだ。やがてライオンは，子猫から元の姿に戻ったが，ジンジャーのまわりには妖精がいるので心配する必要がなくなった。それどころか，ジンジャーと友人は，湖の真ん中にボートを浮かべ，素晴らしい自然の中にいる動物を遠くから観賞した。

　夢で遊べるというジンジャーの興奮は，手に取るようにわかった。以前よりも発揮されている彼女の能力がもつ意味について，ジェニーはジンジャーに質問した。フォローアップのセッションで，ジンジャーはジェニーを驚かせた。なぜならジンジャーは，数年前，自分が夢を見ていることに気づいたので，目覚

めるか，夢を変えるかを決めたことがあったことを思い出した，と言ったからである。先週も同じことが起こった。ジンジャー，家族，そしてジェニーは，夢がそれほど怖くないときに，どれほど魅力的になるかをつくづく考えたのであった。

事例 ブルーベリーパンケーキか，何もなしか！

　ジェニーは，**恐怖**だけでなく**不機嫌**，**動揺**，**かんしゃく**の傾向がある子どもたちの中には，未来の出来事を可視化し，それによって物事がどのようになっていくのかを予測する能力をもっている子どもたちがいることに気づいた。現実が期待通りにならないと，子どもはひどく落胆する。たとえば，ジェニーはある家族との初回セッションで，**みじめ**が8歳のフィービーの人生をどのように乗っ取ったのかをしっかりと知ろうとしていた。詳細を語り出すまでには時間が必要であったが，その内容はかなり**みじめ**といえるような出来事であった。フィービーは家族と外出しなければならないことをめぐって，明らかな理由もなく怒り出し，不機嫌であった土曜日が「みじめな日」となってしまったことについて語った。フィービーが緻密な期待をつくりあげる想像力をもった子どもであると直感したジェニーは，家族に実際に何が起きたのかの詳細を語るように促し，フィービーは何が起こるだろうと想像したのかを尋ねた。

　その前夜，家族が朝食を食べに出かけるという計画を立てていたとき，フィービーはお気に入りのレストランに行って，本物のメープルシロップをかけたブルーベリーパンケーキを食べることを思い描いていたことがわかった。フィービーは，その美味しいパンケーキの匂いと味を感じることさえ想像できていたのだ。さらに帰りに公園の遊び場に寄って，父親にブランコを押してもらい，できる限り反り返って青い空と雲を「逆さまに」見ていることを想像していた。

　土曜日に家族は家を出た。ところが家族が選んだのは，フィービーが期待していたレストランではなく別のレストランだったので，彼女はとても傷ついてしまった。彼女は自分が想像した朝食について話すことができず，ただ不機嫌そうに「ここ，きらい」としか言えなかった。注文する頃には，自分が座っている場所について，不可解で恥ずかしくなるようなかんしゃくを起こしていた。このことが，その後のフィービーの人生に大きな影を落とすことになった。すべてがうまくいかなくなり，その結果，何もできなくなった。ジェニーがフィービーの「失望した想像」についてインタビューしたところ，彼女が未来について鮮明だが融通の利かない想像上のものに愛着を感じていることが明らかになっ

た。

家族は，**みじめと失望**からフィービーの想像力を解放するために，熱心に探求し始めた。すぐに，彼女の期待に「波長を合わせる」ことと，そのような期待に沿うことができない場合，彼女に心の準備をしてもらうことが重要であると気づいた。そして近い将来に，何が起こるかを彼女に知らせることにした。フィービーは，自分の想像力をより深く理解し，より柔軟に用いることを学んだ。やがて彼女は，自分の希望や期待を「かんしゃく」ではなく，言葉で表現するようになった。最後のセッションでフィービーは，「私の想像力は私の友だちだけど，それを自由にしておかないといけないの」と要約した。フォローアップのセッションで家族は，現在においてもフィービーは想像力で将来の出来事を思い浮かべ，適応するのに苦労しているが，少なくともそれについて家族と話すことができていると話してくれた。

事例 ティミーと銀色大魔王

次のストーリーでは，デイヴィッド・エプストンが，7歳の男の子であるティミーの想像と自分自身のものを織り交ぜながら，ティミーと家族のために変容のストーリーを記述したのでそれを紹介しよう。

初めに電話がかかってきた。ティミーの母アリスは，デイヴィッドにカウンセリングの予約を入れるために電話をかけてきた。アリスは，母親としての自分に問題があるに違いないと思ったので，単身で来所したかった。彼女は，息子のティミーに向ける感情が非常に否定的なのだと悲しそうにデイヴィッドに告げた。彼女が痛ましいほどに自分を卑下するような口調で言ったので，デイヴィッドは，1つお願いをしないといけないと感じた。彼女が言うことは十分に受けとめていたけれども，ティミーや彼女が同席させたい人たちと一緒にセッションをしたいと伝えた。彼女の悩みを理解するために，何か別の方法があるかもしれないと思ったのである。

初回セッション。デイヴィッドはティミーとアリスを部屋に迎え入れた。2人が腰を下ろしたときに，どちらが憂鬱そうにしているのかわからないほどであった。意気消沈している雰囲気をよそに，デイヴィッドは，「問題抜きにしてティミーのことを教えてください」と尋ねた。「問題がどのようなものであれ，私たちが一緒になって問題に対抗するために，どのようなリソースがあるのか

知りたいのです」とデイヴィッドはしっかりと説明した。すぐにアリスは，ティミーが「素晴らしい想像力をもっていて，物事にすごく熱中し，強い意思をもっているんです」と述べた。

　デイヴィッドが「どのようにその素晴らしい想像力を発揮するのでしょうか？」と尋ねると，アリスは「書くのが得意なんです」と言った。デイヴィッドは，ティミーのほうを向き，「何について書くのが好きなの？」と尋ねた。ティミーは「金色大魔王！」と言うと，アリスが言った熱意がティミーの顔中にあふれかえった。ティミーは，そのモンスターについて，そして，素晴らしい想像力で自分だけでなく他の人も楽しませることができたあらゆる方法について説明した。

　ティミーが話しているとき，アリスはうれしさと悲しさを同時に抱えているように見えた。アリスは，ティミーの想像力は素晴らしいが，息子の心が「世界を黒く染めてしまう」ことがあり，息子の気分を暗くする，と述べた。もう1つの問題は，パンツを便で汚してしまうことが往々にしてあるということであった。ティミーは，「言われたことをやらないといつも怒られるんだ」と愚痴をこぼしながら問題を説明した。

　「時々，君の心が君をどこかに連れていっちゃうのだろうか」とデイヴィッドがティミーに尋ねると，ティミーはそうだと同意した。「何かが君の心を捕らえてしまうときに，想像力で**問題**に罠を仕掛けることができるだろうか？」と尋ねた。ティミーによると，確かにできそうだということであった。さらに「なぜ**問題**は君の心を自分たちのものにしたいのだろう？」と尋ねた。

　しばらくの間，ティミーは，この変わった質問について考えていた。そして，その質問にどう答えれば良いかわからなかったが，「自分の心と話し合って，自分が希望の毎日を送れるようになりたい」と答えた。

　「ティミー，自分のためにどんな毎日を思い描いているの？」

　「叱られない良い日」

　「なぜ**問題**は，君の心と想像力を奪おうとするのだろう？」

　「**問題**はぼくをトラブルに巻き込むんだ。悪いことが起こるかもしれないと考えちゃう。**問題**は遊園地のジェットコースターで楽しい時間を過ごせないぞって言ってきたんだ」

　「**問題**が君から楽しみを奪おうとしたとき，君は何と言い返したの？」

　「反撃して，振り払うことにしたんだ」

　「どうやったの？」

　「心の中で，ぼくの想像に『オマエなんかいらない』って言ったんだ。それか

ら想像に罠を仕掛けたんだ。いい子にしているように仕掛けたんだ。心の中で，遊園地をジャングルに変えてしまったんだ。心の中で絵筆を持っていたから，想像が歩き回るところはどこでも，その下にワニを描いたんだ。ぼくは，想像を怖がらせたんだ」。心の中に起きていた素晴らしい策略を描写した後で，ティミーはデイヴィッドと母親に，想像にだまされるのではなく，想像をだますことができる自分を誇りに思えると断言した。

　この出来事やティミーの能力，興味のあること全般について，ティミーと母親に話を聞きながら，デイヴィッドは，ティミーのいろいろなことについて感心し，それらをノートに書きとめた。その中で最も印象的だったのは，ティミーの想像力と文章力であったため，デイヴィッドは，ティミーと家族についてのストーリーを代作してみたくなった。デイヴィッドは，アリスとティミーに，セッション中，そのようなストーリーのためにいろいろとメモを取っていいか尋ねた。彼らは同意した。そしてデイヴィッドは，そのラフな原稿を書くので，ティミーに見てもらい，彼の助けを借りたい，と伝えた。デイヴィッドがセッションの後で原稿を書きあげ，郵送することにした。

　ストーリーを書くために，デイヴィッドは，ティミーについて記録した印象に残るもののリストを眺めてみた。それから過度の怒りや恐怖といった問題が，ティミーから想像で楽しむのを奪っている方法のリストを見た。デイヴィッドは，これらを組み合わせて，どのようにしたら１つのストーリーになるのかを考えたのである。ストーリーをつくりあげた後で，アイデアや詳細についてティミーに相談した。するとティミーはすぐに応じてくれた。

銀色大魔王のお話

　私は，素晴らしい想像力をもった男の子に出会いました。その子の想像力は，彼に書くこと，描くこと，考えること，そしてストーリーを語ることをうまくできるようにしたのです。みな，彼が本当に強い心の持ち主であると思っていました。誰もが，彼は運がいいと思っていたのです。つまり，彼は実に特別な男の子だったのです。彼のストーリー，絵，上手な表現は，彼に大きな喜びを与え，彼を知る多くの人々にも喜びをもたらしました。この子は，素晴らしい人生を送るように見えたのでした。

　彼は一人っ子でしたが，２年後に妹が生まれました。さらに２年後，妹がもう１人生まれました。これで３人きょうだいとなりました。両

親は実に幸せでした。なぜなら，子どもたちは，それぞれに素晴らしかったからです。これ以上，望むべきものはないでしょう。

デイヴィッドは，ティミーのおなじみの敵である**金色大魔王**を思い出した。デイヴィッドは，ティミーの盗作とならないように金から銀に変えた。そしてこのことによって，ティミーは自身の興味で作成した「素晴らしい想像力」の産物であるキャラクターを持ち続けることができた。

家族はこれからもずっと幸せに暮らしていけるかのように見えましたが，**銀色大魔王**は，その状況を見つけてしまったのです。みなさんが知っているように，**銀色大魔王**は素晴らしい子どもたちや幸せな家族が嫌いです。**銀色大魔王**は，この家族をこっそりと調べれば調べるほど，ますます不愉快になっていきました。「いったい，どうしてオレはこんなに不愉快なんだろう？　代わりに，この家族の人生を不愉快なものにすればいいじゃないか」と考えました。**銀色大魔王**は誰から手をつけようかと考えて，一番上の子どもを狙うのがいいと考えたのです。「この子は，自分が賢く，心も強く，そして素晴らしい想像力ももっていると思っている！　こいつに見せつけてやるんだ！　こいつから強い心と想像力を奪って，こいつを不愉快にさせるために使おうじゃないか。こいつが不愉快になれば，家族全員もそうなるはずだ」。そこで**銀色大魔王**は，怒りと恐怖を使って，この素晴らしい男の子の心に忍び込むことを決めたのです。その手始めに**銀色大魔王**は，彼の内側を不愉快にする方法を見つける必要がありました。

ティミーに起きていた最悪の事態の1つは，**ずるがしこいウンチ**が「オマエのウンチは下水につながるトイレに出させないぞ，オマエの身体の中にずっと置いておくぞ」とだましていたことだとデイヴィッドは気づいていた。母親のアリスとティミーは，このトリックが「見ていないときや考えていないときにパンツの中に出してしまう」よりも「卑劣」であることに同意した。デイヴィッドは，**ずるがしこいウンチ**が**銀色大魔王**の手先である可能性が非常に高いと推測した。すると**ずるがしこいウンチ**は，このストーリーの主要な登場人物になるだろう。

銀色大魔王には，**ずるがしこいウンチ**という友だちがいました。ここでみなさんは，名前の由来を知りたいと思うのではないでしょうか？実にわかりきったことです。それは，本当に**ずるがしこい**んです。たくさんの仕掛けを使って，子どもたちが何も考えていないときに，パンツの中にこっそりとウンチを忍び込ませることができるのです。さらに悪いことに「ウンチを自分の身体の中にしまっておけ」と伝えて，子どもたちを不愉快にしてしまいます。ウンチにとって最もいいことは，水が流れる音と一緒に，トイレから流すことだと，みんな知っていますね。

　さらにデイヴィッドは，**銀色大魔王**がどのようにして**ずるがしこいウンチ**と手を組んで，ティミーの内側と外側を不愉快にさせるのかを考えた。それはティミーを怖がらせるだけでなく，不機嫌で気難しくもさせた。そして最悪なことは，ティミー自身の想像力を利用して，ティミーに何をしているのかを隠すことができたのである。ティミーはただ，自分のせい，あるいは家族の誰かのせいだと思うことだろう。

　ずるがしこいウンチがこの少年を内側から不愉快にさせると，**銀色大魔王**は，「今こそ，この子の想像力を乗っ取って，この子をめちゃくちゃにしてやるときだ」と言いました。そこで**銀色大魔王**はそのようにしたのです。この子の世界は黒くなり，不機嫌で気難しくなりました。素敵なお母さんとお父さんなのに，多くの不機嫌な人たちと同じように，お母さんとお父さんの言うことを聞かなくなりました。この子は，自分ではどうしようもなくなりました。また，どうしてなのかもわかりませんでした。この子の心は，勝手に動いているように見えました。ところが，みなさんもわかるように，**銀色大魔王**は，何を企んでいるのかをけっして明かしませんでした。**銀色大魔王**は，この子に自分の心は**銀色大魔王**のものであると思わせたのです。そのため，この子はいつも怒っていましたが，理由がわかりませんでした。

　銀色大魔王はこれで十分だと思わなかったので，この子をもっと怖がらせることにしました。**銀色大魔王**は，素晴らしい想像力をもった素晴らしい子どもを怖がらせるのは簡単なことだと知っていたのです。

第 12 章　自分自身の想像力　……　255

すべきことは，子どもたちの想像力を操り，暴走させるだけでした。**銀色大魔王**は，この子が恐怖を感じるいたずらを始めました。卑怯ないたずらもありました。いたずらがうまくいってしまうと，この子を言いくるめて，楽しみを奪ってしまうこともできました。たとえば，レインボーズエンド[★2]で**銀色大魔王**が，ジェットコースターなんか楽しくないぞ，と語りかけました。素晴らしい子どもをだますなんて，みなさんは卑怯だと思いませんか？

　ヒーローは，最も暗いときに光を見つけるものである。デイヴィッドは，**銀色大魔王**がティミーの想像力をどのように狂わせたのかを明確に説明した。一緒になって**銀色大魔王**が彼の人生と両親との関係において引き起こした大混乱について調べあげた。デイヴィッドはティミーに，心の目を使って，彼の人生で誰が問題を起こしていて，敵は何をしているのかを見るように勧めた。ティミーは，**銀色大魔王**に腹を立て，止めることを決意した。デイヴィッドは，計画したことをストーリーに組み込んだが，どのようにするかについては調査しなかった。それは，ティミーに任せたのである。

　ついに，この素晴らしい想像力をもった素晴らしい男の子は，自分の人生が本当に不愉快なものになっていることに気づきました。素敵なお母さんもお父さんも，不愉快になっていました。そこで，彼は，考えて，考えて，考えました。そしてついに，「そうか，背後に誰がいるのかわかったぞ。不愉快な**銀色大魔王**だったんだ。おい，何を企んでいるのか知っているんだぞ」と言いました。そう言って，自分の想像力を取り戻す決心をしました。結局のところ，想像力はもともとこの子のものであり，**銀色大魔王**のものではないのです。そこで，素晴らしい方法で想像力を取り戻す計画を立てました。しかしこの子は，家族療法センターで，お母さん，お父さん，妹たちと一緒に，デイヴィッド・エプストンに会うまで，どのような計画なのかを言わないことにしました。みんな，男の子の素晴らしい方法を知りたくて待ちきれませんでした。

★2　1982年に開園したニュージーランドのマヌカウにあるテーマパークである。

さて，ティミーはどうやって主導権を握り，**銀色大魔王**から想像力を取り戻すのだろうか？　このようなミステリーを残して最初の章が終わったので，誰もが次を読むのを心待ちにするであろう。

　2回目のセッション。1か月半後の2回目のセッションでは，父親のロバートと妹たち（3歳と5歳）が，デイヴィッド，ティミー，アリスに加わった。デイヴィッドはティミーに，ストーリーの次の章では何が起きたのか知りたい，と伝えた。「5，6週間前に，あのストーリーを君に書いたのを覚えているかな？　**銀色大魔王**に何が起きたのか知りたいんだ」。ティミーは，大丈夫だったと言った。デイヴィッドは，彼がどのようにしてこのような状態を成し遂げたのかに興味をもった。「どのようにして大丈夫にしていたの？　**銀色大魔王**から自分の人生を取り戻したり，元気にしているために何かしたりしたの？」　ティミーは，何かしたと答えた。「何したの？」とデイヴィッドは好奇心に駆られながら尋ね，「ワクワクするね！」と言った。

　「絵筆であるものを描いたんだ」とティミーは答えた。

　「絵筆で描いたの？　何を描いたの？」

　「罠だよ。モンスターの罠！」とティミーは答えた。

　デイヴィッドは，他の子どもたちがモンスターに対処するのを助けるときに，数々の罠を見てきた。そこですぐに「どうやって**銀色大魔王**をだまして罠にはめたの？」と尋ね，ティミーに答えを求めたが，先に自分の推測を伝えるのを堪えられなかった。そして，「**銀色大魔王**が罠に入るように，特別な餌を罠に仕掛けたのかな？」と自分から言ってしまった。

　デイヴィッドの推測は間違っていたが，ティミーは寛大だった。デイヴィッドに推測させることなく，「人間，ニセモノのダミー人間」と答えた。

　「本当に？」とデイヴィッドは答え，「罠はどのくらいの大きさなの？　家ぐらい？　車ぐらいかな？　どのくらいなの？」といろいろと聞きたくなった。

　「車と同じくらい大きい」

　「**銀色大魔王**は何も考えずに罠に入っちゃったの？」

　「そうだよ」

　「そして，ドアを閉めちゃった？」

　「ヤツは，そこに捕まったままだったんだ」

　「そのとき，ヤツは『出して！　改心します！　もう手出しはしません！』って言ったのかな？」

　「そうだね」

「銀色大魔王をどれくらい閉じ込めたの？」

「3日間」

デイヴィッドは，罰の厳しさは適切だと思った。「そうだよね。3日もすれば，誰でも出てきたくなるよね」。デイヴィッドは，ティミーがどのように銀色大魔王を解放することを決めたのか興味をもった。「最後に『お願いですから出してください！　改心します。約束します』と銀色大魔王が言ったのかな？」

「そうだよ」

「最後には，銀色大魔王のことを気の毒に思ったのかな？」

「思わなかったよ」

「銀色大魔王を解放してから，どこに行くように言ったの？」

「どこかに行ってしまえ」とティミーは叫んだ。

デイヴィッドは，ティミーがどこにモンスターを追いやったのか知りたがった。「家の外に追いやったの？　それとも，オークランド$^{★3}$の外に追いやったのかな？」

「オークランドの外」

「銀色大魔王は，今頃，ハミルトン$^{★4}$で子どもを悩ませていると思うかな？」

「そうだね」とティミーは言った。

デイヴィッドは，銀色大魔王がいなくなれば，ティミーの想像力は彼のものになるだろうと想像していた。そこで，「それによって，自分のための想像力を取り戻したということになるのかな？」と尋ねた。

「そうだよ！」とティミーは大きな声を出した。

「それは良いこと，それとも悪いことなのかな？」

「良いことだよ」

「自分の想像力をどのように使っているのか，教えてくれるかな？　それで楽しんでいるの？」

「うん」

デイヴィッドは，ティミーが想像力でどのように楽しんでいるのかを知りたかったが，ティミーははっきりと言うことができなかった。そこでデイヴィッドはアリスに向き直り，「ティミーが自分の想像力を取り戻した方法について，何か知っていますか？」と尋ねた。

★3　オークランドは，ニュージーランド北島にあるニュージーランド最大の都市である。

★4　ハミルトンは，ニュージーランド北島ワイカト地方の中心となる市で，オークランドとハミルトン間は直線でおおよそ120km離れている。

258　……　第Ⅱ部　遊び心があることの意味

アリスは苦もなく答えてくれた。「ティミーは，素晴らしいものを描いてきました。彼が**モンスター**を描き出すとき，すべては彼の心の中にあります」

　デイヴィッドはティミーのほうに向き直り，「君にとって世界がどれほど暗くなっていたのか覚えているかな？　今では，灰色になっているのかな，それとも白かな。何色なの？」と尋ねた。

　「もっと白いかな」

　「それは君にとって良いことなの？」

　「そうだね，いい感じ」

　「春を迎えようとしていて，もっと日差しがあるような感じかな？」

　「うん」とティミーは言った。

　ここで残っている質問は，**銀色大魔王**の手先である**ずるがしこいウンチ**にやり返したかどうかであった。ティミーは確かに仕返しをしたということであった。「ほんと？　何をしたの？」とデイヴィッドは熱心に尋ねた。

　「**モンスター**にしたときと同じことをしたんだ。想像の絵筆で罠を描いたんだ」

　「**ずるがしこいウンチ**が罠にかかって，どうなったの？」

　「5日後に釈放した」

　「5日間も閉じ込めていたんだね？　**銀色大魔王**より悪いヤツだったの？」

　「うん」

　「今，トイレに行きたいんだよ，ってせがんできたのかな？」

　「うん」

　「**ずるがしこいウンチ**をトイレに流しているの？」

　「そうだよ」

　完璧な親という神話。初回のセッション以降，家族全員がティミーの人生で起きたことを喜んだ。母親のアリスの人生にも重要な進展がいくつかあった。

　アリスは，自己卑下を放棄した。ティミーに対する気持ちが「100％変わった」ので，自分に対する気持ちも「一転」していた。デイヴィッドがその経緯を尋ねると，彼女は，夫のロバートの言う「完璧な親になろうとしている」ことに疑問を投げかける契機を見つけたのだと話した。アリスは長年，母親業についてアリスの実家から多くの詮索と厳しい批判を受けてきたようであった。アリスは，期待に応えるだけでなく，それを超えて完璧さを自分自身に課そうとしたのである。

　セッションとセッションの間に，アリスとロバートは一緒になって，子育て

第12章　自分自身の想像力 259

の抱負を見直した。2人は，他人からの期待を超えようとする努力を拒否するつもりであった。自分たち自身の期待をどのようにするのかについての希望を主張することによって，自分たちの抱負に対する新しい方向性を選んだのである。それは，子どもたちとその「素晴らしい想像力」を楽しむというものであった。

事例 ザックとブレイド

　この事例において，ディーンはセラピストであるカレン・ムーア[*4]にコンサルテーションを提供した。カレンは，表現アートセラピーを通して，手に負えないほど深刻になり，事例の子どもの命さえ脅かすほどの大混乱を引き起こしていた想像上の友人を発見した。カレンの機転がなければ，入念かつ綿密な臨床評価の結果によって動きがとれなくなっていたであろう。彼女の懸念は，ザックの自殺念慮，「精神病的」思考過程，「解離状態」，制御不能の「攻撃性」，そして「自己破壊的」衝動であった。もしカレンが，ザックの身体能力と想像力を彼自身や他者に対して使うように問いかける神話的な通過儀礼に参加させることがなかったら，彼に入院を勧めていたであろう。

　カレンは12歳のザックと母親との会話に取り組み始めるとき，想像上の友人であるブレイドのことが語られる前に，ブレイドが引き起こしていた大混乱について聞いた。ザックの母親は，カレンとの家族セッションに来たとき，とても怯えていた。ザックが家の玄関を蹴破ったとのことであった。母親は，自分が知っている愛する息子が，家を荒らすようなことはしないし，誰がやったのかわからないと嘘をつくことはないと確信していた。自分が知っている愛する息子が卑劣で破壊的な行動をしたのではないなら，いったい誰がやったのだろうか？　このような卑劣で破壊的な行動をした「息子」とは誰なのだろうか？母親はこの難問から抜け出す方法を見つけられなかった。

　この段階で，カレンはブレイドのことは知らなかったが，母親が，すべてが見かけ通りではないとうすうす疑いをもっていることに共感した。彼女の疑いは，ザックが持ってきた絵から生じていた。それは，邪悪で獰猛な筋肉質の戦士で，半身が人間，半身が動物であった。カレンは，残りのセッションではザック1人に会うことを決め，絵について尋ねた。そのとき，ザックはこれがブレイドであることを明かし，ブレイドが想像上の友人，いや正確には敵のような存在であることが明らかになった。ザックによれば，玄関のドアを蹴破ったのはブレイドだったということであった！　ザックは，ブレイドが見事なほど力

強い手と爪で自分の口を塞ぎ，電話をかけて，母親に泥棒がドアを破壊したと伝えるように命じたことを語った。当然の成り行きとして，ザックの母親と警察が来る頃には，ブレイドは去り，ザックは警察からの尋問を受け，さらに悪いことに母親から非難されることになったのである。

ザックはカレンに，ブレイドが戦闘型の超悪役タイプで，「ゴリラ，チーター，体操選手，ミュータント，クモ」がかけ合わさったものであると話した。ザックは，ブレイドの資質に感心していたが，今回はやりすぎだと激怒した。ブレイドは，彼の人生をどうしようもないほど悲惨なものにしてしまい，母親との関係をほぼ完全に壊してしまった。

ザックはカレンに，今回の事件がある意味で典型的なものであると説明した。ブレイドは，いつも乗っ取り，ひどいことをし，嘘をつき，ザックを困難な状況に置き去りにするのであった。しかし別の意味では，この事件はきわめて非典型的なものであった。今回ザックは，ブレイドがここまでしてしまったことにショックを受けていた。ザックは，ブレイドが強くなりすぎていること，凶暴になりすぎていること，そして危険になりすぎていることに気づいていた。ザックはブレイドが死んで，自分の人生からいなくなることを望んでいた。しかしザックは，ブレイドを排除する唯一の方法が自殺するしかないと考えたので，追いつめられたと感じていた。ザックは難問に直面していた。自殺したくはなかったが，同時にブレイドに自分の人生を台無しにされ，母親を傷つけたくなかったのである。

カレンは，「いつ，ブレイドは君を乗っ取るの？」と尋ねた。乗っ取りには，特定の条件があったのである。ザックは「それが起きるのは，ぼくが5％怒っていて，5％動揺しているときか，またはぼくをすこしでも押しのけようとするときだよ」と説明した。これらの分岐点は彼にとってどのようなものだろうか，というカレンの質問に対して，ザックは「ブレイドがぼくを乗っ取ると，ぼくにクレイジーなことをさせる」から，それらの分岐点の満足度は快適からは程遠いと答えた。ザックは過去にはブレイドを尊敬していたが，今ではブレイドとの関係が気に入らなかった。ブレイドはザックを裏切り，彼の人生に対する「残酷で強力な独裁者」になってしまったのである。

このセッションの1週間後，カレンは，ザックとブレイドとの関係について，彼女が所属し，ディーンがスーパーバイズをしているナラティヴ・セラピーのチームに相談した。確かに生死に関わる問題であるというカレンの説明によって，チーム全体は興味をそそられたが，同時に恐怖を感じた。チームは，ブレイドに対する好奇心とザックに対する懸念の両方を表明し，2人についてのよ

第 12 章　自分自身の想像力 ……　261

り詳細な情報を求めた。

　チームからの質問は，次のようなものだった。ブレイドは，どこから来たのだろうか？　ザックは，ブレイドに支配されることなく，5％以上怒ったり動揺したりできるようになりたいのだろうか？　ザックは，どうやってブレイドを5％に抑えたのだろうか？　ザックの母親はどうなんだろう？　ドアの事件をきっかけに，母親はブレイドという秘密の存在を疑い始めたのだろうか？　母親はブレイドとザックを同一人物だと思っていたのだろうか？

　チームは，母親がザックといるときにはブレイドが出てこないことを知ると，ザックは母親が味方だと気づいているのかを知りたがった。ブレイドが今後5年間居座り続けるとすれば，将来はどうなってしまうのだろうか？　ザックは，ブレイドとの関係を改訂できるのだろうか，それともどちらかが死ぬまで戦わないといけないのだろうか？

　カレンがナラティヴ・チームの質問を手にザックのところに戻ると，ザックも，チームが示した2人に対する懸念や興味に引きつけられたようであった。ザックは，チームには誰がいるのか，そしてどうしてそんなに興味を示すのかしっかりと知りたがった！　何しろ数週間前まで，ブレイドがザックの人生にいることを誰も知らなかったのだ。5年にわたる長い間，ザックとブレイドは，極秘で絶望的な闘争とゲリラ戦に従事していたのである。ところが突然，同盟，戦略，戦術について知りたがっている6人のナラティヴ・セラピストからの関心のこもった視線の中で戦っていることに気づいたのだ。

　そのセッションでザックは，チームから聞かれた質問について，カレンといろいろと話し，考えた。ブレイドとの経緯を説明し，カレンに2人の関係の最新の状況を伝えた。ブレイドはかなり昔，ある夜に「澄みきった青空から現れ」，夢の中でザックを襲って以来，ザックを完全に支配しようと着実に準備を進めていた。最初に現れたときザックは7歳であったが，ベッドから飛び起きるほどの出来事であり，その最初の攻撃の「傷痕」がまだ残っていた。それ以来，ザックの夢は常に戦場と化した。最初のうちは，ブレイド一族に応戦するのに十分な力をもった「ストームシャドー」と呼ばれる強靭な戦士の，夢のようなアイデンティティを開発できていたので，彼が優勢であった。ザックは，ブレイドのいとこにあたる大混乱以外，すべての一族を倒すことができた。

　ザックがブレイド一族に勝利すると，ブレイドはザックが目覚めているときに入り込み，ザックの母親やきょうだいに向けて復讐を開始したのであった。家をめちゃくちゃにする事件をきっかけに，ブレイドは戦局を有利に進めるようになった。ザックと家族は，母親がザックを里親に出すことを検討するほど疎

遠になってしまった。それだけでなくブレイドは，ザックの怒りの分岐点を5%から1%に下げ，「本当に怒る」ときでないにもかかわらず，彼にクレイジーなことをさせるようになった。

　カレンはザックに，ブレイドが乗っ取らなかったときのことを尋ねた。ブレイドがいないときは，ザックが悲しかったとき，または「まわりに気持ちいいエネルギー」があるときだけであった。この情報を得た結果，カレンとザックは，ブレイドにとっての「クリプトナイト」[★5]となる重要な発見をした。つまり「気持ちいいエネルギー」は，ブレイドを弱めるのである。

　カレンはザックに，ブレイドが何らかの助けになったことがあったのだろうか，と尋ねた。実のところ，あったのである。ブレイドは，ザックに壁や木に登ったり，バク転したり，野球で強打できる力を与えていた。バク転がとても上手だったので，友人たちは彼の体操能力に驚いていた。ブレイドのおかげで，ザックは短期間で野球チームの優れた選手の1人になった。

　セッションの終わり間近で，さりげなくザックはカレンを驚かせた。最近ではブレイドがザックを容易に支配しているにもかかわらず，ザックは友だちとのけんかから立ち去ったことがあり，そのときには「ブレイドを100%コントロールしていた」と話したのである。そのことを説明するのは難しいようであったが，ザックは，「それが物理的な行為」だと理解していた。彼は，停学目前であり，友だちとけんかすることは望んでいなかった。その際に，物理的にけんかをやめるしかないと感じていた。学校や近所全体にザックの気性が荒いと悪名が轟いていたので，カレンは，ブレイドを100%コントロールできるというのは彼の意志の強さを示すことのできる大きな成果であると思った。

　カレンがこれまでの経緯と最近の出来事をナラティヴ・チームに報告すると，チームは，ザックとブレイドの関係についてのさらなる質問を思いついた。ブレイドは，7歳のザックにとって，敵になったのだろうか，仲間になったのだろうか？　母親が働いていたとき，ブレイドはザックが孤独と戦うことを助けたのだろうか？　ザックは，自分の家族を守るためにブレイド一族と戦ったのだろうか？　ザックは，ブレイドなしで自分の気性に対処できるほど強かったのだろうか？　ブレイドがザックを自分から離れさせようとする前に，ザックはブレイドから離れていってしまったのだろうか？

[★5]　クリプトナイトは，アメリカンコミックス『スーパーマン』の主人公であるスーパーマンの弱点となる物質である。スーパーマンの故郷であるクリプトン星の物質であり，クリプトン人に甚大な悪影響をもたらす。

さらにナラティヴ・チームは，ザックがどのようにして物理的にブレイドをコントロールしたのかを熱心に知りたがった。ブレイドがザックを乗っ取ろうとするとき，ザックの身体には最初にどのような感覚があるのだろうか？　ブレイドをコントロールするとき，ザックは身体のどこに力を感じたのだろうか？ザックはけんかになる前に，階段から飛び降りたと話していた。ザックは，足の筋肉を活かして体操能力を発揮し，階段から飛び降りて，ブレイドの行く道を飛び越えたのだろうか？　チームは，ブレイドの暴力に対抗するために暴力を使うザックを懸念した。ザックに，ブレイドを倒すことが唯一の解決策であると確信させ続けるのは，ブレイドの策略の1つなのだろうか？　おそらくブレイドは，ザックを自分との果てしない権力闘争に誘い込み，ザックのエネルギーを消耗させ弱めるために，長期戦とする戦略を立てていたのだろう。

　これらの質問はザックにとって新しく，これまでとは異なったものであったので彼は熟考した。ザックはブレイドをどのようにコントロールしていたのか考えたことがなかったし，特定の筋肉を使っていたのかどうかもわからなかった。ブレイドをコントロールできたのはすごいことであると同意した。いろいろと検討したのち，このような驚くべき展開があったり，ブレイドが身体的な側面に貢献しているにもかかわらず，ザックは，ブレイドを倒す必要があると決心した。

　このセッションで，カレンは母親とも話をした。母親はまだブレイドの存在を知らなかったが，息子が深刻な問題を抱えているのを確信していると話した。そのため，息子に対する接し方を変え，罰を与えるのをやめることにしたのである。母親はブレイドに気づいていなかったが，ザックは，生死をかけた戦いの中で「本当の味方」を見つけたのだ。

　おそらく母親は，「気持ちいいエネルギー」がブレイドを弱くすることを直感的に知っていたのだろう。またブレイド一族は「意地悪」であり，ザックのように行動したことはなかったのだろう。いずれにせよ，母親はブレイドよりも復讐心が弱かったことは確かで，ブレイドがドアを叩き，泥棒のことで嘘をついたのは，やりすぎだったように思えてきた。ザックをさらにみじめにさせ，母親とトラブルを増やす代わりに，この出来事は，母親の関心を引き起こしたのである！

　ザックとブレイドの対決がクライマックスを迎えるまで，さらに1週間を要した。そのとき，ザックは「気持ちいいエネルギー」が流れ込んでくる機会を捉え，高層ビルから飛び降りさせようとしたブレイドの力を封じた。そして夢の中の戦いで彼を倒すことができた。ザックは，母親の強力な「気持ちいいエ

ネルギー」の集中砲火によって，自分は力を得て，ブレイドは瀕死状態になったのだと説明した。数か月にも及んだ「ゲーム禁止」の後で，母親は，スーパーファミコンのプレゼントでザックを驚かせた。さらにザックが希望したバーベキューに家族で出かけた。ザックは，「ダメ」と言われるだろうと思いながら，母親に特別なイベントに参加してもいいだろうかと尋ねると，母親は「あなたがしたいことなら，何でもやろう。大賛成！」と答えた。ブレイドが片付けられたのは，この直後であった。

その壮絶な戦いの後，カレンはザックとの最後のセッションを設けた。2 人は一緒に，ザックの奮闘ぶりを振り返った。ナラティヴ・セラピーのチームから最後の質問が届いていた。ブレイドを倒す前に，強力なブレイドから何か学ぶことができたのだろうか？　最初，ザックはそうは思わなかったが，ブレイドの運動能力を引き継いでいることを認めた。

ザックにとってより重要なことは，まだ「気持ちいいエネルギー」が豊富に残っていることであった。ザックは，母親と「一緒にいる」時間を過ごしていたが，その時間をとても気に入っていた。さらに，もっと楽に，きょうだいたちにも良くすることができるようになったと語った（ブレイドのいとこである**大混乱**はまだ辺りをうろうろしていたが，ザックはカレンに，警戒しながら幸せいっぱいの心で遠ざけていることを話した）。

カレンは，母親がブレイドとの戦いで，ザックに多大な貢献をしてくれたことに感銘を受けていた。ザックの母親はこの「想像上の敵」については知らなかったが，ブレイドがドアを蹴破り，泥棒の嘘をついた後，ザックに特別な関心を寄せるという知恵をもっていた。つまり，子どもの問題は結局のところ罰では解決できないという，親がもつことのできる一種の知恵である。母親はこのときわかっていなかったが，ザックがブレイドを倒すのを優しさで助けたのである。

フォローアップ。それから 3 年後，ディーンは，彼らがどのようにしているのか尋ねるためと，彼らのストーリーを本書に掲載する許可を得るために，ザックと母親に連絡をとった。2 人は，ザックの旅路について読むことが，他の人たちに刺激を与えることができることを願って，喜んで許可してくれた。ザックには浮き沈みがあったが，全体的には順調であった。たとえば，彼は高給の仕事に就くことを熱望していた。

興味深いことに，ブレイドを打ち負かすことは，ザックにとって，長期的な解決策として満足がいくものではなかった。想像上の壮絶な戦いの後でブレイ

第 12 章　自分自身の想像力 ······ 265

ドは再び現れたが，チームが予測していたようにザックはブレイドと生産的な関係を築いていた。ブレイドは，ザックに力を与えるために残っていたが，ザックを乗っ取り，人生で大混乱を引き起こすことはできなかった。想像上の敵は，もはや攻撃と復讐のサイクルによって彼の対人関係を混乱させないので，ザックは友人，隣人，クラスメート，家族と，平和な関係を維持していたのである。

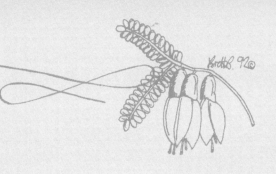

..... 第Ⅲ部

遊び心のある ストーリー

PLAYFUL STORIES

'Jason', now 11 years old, used to have
fears at night, which annoyed him no end.
Fears used to make night an unfriendly
place. Jason has reclaimed the night
these days.
Here is a poem that showed his
feelings about night: Night is a
swamp
Night is a mysterios swamp, dark
and gloomy
A crocodile silently stalking
       across the ocean floor
As night falls, a shrieking soun
       is heard,
The wind is rolling across the
 swamp
Suddenly the crocodile gets
       tired
   And drifts into a deep, deep,
       sleep.

第13章

ジョナサン：
「だいぶ乗り越えたから，
もう後戻りしないよ」

　ローソン一家は，イギリス系のパケハ（白人ニュージーランド人）である。9歳のジョナサン，母親のジュディ，父親のロンがセラピーを受けに来て，1か月の間にデイヴィッド・エプストンと2回面談した。家族にはその他に，7歳のサムと4歳のジミーがいた。

　たとえば，家族との会話で，人と問題との関係をめぐるオルタナティヴ・ストーリーが理解され，対抗するためのプロットが厚くなってきたとしよう。しかし，まだリラックスして，次に進むときではない。オルタナティヴ・ストーリーが本当に定着し，十分に実績のある問題のストーリーが「ひょっこりと顔を出したり」，「後戻り」したり，「反撃」したりしてくるのを乗り越えるために，十分に確認していく必要がある。問題のストーリーは，繰り返されてきた歴史的な経験や，考え方の癖という強みをもっているので，持続してしまう。子どもと家族が新しいストーリーを根づかせ，将来の人生に枝葉を伸ばしていくために十分な力を得るのは，簡単なことではない。

　ここでまず，深刻な恐怖に直面したローソンの家族とデイヴィッドが遊び心のあるアプローチで取り組んだケースを紹介しよう。続いて，最初の成功を裏付けるために，丹念かつ繊細な取り組みを示す。セラピストは，**恐怖**から人生を取り戻すというジョナサンの成功を確立するために，そのような成果の背後にある「秘訣」を言語で表現することに取り組み，ジョナサンの歴史的そして継続的な成熟と能力を問い続けていった。

初回セッション

　ジョナサンは9歳のとき，両親のジュディとロンと一緒に初めてデイヴィッ

ドに会った。**恐怖**は，ジョナサンのようなどこにでもいそうな元気な子に，ごく当たり前の方法で入り込んでしまったように見えた。近くの公園で友だちと遊んでいたところ，獰猛であると知られている番犬が放し飼いにされていて，襲われてしまったのだ。そのようなトラウマから一晩で回復できる人は誰もいないだろう。ジョナサンの両親は，同様に心配している隣人たちと一緒に，このようなことが二度と起こらないように法的措置をとった（ジョナサンはそのような攻撃の最初の犠牲者ではなかったのである）。

このような措置を講じたにもかかわらず，**恐怖**はジョナサンの人生の中に広がってしまったようであった。まず**恐怖**は，恐ろしい幽霊が現れるドアを開いてしまった。それは，特に夜にひどくなった。ジョナサンは，勇気を出してこのような恐ろしい幽霊が出てくるドアを閉じたが，その途端，泥棒が家の窓やドアから侵入してくるという恐怖が生じたのである。これでは十分ではないとでも言うように，**恐怖**は，自宅から遠くないところに配置されている警察のヘリコプターが，犯罪者を監視しているのではなく，彼を誘拐し，知らないところに連れていこうとしているのだと確信させた。

デイヴィッドがジョナサンにインタビューすると，**恐怖**がジョナサンに本当の年齢よりも幼いと信じ込ませ，「5歳児」のように感じるまでどんどんと後退していく印象を与えていることがわかったが，それについては誰も驚かなかった。**恐怖**は夜になると抵抗しがたいものになり，昼には，ジョナサンは疲れ果て，ボロボロになり，苦しんでいた。誰もが，彼の疲労が学業や遊びに深刻な影響を与えていることを目のあたりにしていた。さらに，食欲が妨げられ，ほとんど食べることができなくなっていた。

そのような中で，彼と両親がデイヴィッドからどの程度**恐怖**に抵抗したいのかと尋ねられると，ジョナサンは，**恐怖**が自分を苦しめることに心底うんざりしていることを認めた。そのように語るや否や，ジョナサンは，意気消沈した態度から解放され，それからの数週間で彼の健全性を助けることになった力強さを伴いながら話し始めたのである。

恐怖が彼の安心感を奪い，両親であるジュディとロンを頼るように仕向けたということにみなが同意した。両親は，彼を安心させるために，身を粉にしてありとあらゆる手段を講じていた。ジョナサンは今，昔のような安心感を取り戻したいと語った。そこで，デイヴィッドは，彼自身と家族のために「夜のガードマン」（Epston, 1986/1997）の仕事を引き受けてみない？　と提案した。

具体的な取り組みに着手する前に，デイヴィッドと家族は，**恐怖**がどのようにはたらいているのかについて，もうすこし考えてみることにした。彼らが見

いだした「恐怖の法則」とは次のようなものであった。

1. **恐怖**は逃げ出してしまうことを餌にしているので，立ち向かわなければその分だけ大きくなる。
2. **恐怖**は弱いので，自分のために仲間を必要としている。
3. **恐怖**は感染力があるので，閉じ込める必要がある。
4. **恐怖**はユーモアがないので，自分をネタにした冗談に耐えられない。
5. **恐怖**は暗い隅に潜んでいるので，光にさらす必要がある。

　これらの法則は，**恐怖**が子どもだけでなく，大人の人生をも脅かすやり方を見抜くことに役立った。話し合いが終わる頃には，**恐怖**が人々の人生を脅かすやり方に，誰もが相当に嫌気がさしていた。そして，同志としての絆が生まれ，デイヴィッドもそこに喜んで参加した。

　次に，デイヴィッド，ジョナサン，そして両親は，「夜のガードマン」の職務内容に取り組んだ。**恐怖**がジョナサンを窮地に追い込んだことを考慮すれば，ジョナサンは防衛的な位置に後退し，警戒と保護のために両親を頼り続けたかったのだろう。ところがその代わりに，ジョナサンは，家族の安全を守り，犬に襲われる前と同じように，どこにでもいそうな元気な子に戻る機会をつかむために，攻勢に出たのである。家族やデイヴィッドからの質問を通して，ジョナサンは，頼りになるバットと懐中電灯を持ち，野球選手の格好をして「夜のガードマン」の任務に就けば，**恐怖**を怖がらせられるだろうと確信した。侵入者が家に入る可能性のある場所（ドアや窓を含む）を 2 時間おきにすべてチェックすれば，十分すぎるほどの防御になるだろうというのが，彼の考えであった。両親は，ジョナサンの見回りに同行することにしたが，「息子の勇気の邪魔にならない」ように後ろから付いていくことにした。父親は，見回りをするために，ベッドサイドに目覚まし時計をセットするのがいいのではないか，と考えを述べた。

　この時点でデイヴィッドは，彼らはすでに法則の 4 を脅かすことができていると言っていいのではないかと感じていた。この機会を利用してデイヴィッドはジョナサンに，**恐怖**はここで話し合った気力やユーモアに抵抗できるだろうかと尋ねた。ジョナサンは，そのことをうまく答えることができなかったが，自分の家と自分の居場所を再び確保することで満足感を得られると強く確信していた。何を隠そう，そのような方向性が復讐に近いところ，少なくとも**恐怖**と引き分けには持ち込めるのではないかと考えたのである。初回セッションが終

わる頃には，デイヴィッドとローソン一家は**恐怖**に対する対策が整い，ジョナサンの人生に降りかかる**恐怖**に影響を及ぼす試みができるようになっていた。

‖‖ 2回目のセッション ‖‖

1か月後，家族が2回目のセッションに参加したときには，ジョナサンはまたどこにでもいる元気な子どもに戻っているように見えた。デイヴィッドはジョナサンと家族のこの1か月間の成果を評価し，ジョナサンについての新しいストーリーを共著述するように招いた。そのストーリーとは，**恐怖**から人生を取り戻すために利用した勇気と不屈の精神についてのものである。ジョナサンの新しいストーリーは，ユニーク・アウトカムを丹念に織り込んでつくりあげられることになる。さもなければ，それらは，ジョナサン自身がもつ自分のイメージと他の人々がもつ彼のイメージとが十分に統合されることはないだろう。

父親は，夜のガードマンとして取り組んだことを振り返った。「息子に野球の帽子をかぶらせ，バットを渡したんです。そして，ジャケットを着せました。それから私たちは，いくつかの箇所を確認しました。数日のうちに，より遠くまで出かけられるようになり，かなり後ろから息子に付いていくことができるようになったんです」

ジョナサンは，誇らしげに夜のガードマンの仕事について語った。「ぼくとママは，家の脇を回ってすべての窓とドアをチェックしたんだよ。2日だけやれば良かったんだ。」

「どうして夜のガードマンの仕事を打ち切ることにしたの？」と，デイヴィッドはジョナサンに尋ねた。

ジョナサンは，じっくりと考えながら答えた。「窓やドアについてわかったんだ。入るためには，大きな音を立てたり，壊さないといけないんだ」

デイヴィッドは，ジョナサンの発言をすこし遮り，将来，他の子どもが自分の人生の安全を確保するために，夜のガードマンの任務に就こうとしたら相談に乗れるように，ジョナサンの発言を記録することの了解を得た。そして，ジョナサンと家族が言うことを書きとめ始めた。

母親のジュディは楽しそうに説明した。「ジョナサンの後ろを付いて回ったんです。初日の夜は，外に誰かいるに違いないと信じていたので，朝の4時頃に外に出てみました。外の門を確認してみると，男の人が道を歩いていました」。そして，ジョナサンのほうを向き，「その人を怖がらせてしまったのよね？」と微笑んだ。笑いが巻き起こった。みなが落ち着くと，デイヴィッドは，真剣な

ふりをしてジョナサンに冗談を言った。「他の人を怖がらせちゃったの？　その人は，**恐怖**のことで私のところに相談に来るかな？」

　そして，デイヴィッドは母親に，それまで**恐怖**がジョナサンを後ろ向きに，そして下向きに追い込んでいたことをふまえて，人としてジョナサンがどの程度変わったのかについて推し量ってみるように頼んだ。「ジュディ，ジョナサンの背後に立っていたとき，ジョナサンが人としてすこし大きくなっていることに気づきましたか？」

　ためらうことなくジュディは，「そうですね。最初，ジョナサンから1，2歩しか離れることができませんでしたが，しばらくすると，もうすこし離れることができたんです」と答えた。するとジュディは，このセッションの最初のほうでデイヴィッドに話したことを思い出した。それは，ジョナサンの人生に残っていた最後の恐怖の痕跡を，ジョナサンと一緒に「笑い飛ばした」ということであった。ジュディは，それが起きたときのことを話し始めた。ある夜，ジョナサンは，夜に目覚めると走ってきて，両親のベッドに飛び込んできた。以前は，夜にこのようなことが頻繁に起きていた。そのためジュディは，彼の足音が寝室から聞こえ，走り始めるのを聞くと，彼の場所を空けるために寝返りをうつのが習慣になっていた。ところが今回は，すこしふざけてみたのである。ジュディは，ベッドの端スレスレに留まったのだ。ジョナサンは，それを見ている他なかった。そしてジョナサンが笑い出したので，ジュディも笑った。ジョナサンは，「おもしろかったこともあったよね!!」と大声で言った。

　ジュディはジョナサンに，「真剣に取り組んでしまったところもあったのよね。だから，**恐怖**はユーモアが嫌いだということがよくわかるわ」と答えた。そしてデイヴィッドに「私たちは，かなりのユーモアがあったの。ユーモアがないのは大変，本当に」と付け加えた。

　父親はデイヴィッドに，「私たちは定期的に目が覚めるように，目覚まし時計をセットしたんです。うまくいきませんでしたが，実のところうまくいく必要がありませんでした」と伝えた。

　デイヴィッドはジョナサンに向き直り，1か月前に同意したように，一晩に2回の見回りを続けているのだろうか，と尋ねた。ジョナサンは，「2週間前にやめた」と自信たっぷりに答えた。デイヴィッドは，どうやって決めたのかと尋ねた。ジョナサンは無頓着に「すこし疲れてきたからね。誰もぼくを捕まえに来たりしないことがわかったんだ」と言った。

　デイヴィッドはジョナサンに，「それは実に勇敢に聞こえるね」と伝え，「それにしても，誰も君を捕まえに来たりしないことがどうしてわかったの？」と

第13章　ジョナサン：「だいぶ乗り越えたから，もう後戻りしないよ」……　273

尋ねた。

　ジョナサンは「泥棒の恐怖は，何年も何年も続いているけど，まだ何にも盗まれていないよね」と，これ以上，何も付け加える必要がないほどの知識を述べた。

　デイヴィッドは「このことは，君が君の人生から恐怖を追い出したことを意味するのだろうか？　勇気が戻ってきたということかな？」と，ジョナサンがそのようにできたことの理由を自らが振り返られるように問いかけた。

　ジョナサンは，そうだと思う，と断言した。

　デイヴィッドは，恐怖がジョナサンの人生における他の2つの重要な領域で，いまだに混乱を引き起こしているのかを確認する必要があると考えた。そこで最初に「良く眠れるようになった？」と尋ねた。ジョナサンは，疲れていないけど，夜中に自動的に目が覚めてしまう，と報告した。デイヴィッドは，ジョナサンにまだ睡眠の問題があるのではないか，と述べた。ジョナサンもそう思ったが，あまり気にしていない様子であった。

　それからデイヴィッドは，ジョナサンが1か月前に恐怖の問題とは彼の成長を後退させることだと述べたことを思い出した。そこで，「今，君は自分を何歳だと感じる？」と尋ねた。ジョナサンは，「8歳ぐらいかな」と推測した。デイヴィッドは，ジョナサンがわずか1か月でおよそ3歳分の成長を取り戻したことに感心した。

　進捗を見ていくことは非常に重要なので，デイヴィッドはこのことを年表として書きとめた。そしてジュディにこの成長を認められるかどうかを尋ねた。するとジュディは熱心に，「そうなんです。ジョナサンには大きな進歩があったんです。この2週間，朝起きたり，朝食を作ったりと，自立した行動をとることが多くなったんです」と述べた。ジョナサンは誇らしげに，フレンチトーストを作っていると付け加えた。デイヴィッドはすぐさまこの機会を捉え，この事実を記録した。「ジョナサンは，自分で朝食を作るなど，これまでよりもはるかに自立したことをするようになった」と，話されたことを繰り返したのである。

　ジュディは続けて，「ジョナサンは，何でもやってくれるんです。私は何もしなくていいの。ボウルを取り出して目玉焼きを作るんです。ガスを点け，調理して，ちゃんとガスを止めます。とても責任感があるんです」と言った。

　デイヴィッドは，ジョナサンの自立心をもとうとする主体性に感心した。「こんなことを言ってもいいのかな。これは，10歳の子どもがするようなことのように聞こえるよ。自分の年齢を超えてしまったのだろうか？」

　「ええと，自分で朝食を作っているのだから，そうかもしれない」とジョナサ

ンが同意した。デイヴィッドは，ジョナサンが朝食を作ることで自分の年齢を
上回った，と記録に付け加えた。
　ところが，ジョナサンが自立の方向に向かったのは，それだけではなかった。
ジュディによると，ジョナサンは，テーブルの準備もして，きょうだいの問題
を解決する手助けをしたというのだ。そこでデイヴィッドは「きょうだいの問
題を解決するのを助けた」と記録した。

成功の真価を認める

　デイヴィッドは，ジョナサンが謙虚な性格であると理解していたが，短期間
で，断固とした態度で自分の人生を取り戻したことに対して，もっと誇ってい
いと感じた。9歳の子どもが**恐怖**によって5歳のレベルまで退行させられてし
まったという羞恥心から逃れることができたのは，驚くべきことであると見て
いた。ジョナサンが自分自身を再評価できるように，「この問題を解決したから
には，自分が問題解決型の人間だと思うかな？」と尋ねた。このことによって，
「怯えている」とか「怖がっている」ではなく，別の描写を提供したのである。
ジョナサンはためらいながら，「それほどじゃないよ！」と言った。デイヴィッ
ドは率直に「君は，この問題を解決したと思わない？」と尋ねた。ジョナサン
は，確かにそうしたことを認めなければならなかった。そして，「このことで，
君の中に誇りのようなものが生まれたかな？」とさらに確認した。すると「そ
うだね，前よりすこし増えたかな」と認めざるを得ない様子だった。
　このことは本心からの表明ではなかったので，デイヴィッドは，ジョナサン
が自分の目でその誇りを見ることができれば，誇りをより実感して自分自身を
認めることができるかもしれないと思った。そこで，デイヴィッドは，両手を
すこし離してみせた。「ちょっとだけ誇りがあるのがこれぐらい」。そこから両
手をすこし広げ，「誇りが中ぐらいあるのが，これぐらい」。さらに両手を大き
く広げ，「誇りがたくさんあるのが，これぐらい」。デイヴィッドはジョナサン
に，この**恐怖**の問題を解決したことに対して，どの程度の誇りを得ることがで
きたのか両手で示すよう尋ねた。デイヴィッドは，ジョナサンが示した両手の
広さが「中くらいの誇り」であると見積もった。そこでジョナサンに，自分自
身が**恐怖**の問題を解決したことに対して，両親がどれくらい誇りを感じている
のか示してほしい，と頼んだ。ためらうことなくジョナサンは，手を広げられ
るだけ広げた。デイヴィッドは，「それは，たくさんだね」と判断し，確認のた
めにジュディのほうを向いた。彼女は息子を感心して見ながら，「ええ，自立し

第13章　ジョナサン：「だいぶ乗り越えたから，もう後戻りしないよ」……　275

ていること，朝食の準備，きょうだいに対してよりお兄ちゃんとして振る舞ったりと，他にもたくさんのことがあります。それで，ジョナサンを本当に誇りに思えるんです」と述べた。

そしてデイヴィッドは，わずか1か月前に**恐怖**がジョナサンに与えていた他の影響を振り返った。**恐怖**がジョナサンの食欲をなくしていたことを思い出しながら，まだこの影響が残っているのだろうか，と尋ねた。

ジュディは大声で**「いっぱい食べるんです！」**と答えた。

デイヴィッドは彼女に「ジョナサンは気持ち悪くなるのが怖かったのでしょうか？」と推測するように促した。そして，「ジュディ，もしかしたら『また食べるのを怖がるようになってほしい』と思ってしまいますかね？ そのほうが食費が安上がりだから」と冗談を言った。

デイヴィッドはジョナサンに向かって，「人は怖がると食欲がなくなるって知ってた？」と尋ねた。ジョナサンは小声で同意した。「ところで食欲が戻ったの？ **恐怖**が食欲を奪っていたのかな？」と聞いた。ジョナサンはうなずいた。

「君の人生が**恐怖**に支配されていたときと比べて，今，君はどれだけ多く食べるようになったの？」ジョナサンは，最近定番の朝食を説明した。「フレンチトースト4切れ。ミューズリーとサルタナブラン，そしてウィートビックス[★1]」と説明した。

デイヴィッドは，彼が毎朝食べる量に驚き，「全部食べるの?! もし私がそんなに食べたらすぐ眠くなっちゃう！」と伝えた。

デイヴィッドは続けて，「それでは教えてほしいんだけど，たくさん食べたから，元気が出たのかな？」と尋ねた。ジョナサンは，よく考えてみると，走るのが速くなったこと，ホームランを打つようになったこと，他のスポーツもするようになったこと，そして以前よりもうまくプレイするようになっていることを思い出した。デイヴィッドは，ジュディの「彼は宿題をするようになっています！」という観察を含めて，すべてを書きとめた。

そしてデイヴィッドはジョナサンに，父親が自分のことをどれほど誇りに思っているか想像がつくかと尋ねた。ジョナサンは父親が「すこしは**恐怖**を克服したことをとても誇りに思っている」と推測した。デイヴィッドは身を乗り出し，ジョナサンに直接話しかけた。いつものように注意深く，ジョナサンの正確な

[★1] ミューズリーはオーツ麦を主とするシリアル食品で，サルタナブランはケロッグ社のサルタナ（種なしぶどう）入り全粒小麦シリアル食品，ウィートビックスはサニタリウム社の全粒小麦シリアル食品である。

276 …… 第Ⅲ部 遊び心のあるストーリー

描写を繰り返しながらである。「それでは，ここで質問があるんだ。君は，『すこしは**恐怖を克服した**』ので，パパが君のことを『とても誇りに思っている』と言ったね。それ以外にも君がしたことの中で，パパが君のことで 2 番目に誇りに思っていることは何だと思う？」と尋ねた。

　ジョナサンはしばらく考えてから「たぶん自分で朝食を作ることだよ」と答えた。

　デイヴィッドは，ジョナサンのこのような革新的な行為の起源を探るために，「教えてよ，ジョナサン。どうして自分で朝食を作ろうと思いついたの？　君の年齢の子どもが朝食を作ることは，あまりないよね」と尋ねた。今にして思えば，このどこにでもあるわけではない行動を振り返る際に，質問の中にジョナサンの性別に関することを加えることで広がりが生まれたかもしれない。

　ジョナサンは「ママにフレンチトーストを作ってもらったことがあったんだ」と何気なく答えた。デイヴィッドからすれば，彼の返事はそのような取り組みの自立性を十分に説明していないように思えた。

　「なるほど，でも，ちょっと待って」とデイヴィッドは言うと，魔物のような声色を真似て，「前はママの部屋に行って『ママ，起きて！　フレンチトーストを作って！』と言えただろう！　どうして自分で作ることにしたんだ？　ママから作り方を習ったのか？」と叫んだ。

　「うん，習った！」とジョナサンは誇らしげに答えた。

　デイヴィッドは，そこには「習った」以上のものがあると思わずにはいられなかった。そこで，魔物のような声色を続け，「コンロが燃え出すのが怖くなかったというのか？　食べ物を焦がしちゃうのが怖くなかったというのか？」とさらに尋ねていった。

　ジョナサンの淡々とした表情を見て，デイヴィッドは魔物のような声色を続けながら，「いいか，今は**恐怖**を近寄らせることもできない！　もし今，君を**恐怖**に陥れようとしたら，どうなるんだ？」と叫ぶようにして言った。

　「いや，でも……」とジョナサンは躊躇したが，しかし彼の中で誇りが大きくなり，「**そんなことはさせないぞ！**」と言い始めた。

　「君を**恐怖**に陥れようとしても，どうしてできないんだ？」とデイヴィッドは魔物のような声色で続けた。

　「だいぶ乗り越えたから，もう後戻りしないよ」とジョナサンが「勇気」のあることを主張した。

　ゆっくりと，そして十分な満足をもって，デイヴィッドはこれらのコメントをメモに記録した。

第 13 章　ジョナサン：「だいぶ乗り越えたから，もう後戻りしないよ」……　　277

問題からの反撃防止

ジョナサンが成し遂げたことは，**恐怖**が人生に返り咲こうとするどんな反撃にも耐えられるものであると，みなが安心できるように，デイヴィッドはこう問いかけた。「ジョナサン，教えてほしいんだ。**恐怖**は君を引き戻すことができるだろうか？」 ジョナサンは，「ぼくはそう思わない」と慎重に述べた。そこでデイヴィッドは，問題との想像上の対話をしてみるようジョナサンを次のように誘い，許可を得た。「私は，かなりの数の勇敢な子どもに会ったことがあるので，**恐怖**についてそれなりに知っているんだ。私が**恐怖**の役になって話してもいいかな？」

恐怖の役に就いたデイヴィッドは，声をすこし威圧的な口調に変えた。「ジョナサン，どうして自分が勇敢だと思うんだ？ 君を襲うことができる**すごく怖いもの**があるんだぞ。」

「ぼくは，鍵や音についてよく知っているから」とジョナサンは反論した。

恐怖の声は威圧的な口調で「そうか！ なら幽霊はどうだ？ **幽霊**で怖がらせてやろうか？」とハードルを引きあげた。

ジョナサンは，再びデイヴィッドに反論した。

「**モンスター**ならどうだ？」とデイヴィッドはさらに威圧的な口調で迫った。

するとデイヴィッドは，ジョナサンに大声で「**ノー！**」と拒絶されたのである。

「そうか！ でも本当にこわ～いモンスターを知ってるぞ！ **緑のヤツ**だ！」

そこでジョナサンは，明らかに優位に立ち「うまくいかないね」と述べた。

恐怖の声が威圧的な口調で切り札を切った。「**獰猛な犬**ならどうだ？」

ジョナサンは，断固として「**ノー！**」と**恐怖**を非難した。

ジョナサンがあまりにも堂々としていたので，デイヴィッドは彼が頑張りすぎてしまっているのではないかと心配し始めた。デイヴィットは自分の声に戻し，「これで私自身に戻れたかな？ もう**恐怖**じゃないよ！ そこで，ちょっと教えてほしいんだけど，君は勇敢すぎるかな？」

「いや……勇敢すぎじゃないよ」

そこでデイヴィッドは，ジョナサン自身の目的のために恐怖を利用する場合があることを指摘した。「道路を渡ったり，木に登ったりするときは，すこし注意深くなる必要があるよね？」

ジュディは心から同意し，「隣に住む8歳のブルースは，まったく恐怖心がないんです。目に野球のバットが当たって，何針も縫っているのに」と指摘した。

デイヴィッドは，ジョナサンがブルースを手助けしてくれるだろうか，と考えた。「ブルースはトラブルに巻き込まれて，必要以上に切ったり，縫ったりしているんだ。君は，成長して**恐怖**には会わなくなったね。まるで身体が大きくなって古い服が着られなくなったように。でも，依然として十分に利用できる恐怖というものがあるんだけど。君が必要なくなった古い**恐怖**の一部をブルースに分けてあげられるかな？」

　ジョナサンは，このアイデアに戸惑ったようであった。「知らなかった」と言い，「ブルースとは，話すことが本当に難しいんだ」と付け加えた。

　デイヴィッドは，魔法の儀式のような提案をした。「ブルースを招待して，フレンチトーストをご馳走しようよ。そのとき，フレンチトーストのサンドイッチの間に**恐怖**をはさんで，ブルースに食べてもらうというのはどうだろうか？」

　ジョナサンは，この遊びには反応しなかった。それでもデイヴィッドは，ジョナサンの専門知識に興味をもち続けた。デイヴィッドは，ジョナサンが恐怖の問題において，きょうだいの役に立ったのだろうかと尋ねてみた。案の定，そのようなことがあったのである。

　あるとき，弟サムが驚いて目を覚ましましたことがわかった。驚くことなかれ，それは泥棒に関係のあることであった。ジョナサンは，サムを助けたとは思っていなかったが，父親のロンはジョナサンがサムを助けたと考えていた。「**恐怖**がどのように伝染するのか覚えているよね？」とロンはジョナサンに思い出してもらい，「偶然にも，サムが泥棒に遭う恐怖を抱いたのだけど，サムはジョナサンが対処しているのを見ていたから，恐怖はサムのところに戻っていかなかったんだよ」と伝えた。

　デイヴィッドはロンが示したポイントを強調し，「ジョナサン，もし君が**恐怖**をコントロールしようとせず，**恐怖**が君をコントロールしてしまっていたら，サムは今でも**恐怖**に支配されていると思うかい？」と尋ねた。

　ジョナサンは，たぶんそうだね，と認めた。

　そしてデイヴィッドは，サムはジョナサンに礼を言う必要があるだろうか，と尋ねた。ジョナサンは，この意見に混乱してしまったようであった。そこで，「あのね。**恐怖**で君は何日分の睡眠を失ったのかな？」と聞いた。

　「6か月」

　「それでは，サムが6か月間も眠れなくなることから救ったと思うかな？」

　「たぶん」とジョナサンは答えた。

　デイヴィッドは続けて，「もし私が『これから半年間，眠れない夜を送りたいかい』と尋ねたら，何と答える？」と尋ねた。ジョナサンはデイヴィッドに，そ

第13章　ジョナサン：「だいぶ乗り越えたから，もう後戻りしないよ」……　**279**

んなことは望まないと言って安心させた。「もし私が君に『それを避ける方法を教えてあげられる』と言ったら，君は私に感謝するだろうか？」と聞いた。ジョナサンは，自分自身をめぐる評価が高まっていることに気づき，「うん」と微笑んだ。

　「もしサムがこのことを理解できて，彼がすべきことは君を見習うことだけだとしたら，彼は感謝すべきだと思うかな？」

　ジョナサンの次の「うん」は，紛れもなく確信に満ちていた。単に事態が収拾しただけでなく，この6か月間の試練の間，ジョナサンは自身を先に進め，さもなければ得られなかったことを体得したと全員が同意したのである。

第14章

トニー：
「ソウルボーイ(魂の子)なので
大丈夫です」

トンプソン家は，アフリカ系アメリカ人である。家族の中でセラピーに参加したのは，10歳のトニー，12歳の姉ニコル，母親のデニス，そして母方の祖母ゼルダであった。

||| **初回セッション** |||

母親と祖母が自分たちの悩みを語る間，トニーは静かに座り，すこし頭を垂れて，遠くを見つめていた。ジェニーには，彼が会話を聞いているのか，聞き流しているのか，わからなかった。ただトニーには，10歳の子どもにしては，かなりトラブルがあるとわかった。授業中，暴れたり，校庭でけんかをしたために，停学となっていた。幾度となく校長室に呼び出されており，その学校で教えている祖母の負担となっていたのである。

嘘をつく，盗みをはたらく，自分のおもちゃを含めモノを壊す，課金される番号に通話し高額の電話代を請求されるなど，トニーにまつわる絶え間ないトラブルも生じていた。さらにトニーは，家では「役に立たない」「非協力的」「話を聞かない」といったふうにみなされていた。母親のデニスと祖母のゼルダは，これらの問題で途方に暮れていた。

ジェニーは，トニーのおとなしい態度は年長者を敬ってのことなのだろうかと思った。このことをしっかりと評価すべきであると考えたが，トラブルとは区別して彼を知るための試みは，当分の間脇に置くことにした。なぜならデニ

★1　原文では，Spiritual Boyとなっている。意味としては，「精神的」「霊的」というよりも，アメリカにおける黒人の伝統，文化，歴史を大事にするというような意味にとれるため，ソウルボーイ（魂の子）と訳した。

スは，状況がどれほど深刻で，彼女と母親がどれほど苦しんでいるのかを伝えることが重要である，と明らかに示していたからである。

　ジェニーは，デニスとゼルダがトニーの身の上や将来についてどのように心配しているのか尋ねていった。2人の心配は，人種差別と不公平が蔓延している社会で，アフリカ系アメリカ人の少年を育てることとどれほど関係しているだろうか，と尋ねた。そして「このようなプレッシャーについて，アフリカ系アメリカ人のセラピストとのほうが話しやすいでしょうか？」と確認すると，祖母と母親は，このままで良いとのことであった。トニーと家族にかかる社会的なプレッシャーについて話し合うことが，家族療法で織りなすべき会話の扉を開いたことがわかった。

　家族と数回のセッションを続けた後，ジェニーは，トニーがすこしでも自分を出せるように，個人セッションを提案した。トニーは，これまで聞いていた獰猛な評判に反し，内気でとても礼儀正しく，静かに座って窓の外を眺めていた。ジェニーは，人形を使えば話せるのではないかと考えた。トニーはカエルの人形を手に取り，ジェニーはカタツムリの人形を手に取った。ジェニーのカタツムリは，トニーのカエルにトニーについて話すようささやいた。カタツムリは，トニーが興味のあることをすこし教えてもらったところで，3つの願いが叶うとすればトニーは何と言うだろうか，とカエルに聞いた。カエルはしばらく考えると，トニーの願いをささやいた。それは，(1)「悪い子にならないこと」(2)「家族と仲良くすること」，そして (3)「リーシーズ・ピーシズ（ピーナッツバターのキャンディ）を食べること[*2]」ということであった。

トラブルからの転換

　2週間後，デニスとゼルダは，再び家族セッションに参加した。家でも学校でもトラブルが山積みになっていたようだった。彼女らはジェニーと一緒に，自分たちが感じていたプレッシャーや心配，燃え尽きに焦点を当てた。ジェニーは，自分自身もトニーのことをとても心配していると気づいた。

　次のセッションの後半で，すべてのトラブルによって圧倒される気持ちをかわしながら，ジェニーはゼルダからニュースを集めた。そのニュースによれば，トニーは，ここ2，3日，学校で比較的良い日を過ごせていた。この小さな希望を手にしたジェニーは，トニーともう一度，個人セッションをすることを提案した。人形を通して，この良いニュースに対するトニーの考えをもっと聞きたいと思ったのである。もしかしたら，一緒になって，問題に対する例外をめ

ぐる意味を変化のストーリーに広げていくことができるかもしれないと思った
のだ。

　次の週にトニーが来た。ジェニーは，トニーが「トラブルからの転換」に興
味をもっているのを知ると，先週あった彼の成功，つまり「トラブルのない」
2日間についての詳細を克明に，繰り返すような方法で話し合った。いくつか
の成功を収めたことで，トニーにとっては**トラブル**について話をするのが容易
になった。以前，**トラブル**に圧倒されていたトニーは，自分が「悪い」のであ
り，「良い」子だったらいいのにと願うばかりであった。**トラブル**から数歩離れ
た今，彼は罪悪感の少ない人生や人間関係について考えてみようとしていた。
ジェニーの質問によって彼は，**トラブル**にだまされていたときの人生がどのよ
うなものであり，現在はどのようなものとなっているのか，そして「**トラブル**
からさらに数歩距離をとる」ことでどのようになる可能性があるのかを行きつ
戻りつしながら対比していった。

　ジェニーは，トニーの**トラブル**との奮闘における最近の進展を次のように述
べた。「あなたのおばあちゃんが先週，物事がより良い方向に向かっていると感
じたと話していたのよ。良いことも悪いことも起こったけど，校長室の前を通
り過ぎたときに，君があまり校長室に呼び出されていなかったことに気づいた
んだって。ある先生が声をかけてくれて，君が良い日を過ごしていて，良い変
化があるのだと教えてくれた，と話してくれたのよ。おばあちゃんはそのこと
を喜んだし，お姉さんのニコルもそうだって。そして，君は，どのようにして
それを転換させようとしているのかについて教えてくれたわね。そのことにつ
いて，もっと教えてくれる？」

　トニーはすぐに，重要な成果を次のように明かした。「先生がぼくに何かする
ように言ったからその通りしていたんだ。ぼくの後ろの友だちが声をかけてき
たけど，ヤツの言うことを聞かなかった。それから読書の時間に友だちがまた
声をかけてきたけど，振り返らず読み続けたんだ」。ジェニーは，トニーが**トラ
ブル**への誘いを断れたことに感心した。彼女は，どのようにして彼がこのこと
を成し遂げられたのかをあえて推測してみた。「無視することに決めたのね？」
トニーはうなずいた。「そうしてみて，どんな気持ちがする？　強くなったと感
じた？」　トニーは「とても強くなった！」ときっぱりと同意した。

　「それができた自分をどう思ったの？」

　トニーは「いい気分だったよ」と顔を輝かせながら言った。

　「そのおかげで**トラブル**に巻き込まれずに済むと気づいたの？　それとも**トラ
ブル**を遠ざけたの？」

「そうだね」

詳細に興味をもったジェニーは，続けた。「いいね。その後，友だちは何をしていたの？　彼はやめたの？」

「そうだね。ヤツを相手にしなかったら，ヤツも本を読み続けたよ」

「ああ，それなら本当に切り抜けたのね？　君がこのことを転換させる前，昔のように友だちが君に声をかけていたらどうなっていたの？」と，ジェニーは，**トラブル**が支配していた過去とこの出来事を対比させるために尋ねた。

「前は振り返っていたんだけど，それだけでいつも黒板に名前を書かれちゃうんだ」

ジェニーは，結末だけでなく，感情も対比させたかったため，「それで**トラブル**に巻き込まれるのね？　黒板に名前を書かれるというのはどんな気分なの？」と尋ねた。

トニーは静かに「悲しくなるか，頭にくるかな」と言った。そして，しばらく間を置いた。

トニーにとってポジティブな評価がどれほど重要か知っていたので，ジェニーは「君はそれが嫌だったんだね。今週の生徒になりたいと願っていたし，誇りに思えるような理由で黒板に名前を書いてもらいたかったと，一度教えてくれたのを覚えているわ。頭にくるようにさせたり，悲しくさせるような方法で，君の名前を黒板に書かせるように**トラブル**がだますのは，不公平だということに同意するかな？」と続けた。

「するする‼」

「君の名前が黒板にあるのを見て，頭にきたり，悲しくなったりするとき，**トラブル**は君を巻き込もうとしたり，君のせいにしたりするのかな。つまり，君を小バカにしているのかな？」

トニーは，うなずいた。

「ところで，今では君が，**トラブル**を小バカにしているのかな？」

「うん」と言って，トニーはニヤリと笑った。

「君に**トラブル**を無視できる強さがあることに驚いている？」

トニーはうなずいた。ジェニーは「今も友だちとうまくやっていけるし，同時に自分自身に対しても強くなれるとわかったのかな？」と尋ねた。

「うん」

「後で友だちと話すことにしたの？　休み時間にでも？」

「うん」

「それをすることに対して，君を認めてくれるのは誰だと思う？」

284 ‥‥‥‥ 第Ⅲ部　遊び心のあるストーリー

「先生」

「君は，君がそのようなことができると私が思っていた，と思うかな？」ジェニーは，**トラブル**のないトニーを知っている人のリストをつくり続けた。「うん」とトニーは同意した。ジェニーは「君の家族は，君がそのようなことができると知っていたと思う？」と続けた。トニーは，明るいにっこりとした笑みを浮かべ，同意してうなずいた。

ジェニーは「君は，このことでかなり励まされているように見えるけど」と指摘した。「今週は，自分を良く思えた？」　トニーは同意の笑みを浮かべ続けた。

ジェニーは，トニーが認められたことに満足を覚えている間，彼の自己イメージの問題に戻った。「前に３つの願い事をしたときに，そのうちの１つは悪い子にならないことだったけど，覚えている？　君がそう言ったとき，私は君が悪い子だとは思っていないと伝えたかったの。時々，**トラブル**に巻き込まれるけど。君を傷つけ，家族を傷つけることに巻き込まれるけど，お母さんとおばあちゃんが言うように，君は本当に良い子だと思っているの。ただ**トラブル**にだまされてしまうだけ。私たちが言いたいことがわかるかな？」　トニーは戸惑っていたので，ジェニーは細かく分けて質問していった。

「自分のことをどう思う？」

「良い子」

「良い子でいることと，嘘をついたり，ものを盗んだりするような悪いことって，君にとってどのような違いがあるのか教えてくれる？」　すると，トニーははっきりと理解を示した。このように自分自身のイメージと**トラブル**にまつわる行動の違いを認めることができているトニーを見てから，ジェニーは，**トラブル**のない将来に目を向けたのである。

「状況を良い方に転換させた今，何が起こると思う？　たとえば２週間後には？」

「いいことばっかりだよ！　何か買ってもらって遊んだりとか，お姉ちゃんの友だちからもらった自転車に乗ったりとかできるよ」

「ああ，だから今のほうが楽しいと思っているの？」

「そうだよ！」

ジェニーは，トニーと家族にとって中心的な問題に目を向けた。祖母は彼の学校の教師であり，彼に対する彼女の意見は，彼にとって非常に重要なものであった。「おばあちゃんが学校で君に口うるさく言わないのはいいことかな？　**トラブル**が君に忍び寄ると，おばあちゃんは君の面倒を見るために話しにくる

第14章　トニー：「ソウルボーイ（魂の子）なので大丈夫です」 ‥‥‥　285

必要があるのかな？」

「うん，たまにね」

「どんなふうになるの？」

「先生たちはみんなトランシーバーを持っているから，校長先生にはいつもわかっちゃうんだ。先生たちは，校長先生に来るように伝えるんだ。そして校長先生は，おばあちゃんに言うんだよ」

「どんな気持ちになるの？」

「泣きたくなるよ」

「うーん……他の子どもたちの前だと君も恥ずかしいよね？　どっちがいいのかな？　おばあちゃんが君に口うるさく言うのと，もっと自立して放課後におばあちゃんに会って一緒に楽しむのでは？」

「放課後に会うこと」

ジェニーは，成長していることがトニーにとって重要なことを知っていた。「もっと自立したいのかな？　小さい子どものときに大人が世話をしていたように，世話をしなくていいぐらい大きくなりたい？　君は 10 歳になったんだよね？　おばあちゃんが口うるさく言うことから解放されるのは，10 歳らしいことだと思う？」　トニーはうなずき，苦笑しながら「うん」と言った。ジェニーは「10 歳になっているという感覚が好きなのかな？」と再確認した。トニーは，うなずいた。

ジェニーは，トニーに比較してみるように促した。「**トラブル**と**かんしゃく**は，君に何歳になったと感じさせるのかな？」

「小さな子になる感じ」

「大人は，小さな子のことをたくさん心配しなければならないのかな？」

「うーん」

「学校におばあちゃんがいることがわかっていればそれで良くて，おばあちゃんの困っているところをいつも見なくてもいいという感じかな？」

「うん」

「それじゃ，もう小さい子のようにいつもおばあちゃんを必要としないんだね？　おばあちゃんが君を誇りに思えるときに，おばあちゃんが君に注目を向けるのは，いい感じかな？　おばあちゃんが君を誇りに思うときには，君にどんなふうに言うの？」　トニーは「それはぼくにとっていいことだって。そして笑ってくれるんだ」と述べた。

ゴッドファーザーたち[★2]

トラブルから逃れようとするトニーの個人的な努力が大事な局面を迎えているにもかかわらず，ジェニーは，デニスとゼルダがトニーの行動に対して厳しい態度をとり続けていることに気づいた。2人は，多くの**トラブル**に対処してきたことによって疲れ果てており，もしトニーが**トラブル**に巻き込まれ続ければ，早死にしたり捕まったりするリスクがあるので，まだ「気を緩めたくない」と主張した。ジェニーは，アフリカ系アメリカ人の男性が直面しているリスクをめぐる2人の懸念と，厳しい子育てがトニーの肯定的な自己イメージをもつことに影響を与えてしまうというジェニー自身の懸念の間にバランスを見いだしたかった。

ジェニーは，日々そのような難しい選択に直面しなければならない人種に属していなかったので，アフリカ系アメリカ人の同僚に，文化的な配慮に取り組むために必要な支援を求めた。家族の同意を得て，同僚で友人でもあるジョン・プロウェルと夫のディーンを招いて，次回のセッションでリフレクティング・チームとして参加してもらうことにした。[*3]

ジェニーは，チームとともにセッションを行った。まずゼルダに，ゼルダ自身が教師として働く学校にトニーが通うようになった経緯を説明してもらうところから始めた。「あなたはトニーが通う学校で働き，教えているのですね。何かあったとき，先生たちはあなたをよく頼っています。そしてあなたは，それらの役割にどう対処しているかを話してくれました」

ゼルダはそのときの話を次のように語った。「当初，教職に就いたとき，『これはトニーとニコルを支える究極の方法』だと思いました。子どもたちにいつも注意していられるし，避けることができないことを学ばせることができると。なぜなら誰かがそこにいれば，すぐに調整し，必要であれば強く手綱を引くことができるから。トニーが1年生になるときに，私と同じ学校に入れるのはどう思うかとデニスに聞いてみました。トニーが4歳の頃から大人に向かって下品で暴力的なことを言っていたので，私たちはそうすることを決断しました。彼の環境を変えるという計画です。状況はこの2年間で変わりました。というの

★2　ゴッドファーザーまたはゴッドマザーとは，キリスト教における洗礼親，または名付け親である。子どもの成長を見守る後見人という意味もある。フランシス・フォード・コッポラ監督の映画『ゴッドファーザー』（1972年）が有名になり，マフィアのボスという意味合いも強くなってきた。ここではリフレクティング・チームについて，子どもの成長を見守るという意味で用いている。

第14章　トニー：「ソウルボーイ（魂の子）なので大丈夫です」……　287

は，トニーは依然としてイライラしたり，壁にぶつかってきたり，注目を引くためにドアを蹴ったりしますが，暴力的な言動は止まりました。ところが，それが再浮上しているのです。これまでは，校長と担任が関わるようなことはありませんでしたが，ついにデニスが担任に呼び出されるという限界に達したんです。担任はデニスに『トニーを別の学校に転校させることを考えたことがありますか？』というようなメッセージを伝えました。担任は，もうそのような状況に対処したくないのでしょう。私は驚いて立ち上がり，しっかりと見ようとしたんです。今，私がしたことが正しかったのか，考え直しているところです」

「私は，あなた方が直面しているものに取り組もうとしています」とジェニーは答え，「みなさんからお聞きしたのは，この家族を育むために多くの時間とエネルギーを割き，気配りし，心配してきたということです。私たちは多くの問題について話していますね？　これまで何世代かにわたって女の子ばかりだったから，男の子を育てるのは特別な苦労があるということでした」と述べた。ゼルダとデニスはうなずいた。

「ディーンとジョンに伝えておきますが，家族全員，トニーにはユニークな能力がある，つまり『トニーには特別な能力がある』と感じているようです。トニーと話すと，彼がいかに頭がいいか，ということがよくわかります。勉強をどのようにするのかも知っているし，アートの才能もあります。それに想像力も豊かだと思います」

ゼルダは「多くの才能があるのはわかります。それ以外のものを根こそぎにしたいんです」と明確にした。さらにデニスは「トニーは人のために何かしたいという正直な関心や希望をもっています。でも，それ以外のものが彼の邪魔をするんです」と続けた。

ジェニーは，以前話し合ったことを要約したくなり，「デニス，私たちが最初に話し合ったときに，何か重要なことがありましたね」と話し始めた。「男の子を育てることが，女の子を育てることと，どのように違うのかを話してくれました。この不公平な社会で，アフリカ系アメリカ人の男の子を育てるのは本当に心配だ，と話してくれました。あなたは，トニーが『悪くなる』かもしれないという大きな心配を抱えていました。自分自身に『トニーの行動が収まらなかったらどうなるのだろう？　トニーはどこに行き着いてしまうのだろう？　トニーにとってのリスクやプレッシャーとは何だろう？』と問いかけたのですね。私たちは，アフリカ系アメリカ人の少年たちに関する怖くなるような統計について話をしました。このようなリスクを避けながら，男の子が自分の行動に向

き合い，成長するのを助けてくれるものは何なのでしょうか？　そして，トニー
自身が内面に抱えている自己イメージというものがあります。私たちは，トニー
が自分のことを本当に悪い人間だと思っているのではないかと懸念しています。
トニーが悪い行動をしていることに気づいているかどうかということではなく，
彼が悪い人間になっていることを心配しているのです。このような心配が，何
らかの形で私たち全員を支配してしまっているということはないでしょうか？
それが，私たちの話していたトニーの才能を見えなくしているのではないでしょ
うか？」

　ジェニーが話している間，デニスはうなずきながら，同意を示す声を漏らし
ていた。ジェニーは話を続けた。「このような文化的・社会的プレッシャーのい
くつかは，強烈で狡猾なのですが，あなた方に余計なプレッシャーとなってい
るようなことはありませんか？　それらは，あなた方に多大な心配に対処する
ように仕向けていくのでしょうか？　たとえば，アフリカ系アメリカ人の少年
が小銭を盗んだり，悪さをしたりしたときには，白人の少年がやった場合より
も，犯罪者の道に足を踏み入れていくという心配をしなければならないのでは
ないでしょうか？」

　ゼルダとデニスは，これらの要因によって自分たちに余計な負担がかかって
いるというジェニーの推測に同意した。ゼルダは，「親は物事を徹底的に分析し，
何が問題なのかを考えなくてはいけないんです」と付け加えた。アフリカ系ア
メリカ人の子どもが直面するネガティブな結果についての知識をもって，デニ
スを育てたことを振り返った。「『私が辿った道なので教えてあげられる』と自
分では思うんです。でも，子どもに何かを伝えることは，子どもが自分で学ぶ
こととは違うんです。ですから，私はただ『いいわ。自分で何かを見つけたら
戻ってきて教えて。それから話し合いましょう』と言うしかないのです。そう
やって育ててきました」

　「長い目で見ると，娘さんとはかなり親密な関係にあると感じますか？」と
ジェニーは尋ねた。同意する声を聞くと，ジェニーはデニスのほうを向き，「お
母さんが言っていたようなことがあったのですね？　お母さんのところに戻っ
て，考えたことをよく話しましたか？」と尋ねた。デニスは微笑みながら母親
のゼルダに「たくさん，ね？」と温かく声をかけた。

　「本当に良いコミュニケーションがあるんですね」

　デニスは「私たちの家族は結束が固いんです。母がいつも私たちをそう表現
します。結束が固い家族だ，と。本当にそうです。私たちはいつもお互いのた
めにいます。そして今，誰もがトニーに注目しています」と答えた。

第14章　トニー：「ソウルボーイ（魂の子）なので 大丈夫です」 …… 289

ゼルダはデニスの見解をめぐって，考えたことを声に出した。「そして，たぶんそれがトニーに非常に多くのストレスを引き起こしてるのでしょう。あまりにも注目されるので」

このことは，ジェニーが家族やリフレクティング・チームから協力してもらいたいと考えていたその他の質問やジレンマと一致した。すなわち，次のようなことである。「このような社会で，アフリカ系アメリカ人の男の子はどのように育てるのがよいのでしょうか？　子どもを危険にさらさないような仕方で，子どもの独立心，精神，果敢な抵抗心，自己主張をどのように支えることができるのでしょうか？　すべての心配やプレッシャーが，時にみなさんを子どもに厳しくあたるようにさせるのでしょうか？　つまり，彼を守ろうとして。子どもに厳しくあたらないと，子どもがトラブルに巻き込まれやすくなると心配になりますか？　何が子どもに気骨をもたせるように奮い立たせ，肌の色によって直面するリスクにさらさないようにできるのでしょうか？　子どものユニークなアイデンティティを支えながら，トラブルに巻き込むような行動をどのようにして非難できるのでしょうか？」

デニスは自分の態度を描写した。「心からトニーを愛していると，トニーにわかってほしいのです。ですが，トニーのすることの多くに賛成できません。私たちは一緒に泣きます。ハグして，お互いに『愛しているよ』と言い合い，すべてを話します」

ゼルダはこのことについて自分の考えを共有した。「そうですね。デニスが提起したことはすべて理にかなっています。私は，トニーとのこの問題に対して，愛情をもって親身なやり方でアプローチしようとしているんです。トニーが悪い子だということではなく，このような行動をしてはいけないということだけなんです。ソウルボーイ（魂の子）なので大丈夫です。すべては，それ以外のことで衝動的になったり，すぐに実行してしまったりすることなんです。それらが私たちの怒りに火を点けるのです」

ゼルダは，子どもが悪い行動をとるとき，親からどの程度のサポートを受けるべきかというジレンマについて考えた。「このポジティブなアプローチは，テレビドラマならうまくいくかもしれないと思いますが，実際にはうまくいかないでしょう。テレビでは，子どもが悪い行動をとったのに親がどのくらい支持したら良いのかというジレンマに陥っても，キッチンテーブルを囲んでニコニコ笑っていたりします。そこに困難があるのです。それをやっているのを見ると簡単そうです。私たちも，テレビに出演すべきかもしれません。しかし，それが学ぶべきことなのでしょう。私は予防をしたいんです。すこし後ろに下がっ

て，ペースダウンし，考える必要があるのでしょう」

　ジェニーは「予防がうまくいった出来事を思い出せますか？」と尋ねた。

　「予防が実際にうまくいった出来事？」とゼルダは繰り返し自問した。「思い出せるのは，基礎固めをしたはずなのに，うまくいかなかった出来事ばかりです。事前にトニーと，質問と答えを確認する時間をもったのです。たとえば『これが何でできているのかわかる？　これはプラスチックでできているのよ。もし何か鋭いものをこれに押しつけたり，突いたりしたらどうなる？　破れちゃうわよね。そのためにこれを買ったの？　違うわよね』というようにです。トニーとの経験からいえば，トニーにはすべての質問に正しく答えられるくらいの知性があります。なので，『わかってるじゃない』と思うんです。でも，衝動が乗っ取ると，ボン！　と。あーあ，問題が起こっちゃった，となるわけです」

　「それでは，トニーとトニーの知性の間にあるもの，つまりは衝動があると感じているのでしょうか？」

　「そうなんです。トニーはどんな質問にも答えてくれます。論理的には理解しているんです。ところが，どうしてうまくいかないのかがわからないの」とゼルダは続けた。「私にとって，そのような質問と答えを確認することが予防するということでした」

　「そうなると，私が考えるのは……」とジェニーは心の中で思い，「私たちの社会には，親として，または祖父母として自分を責めるという，他にも陰湿なプレッシャーがあるということでしょうか？」と尋ねた。

　「私はそれを経験してきました。誰が悪いかなんて気にしないようになりました。それをなんとかしましょう」

　「そうですね」

　「流すべき涙はすべて流したし，後悔すべきことは十分に後悔したと思います。これからは他のことを話しましょう」

　ゼルダの予防に対する努力が実らなかったと聞くのは残念なことであったが，ジェニーは，ゼルダとデニスがトニーとの間で変化を起こそうとしている決意を，みんなで聞くことができたのは大切なことであると思った。

　セッションの最初の部分で（リフレクティング・チームのジョンとディーンが聞き役に徹している）インタビューが終わる頃には，次のような課題に触れていた。

- 保護・予防の目標を家族で達成するにはどうしたら良いか？
- 罰と称賛のバランスはどうだったのか？
- アフリカ系アメリカ人の少年が直面する恐ろしい結末をめぐる不安から，ト

第14章　トニー：「ソウルボーイ（魂の子）なので大丈夫です」……　291

ニーと家族はどうしたら解放されるのだろうか？

- そのような心配が影響して，トニーが悪者だと思ってしまうところまで，トニーに過大な注目を向けてしまったのだろうか？

　これらの難しい質問は，「セラピーにおけるゴッドファーザー」であるジョンとディーンがリフレクション（省察）をしていく際の焦点となった。

　ジョン・プロウェルは，予防の問題を再提起しながらリフレクションを述べた。「トニーの行動がシステムの中で起こっている何かにどれほど抗議しているのだろうか，と考えているところです。私たちの文化の影響を無視してしまうと，それに対して悪い行動という名称を与えるだけになってしまいます。しかし一方で，トニーのメッセージとは何なのでしょうか？　私たちは，それが輝きを発揮しようとしていることを損なわないような方法で，そのメッセージを解釈できるのでしょうか？　トニーが素晴らしい資質をたくさんもっていることを聞きましたが，依然として，彼が望んでいるような方法で伝わってきていないのです。また，アフリカ系アメリカ人の男性という遺産に対して，トニーはどれほどの責任を負わなければいけないのだろうかとも考えています。どれほどのネガティブなアイデンティティを内在化させてしまっているのでしょうか？　偉大なアフリカ系アメリカ人のアスリートたちがスポーツで成績を残したように，トニーは世界に自分の居場所をつくり出すような十字軍に参加しなければいけないと感じているのでしょうか？」

　「それについてコメントさせてください」とゼルダが言葉をはさんだ。「話している最中に割り込んでしまうことになりますが。時々，私は次のように話したことがあります。『もしこのような行動を続けて，大人になったら，刑務所の壁の中で座っている人の1人になるの？　そうなりたいの？』　そう言ったのを覚えています。それは『あんなふうになりたくないなら，違う判断をする必要がある』と指摘したかったんです。そこで，どうしてトニーはそれを内在化してしまったのでしょうか？　私にはわかりません」

　「すこし考えているのですが，トニーがそれを乗りこなすためにより広い視野をつくることが彼の課題だと思っているのでしょうか？」とジョンはつぶやいた。

　「そうですね。そうかもしれません」とゼルダは答えた。「それに，通りの向こうに住む男の子たちと，別の事件がありました。彼らはトニーに，麻薬の使い方について間違ったアドバイスをしていました。だから私たちはいつも，トニーがそのようなところには居るべきではないというアドバイスを言い続けて

きたんです。そのことについては，デニスに話してもらいましょう」

　ゼルダからの促しを受けて，デニスは，どのようなセラピストも予測できなかった予防法を示すストーリーを語り始めた。

　「トニーが私に話したことは，とてもショッキングなことでした」とデニスは語り始めた。「90年代になったこの頃では，ほとんどの子どもは親にこんなことは言わないと思います。ある土曜日の午後，息子は通りを駆けてきて，こう言ったんです。『ママ，あのね。リトル・マイクと誰々と誰々がマリファナを吸って，コカインを吸ってるんだよ』って。この子たちは近くに住んでいたのですが，年長の子は13歳でした。一番下の子は10歳で，他は11歳だったと思います。本当にショックを受けました。私は開いた口が塞がらなかったんです。『何だって？』と思い，『彼らがしていることをどう思うの？』と尋ねました。そうしたらトニーが『あのね，手に白いものを乗せていたんだ。こんなふうにだよ』と言ったんです」。デニスは手に乗せた白いものを鼻で吸う真似をしてみせた。「そのとき，トニーの口からそんなことが出てくるなんて，予測もしていませんでした」

　「トニーが言ってくれて本当に良かったわ」と彼女は続けた。「2週間前，息子にこう言いました。『もうあの子どもたちと通りで一緒にうろつくのはやめてほしい』と。そして2週間後，トニーはこのことを言ってくれたんです。他の子どもたちは親にこのことを言わないということです。なぜなら，親がどんな反応をするのか，わからないでしょうから」

　「けれどもトニーが私に話してくれて良かったと思っています。トニーが知っているのは，私が麻薬をしていない，ということです。麻薬を許しませんし，麻薬をする人がまわりにいるのにも耐えられないんです。私は，ただただショックでした。子どもたちは『やってもいい』というような考えをもつべきではないんです。トニーを麻薬から遠ざけておける唯一の方法は，そこに行かせないということです。依然として，そこに行くかもしれません。でも，息子に強調できることは，ただ『それをしちゃダメ』ということです。彼らが『ほら，やってみろよ。トニー，大丈夫だよ』とどんなに言ったとしても，私はトニーが麻薬をしないことを望んでいることを強調しました。トニーは私が麻薬をするのを見たことはないし，この先もけっして見ることはないでしょうから」

　ゼルダは，麻薬とアルコールに対する子どもの態度について，みなに冗談めかして語った。「トニーとニコルは，私がノンアルコールビールを飲んでいることを，悪魔のような口調で非難してきたんです」。さらにデニスは，薬物を吸うことに対する，子どもたちの口調を真似た。「私はタバコを吸っていたことが

あったのですが, なんと, 子どもたちが (咳などの) 発作を起こしたんです。子どもたちが発作を起こすので, 私は 12 月 31 日にタバコをやめたんです。だから私は『それなら, もう吸わないわ』と言いました。そして, トニーに『それはあなたにも良くないのよ。そして麻薬を始めたら, 人生がどうにもならなくなるのよ』と伝えたんです。私がトニーに知ってほしかったのは, 薬物はあなたを殺すし, 薬物はあなたに家族を傷つけさせるということ。今のあなたがするだろうとはけっして思わないような, ありとあらゆることをあなたにさせるの。トニーに『あなたをコントロールするようなものに耽ってはダメ。常に自分がコントロールしなければいけないの』と言ったんです」

「私は, トニーも, 通りにいる少年たちについて話しに来てくれたことによって, 自分自身の賢明さを認めていたのだろうかと考えているところなんです」と, ジョンは深く考え込んでから尋ねた。

「ええ, そのことは話し合いました」とデニスは答えた。「私はトニーに, 『このことを知らせてくれてうれしい』と伝えました。だって, 他の子どもだったら, このことをどのように親に伝えればいいのかわからなかったかもしれませんから。私はこう思います。私たちはすべてを話すんです。私は, 子どもが知りたいことは何でも話します。そのことで多くの人が私を責めるんです。『まだ子どもなんだから, なぜそんなことまで話すんだ』と。なぜなら, それが現実だからです。現実は, 時に人を傷つけるかもしれません。ここに来る途中, 母に言ったのはこういうことです。トニーと私はハグし, それがすべてでした。だって, トニーが話したことに私は本当にショックを受けていたからです。トニーに言ったんです。『私にこのことを話してくれてうれしい!』って。このことによって, このようなことを私に話せるぐらい, トニーが私のことを信頼してくれるのを知ることができます」

「そのことは, 家族の中におけるコミュニケーションについて何を指しているのでしょうか?」と, ジェニーは尋ねた。「そして, どのようなプレッシャーに直面したとしても自分自身から薬物を切り離そうという知性をトニーが見せたとき, そのことはトニーに関する何を物語っているのでしょうか?」

デニスは「彼が家の中を走ってきて, 『ママ, あのね?』と話しかけたとき, 私は『ああ, どうしたんだろう。この子たちは何かしでかしたのだろうか?』と思いました。そんなことを話すとは予測していませんでした」と答えた。

「そのエピソードは, あなたがしようとしている予防を物語っているということでしょうか?」とジェニーは尋ねた。

誰もが, そうであることに同意した。

294 …… 第Ⅲ部　遊び心のあるストーリー

この時点でディーンは，セッション中に行われた会話についてのリフレクションを共有した。「時間がなくなる前に，2つのことを振り返っておきたいと思います。語られた表現の中で，私が比喩として取りあげたいものがいくつかありました。1つ目は，トニーが精神的には健康だけど，悪い行いを根こそぎにする必要があると語られたことです。私の視点では，根こそぎにするというのは，かなり無慈悲な作業に映ります。それをするためには，かなり感情を込めないようにしなければなりません。たとえば，木を剪定するときのように。春になって一番伸びる時期に剪定しないといけません。それをするには，臆病になってはいけないんです。本当に切ってしまわないといけないんです。雑草を引き抜くときには，地中の根まで抜かないとまた生えてきてしまいます。ゼルダが『昔のしつけのやり方に戻る必要があると感じている』と話したとき，私は，おそらく部分的には昔のやり方に戻るべきかもしれないと思いました。しかし，子どもに悪い子だと思わせてしまうことなく，悪い行いを根こそぎにするには，どのようにしたらいいのでしょうか？」

　「そして，家族がどのようにしてこのことを成し遂げるのかを示す2つの異なる比喩を聞きました。1つは，今話したように古いやり方で根こそぎにするというものです。もう1つの比喩は，家族がしっかりと編まれているということが語られたときに聞こえてきました。編み物は，一針一針を丹念にケアしながら編み込んでいく必要があります。そのような配慮がなければ何もできないからです。そのような配慮がなければ編んだものがほどけてしまうか，さもなければ，長く保ち，美しいものにするために，何時間もかけて，間違ったところをほどき，やり直す必要があるからです」

　「根こそぎにするということの裏返しは，トニーが人として，精神的な存在としてみられるということだと思うんです。すでに語られたように，トニーは悪い子ではなく，行い自体が悪いということです。悪い行いを根こそぎにしながら，人としての価値を認め，家族の愛情とその価値を認めていく中に，トニーを編み込んでいこうとしています。あなたたち家族は根こそぎ引き抜くスタイルと，注意を払い，ケアと優しさで取り組み編んでいくスタイルをどのように組み合わせたらいいのかに悩んでいるということでしょうか？」

　「ええ，そうなんです」とデニスは同意し，ゼルダはうなずいた。

　「2つとも同時にできるものなのでしょうか？」と，ディーンは考えていることを口にした。「どちらかのスタイルだけでは，家族を満足させることができないし，トニーにも機能しないと思いますか？　私は予防という観点から考えていました。たとえば，ゼルダが事前にトニーにすべてを説明し，知性を活かす

ことを望んでいたというストーリーがありました。しかし，衝動が彼をすぐに乗っ取ってしまったようでした。この根こそぎにするという新しいスタイルだけではうまくいきませんでした。そして別のストーリーがありました。トニーが母親のところに来て麻薬について話したというものです。トニーは，母親と十分な親密さがあったので，通りに危険があると母親に話すのを恐れなかったということでした。これは，編んでいくスタイルがうまくはたらいた例でしょうか？　トニーは，母親と親密に編まれている関係にあったために，トラブルがあっても母親のところに来ることができたということでしょうか？　正しい行動を正しいスタイルで身につけることには難しさがある，ということなのでしょうか？」

　「感心しました」と，デニスは答えた。「あなたのおっしゃった方法と，あなたが今おっしゃったことは，そっくりそのまま私の好むところなんです。私たちは基本的に親密に編まれた部分もあるし，予防もしているということなので，感心したんです。まさにその通りですね。それをそんなふうに見られるとは思いもしませんでした。私たちは予防を試みていましたが，同時に，私たちを一緒に結びつかせるような親密さが編まれたものでもあったんですね。私はそのようには見ていませんでした。通りには危険があります。しかし，それでも，トニーはトニーだったんですね」

　セッションの最後にディーンとジョンは，家族と一緒にいてどれほど楽しかったかを打ち明けた。ゼルダは，ディーンとジョンと会えて楽しかった，と述べた。さらに，この家族との話し合いが物事を容易にしたと言った。これからも連絡をとりたいという話をしているときに，ジョンは，彼とディーンがトニーの旅路に同行する「ゴッドファーザー」になるのはどうだろうか，と提案した。デニスとゼルダは，それが良いと，笑顔で賛成した。ジョンとディーンが両翼となり，発展を見守り，必要に応じて呼ばれるというアイデアが提案された。「このやり方はうまくいきそうかな？」と，ジェニーはトニーに尋ねた。「うん」とトニーは，ジョンとディーンに，はにかんで笑いながら答えた。

‖‖‖　手紙「ソウルボーイ (魂の子) なので大丈夫です」　‖‖‖

チームとのセッションの後，ジェニーは家族に次の手紙を送った。

　　トニー，そしてゼルダ，デニス，ニコルへ

私たちのチームは，みなさんとお会いでき，みなさんの家族について教えていただいてうれしく思っています。「ソウルボーイ（魂の子）なので大丈夫です」とはいえ，トニーは「トラブルに巻き込まれてしまうこと」に直面しており，ネガティブなアイデンティティを内在化しているのかもしれませんでした。家族全体がトニーに関する心配によって影響を受けており，不公平な社会で，アフリカ系アメリカ人の男の子を育てることの難しさを痛感しています。

　みなさんとの話の中で，家族を親密に編んで愛情をかけることと，そして悪い根を引き抜きながら限界を設定していくことという，2つの要素がありました。みなさんはこれらのことに一生懸命取り組んでこられたようでした。デニスとゼルダ，あなたたちは，トニーを守り，愛し，トニーに価値観を伝えることができているのだという視点が曇ることもありながら，心配からのプレッシャーがどれほどあなたたちを乗っ取り，ストレスをかけてきたのかということを一緒に考えましたね。トニーが危険な薬物に出会い，そこから離れるという良識をもっていただけでなく，家に戻り，そのことを母親に話したということに，私たちは感銘を受けました。デニス，どれだけトニーに伝わっているのかわかったところがありますか？　振り返ってみれば，親密に編み込まれた家族として，このことはあなたについて他に何を語っていると思うのでしょうか？

　この前のトニーとのセッションで，彼がトラブルに背を向ける意志を貫いていることを知りました。トニーが「背を向けることに取り組んでいる」と語ってくれました。彼が自分の悪い行動を根こそぎにすることに，どれほどの決意をもっているのか気づくことがあるでしょうか？　その週の学校で，「先生の言うことを聞いて，その通りにする」ことを心がけ，友だちによって混乱させられるのではなく，友だちが声をかけて邪魔してきても，「聞かない」ように心がけたということでした。そうすると，「強くなった気」がして，「先生にも好かれる」し，「おばあちゃんにも好かれる気がする」と話してくれました。トニーの最初の望みは「悪い子になったと感じない」ことだったので，これを聞いて私はうれしく思っています。トニーは，家族や先生と自分自身を編み込もうとして，**トラブル**に巻き込もうとする「友だち」と呼ばれているものを根こそぎにしようとしているのでしょうか？

　トニーの2つ目の願いは，「家族と仲良くすること」でした。トニー，決意が実り，君の願いが両方とも叶い始めたことをうれしく思っています。ニコルが2つ目が実現していると教えてくれたから叶いそうな気が

第14章　トニー：「ソウルボーイ（魂の子）なので大丈夫です」……　297

します。なぜなら，ニコルが「以前はトニーは私を困らせていたけど，今は，ドアを蹴らないし，廊下で私が通るのを邪魔したりしないの。トニーは，自分のことにもっと取り組むようになったし，私のことは私ができるようにしてくれるの。おかげで，もっと自分のことがはかどるわ」と言ってくれたからです。

　ニコル，トニーが自分のことにより取り組むようになった今，彼に対する印象も変わってきましたか？　トニーはあなたをもっと尊重しているように見えるのかな？　そうすると，ニコルはトニーをもっと尊重できるようになるのかな？　あなたは「トニーは他の人とうまくやり始めている」と言ってくれました。彼は，過去にあなたが知っている，そして好きだった弟に戻ることによって，あなたとの結びつきを取り戻そうとしているのでしょうか？

　トニーの能力についてもっと知るのを楽しみにしています。

ジェニー，ジョン，ディーンより

夏休みの成果

　夏の間にも何度かセッションを設けた。トニーの好調は続き，デニスに多くのポジティブな驚きを提供した。このような発展の動向を把握するために，ジェニーは，トニーが成し遂げたことをリストアップした。

1. トニーは「夏の間ずっと良い子でいる」という目標を達成し，自転車とおもちゃのトラックという特別なプレゼントを手に入れた。

2. サマーキャンプでうまくやることができた。そのうえ，テントの外で寝て，勇気と成熟さを示すことができた。

3. よく人の話を聞くことができた。

4. 特に母親と，話をして，共有して，再びより親密な結びつきを保っている。母親と一緒に，楽しく話をして，テレビを見て，リラックスしながら過ごしている。

5. デニスは，トニーがそばにいてもストレスを感じることが少なくなっている。以前のように悩ませるようなことはない。

6. トニーは家の手伝いをするし，自分の部屋をきれいにしておく責任も担っている。

7. デニスとゼルダは，トニーがすべきことを考えられるようになり，より

自立していることに気づいた。デニスは「トニーはどうしてそんなことができるのだろう？」と考えるようになった。

8. トニーが家庭に平和をもたらしていると，全員が同意している。

9. トニーは自立してきているので，より自由を感じているように見える。

10. 夏期講習の宿題にしっかりと取り組み，添削されたところにも取り組んだ。

11. トニーは，けんか，窓や車に石を投げること，盗みなど，**トラブル**が彼を巻き込むために使った古い行動を覆し，背を向けた。教室で，紙くずを投げることをやめ，私語も慎むようになった。**トラブル**よ，気をつけろよ，トニーがやってくるぞ！

12. トニーは「以前よりも幸せそうで，おどけていて，バカなことをして，リラックスしている」ように見える。彼が幸せでいることと自信をもっている自分を楽しんでいることが，家族に伝わっている。

13. トニーは現在，学校ではカフェテリアでボランティアをするなど，手伝うことを好んでいる。

14. **トラブル**からいかに解放されているのかの目安として，学校の受付のヘラー氏は，彼の名前をすっかり忘れていた。

15. 彼は以前，音楽の授業に出ることを許されていなかった。現在，音楽の先生は，彼がはるかに良くなった，とコメントしている。

16. トニーは犬のジュエルを飼い始め，餌やりや世話を手伝っている。

ゴッドファーザーへの情報提供

　ゴッドファーザーたちにも情報を知らせておくことはいいことだと全員が賛成した。ジェニーは，ジョンとディーンにトニーの近況を随時伝え，2人のリフレクション（省察）も家族に伝えた。ジェニーは，自身のメモ書きとリフレクティング・チームのリフレクションを含めて，次のような手紙にまとめた。

　ゼルダ，デニス，ニコル，そしてトニー

　ジョンとディーンは，新しいニュースを喜んでいました。前回お会いしたときには，トニーの驚くべき転換を記録に加えました。

　トニー，家族からの愛とサポートで，君は見事な転換を成し遂げ，持ちこたえました。「**トラブル**には飽き飽きした」，そして「勇敢になる勇

気を見つけた」と話してくれました。お母さんのデニスをお手本にして
いると言ってくれました。そして「ママにはたくさんの勇気がある。マ
マはぼくに，人に立ち向かうことを教えてくれたし，ぼくを信じてくれ
る」ということなのですね。

　トニー，君は今，年齢よりも幼く見えるのでもなく，従順と見られる
のでもなく，自分に独立心と誇りを見いだしていますね。君は，「自分を
悪者だと思うのをやめたんだ。ぼくの新しい友だちは，ぼくが利口だと
思っている。今では，先生がぼくに笑いかけてくれる」と報告してくれ
ました。「教員室に呼ばれなくなったので」，ママとニコルはうれしそう，
と話してくれました。**トラブル**が誘惑しようとしたら？　と尋ねたら，
「ぼくは言うつもりだよ，**トラブル**に負かされないよってね」と答えてく
れました。**トラブル**に対抗するテクニックには，「からかいやけんかから
離れること」と「友だちを変えること」などがあるのでしたね。

　デニス，7月に連絡をとったとき，夏の間，トニーが話を聞いて，家
のことを手伝ってくれると，うれしそうに話してくれました。トニーが
「自分自身に満足していそう」と思えるということでした。トニーに「こ
のことを済ませてほしい」と伝えれば，トニーはちゃんと話を聞き，積
極的にそのことをしてくれるということでした。ある日，家に帰ると，
トニーが家で掃除機をかけているのを見つけました！　それを見て驚き，
そしてトニーが「ママが家に帰ったときに，家が散らかっていないよう
にしたいんだ」というのを聞いてさらに驚いたのでしたね。あなたの着
実な励ましもあって，トニーの人生に積極的に取り組むことがよみがえっ
てきたようです。

　ニコル，トニーはあなたの気を散らさなくなったので，よりリラック
スして，勉強もできると言っていましたね。今年，あなたの成績が上が
りましたね。以前は，家ではトニーの面倒を見て，学校では彼を守らな
ければなりませんでした。ニコル，「私がお願いすれば，トニーは何かす
るのを手伝ってくれる。以前は，誰が言っても，トニーは何もしたがら
なかった。トニーは，他の人を尊重することを学んでいると思うの」と
話してくれました。私たちは，お母さんが，子どもにとって他の人を尊
重し，自分自身を尊重することがいかに大切かということを語っていた
のを覚えています。ニコル，「トニーに幸せを感じる」と言いましたが，
あなたは弟に愛と寛大さを示したのだと思います。大人たちは，あなた
が彼に「バカ」と言わなくなったことに気づいています。また，トニー
が自分で頑張っているので，あなたが彼を守ることをそんなに気にしな

くなっていることにも気づいています。

　ゼルダ，あなたは学校で，トニーのためにベストな環境を整えるために，さまざまな手配をしました。学校で彼をサポートするために着実なステップを踏んできた結果，「もう火を消さなくてもいいんだ」ということに気づきました。代わりにトニーが，火事を避けているからです。トニーは，**トラブル**の後を追うのではなく，**トラブル**の道を避けて歩んでいるのですね。今では，「トニーが自分のことに集中できているので，あなた自身の仕事に集中することができる」ことをありがたいと思っていると話してくれました。

　なんという転換なのでしょうか！　私たちはみんな，とても感銘を受けています。トニー，あなたのことをよく知っている家族のみなさんは，あなたがこんなことをする人だとわかっていたはずです。ママは，あなたを愛し，とても信頼しています。おばあちゃんも，あなたを愛し，「適切なことに集中すれば」状況は変わると確信していました。

　デニスとゼルダ，あなたたちの共同的な決断と協調した努力がこの転換を支えました。これだけのサポートを提供することは，容易なことではありません。このような不公平な社会において，アフリカ系アメリカ人の少年を育てていく際の課題や心配に向き合っているのだということを，とてもよく理解しているのだと思います。

　トニー，今では，君は，家族を助けるために努力しています。私たちはみんな，君の成長を楽しみにしています。私たち3人は，将来，君が成し遂げたことを祝うために，君と家族にお会いできたらと思っています。**トラブル**から解放された状態を続けてくださいね。

尊敬と願いを込めて
ジェニーと，ゴッドファーザーのジョンとディーンより

　ジェニーは，ジョンに最終的な確認をしてもらうために，手紙の下書きを見せて了解をもらった。さらにジョンは，自分自身も手紙を書き，ジェニーから家族に渡してもらうように頼んだ。

　　ジェニー
　　私は，トニーが**トラブル**に打ち勝ったことに興奮しています。祖母，母，姉の特性に気づき，それを手本として利用したトニーの能力は本当

第14章　トニー：「ソウルボーイ（魂の子）なので大丈夫です」……　301

に素晴らしいと思います。

　ぜひとも私は，トニーや家族に会って，どのように**トラブル**を見破ることができて，**トラブル**は信用できないものだとわかったのか，質問してみたいです。さらに，どうやって**トラブル**を出し抜くことができたか，もっと知りたいです。**トラブル**が友人ではなく，自分のことを気にかけてくれる人たちとの関係を難しくしてしまうだけだということにトニーが気づいたのに感銘を受けました。どうやって家族を仲間だと思えたのか，どうやって**トラブル**よりも家族を信じることができたのか，まだまだトニーに聞きたいことがあります。

　トニーの成果を私に共有してくれたことに感謝します。私は，トニーが良いものをもっていると信じていました。トニーには**トラブル**を乗り越える力があると信じていたので，チームのメンバーになれてとてもうれしく思います。彼の将来の取り組みのために，これからもトニーのチームに残りたいと思います。

敬意と希望を込めて

ジョン・プロウェル

||| フォローアップ |||

　これらの手紙を書き，最後のセッションが終わってから，20か月以上が経過した。トニー，そしてデニス，ゼルダ，ニコルとは常に連絡をとり合っており，常に新しいニュースがジェニーとゴッドファーザーたちの心を温かくした。最近，本書に家族のストーリーを含めて良いかと電話で確認すると，デニスはトニーが学校でとてもうまくやっていると伝えてくれた。トニーは，良い成績表をもらっただけでなく，成績優秀者名簿に名前が載ったということであった！デニスは，トニーが助けになるし，一緒にいると楽しいので，家でのトニーの行動を喜んでいた。実のところ，トニーの行動には驚かされるばかりだと述べた。それ以上に，トニーが自分自身に誇りをもっているのを見ることが何よりもうれしいことだと，彼女は述べた。

第15章

ジェイソン：
「今は自分でランタン[*1]に
明かりを灯しているよ」

　ブルーム家は，ユダヤ系の家系である。11歳のジェイソン，母親のキム，父親のエリオットは，ジェニーと6回の面談をした。

||| **初回セッション** |||

　エリオットとキムは，ジェニーにジェイソンの不眠症と恐怖について話し始めた。それらが息子を麻痺させ，11歳らしいありとあらゆる活動ができないようにさせていたのであった。これらの問題は，ジェイソンの人生の大半を苦しめていた。すでに彼らはみんな，眠りが妨げられているために永遠に続く夜によって疲れ果てていた。両親が話している間，ジェイソンは黒髪の下で顔を赤らめ，ソファでもじもじとしていた。ついには，ジェニーの質問に対して，「わからない」とつぶやき，ソファのクッションの下に身を隠してしまった。ジェニーは，恥ずかしがり屋の11歳の男の子たちにカウンセリングした経験から，セラピーにおいて，ジェイソンが一貫して「わからない」と答え続けるかもしれないと思った。そうであれば，これはなかなかの挑戦になりそうであった。

　ジェイソンが明らかに当惑していることと，問題がジェニーとの出会いの意味を決めてしまうリスクを懸念して，ジェニーは，「問題はさておき」というところから，ジェイソンについてインタビューしていくことを提案した。ジェイソンの興味や能力について両親に尋ねると，才能のある芸術家であり，ジャグラーであり，短波ラジオに参加し，ドミノが得意であることがわかった。これを聞いたジェイソンは，クッションの下から顔をのぞかせ始めた。

★1　ランタンとは，オイルランプの一種であるが，ここではユダヤ教において教義を「照らす」という比喩と関連する重要な祭具の1つとしての意味合いも含まれているのだろう。

ついには，会話が不幸な問題の影響の話題に戻ると，少なくともジェイソン
は，**恐怖**から解放され，安心して眠れるようになりたいという気持ちを表明す
ることができた。ジェイソンが芸術家であることを知ったジェニーは，漫画を
使って**恐怖**との関係を表すことに興味があるだろうかと尋ねた。彼はすぐに作
業に取りかかり，セッションが終わるまでにいくつかの絵を完成させた。

||| **2回目のセッション** |||

ジェイソンは，漫画の作品集を準備してきた。その中には，夜，**恐怖**がど
のようにして支配するのかということが示されていた。ジェイソンは，ライトを
点け，ラジオのスイッチを入れ，両親が定期的に様子を見に来ることで安全を
確保していた。それからジェイソンは，これが「以前に起きていたこと」だと
いう重大で驚くべきことを表明した。彼は，**恐怖**から陣地を取り戻し，立ち直
ろうとしている，というジェニーの推測を肯定した。

ジェイソンの両親は，この数週間のうちに，ジェイソンが何度も夜通し眠っ
たことがあったことを認めた。その間，**恐怖**に襲われたのは，たった一度だけ
だった。大胆な実験の結果，ジェイソンは，自分の身を守るために使っていた
けたたましいラジオと，皓々と光るライトを消したのであった。ジェニーは，こ
の実験とそれが意味することを聞いて，飛び上がり，最高の賛辞を贈りたくなっ
た。しかし，ジェニーはそのような気持ちをなんとか抑えて，ジェイソンがど
のようにしてこのような変化を成し遂げることが可能だったのか，詳細な情報
を得ることにした。

「君は自分自身を驚かせようとしたの？　それとも，最初からわかっていた
の？」

「そうだね，わかっていた，と思うよ」と，ジェイソンは言った。

「そうすると，誰が誰を逃げ出させたの？　**恐怖**が君を逃げ出させたの？　そ
れとも君が**恐怖**を逃げ出させたの？」

「ぼくが**恐怖**を逃げ出させたんだ」と，ジェイソンはニヤリと笑った。

ジェイソンにもっと詳しく語ってもらう前に，ジェニーは両親に向き直り，
「お二人は，このことについてどう思いますか？」と尋ねた。

父親のエリオットは思慮深く答えた。「本当に良いスタートが切れたと思いま
す。ジェイソンが眠れないと思ったのは一晩だけだったのですが，お話しした
ような夜になるのではないかと思ったんです。ところが私が『ジェイソン，疲
れすぎているんだよ』と言うと，彼はすぐに寝付きました。私たちがジェイソ

ンの様子を見に行かなかったことで，ジェイソンが様子を見に来られることから解放されたのだと思います。そして，ジェイソンは眠りたいときに寝ることができ，良い行動が強化されていると思います。そうして以前よりも寝付くことが簡単になってきています」

これらの発言は，ジェニーにとって非常に納得のいくものであった。「今になって考えてみると，**恐怖**はジェイソンをだまして，両親が様子を見に行くことで**恐怖**を「育てさせる」ように仕向けていたと思いますか？ それほどジェイソンの様子を見に行って防御しないといけないとなれば，**恐怖**は本当に怖いものなのだということを暗黙のうちに伝えてしまうということでしょうか？」

エリオットは「そうですね」とうなずいた。ジェニーは続けた。「時々，**恐怖**は，さりげなく人に何かをさせるのですが，その手口に乗ってしまっていることに気づくことができません。ジェイソンに『疲れすぎているんだよ』と言ったとき，ジェイソンを支え，**恐怖**を弱らせたと思いますか？ それとも，逆なのでしょうか？ それにしても，**恐怖**はものすごくずるがしこいですよね！」

エリオットは同意した。「そうですね。その後ジェイソンがすぐに寝てしまったので，そのことにすごく感心したんです。すごく珍しいことでした。ジェイソンは，いつも同じサイクルに陥ってしまうんです。ジェイソンが眠れないと言うときは，あらゆることが眠れないのを強化してしまうんです」

次にキムが，ジェニーの質問に答えた。「ジェイソンの決意は，いろいろな方向にはたらきます。眠れないと決意してしまうと，その決意がそうさせてしまうんです。ジェイソンはとても決意が固いのです。何かしようと決めたときには特にです」。ジェニーは，キムの言いたいことがわかった。「ジェイソンの決意がどのような道を歩もうとするのかが重要なのですね」。ジェニーはジェイソンのほうを向き，「今は，どちらの方向に向いているの？」と尋ねた。

ジェイソンはこの質問について考え，「まあ，ぼくが変えた方向の1つに向かってだよ。それの大部分は，ママが話していた方向なんだ。試行錯誤だよ」と述べた。

ジェニーは，「試行錯誤」とメモに書きながら尋ねた。「試行錯誤は，重要な方針なの？」 ジェイソンはうなずいた。「では，どのように試行錯誤しているの？」

「そうだね。電気を消してみたらうまくいったんだ。そして，ラジオの音を下げてみたんだけど，最後に消したら，うまくいったんだ」

「何を発見したの？ そうですね，君は自分のベッドの端にいました……。そこで，考えながら……，ライトを消したら何が起こるのだろうかと考えながら

第15章 ジェイソン：「今は自分でランタンに明かりを灯しているよ」…… 305

……，それとも，すでにそうできそうだと感じていたのかな？」

「ええと，最初にスイッチをオフにしたら，こういう感じになったんだ（ジェイソンは，神経質になってソワソワしている様子を実演した）。いつでもスイッチを入れられるように手を置いて，それを見ていたんだ」

「それで，君の手はそれに引き寄せられていたの？」

「そうだね」

「身を乗り出して聞いてしまうわ！　それで何が起こったの？　どうにかして，リラックスすることができたの？」

「ええと，スイッチを入れなかったよ！」

「本当に！　何か見つけたの？　**恐怖**は，『明かりを点けておかないと，捕まえにくるぞ』って言って，だまそうとした？」

「ライトを消した後で，ぼくは自分をすこし誇りに感じたんだ！」

「自分をすこし誇りに感じたの？　すこし大きくなったように感じたのかな？」

ジェイソンは，笑顔で「そうだね」と答えた。

「**誇り**は，これまで知らなかった君自身について，何と言っていたの？」

「ええと，ラジオを点ける必要がない，って」

「書きとめてもいい？『ラジオを点ける必要がないことがわかった』と。それに驚いた？」

「まあそんな感じかな」

「『まあそんな感じかな』というのは，驚いたようで，驚かないような？　それを素直に受けとめていた感じだったの？　それは君自身に，どんなことを考えさせたのかな？　『思っていたよりも，勇気あるかも』と思った？　まあそんな感じで何か思いつくことがある？」

この時点で，ジェイソンはジェニーに，初回セッションの後に始まったことを打ち明けた。「ええと，うまく言えないけど，自分が決意すれば何でもできるって言われたよ。だから，この前の話し合いから帰る途中，ラジオのスイッチを切ってみるって宣言したんだ」

「わあ，そんなこと言ったのね！　本当に?!」

ジェイソンは「うん，ただやっただけなんだ」と話を続けた。「だからただやっただけなんだ。最初はできるか本当にわからなかったけど，やり通すことにしたんだ」

ジェニーはメモを取りながら，さらに続けた。「できるかわからなかったけど，やり通すことにしたのね。できるかわからなかったときに，何が自信をくれたの？」　ジェイソンはこの質問をじっくりと考えた。そして最終的には，「ぼく

はただ**恐怖**を近づけさせないようにしたかっただけなんだ。無視しようとしたとも言えるかな」と結論づけた。

ジェニーはジェイソンに，セッションとセッションの間に考えたことを伝えることにした。「あのね，もし君が何も思いつかなかったときのために，私もいくつか方法を考えたの。このように**恐怖**を切り抜けるためには何が必要なのかについて，すこし考えていたの。今日，いくつかの方法を伝えようとしていたのだけど，あなたはすでに見つけていたのね」

キムは「そう，たくさんね！」と笑った。しかしジェイソンは，みなが急いで結論に飛びついてほしくない様子で，「まだすべてじゃないよ。まだ戻ってくるかもしれないよ」と付け加えた。

ジェニーはウィンクし「そうね」と伝えながら次のように言って安心させた。「一気にやらなくていいのよ！　ゆっくりとすればいいのよ。あなたが一気に進みすぎないようにしてほしい」。ジェイソンは，口を大きく開けて満面の笑みを浮かべた。「時間をかけて，しっかりと取り組みましょうね」とジェニーは付け加えた。

‖‖‖ 3回目のセッション ‖‖‖

ジェイソンと両親がジェニーと3回目の面談をしたとき，彼らは**恐怖**がジェイソンを**恐怖ウォッチング**にどのように招いていたのかという重要な発見をしていた。エリオットは，自身の洞察を次のように述べた。「ジェイソンが『ぼくの様子を見に来てくれる？』と言う儀式を覚えています。これは私たちが使っていた言葉だったんです。たとえば，『20分ごとに様子を見に来てよ』というのは断定的です。ジェイソンは，それを期待してしまい，強化してしまったんです。なので，それがジェイソンを罠にはめるような『落とし穴言葉』だと思ったんです。今，ジェイソンは，それを変えました。今では，彼は『近くに来たら立ち寄ってくれる？』と言うようになりました。依然として，私たちが近くにいることを期待しているのだと思うのですが，今まで使っていた『落とし穴言葉』ではありません」

ジェイソンは，父親の回想に加わった。「そうだね。多くのことは前兆だったんだ。だって，最初は10分ごとにぼくの様子を見にくることから始まって，次に15分，そして20分，そして30分となったんだから」。これを聞いて，エリオットの記憶もよみがえった。「そうそう，そうなんです」。エリオットは大きなため息を漏らしたが，笑いも漏らした。「そんなことをやってみたけど，30

第15章　ジェイソン：「今は自分でランタンに明かりを灯しているよ」……　307

分以上延ばすことはけっしてできないだろうと思ったな」

キムも加わり，「様子を見に行くことが，不信感を煽るようなものだったんです。ジェイソンは『30分ごとだよ』と言うし，29分30秒になると，ボン！と爆発して『どこにいるの？』となったんです。アラームが鳴るような感じでした。それが鳴ると，みんな反応しないといけなかったの。私たちが時間通りに来ないと，ジェイソンが反応してしまったんです。私たちもこんなことバカバカしいと思っていたんですが，みんな反応しなければいけなかったんです」と話した。エリオットは，「ジェイソンは反応してしまうと，眠れなくなるんだ。それは本当にひどかった！　アラームのスパイラルにはまってしまったんだ」と結論づけた。

キムは，この状況と現在を比較した。「最近，時々，ジェイソンの様子を見に行くと，寝ているので，起こすんです」。「今すぐ起きろ！」とジェイソンが叫んだので，みんなの笑いを誘った。そして「今だから言えることだけど」と付け加えた。キムはジェイソンに「何度も私たちを待っていたわよね。でも最近では時計を見ていないでしょ。私たちが時間に来るのを待ってはいないのね」と伝えた。

ジェニーは「落とし穴言葉」という考えに興味をもった。「それで今では，『落とし穴言葉』が示していたようには，緊張していないんですね。今使っている言葉について，本当に違いがありますね。親しみやすいというか，よりリラックスした言葉なのでしょうか？　以前『20分ごとに様子を見に来て』とジェイソンが言っていたときには，**恐怖**が彼をだまして，それがないと何かひどいことが起こるに違いないと思わせていたのですよね？」

ジェイソンはしっかりと理解した。「そう。よくあることだけど，それが習慣になっちゃったんだ！」

「君が新しい言葉を発見したことにとてもびっくりしたわ！」とジェニーは声をあげた。「とても興味をそそられます。自分でつくったの？　それともお父さんとお母さんが君に話したの？」

「いや，自分でつくっただけだよ」と，ジェイソンは誇らしげに答えた。

「どんなふうにしたの？　どうやって自分を解放するような言葉を見つけたの？　ただそうなったの？　たまたま言葉が出てきたの？　それとも『このような言い方がどうも好きじゃないんだ』とでも思ったの？」

「そうだね，言葉が出てきただけだよ」

「それらは，別の感覚，つまり自信を伴っていたと思うかな？」

「そうだね！」

「『ねえ，近くに来たら寄ってね？』って，格好良くて，リラックスした感じで，どこにでもある言葉なのかな？」

「うん，そんな感じ」

「それで，その言葉は，君自身のことについて何を教えてくれたんだろう？」

「ええと，ぼくは，もう怖くなかったってことかな」

ジェニーはメモを取りながら「『ぼくは，もう怖くなかった』と。その言葉が，お父さんお母さんに何を語っているのか聞いてもいいかな？」と尋ねた。

「うん，いいよ」

ジェニーは，両親に向き直り，「そのことはジェイソンについて何を伝えていたでしょうか？　その新しい言葉，もっとリラックスした言葉や何気ない言葉は，みなさんに何を語ったのでしょうか？」

先にエリオットが答えた。「ああ，ジェイソンは，私たちが話していることを本当に理解して，自分の行動を変えるために大きな努力をしたんだと思います。何気なくあるいは，リラックスして，（恐怖を）1つの選択肢であるかのようにしようとしたんです。まだしっかりと選択肢までにはなっていませんが，そんな感じです。そうですね。私たちでできたので……本当に感動したんです」

ジェニーは，「来られるときに来て」と「ちゃんと30分ごとに」の間に自由度があると確認した。「そのことは，より自由を与えてくれますか？　定期的に手続きを踏まなければいけないかのように縛られることがないという感じでしょうか？」　エリオットはすぐに同意した。

「そのようであれば，ジェイソンが11歳の自分であることをうれしく感じさせてくれているのではないかと，想像しているのですが……」とジェニーは伝えた。

「もちろん。もちろん，そうです」とエリオットが同意した。

ジェニーはジェイソンに向かって，「つまりこれは，お父さんお母さんも自分たち自身のスペースをもつことができるということだね。家の中で，こんなふうにもっとリラックスできるところがあるのかな，と想像しているんだけど……」と話した。ジェイソンは，そのような場がすでにあることに同意した。

ジェイソンは，家族と一緒に新しい言語をつくるだけでなく，漫画を描くことにも夢中になっていた！　彼が制作途中の漫画を見せたので，ジェニーはあるアイデアを思いついた。「あのね，あなたが描いている漫画が本当に気に入っているの。ぜひ続けてね。まるで，歴史の始まりみたい。恐怖があなたにさせようとしていたことについて，もっと漫画の吹き出しに書ける？　恐怖から奪還した場所を表現する場面を追加できる？」　ジェイソンが興味をもったような

ので，ジェニーはさらに付け加えた。「**恐怖**があなたに勝とうとしても，代わりにあなたが勝ったら，そのことを漫画にして，どのように勝ったのかを表現できる？　たぶん**恐怖**があなたをたくさん困らせてきたので，今度はあなたが困ら……」

ジェイソンは遮り，「**恐怖**を困らせる！」と述べた。

「互角にできると思わない？　この考えに魅力を感じるのかな，それとも，私が思っているだけなのかな？」とジェニーは伝えた。ジェイソンは，明らかに五分五分にもっていくという考えを好んでいた。

「あのね。私が気づいていることを教えるね」と，ジェニーは秘密めかしてささやいた。「**恐怖**は，楽しいことが好きじゃないのよ。知ってた？」

「そうかも，そうだね」

「**恐怖**は，ユーモアや楽しさ，自信がたくさんあるところにはいたくないと思うの。知ってた？　**恐怖**はリラックスするようなところにいるのがたいへん難しいのよね。だからこそ，家族同士で冗談を言えるような，ふだん通りのリラックスした雰囲気と，あなたの自信の雰囲気について聞けることがうれしいの。これらは，**恐怖**から多くの場所を取り戻しているという素晴らしい兆候だと思わない？」

キムは「ええ，深夜に一緒に過ごすのは楽しくないですね……でも昼間のほうが一緒にいると楽しかったですよ」と相槌を打った。

ジェニーはアイデアを伝えた。「そうですよね，夜ももっと親しみやすく，楽しい場所にできたらいいですね？　夜を**恐怖**の時間にする必要はないですよね。それは**恐怖**のやり方だから，自分たち自身のやり方をもっていいんですよね！」

||| 4回目のセッション |||

ジェイソンは4回目のセッションにキムと一緒に来ると，報告することがあると述べた。彼はクラスで泊まりがけの遠足に行き，「ぐっすり眠れた」のである。ジェイソンは「今まで一番楽しかった！」と叫んだ。彼は以前，一度だけ家から離れて泊まってくることを試みたが，そのときはとても悲惨なことになり，もう別の機会はないだろうと恐れていた，と説明した。ジェイソンは，この新しい成果のための場面を設定したのだ。旅立つ朝，みなが心配したが，その不安を乗り越えた。ジェイソンからしてみれば，一晩中家を空けられないというのが，**恐怖**が課す最も深刻な制約であったので，このことは特に重要であるように思われた。ジェニーはこのことで喜び浮かれそうになってしまったが，

310　……　第Ⅲ部　遊び心のあるストーリー

ジェイソンはさらに驚くべきことを伝えた。外泊していた夜にぜんそくの発作を起こしたが，それをコントロールして，そのことを両親にも伝えていなかった！　この勇気に驚いたジェニーは，どうやって発作を抑えたのかと尋ねた。

　ジェイソンは，平然と「窒息死させた」と述べた。

　「誰もそんなふうに言うのを聞いたことがないわ！　それは本当に創造的な言い方ね！　**ぜんそく**が君を窒息させようとした代わりに，君が**ぜんそく**を窒息させたのね？」

　「そうだよ」と言い，ジェイソンは微笑んだ。そして「それだけじゃなく，ぼくが帰ってから，8 時半には寝て，7 時に起きるのを春のスケジュールにしているんだ。ぐっすり眠れるし，夜，目覚めることもないんだよ」と話した。

　ジェニーは，すっかり興味をそそられ，「新しい力が育っているのを感じる？それとも，自分の力を取り戻しているだけ？」と尋ねた。ジェイソンは，ワクワクした表情でうなずいた。ジェニーは，ジェイソンが両方の可能性に同意していると推測した。そしてキムに向かって，「あなたにも，ジェイソンの力が育っているように見えますか？　それとも自分の力を取り戻しつつあるように見えますか？」と尋ねた。するとジェイソンは，母親が話すのを遮り，今まで自分だけが知っていた特別な能力について，意気込んで話し始めた。

　「ええと，ぼくはママが知らないことをしている」と，静かな口調で語った。

　母親は「私に教えてくれるの？」と尋ねた。

　ジェイソンは秘密を伝える準備ができていた。「そうだね，まあ，自分の中の気を強くしようとしてきたんだ」

　キムは「気を強くするために何をしてきたの？」と興味津々に尋ねた。

　「瞑想だよ」と，ジェイソンは笑いを止められないで「瞑想とエクササイズだよ」と答えた。さらに笑い続けたが，立ち止まりすこし考えた。そして「ゆっくりと練習してたんだ。太極拳だよ」と言った。

　「ほんと？」とジェニーは，キムと驚いた顔を見合わせながら尋ねた。「1 人で取り組んでいたの？　最近自分を強くするために，いつ『気』を利用したの？そのことは，君が成し遂げたことと関係するのかな？」　ジェイソンは「瞑想するのはそうかな。自信がもてるようになったし，怖いときにはリラックスできるんだ。夜にしているんだ。リラックスできるから瞑想してるんだ」と答えた。

　ジェニーは，ジェイソンの特別な能力がどのようにはたらき，そこにはどのような歴史があるのか知りたくなって尋ねた。「どのようにしてその知識を見つけ，どのように発展させてきたの？」　ジェイソンは「パパから学んだんだ」と明らかにした。ジェイソンにはこの教えがとても役立ち，自分自身の「精神的

なエネルギー」を鍛えていたのである。キムもジェニーも興味津々だった。ジェニーは「そのことをもっと教えてくれる？」と尋ねた。「君くらいの年の子が，教室に通わずにそのようなことに取り組み身につけるというのは，他にいそうになくて，かなり特別のような気がするんだけど」

ジェイソンは注意深く説明した。「ええと，2つの方法があるんだ。1つは自分の思考に呼びかけるんだ。ぼくは，波が砂の上に打ち寄せている浜辺を想像しながら，完璧な思考を思い浮かべるんだ」と説明した。誰もが静かに座り，息を呑んで聞いていた。「もう1つの方法は，2つの音節を持つ単語で，短いものを使うんだ。たとえば「ソニー」のような。そして，『ソー』と言いながら息を吸い，『ニー』と言いながら息を吐くんだ。こんなふうに『ソーーニーー』とね」

聞いているだけでとてもリラックスできたので，ジェニーも思わず参加し，「ソーーニーー」と呼吸した。「これで心が落ち着くの？　昼と夜のどの時間にするの？　寝る前，それとも起きたとき？」

「ああ，寝る前にするほうが多いかな」

「君が，**恐怖**と**不眠症**を転換させて自由を取り戻したので興味があるのだけど，最近になってこのようなことに取り組んだの，それとも，しばらくの間，積み上げてきたの？」

「ええと，2年前，ぼくは，ずっと暴力的だったんだ。どこに行ってもパンチやキックをしながら歩き回っていたんだ。でも今は，自分の部屋にいるときだけするんだ。そこでトレーニングみたいなことをするだけかな」

ジェニーはキムに，比喩の選択肢を提供しながら「ジェイソンは問題を飼い慣らしたのでしょうか？　破壊したのでしょうか？」と尋ねた。ジェイソンはこぶしをあげて，「ぼくは強いけど，コントロールできてる」と断言した。

ジェニーは，ジェイソンが「わからない」に乗っ取られていた初回セッションを思い出した。ジェニーはキムに「ジェイソンは，私にするのと同じように，あなたを驚かせ続けているのでしょうか？」と尋ねた。「彼がこれほど真剣に取り組んでいることを知っていましたか？」

「いいえ！　まったく知りませんでした。驚かされることでいっぱいね！」

ジェイソンは，自身の観察を付け加えた。「話し合うと，ママがぼくについてわかってくるんだね」

5回目のセッション

　ジェイソンが母親と入ってくると，ジェニーは，彼が緊張した面持ちであることに気づいた。「今日は，何に興味がある？　何か考えているように見えるのだけど……」と尋ねた。

　ジェイソンは，以前のセッションでなされた2つの箱庭を作るという提案に興味を示した。それらは，「どのように**恐怖**が自分を征服したか」という箱庭と「それをどのように良い方に転換させたか」という箱庭であった。ジェニーは，彼が自分自身の創造的な考えに対する橋渡しとして，以前のセッションから大人の言葉を使い始めているように見える，と書き記していた。

　ジェイソンは，ジェニーとキムが話をしている間に，夢中になり，素早く最初の箱庭を作りあげた（図15.1）。彼は2人のほうを向き，「うん，できたよ」と言った。

　ジェニーとキムが一緒に人形でいっぱいの箱庭を見ていると，ジェイソンは，「これはシンボルだよ，勘違いしちゃダメだよ」と注意した。

　「そう，じゃあ，どんなことなのか見せてくれる？」と母親は尋ねた。

　ジェイソンは，映画『スター・ウォーズ』のヨーダ[★2]を指さした。彼は恥ずかしそうに笑いながら，「ほら，これがぼく。勘違いしないでよ。これは夢の中に出てくるぼくの姿じゃないんだ！」と叫んだ。母親は偶然の一致に驚いた。「1つ言ってもいい？　あなたが赤ちゃんだった頃，私たちがあなたを何と呼んでいたのか覚えている？　物心のつく前にはオビ＝ワン・ケノービと呼んでたんだけど，私たちが本当に呼びたかったのはヨーダだったの！」

　「冗談でしょ？」とジェニーは大きな声を出した。

　「いいえ，冗談ではないの。実際はオビ＝ワンと呼んでいたのよ」

　「わかったから」とジェイソンは口をはさみ，説明を続けようとした。「だから，ぼくはトンネルの中を駆け抜けているんだ。逃げようとしているんだよ。トラたちの間を駆け抜けてたんだけど，トラはトンネルの中に入ってこれないんだ。ぼくは中に入ったけど，こいつら（戦闘員のフィギュア）がぼくを追っかけ

★2　ヨーダは，映画『スター・ウォーズ』シリーズの重要な登場人物で，強力なフォースを操るジェダイであり，主人公の1人ルーク・スカイウォーカーの指導に重要な役割を果たす。緑色の肌に質素な衣服をまとった小柄な姿をしている。

★3　オビ＝ワン・ケノービは，映画『スター・ウォーズ』の登場人物である。帝国軍にジェダイを滅ぼされた後，ルーク・スカイウォーカーの成長を見守り，ルークを導いていく。茶色のジェダイクロークを身にまとい，ライトセーバーで戦う姿が特徴的である。

てきたんだ。ぼくは寸前のところで逃げて，トンネルに留まるんだ……トンネルの中にいたら暗いからランタンに明かりを灯すんだ。それで外に出てみると，すべてが大丈夫になっているんだよ」ジェイソンはすこし間を置き，「だから，これが，ぼくがどんなふうに**恐怖**を感じたかということだよ」と話した。

ジェニーと母親は，この説明をじっくりと丁寧に受けとめた。

「侍たちがこんなに攻撃しているの？」と母親のキムが尋ねると，ジェイソンは，「だから，シンボルだって言ったんだよ」とジェイソンは念を押した。キムは「わかってるわ」と伝

図15.1　恐怖に捕まったヨーダがトンネルから顔を出す

え，ジェイソンを安心させたので，彼はすこしリラックスできた。

「逃亡中みたいだったの？」とジェニーは尋ねた。

「うん」と同意し，「避けようとしたんだけど，**恐怖**はずっと戻ってき続けたんだ」

「そして，どうなったの？」

「そうだね。ぼくはトラたちに追われたんだ。すごく怖かったけど，他のことを考えて，**恐怖**を避けようとしたんだ。そうしたら新しい**恐怖**につながる新しい考えが出てきて，だから，それから逃げようとしたんだ。そうしたら，新しい**恐怖**につながってる新しい考えが出てきてしまったんだ。トンネルの中で，ママとパパを呼んで，ライトを点けてもらったんだ。そうしたら全部どっかに行ってしまったんだ」

母親は，ジェイソンが言わんとしていることを理解できた。ジェイソンに温かく微笑みながら，「今は，『自分でランタンに明かりを灯す』ことで良さそうな道が見つかりそうね。だって，真夜中に，ランタンに明かりを灯してと，私たちを呼ばないものね」と言った。

ジェニーは，まるでランタンの光を見ているかのように「何て素敵なコメントでしょう！」と言った。「正直に言えば，私もそういうことを言いたいと思っていたの」

ジェニーはキムに続いて，「以前は，ランタンに明かりを灯すのを両親に頼っていた……今では，自分で明かりを灯せるのかな？　同時に両親のサポートもあってのことなのかな？」とジェイソンに尋ねた。

314　　……　第Ⅲ部　遊び心のあるストーリー

「今は自分でランタンに明かりを灯しているよ。うん，やった！」と，ジェイソンは意気揚々と叫んだ。

「そのことは，多くのことを変えるみたいね。**恐怖**は君を追いかけるのではなく，今では逃げ回っているのかな？　光を当てると影が消えるような感じかな？」

ジェイソンは，「以前は，これだけあったんだ」と言い，箱庭全体を覆うように手を広げた。「**恐怖**が来て，乗っ取ったんだ」

ジェニーは，彼の後を付いて箱庭の世界に戻っていき，「君は，トンネルの中に追い込まれたの？」と尋ねた。

「そう，ぼくは閉じ込められてたんだ。閉じ込められたから，ぼくの心は**恐怖**を思い出し続けたんだ。トンネルの中にいたからね。そこで，何をしたのかというと，座って考えたんだ。時々はママが来るのを待っていたし，ママたちを呼びに行ったんだ」

突然ジェニーは，自分の心の中でジェイソンの暗いトンネルの中に入り，夜1人で自分の部屋にいる彼の感覚をフラッシュバックしているかのような感覚に陥った。ジェイソンがこの恐ろしいときに自分と母親を招くことができるほど安全を感じているのだと，ジェニーはつくづく思った。ジェニーは，ジェイソンが夜の**恐怖**に対処する能力を発達させてきたことで，**恐怖**との以前の関係を認識し，明確に述べられるようになったのではないかと思った。「君の部屋での様子がよくわかるわ」と，ジェニーはしみじみと語った。「君のストーリーを聞いて，自分でランタンに明かりを灯し始めたときに起こった変化を実感できたわ」

6回目のセッション

父親のエリオットが参加できなかったが，最後のセッションのために再びキムと一緒に訪れたジェイソンは，いとこの家に泊まって多くの成功を収めたことを報告したいと意気込んでいた。彼はしっかりと眠り，**恐怖**を飼い慣らすことができるという評判を固めていたので，ジェニーとジェイソンは，「恐怖に立ち向かう人のハンドブック」（図15.2）に彼の記事を完成させ，入れることにした。彼は，イラスト付きの詩を寄稿し，彼の知識についてインタビューを受けることに恥ずかしそうに同意した。インタビューは，**恐怖**との古い関係と新しい関係を行き来しながら進んでいった。

ジェニーは「ここまでのことで，自分自身について何を学んだと思う？」と

"Jason", now 11 years old, used to have fears at night, which annoyed him no end. Fears used to make night an unfriendly place. Jason has reclaimed the night these days.
Here is a poem that showed his feelings about night: Night is a swamp
Night is a mysterios swamp, dark and gloomy
A crocodile silently stalking across the ocean floor
As night falls, a shrieking sound is heard,
The wind is rolling across the swamp
Suddenly the crocodile gets tired
And drifts into a deep, deep, sleep.

11歳になるジェイソンは，夜になると恐怖に襲われていた。それは，彼を絶え間なく困らせた。恐怖は，夜を安心できない場所にしていた。ジェイソンは，最近夜を取り戻した。
夜に感じていたことを示す詩がある。

「夜は沼になる」

夜は怪しげな沼，暗く，陰気。
沼底をひっそりと歩き回るワニ。
夜になると，すぐに悲鳴が聞こえる。
沼の上を風が吹く。
突然，ワニは疲れ果ててしまう。
そして，深く深く戻って行き，眠りに落ちる。

図15.2　夜は沼になる

聞き始めた。

「ぼくは思った以上のことができること，そして**恐怖**がぼくを最大限に利用していたことがわかったかな」

「今はどんな感じなの？」

「今では，**恐怖**を最大限に利用しているよ」

「君の想像力のように，君も自分のために自分を最大限に利用しているの？　**恐怖**が君の想像力を乗っ取っていたのかな？　自分自身のための想像力が増えて，**恐怖**の分は少なくなったのかな？」

「**恐怖**はまったく関係ないよ」

「このことは，将来君に何をできるようにしたのかな？　想像もしなかったことは何かある？」

「怖いことなんていくらでも想像できるよ。でも，それで怖くなっちゃうことはないよ」

インタビューを終えてから，**問題**に別れを告げるために，ジェイソンは，2つ目の箱庭を作成した（図15.3）。ジェイソン，キム，ジェニーが一緒に眺めていると，ジェイソンは指さして，自分を象徴するナラティヴを語り始めた。「えと，ぼくの想像では，トラたちはそれほど大きくなっていなかったんだ……

ここまで来るとトラは多くの場所を失ってしまったんだ。それから，ぼくはもっと場所を奪ったんだ。自分をより良く思えたから，想像力を使って，逆転したんだ。ヤツらと戦うための軍隊を使って，すべてをトンネルの中に追い込んだんだ」

ジェニーは，形勢が逆転しているのを見ることができた。「トンネルの中に追い込んだの？」

「うん，ヤツらはみんなトンネルの前で戦ったけど，ついに，トンネルの中に逃げ込んだんだ」とジェイソンは答えた。

図15.3 ヨーダと彼の軍隊は恐怖をトンネルの中に追い込む

キムは「なるほど，ヤツらはそんなに危険には見えないわね」と述べた。

ジェイソンは「うん！」とうなずいた。「だからみんな後退して，トンネルの中に入っていくんだ。ヤツらがぼくを追いかける前に，自分の想像力を使ったんだよ！ 今では，みんなトンネルの中に閉じ込められたんだ」

箱庭を観察していたキムは，ヨーダが再び現れていることに気づいた。「ヨーダが戦車に乗っているのね！」とキムは叫んだ。「そうだよ。ぼくだよ」とジェイソンは興奮気味に言った。「彼は何をしているの？ ……何をしようとしているの？」と，ジェニーは尋ねた。「ただ，トラたちを見て，笑っているだけだよ」とジェイソンは答えた。

その答えにジェニーも笑った。「笑っているということは，自分の想像力でもっと楽しんでいるということなのかな？」

「うん！」と，ジェイソンはあっさり同意した。

「ヨーダは，面白いものに変えてしまったのかな？」とジェニーは尋ねた。「なかなかすごいことね」

ジェイソンが砂の上に描写したさまざまな場面の細部についての答えを聞きながら，ジェニーは，戦闘の比喩が使われていることについて考え始めた。そこで，ジェイソンが恐怖とどのような関係を望むのか，さらに聞いてみることにした。「これは最後の戦いなの？ それとも，ずっと続くのかな？ 続けたほうが楽しいのかな？ 恐怖とその仲間との関係がずっと続くと感じているの？」

ジェイソンはニヤリとして，「そうだね，今はトンネルの中に閉じ込められているけど，時々，外をのぞくんだ。だからぼくの軍隊が追い返すんだよ」と言っ

た。ジェニーは，ジェイソンが，イタチごっこのゲームを楽しんでいるように感じた。単純な勝利を目指すのではなく，力のバランスを見つけようとしているようであった。

ジェイソンは，自分の方法で**恐怖**との長い付き合い方を明確にした。「たぶん，ぼくが大きくなって，本当に，本当に**恐怖**をコントロールできるようになったら，ハンググライダーに乗りに行くよ」

ジェニーは，また彼のビジョンに驚かされた。「まあ，君にはたくさんの目標があるのね！」

キムも驚き，「ハンググライダーのことは知らなかったわ。ここでは学ぶことが多いわね！」と述べた。

ジェイソンは別のサプライズを用意していた。「ぼくがスカイダイビングに行きたいって知らなかったの？　この計画をパパに話したところなんだ。21歳になったら，大学生になってスカイダイビングするんだ」

母親にとって，息子が大学生になってスカイダイビングをする姿は，恐ろしいというよりも楽しみのほうが大きかった。キムは「ジェイソン，応援してる！」と笑いながら言った。

318　……　第Ⅲ部　遊び心のあるストーリー

第**16**章

ソフィア：
「心の中に居場所はあげないけど，
肌の上に居場所をつくってあげる」

　ビエルスキー家は，ポーランド人とイギリス人を祖先にもつパケハ（白人ニュージーランド人）である。ソフィアは，デイヴィッド・エプストンと一度だけのカウンセリングを受けたが，そのとき13歳であった。セッションには，母親のジューン，父親のウォルター，10歳の妹のジェニファーと一緒に参加した。

　以下に示すのは，デイヴィッドがソフィアと家族に行ったインタビューの詳細である。人と問題との複雑な関係を解明するための綿密な取り組みを示している。ソフィアは，ひどい湿疹に悩まされていた。湿疹，ぜんそく，慢性疼痛などの問題を根本的に取り除くことができるとは限らないが，人の意識が支配されてしまうのを防ぐことができる場合がある。この種の問題は，無視できない生理的な現実を伴うものではあるが，それでもデイヴィッドは，ソフィアには，湿疹とのより力強い関係を促進するために利用できる能力があることを見いだす。デイヴィッドは，ソフィアがコントロールできる対象として「かゆみ」を外在化し，それに対する彼女の心の力を発展させるために，身体と心の関係を考慮するのである。インタビューの中で彼は，ソフィアが**かゆみ**と対話するように招き，彼女がある程度のコントロールを得ることができ，**かゆみ**の執拗な影響を緩和できるような新しい関係性を交渉していくのである。

　ソフィアの母親は，事態が危機的な状況に達したために緊急の予約を入れた。ソフィアはもともと湿疹があったが，従来の薬で抑えることができていた。ところが4か月ほど前，体操着の下に湿疹が見えたので，クラスメートにからかわれたことがあった。それ以来，彼女の湿疹は制御不能となったのだ。

　その後1か月に及ぶ入院を経て，症状は改善された。ところが，ソフィアが学校に戻った途端，「身体がボロボロ」になってしまったのだ。夜は1，2時間しか眠れず，登校したい気持ちがあっても登校できないほどに疲れきっていた。

319

今や両親は，これ以上ソフィアが自分の皮膚を傷つけないよう彼女の手を固定しておくために，一晩中起きていなければならなかった。医師たちは，再び入院することを求めたが，両親は投薬が身体に有害なレベルに達していることと，遅かれ早かれ学校に戻らなければならないことを認識していた。再入院は早いほうがいいだろうというのが医師たちの意見であった。そこで，オークランドにある子ども病院に長く関わっているデイヴィッドに紹介されたのであった。

セッション

デイヴィッドは，ソフィアと家族とのインタビューをしていくうちに，彼女が明らかに目前の問題に取り組んでいると気づいた。ソフィアは「両腕にかなりのかゆみ」があると伝えたが，デイヴィッドは，ソフィアがその**かゆみ**をそのままにしている，とすぐに気づいたのである。彼女は，かゆみを止めるために，自分の心を駆使しているに違いなかった。そこで，みんなの前で，**かゆみ**をどのようにして打ち負かしているのかと尋ねた。「君の心には，いいところがあると思っていいだろうか？」 ソフィアの確認を得てから，「君の心のどんなところがいいところだと思う？」と問いかけた。

「決意が固いところ。何かを始めたら最後までするのが好き。やり遂げるの」

デイヴィッドはソフィアに「家族にそのことを聞いてもいいかい？」と了解を得て，家族に確認した。家族全員がソフィアの「決意が固い」ことに同意した。デイヴィッドは，ソフィアの妹に，ソフィアの決意は妹の視点から見ても，いい決意に思えるかな？と尋ねた。そして「最後には，その決意がゆらいだりしないだろうか？」とも確認した。妹はそうは思っていなかった。妹によれば，その決意は本物でとっても大切なもの，ということであった。

デイヴィッドは，すぐにソフィアが姉としても，娘としても愛されているという印象をもったので，ソフィアの決意がその源なのだろうかと尋ねた。デイヴィッドは，ソフィアがしつこいほど断続的な問題，つまり「子どもの希望を弱め，勝ったと思ったらすぐに戻ってくると思ってしまう」ような問題と戦わないといけないので，たくさんの決意が必要なんだろう，と意見を述べた。

問題の手管を知る

この問題の抑圧的な側面を知っていたデイヴィッドは，「ところで，**かゆみ**か

320 ……第Ⅲ部　遊び心のあるストーリー

らしばらくの間逃れたとして，また**かゆみ**がひどくなるときが君にはわかるの？」と尋ねた。ソフィアは，そのような予測ができていたのだ。実のところ，30分以内にひどくなるだろうと見積もることができていた。このようにしてソフィアは日中の時間を詳しく説明した。そのあと母親は夜について尋ねた。するとソフィアは，夜の「かゆみの時間」は，いつもは午後9時から午前1時の間，と答えた。

デイヴィッドは，「夜に容赦ないのは，とても厄介だね」と意見を述べた。そしてソフィアに「もし眠りにつく決意をしているのなら聞いてもいいかな？　普通は眠りにつく決意などしないし，普通に眠くなるものだから奇妙に聞こえるかもしれないけど。午後9時から午前1時の間に寝るときには，**かゆみ**を迂回して，逃げ切れると思うかな？」と尋ねた。

「**かゆみ**はまだ残っているけど，それほど悪質じゃないの」とソフィアは答えた。

デイヴィッドは，同席していた家族に**かゆみ**の「悪質さ」をどのように見ていたのかを確認すると，夜の**かゆみ**は非常に悪質だ，とみんなが同意した。デイヴィッドは「午後9時から午前1時まで眠れるのであれば，その悪質さから逃げられることになるのかな？」と繰り返した。ソフィアは，確かにその通り，と思った。

デイヴィッドは，**かゆみ**とソフィアについての重要な情報を集め続けた。まず何が**かゆみ**に「餌を与えているのか」に興味をもった。すると不安が「かゆみの親」であることがわかった。**かゆみ**は午前1時以降には治まるのだが，それでも日中よりも悪い，ということであった。そこで次のような仮説を立てた。「日中は遊びや勉強で忙しくて，基本的に君の心はどこか別の場所にあるのかな？　ところが寝るときになると，そのことを考えてしまうのかな？　忙しさがなくなると君をかゆみの中に誘い込んでしまうのかな？」ソフィアは，その通り，と同意したが，**かゆみ**は日中も彼女を圧倒することがある，と付け足した。

デイヴィッドは，両親が話すほどには彼女が肌を掻いていていないと観察したことに立ち戻った。すると，その場で**かゆみ**を防ぐために「気持ちで問題を乗りきる」能力についてより学ぶことができた。ソフィアは，完全になくなることはないけれども，軽度の**かゆみ**を抑えることはできると認めた。デイヴィッドは「自分がかゆみを乗りきっているのを，どんなふうに想像しているの？」とたずねた。ソフィアは「そのような偉業を成し遂げるために，君は何をしているの？」という質問ではなく，「君が実際に乗りきれていると，どうしてわか

るのか？」という質問と誤解したようであった。ソフィアは，「どうしてわかるのか，ですか？　なぜって軽いかゆみがあるときに，そうすると治まってくるから」と繰り返した。さらに「でも**かゆみ**のことを考え始めると，また戻ってくるの」と付け加えた。デイヴィッドは，「そうすると，君の心はパワフルなんだね？」と言葉をはさんだ。この言葉によって，ソフィアは**かゆみ**をどのようにして軽減するのかについて考え始めた。「そうね，**かゆみ**がないって思い続けないといけないの」と言った。

　デイヴィッドは，「そうすると，自分の身体の声を聞くのではなく，君の脳の声を聞くことで心をだましているのかな？　君は身体と心を分離させている，ということ？」と尋ねた。ソフィアは同意した。デイヴィッドは，彼女の心の力を使う特別な能力をめぐる考えを発展させるのに忙しかった。他の子どもたちの能力とこの能力を比較することによって，彼女の特別な力を「タイプ分け」するように試みた。デイヴィッドはソフィアに，以前に出会った２人の子どものストーリーを紹介した。

　デイヴィッドは，11歳のマイケルの母親が書いた手紙をソフィアに読みあげ，重度の遺伝性皮膚障害との関係を説明した。

　デイヴィッドさんへ
　マイケルは，何か特別な能力があることに気づくのにしばらくかかりましたが，あなたの手紙をもらって数か月後に次のことに思いあたりました。
　マイケルが２歳のとき，私はリラックスするために深呼吸を教えたのですが，そのとき，リラックスしているほうが痛みで緊張するよりもはるかに痛みが少ないことを知りました。
　さらに，彼はこのことをさらに発展させていました。ケガの痛みを乗り越えるために，深呼吸をするにはあまりに痛みがひどいときには，羊の皮の敷物にくるまると，傷から血を流しながらも寝ることができたのです。私はこのことを，特に園児のときに，常に痛みに耐えていたためではないかと考えていました。
　私は，マイケルがケガをしているときに，最高のプレーをすることが多いのに気づきました。まるで足の痛みから離れて集中することが，彼の決意を強くしているかのようです。
　このことが，少しばかりでも，あなたの助けになることを願っていま

す。
　　よろしくお願いします。

マイケルの母より

マイケルからの手紙も届いていた。

　　デイヴィッドさんへ
　　手紙をありがとうございます。返事が遅れてすみません。ぼくは痛みをコントロールする特別な能力なんてもってるとは思わないので，デイヴィッドさんの質問に答えるのは難しかったです。
　　でも，デイヴィッドさんの質問に答えてみます。
1.　足の痛みはだいたいブロックできるけど，頭痛がしたら寝込んでしまいます。
2.　本当にひどい痛みがあると，辺りを見回して，何かに集中するようにします。水ぶくれを消毒するときには，痛いとわかっているから，深くゆっくり呼吸をして，足をリラックスさせ，だらりとさせます。テレビを見るときも深い呼吸を続けます。
3.　そうなんです。今考えてみると，ママは痛みのコントロールについて良いことを教えてくれたと思います。
4.　痛みを和らげる方法を知らなかったら，もっと多くの痛みを感じていたと思います。
5.　他のことに集中しているとき，主にスポーツをしていると膝から下の感覚をオフにできます。その合間に，チームに必要とされていないときは足を引きずります。でもチームに入れば，何も感じなくなります。すごくイライラしていたり，気分が悪かったり，頭痛がしたら，目を閉じて，リラックスして，感覚をオフにして眠ります。その気になれば，痛みのことを考えることで足に痛みを感じることもできます。
　　今まで，痛みのコントロールなんて思ってもみなかったので，お手紙の返事を考えるのに苦労しました。
　　よろしくお願いします。

マイケルより

第 16 章　ソフィア：「心の中に居場所はあげないけど，肌の上に居場所をつくってあげる」‥‥‥　323

ソフィアは，マイケルの痛みを和らげる体験に共感した。デイヴィッドは，ソフィアに自身の特別な能力の名前を尋ねた。彼女は「気を逸らす」と呼んだ。デイヴィッドは，それがどのようにはたらくかについての詳細を明らかにしようとした。「君の身体はどこにあって，君の心はどこにあるの？　**かゆみ**が君のもとを去ったと感じるのかな？　それとも君が**かゆみ**のもとを去ったと感じるのかな？」　これは重要な違いである。なぜならば，2つの可能性を開くからである。1つは**かゆみ**の排除，もう1つは**かゆみ**の管理である。この2つの可能性をふまえると，デイヴィッドは，ソフィアが自分の心を**かゆみ**から離していると感じており，**かゆみ**から離れるための「思考回路」を手に入れていたことを見いだした。時に痛みを完全に取り除くことはできないが，人の意識がコントロールされてしまうのを防ぐことはできる。

　デイヴィッドはこの能力に感心し，**かゆみ**を良くすることと悪くすることの両方向を同時に見ていきながら，ソフィアがどのように状況をコントロールしているのかについて探索していった。「仮に，自分に意地悪しようとしたら，**かゆみ**を思い出して，悪い状態にすることができるのかな？」ソフィアは，しようとすればそうできると答えた。そこで，「どのようにするの？」と尋ねたところで，デイヴィッドは，ソフィアにこのような質問をしていって良いかどうかの確認を求めた。「このようなことについて話してもいいのかな？　押しつけることはしたくないんだけど」。彼女は大丈夫とのことであった。ソフィアは，一掻きするだけで，**かゆみ**を呼び戻してしまうことを見せてくれた。「一掻きで**かゆみ**と再会できちゃうんだね？　むずむずとかゆくなるような考え方もあるの？」「それは，とても赤く見えるの」とソフィアは答えた。

　デイヴィッドは，考え方1つで悪くなってしまう**かゆみ**の力によって，ソフィアが怒りと不満でいっぱいになっているのを見いだした。そこで，彼女の好みを教えてもらえないか尋ねた。「君の皮膚に怒って**かゆみ**を支援するのと，**かゆみ**に怒って君の皮膚を救うのでは，君から見ればどちらがいいだろうか？」　ソフィアは怪訝そうにデイヴィッドを見つめた。そこでデイヴィッドは，**かゆみ**がソフィアと家族に引き起こしている苦痛に対して，抗議の声をあげた。「こんなの公平じゃないよね。まったくもって公平じゃないと思うんだ。君にも，他の誰にとってもだけど，特に君にとっては公平じゃないよね」

　ソフィアは，**かゆみ**に怒ったほうがいいと理解し，同意した。デイヴィッドは，「そうすると，掻くのを拒否することで，**かゆみ**をイライラさせていると知っていれば，それは，君に満足とかやり返したぞという感覚をくれるのかな？」と続けた。ソフィアは，このことを慎重に考え，掻かないだけでは**かゆ**

みを強くしてしまうので，そうではないと判断した。そこで，デイヴィッドは質問を洗練して，「もし心の中で**かゆみ**から逃れる道筋を見つけることができたら，満足を感じるのかな？」と尋ねた。ソフィアは同意した。デイヴィッドは，そのような満足感が彼女の決心を強め，**かゆみ**が彼女の睡眠を台無しにすることでそのような決心を弱めてしまうことを見いだした。ソフィアは，通常夜に1時間半ほどしか眠ることができず，その睡眠不足のために学校に行けないと考えていた。家族は全員，これがソフィアに生じている典型的な状況についての正確な説明であることに同意し，そのことに若干の「むずがゆさ」を覚えたのである！

　ここまででデイヴィッドは，ソフィアのことや**かゆみ**のことを多少なりとも知ることができたし，自分の前でソフィアが 20 分もの間**かゆみ**を打ち負かしていたことに気づいていたので，彼女の状態を見直した。「あのね。いい？　君は特別な能力をもった，若く知性的な女性なんだよ。この能力は，君の知性に関係しているかもしれないし，この能力のもとで苦しんでいることに関係しているかもしれないけど，私はそれが本当に不公平だと思うし，ひどいことだと思うんだ。だけど，能力をもつのは素敵なことだし，それを利用することができたらいいよね。ここで，君自身から**かゆみ**を切り離す能力を利用するというのはどう思う？　君を見ていたんだけど，君がなんとかできていると思ったし，『私は**かゆみ**から気を逸らしているのが好きなので，ここでリラックスしながら，興味をもった話をしているわ』と思っているのではないかと考えたんだけど。このことがどのようにはたらくのかについて，わかっているところがあるかな？」

　ソフィアは「ただ**かゆみ**を心の隅において，話に集中しようと思っただけなの」と答えた。

　デイヴィッドは好奇心を刺激された。「どうやって**かゆみ**を心の片隅に置いたの？」

　「思考回路が自分の肌の上にはなかった」とソフィアは答えた。

　デイヴィッドは，ソフィアの能力をどのように評価しているのか明確にしたかったので，まずそれを「能力」とみなしているのかどうか確認した。ソフィアは，それを「ちょっとした能力」だと感じていた。

　デイヴィッドは，彼女の能力について異なる評価をもっていたので，異なる見解をもっていてもいいかどうかの許可を求めた。「もし私がその能力は実にたいしたものだと思っていても気にしない？　このことで君の先を行きすぎているんだけど。不快に感じないかな？」と尋ねた。

　「ううん」とソフィアは答えた。

第 16 章　ソフィア：「心の中に居場所はあげないけど，肌の上に居場所をつくってあげる」 …… 325

デイヴィッドは，どのようにしてソフィアを支援するかについての考えを明らかにする用意を整えた。「君が必要なときに，そして必要なことに対して利用できるように，協力してこの能力を発展させ，強化するのはどう思う？　勉強とか，いい夢を見るとか，眠るのにリラックスするとかいった他のことにも使えるようにしよう。君がすることがなんであれ，君が成し遂げている成功への意識を高めれば，もっと良くなると思わない？」　ソフィアは，良くなるかもしれないということに即座に同意した。

「ところで，このやり方がうまくいくことを快く思わないということはあるかな？」とデイヴィッドは確認した。

「ううん」とソフィアは答えた。

デイヴィッドは，ソフィアが具体的に自分自身をどこに位置づけているのか注意深く確認した。「今のところ，それが何％くらいできるようになっていると思うかな？」

「だいたい30％ぐらい」

「それはなかなか良いと思う？」とデイヴィッドは確認した。

「うん，でも強い**かゆみ**に対してじゃなく，**かゆみ**が小さい場合だけかな」

「**かゆみ**は小さいものから始まるんだよね？」とデイヴィッドは思い出してもらい，「抵抗するためには，どこかから始めないといけないよね」と伝えた。

母親のジェーンは，ソフィアが「**かゆみ**が強くなる前に，**かゆみ**の上をポンポンと叩くのが得意」だと思うと付け加えた。ソフィアは，「どっちにもはたらくの。戦うと，私が強くなるかもしれないけど，**かゆみ**が強くなるかもしれないの。**かゆみ**に負けるたびに，2倍になっちゃうの」と2人に伝えた。

デイヴィッドは，このことに新しいひねりを加えることができそうな考えを思いついた。「今までこのように考えたことはないかな。『ごらん，最近はオマエ（**かゆみ**）を負かすことが多くなったわ。時には，オマエがゴールを決めてみたらどう？　オマエを掻いてあげようか，でも2倍にしない方法でね？』」

ソフィアは，デイヴィッドの「ひねり」がわかったので，自分のひねりを加えてさらに発展させた。「もしそういうふうに考えたら，**かゆみ**のトリックに引っかかって，掻いているときにホッとさせると思っちゃうかもしれないの。心の中でそう思ったとき，引っ掻くけど，私に『これは自分をホッとさせるためじゃない』と言いきかせるの」

デイヴィッドは，ソフィアと結託して，**かゆみ**に対抗できるのを喜んだ。ソフィアが**かゆみ**から解放されていると信じるのを拒んだのは，**かゆみ**に対する一種の仕返しなのではないかと考えた。ソフィアは，それは自分から出てきた

「決意」なのだと説明した。もしソフィアが**かゆみ**にだまされないとすれば，それが彼女を決意させるのだろう，とデイヴィッドは要約した。今したように，もし彼女が湿疹のトリックをなきものにすることができれば，彼女に，より満足と，より強い決意をもたらすのではないだろうかとデイヴィッドは考えた。

‖　「君がかゆみになり，私が君になる」　‖

　インタビューのこの時点で，デイヴィッドは，策略，湿疹の力，そしてソフィアの特別な能力と決意について，大切な初期情報を得ることができたと感じた。そして，ソフィアは**かゆみ**についてよく知っているが，デイヴィッドの目を通じて彼女のスキルを見ることによって，彼女も恩恵を得ることができるのではないかと感じた。そこで，彼女が**かゆみ**の役となり，デイヴィッドが彼女の役となって会話していくのはどうかと考えた。「君が**かゆみ**になり，私が君になるというのはどうだろう？」とデイヴィッドは冗談っぽく提案した。ソフィアは，この提案を受け入れた。

> **デイヴィッド（ソフィアとして）**：ええと，さて。オマエは私にずいぶんつらい思いをさせてきたよね。オマエのかゆみを抑えたいと思っているのよ。私は私の満足いくようにオマエをかゆくさせるの，オマエのためじゃないの。それを受け入れるか，我慢するしかないよ！
>
> **ソフィア（かゆみとして）**：残念だけど，オレがオマエの肌を管理しているんだ。不快がほしくないのであれば，オレを掻いたほうがいいだろうね。
>
> **デイヴィッド（ソフィアとして）**：**かゆみ**よ，何度も，何度もだまされたよ。オマエは，私がオマエを掻けば，オマエが満足するといつも約束する。そして，掻くたびに，オマエは倍増するのを知っているよ。このトリックにまったく嫌気がさしてきたの。私は若くてももう大人なの，オマエのトリックには引っかからない。何がオマエに私をだませると思わせるの？
>
> **ソフィア（かゆみとして）**：もうちょっと強く引っ掻いてみたら？　これ以上悪化しないことを証明してあげる。
>
> **デイヴィッド（ソフィアとして）**：それ，前にも聞いたよね。私をカモだと思っているんでしょ！　もう見抜いているのよ！　言うわ。冷蔵庫から氷を取ってきて，オマエを軽くしちゃうか，オマエの上にすこし軟膏を塗っちゃうから。これがオマエが私から得られるものすべてなの。オマエにはそれがふさわしいのよ。

ソフィア（**かゆみ**として）：そんなことやったとしても，部分的にオレを鈍らせる
ことしかできないんだ。20分後にはまた戻ってきて，またオマエを悩ま
せるぞ！

デイヴィッド（ソフィアとして）：いいよ，試してみて。20分ね，ご自由に。悪魔
と取引できないのは知っているのよ。

ソフィア（**かゆみ**として）：オレに氷や軟膏を付けたとしても，依然としてオレは
オマエの心の後ろにいるんだ。そこに**かゆみ**としているんだよ。

デイヴィッド（ソフィアとして）：そうね。でも私の心の後ろにいるのであって，私
の心の前にいるんじゃないわ。オマエが心の後ろにいる間，前ではたく
さんのことが起きるのよ。私が会話や想像に集中すれば，オマエは心の
後ろに居続けるのよ。オマエと一緒に生きていかなければいけないのは
知っているわ。でも，オマエは私のボスじゃないの。単なる同居人よ。
ルールに従わないといけないよ。

ソフィア（**かゆみ**として）：それは受け入れよう。だけど，オレがオマエにオレを
掻かせたり，オマエを不快にさせたりして，オマエをコントロールでき
るんだぞ。

デイヴィッド（ソフィアとして）：まあ，それはちょっと傲慢じゃない。どこから
そんな考え方を拾ってきたんだかわからない。私がどのような人になっ
たのか，わからなくなっているのね。掻く回数も減って，かゆみも減っ
ているのに気づいていないの？　私がもっと成長しているのに気づいて
いないの？　オマエは私を困らせ始めたけど，私はもっとアクティブに
なって，自分の人生をもっとコントロールできるようになっているの。オ
マエはそれに合わせないとね！

ソフィア（**かゆみ**として）：知るもんか。

デイヴィッド（ソフィアとして）：いい，**かゆみ**。これは，私が言葉抜きでオマエ
を捕まえた初めてのことね。私はオマエよりも賢いのよ。私が小さい頃
は，オマエに捕らえられていたことは知っている。まあ，そのときの私
は何もできなかったし。オマエは，4歳児につけ込んだんでしょ。私は
反撃できなかった。でも今，私は心の力をもっているの。オマエは，私
の身体に何かできるかもしれないけど，私は自分の心をもっているのよ。

ソフィア（**かゆみ**として）：オマエが強くなって，オレの仕事が難しくなってきた
気がするよ。

デイヴィッド（ソフィアとして）：まあ，それがオマエの人生なのよ。私を弱らせ
て，支配し，私の幸せを破壊することを望んでいたの？　それが望むこ
となの？

ソフィア（かゆみとして）：そうだよ。

デイヴィッド（ソフィアとして）：オマエみたいなヤツの名前を知っているけど，あえて言わないわ！　私にどんなプランを考えているのか言ってみて。

ソフィア（かゆみとして）：オマエは今のように，不快を感じる状態に留まるだろう。オマエは強くなり，最後にはオレを寄せつけなくなるので，オマエを楽にしてしまうだろう。だが，オレは少なくとも全力を尽くすぞ。

デイヴィッド（ソフィアとして）：そうね，そんなに簡単にあきらめないで頑張ってちょうだい。私が誰と遊んでいるのか知らないでしょ？　私のことを十分知っているの？　それとも，4歳の私を知っているだけ？　オマエは私の身体だけしか知らないので，心の中で力を集めているのを知らないでしょ。

ソフィア（かゆみとして）：オレは，時々，オマエの心を支配できるんだぞ。

デイヴィッド（ソフィアとして）：できないとき，どう思うの？

ソフィア（かゆみとして）：イライラする。

デイヴィッド（ソフィアとして）：教えてあげようか。それは私を喜ばせるの。これからオマエはもっとイライラすることになるのよ。私が心を強くしたように，オマエもセラピーを受けに行ったほうがいいと思わない？　ちょっとかわいそうに思えてきたわ。オマエが台無しにできる他の子どもたちもいるかも。引っ越しでもしたい？

ソフィア（かゆみとして）：セラピーを受けるのは構わないけど，オレは離れない。ずっとそこにいるんだから。だけど，弱くなってしまいそうだ。

問題とのもう1つの関係

デイヴィッド（ソフィアとして）：オマエが自分の居場所を見つけて，私を尊重するのであれば，その辺にいるのは気にしないわ。オマエと仲良く暮らせるかもしれない。でも，私のプライドを傷つけることはできないのよ！　それは言っておくわ。それは許さない。

ソフィア（かゆみとして）：いいよ。それなら，取引しよう。

デイヴィッド（ソフィアとして）：どんな取引？　その辺にいてもいいけど，私に何をするつもり？

ソフィア（かゆみとして）：まあ，時々は，オレが引っ掻かれることに飢えていることを受け入れないとね。オレを満足させないといけないよ。たいていの場合は，おとなしくしてあげるけどね。

デイヴィッド（ソフィアとして）：何て？　週に1日くらい？　どの程度でオマエを満足させられると思うの？　あちらこちらで30分程度？

ソフィア（かゆみとして）：オマエが動揺したり，不安になったら，オレは活動的になって，また悪化させるかもしれないぞ。オレは落ち着く必要があるんだ。

デイヴィッド（ソフィアとして）：ちょっと待って。それで私が心配したり動揺したりすると，オマエはちょっと活動的になるの？

ソフィア（かゆみとして）：すこしはね。

デイヴィッド（ソフィアとして）：そうなんだ。もし私が自分を落ち着かせリラックスして，適度に心配できるようになれば，オマエは引っ掻かれなくてもいいんだね？　それでいい，それとも無視されたと感じる？

ソフィア（かゆみとして）：オレがいることをオマエが覚えている限り，大丈夫だ。

デイヴィッド（ソフィアとして）：わかった。オマエの居場所をいつも確保してあげる。心の中に居場所はあげないけど，肌の上に居場所をつくってあげる。

ソフィア（かゆみとして）：ああ，それでいいよ。

デイヴィッド（ソフィアとして）：この取引でいい？　お互いに安心できるかな？　お互いに協力できる？　それで，私から何がほしい？

ソフィア（かゆみとして）：オレがいることを受け入れてほしい。

デイヴィッド（ソフィアとして）：わかった。そこにいるということね。

ソフィア（かゆみとして）：それから，オレが強く掻いてほしいときには，してもらいたい。

デイヴィッド（ソフィアとして）：わかった。私が要求を聞いてしまってオマエを掻いたときにある倍返しのことはどうなの？　それは私にとって，いい取引じゃないよ。「強く掻いて」と言われてそうしたら，2倍になって返ってくるなんて。

ソフィア（かゆみとして）：まあ，オレが取引を守れば落ち着くし，そうなれば，2倍になるということはないよ。

デイヴィッド（ソフィアとして）：わかった。オマエは落ち着くのね，そうであれば，私も落ち着くわ。今晩，私が寝ることについてはどう思っている？　私がぐっすり眠るのはどう？　私が落ち着いて，オマエも落ち着くのは気になる？　それとも戦いたい？　今晩はなしにしない？　明日の晩ならできるかも。

ソフィア（かゆみとして）：ああ，そうだな。オレにとって大きな変化になるから，オレが落ち着くのを受け入れるために多少は時間が必要だろうな。

デイヴィッド（ソフィアとして）：オマエが落ち着いたとして，私に何か頼みたいことがある？　オマエは公平に交渉してきた。妥協もした。そこで，私

に何を頼みたい？

ソフィア（かゆみとして）：知っていると思うが，オレをいらだたせるようなことをしないでほしいということだ。

デイヴィッド（ソフィアとして）：何に一番いらだつの？　オマエに，だいぶ同情的になってきたよ。身近に感じるようになった。オマエは実に合理的ね。

ソフィア（かゆみとして）：甘いものを食べすぎるようなことかな。

デイヴィッド（ソフィアとして）：それは私にとってちょっと難しいことだね。甘いものが好きだし。甘いものを食べすぎる。たとえば，どんなもの？

ソフィア（かゆみとして）：チョコレート。

デイヴィッド（ソフィアとして）：マーズバー★1はどうなの？　食べてもいい？

ソフィア（かゆみとして）：食べてもいいけど，オレがちゃんといることを確認できる程度にだね。さもないと，オレは噛みついて，オレがいることを思い出させるぞ。

デイヴィッド（ソフィアとして）：するとチョコはほどほどだね。他に何がある？

ソフィア（かゆみとして）：体育のようなことをやりすぎないこと。やりすぎると，身体が熱くなって，かゆみの原因となる。

デイヴィッド（ソフィアとして）：ああ，やりすぎることだね。暑いのも良くないのかな？

ソフィア（かゆみとして）：大丈夫。夏は大丈夫。海に行ったりするのも。ただ，暑いと不快だけど。

デイヴィッド（ソフィアとして）：あまり熱帯には住みたいと思わないよね？

ソフィア（かゆみとして）：そうだね。

デイヴィッド（ソフィアとして）：他にどんなことを頼みたい？　熱をもたせないことだけど。それは感情的に，それとも……？

ソフィア（かゆみとして）：両方とも。オレをいらだたせるようなことをしないように。

デイヴィッド（ソフィアとして）：どんなふうに？

ソフィア（かゆみとして）：保湿クリームを塗るとか。でなければ，オレをいらだたせたことをもう一度見せてやろうか？　オレはそれが好きじゃないんだ。

デイヴィッド（ソフィアとして）：オマエにすこし付き合うことで，私がすこしでも敬意を示していると感じる？　私が成長して，オマエと対等になったと感じる？

★1　米国の大手食品会社であるマース社のチョコレートバーのこと。商品名は「マース」であるが，「マーズバー」とも呼ばれる。

第16章　ソフィア：「心の中に居場所はあげないけど，肌の上に居場所をつくってあげる」

ソフィア（**かゆみ**として）：そうだね。

デイヴィッド（ソフィアとして）：率直に言って，オマエに対する印象が変わったよ。だって，オマエはただ私の人生をめちゃくちゃにしたいだけと思っていたからね。今，オマエが自分の悩みをもっているとわかったんだ。オマエの立場について考えたこともなかったけど。自分自身のことだけ考えていたんだ。オマエも成長して，人のことを考え始めるようになる。オマエ自身の気持ちやニーズをもっているんだろうね。そこで，私もオマエのことを考えれば，オマエも私のことを考える？

ソフィア（**かゆみ**として）：そうだね。

　部屋から出るときに，ソフィアの両親は，デイヴィッドに話があると伝えた。2人は疲れ果てているようだったが，涙を拭いながらもこの上なく満足そうに見えたので，デイヴィッドは何の話かと期待した。小声で母親が「娘は私たちにとっての恵みです」と言うと，父親もうなずいて同意した。

||| フォローアップ |||

　デイヴィッドは，翌日遅く，ソフィアの母親から喜びの電話を受けた。どうやらソフィアは昨晩は眠ることができたようで，今朝学校にも行ったということであった。ところが，ソフィアはまたかゆくなり始めたので，保健室に行き，母親に電話した。母親はデイヴィッドに，その日は仕事でものすごく忙しかったので，娘に迎えに行くことができないと伝えた，と言った。

　そのような連絡の後で，母親がソフィアを迎えに行かなかったのは初めてのことであった。学校の終わりに母親がソフィアを迎えに行くと，ソフィアがクラスに戻り，「この数か月で最もいい学校生活を送れた」ことを知った。母親は，自分にとって娘がどれほどの恵みであるかを思い出した。ソフィアに対する新たな自信は，保健室からの電話があったときに，迎えに行かないという決断を支持したのだと，母親はデイヴィッドに言った。

　その日以降，何回か電話でやりとりして，ソフィアが以前よりも湿疹をコントロールすることができているので，これ以上のセッションは不要であることを確認した。デイヴィッドとソフィアは，**かゆみ**について，つまり何が助けとなり何が害となるかをより理解できるようになった。より重要なことは，ソフィアの成長について満足のいく説明を展開し，湿疹とともにある人生の新しいバージョンを説明できたことだ，とデイヴィッドは感じた。

第17章

テリー：
「長い間恐怖の中で生きてきたけど，
ぼくは今また，平和の中で生きています」

　テリーの家族は，パケハ（白人のニュージーランド人）であり，アイルランド人とウェールズ人の子孫である。セラピーに参加したのは，12歳のテリーと母親のドロシーであった。彼らは，8か月の間にデイヴィッド・エプストンと8回面談した。

||| **初回セッション** |||

　ドロシーは，息子のテリーをめぐる懸念を説明した後，「息子は罪悪感でいっぱいなんです」と要約した。彼女は，テリーの手洗い，過度の心配，通学途中で毎日のように起こる嘔吐，テレビで放映されるキスシーンと「汚いもの」全般に向けたヒステリックな反応について話した。

　ドロシーは，まだその善し悪しを決めかねていたが，彼女とテリーの姉がテレビで人がキスをしているのを見ているときに，テリーが自分たちの目にクッションを当てろと叫びながら要求した際，それを拒んだことを話した。2人は，大袈裟なユーモアとすこしのからかいを込めて，彼の要求には従わなかったのだ。この行為の背後にある方針とは，「息子に対してオープンになるほうがいいだろう，そうすれば，彼もそのことに慣れるだろう」というものであった。テリーは，この方針を「からかい」と呼んだ。デイヴィッドに，そのような「からかい」を善意からのものとみなすのか，それとも悪意からのものとみなすのかと尋ねられると，テリーはそれは「善意」からのものであると認めた。

　デイヴィッドは，「善意のからかい」が問題にどのような影響を与えたのかを尋ねた。テリーは即座に「ぼくは**強迫観念**を改善しつつあり，それ（善意のからかい）がぼくを助けてくれる」と言った。デイヴィッドは「お母さんとお姉ちゃんは，君を強くしているのではなく，動揺させていると思ってしまったと思

333

う？」と推測した。

「そんなことないかな」とテリーは答えた。

デイヴィッドはさらに詳しい情報を求めた。「それは君のためだと知っていたんだね？　どうやって知ったの？」

「そうだな，2人は笑っていたし，叫んでもいなかったから。しかめっ面もしていなかったし」

デイヴィッドはテリーに「君はすべて冗談だと思ったのかな？　**罪悪感と強迫観念**は，からかわれるのが好きじゃないだろうか？」と尋ねた。

テリーは「そうだね。そいつらをからかうのがいいと思うよ。だって，そのことについて話すのがすごく簡単になるからね。そして『バカな考えだから，追っ払えるんだ』と思えるんだ」と賢明に答えた。

デイヴィッドは，みんながすごいと思えることに出くわしたと思い，このことを確認するために，また，彼の考えを評価するプロセスに取り組むために質問をした。「お母さんとお姉さんが君を善意でからかうとき，君はそのような考えを追っ払い，強くなれるのかな？」　テリーは，そうだと答えた。

「テリーが罪悪感でいっぱい」というドロシーの最初の言葉を取りあげ，デイヴィッドはテリーに「**罪悪感**と呼んでもいいのかな？」と念のために確認した。テリーが同意したので，デイヴィッドは，問題を擬人化することに取り組んだ。「**罪悪感**は声をもっていて，君に語りかけているようなものであると言ってもいいかな？」

「うん」とテリーは答えた。

「同じような問題とやり合ったことのあるクリスという子がいて，当時16歳だったんだけど，彼が見つけたものを話す許可をくれているんだ。**罪悪感**が彼に語りかけたことと，彼に何をするように言ってきたかについてだけど。テリー，**罪悪感**は君に何と言っているのかな？」とデイヴィッドは尋ねた。

テリーは罪悪感の声で答えた。「オマエは完全にきれいにしなくちゃダメなんだ。オマエの手はきれいにしておく必要があるんだ。手は汚すものではないんだ」

デイヴィッドは，**罪悪感**がテリーの手に対して要求していることを聞いて，怒らずにはいられなかったし，自分の気持ちを伝えるのを抑えることができなかった。「そんなこと考えただけで腹が立つね！」

テリーは，**罪悪感**の声を真似ながら，その要求についてさらに詳しく述べた。「オマエが今思っていることは，汚らわしく，悪意に満ちたものだ。そんな気持ちを抱くべきではない。オマエは，人としておかしいのだ。そのようなことを

思うのはオマエだけだぞ。オマエは異常なんだ！」

　デイヴィッドはテリーに，物事に対して大袈裟に反応したり怒ったりしないと約束していたので，**罪悪感**がテリーに語ったバカげた嘘に対して怒りがこみあげないようにしなければならなかった。

罪悪感より賢く

　デイヴィッドが，テリーの性格を「実に賢い」と評価すると，母親は微笑みうなずいた。実際デイヴィッドは，テリーは**罪悪感**が考えているよりも賢いとみなした。そこで「なぜ**罪悪感**はそのような嘘をつくのだろうか？　執着され，強制された時間を君に過ごさせることに何の目的があるのだろうか？」と尋ねた。

　テリーは思案しながら，「そうだね，それは，ぼくが考えたくないこと，考えるのが怖いことから，心を遠ざけようとしているんだ。そんなことについて考えないように助けようとしているんだけど，実際にはぼくを傷つけているんだ」と答えた。

　この答えは，テリーの全般的な賢さと問題に対する知識の豊富さについて，デイヴィッドの意見を裏付けるものであった。そして，クリスが同じように知識豊富であったことを思い出させた。デイヴィッドは，クリスに書いた手紙を読みあげた。この手紙は「アンチ癖リーグ」への「アーカイヴ」に収録してあった。

> 　クリスへ
> 　クリス，君は学業についてそれほど心配していない，と言っていました。これには驚きました。「心配するのは助けにならない」ので，そうするのをやめたと話してくれました。しかし依然として，君の努力のレベルは変わりませんね。クリス，**強迫観念**は君をだまして，君をもうすこしで手中に収めてしまいそうでした。そいつらは，君をだますために何を約束したのでしょうか？　君のお尻をきれいに拭いたり，身体を隅々まで洗ったりしたら，永遠に続く幸せが待っていると約束したのでしょうか？　これらは子どもじみた考えだと思うのかな，それとも，本当のことも含まれていると思うのでしょうか？　以前，「ぼくがしたのは変なことなんだ」と思ったということでしたが，今君は，**罪悪感**が君に仕掛けているトリックを見破っているように見えます。

第17章　テリー：「長い間恐怖の中で生きてきたけど，ぼくは今また，平和の中で生きています」……… 335

正気じゃないよね

デイヴィッドは手紙を脇に置き，テリーのほうを向いて「君は**罪悪感**が君に仕掛けているトリックをどのように見破っているのかな？」と尋ねた。テリーはしばらく質問を考えてから，「ママは，手を洗い続けたらいけないと言うんだ。パパの清潔でいろという**強迫観念**からの影響が大きいんだけど」（このときテリーの父親は別の国で暮らしていた）と述べ，さらに「それから猫も。家で 3 匹飼っているんだけど，猫にたくさん構ったり，撫でたりできるんだ」と述べた。

この時点でテリーは，威圧的で非難的な「（罪悪感の）声」の調子を真似て，「汚くて，不潔だぞ。埃も全部汚いんだぞ！」と言った。それから普通の声の調子に戻り，「ぼくが疑い深いのは……そうだな……パパがそうだから，すごく疑い深くなっているんだと思う」と言った。

デイヴィッドは「自分がやりすぎだと気づいていたのかな？」と尋ねた。

テリーはすぐにうなずき，「そうだね，正気じゃないよね」と述べた。

デイヴィッドは，正気じゃないところまでしていたという気づきによって，**強迫観念**に立ち向かえるようになったのではないかと思った。それは，間違いなくそうであったことがわかったので，こうした変化が初めて起こったときのことをしっかりと聞きたいと思った。

テリーは「それはぼくを常に苦しめていたんだ。それからしばらくして手を洗うようになったんだ。それで，洗わなくてもいいと思えるところまでが，どんどん長くなっていったんだ」と振り返った。

この洞察を振り返りながら，デイヴィッドは「君が君の心を使うのではなく，**罪悪感**が君の心を利用していたのだと思わない？」と尋ねた。

テリーはすこし安堵し，「ああ，そいつはぼくの心が壊れる寸前まで利用していたんだ。ぼくは……ぼくは，自分がバラバラになって，壊れているのではないかと思ったんだ。ぼくの人格が壊れていって，精神的におかしくなっていったんだ」と言った。

デイヴィッドは深く息を吸ってから，「君がしたこと，それはすごく厄介なことだったね。君は，自分が耐えたことについて，すこしくらい，または半分ぐらい，それともたくさん自分を誇れるかな？」と質問した。

テリーは，謙遜して答えた。「半分くらい誇りに思えるかな」

デイヴィッドは優しくこれに反論した。「君が自分を誇りに思うよりも，私は君のことをもっと誇りに思ってもいいかな？　それでもいい？」　テリーは，デイヴィッドの異なる意見を受け入れた。

336 ……　第Ⅲ部　遊び心のあるストーリー

デイヴィッドはさらに質問を続けた。「君は，罪悪感や強迫観念を自分の心から追い出せるという感覚をもっていたの？　それとも，それらが君を悩ませ始めたら追い出すことができるの？」

　テリーは「できるものもあるけど，強くてしつこいものもある」と認めた。

　次の質問を選択したことにデイヴィッドの好みが表れていた。「君が心から追い出したものを教えてくれるかな？　監督されたり命令されたりするのではなく，君が抑えることができて，監督し，心の中から出ていくように命令できるようなものなんだけど？」

　「それは手を洗うこと」だとテリーは教えてくれた。「それから，ぼくぐらいの年の子がもっている考え……思春期の考えかな。それと，ぼく自身についての小さなこととかかな」

　「テリー，君の好きな対戦相手はどれなの？　いつも勝てる相手は何かな？」

　「手を洗うこと」

　「長い間もっていた資質で，正しい方向に向きさえすれば，君はこの勝利を成し遂げられたはずだと，私に思わせてくれるようなものは，どんな資質？」

　「短気なことだよ。ぼくは奴にうんざりしていたんだ。邪魔してきたら蹴り飛ばしてやる！」

　デイヴィッドはドロシーに向き直り，「彼が人として強くなっている，勇気が出てきたということを示す兆候は他にもありますか？」と尋ねた。

　ドロシーは「去年，学校で本当に頑張ったんです。先生たちは，彼のことをとても優秀な生徒だと言っています。勉強もよくできるし，正義感もあるということです」と答えた。

　テリーの正義感を捕らえて，デイヴィッドは「テリー，この年齢で人生が壊されるのは，正しいこと，あるいは公平なことだと思うかな？　君の人格が壊れてしまうんだよ？」と尋ねた。

　テリーの返事は思慮深いものであった。「壊れるのであれば，ぼくが年をとってからにするべきだと思う」。そして，彼はさらに確信をもって，「そうだね，ぼくの人生を壊すのであれば，ぼくは人生を十分に楽しむことができないね。年をとって弱くなったら，あまり先を楽しみにしないだろうけど，若くて，先に楽しみがないのであれば……ただ悲惨なだけだよ」と言った。

　デイヴィッドは，テリーの人生におけるオルタナティヴな歴史の証拠を探すために，ドロシーのほうを向いた。「ドロシー，強迫観念に立ち向かえるようになる前のテリーの人生に目を向けたとき，こうしたことができるだろうと予測させるような，どんな資質が彼にはあったのでしょうか？　これまでの人生に

第17章　テリー：「長い間恐怖の中で生きてきたけど，ぼくは今また，平和の中で生きています」……　337

おいて，彼には乗り越えなければならない他の困難な出来事がありましたか？」 ドロシーは，テリーがいかにして「毎日，側溝で嘔吐してしまうことから逃れるために」戦ったのかについて説明した。

問題との新しい関係を要約しながら，デイヴィッドは「**強迫観念**が友だちのようなものではなく，敵のようだということがわかったかな？」と尋ねた。

テリーは力強くうなずき，「たぶんね！」と言った。

‖ 2回目のセッション ‖

テリーは次のセッションに来るとすぐに，ニュースを伝えた。「ぼくを悩ませていた考えがすべて消えたんだよ！」

「それらの考えを君自身から追い出せたってことだと思っていいの？」

「そうだよ」とテリーは答えた。

デイヴィッドは好奇心をそそられた。「そうするのをどうやって想像したの？　君はそいつらが君の頭の中にあると思っていただろうし，君の考えだと思っていたんだよね？」

テリーはこの質問についてすこし考え，「そうだな，ぼくはテレビ番組で見たんだけど，だんだん自分でも戦えるようになったんだ！　タフな悪役，本当にでかいのがそこに立っているのを想像したんだ。だけど，そいつらはタフなんかじゃなく，弱かったんだ。そっか弱いんだと思うようになったんだ」と答えた。

「そいつらはしつこくて強いように見えてたけど，今は全然違うんだね。外見はタフに見えるけど中身は弱いというように。これまでとは違った見方をしているようだね」とデイヴィッドは述べた。テリーとドロシーは，これがこのいじめっ子をしっかりと表現していることに同意した。

「このいじめっ子に立ち向かうというアイデアをどうやって練りあげたの？　夢から，洞察から，または君の創作からなの？」とデイヴィッドは尋ねた。テリーは，このひらめきが彼が見たアニメからのものであると特定した。そこでデイヴィッドは，「君の創造的な心の中でひっそりとやったのかな？　君にはこのようなことができる特別な能力があると思うかな？」と尋ねた。テリーはやや落ち着かない様子で「ぼくは，すこしは独創的なところがあるかな」と認めた。

デイヴィッドは，テリーの独創的なところについてもっと知りたいと考えた。そこで，テリーにそのことについてもっと知りたいし，テリーの心がどのよう

にはたらくのかに対する好奇心を満足させたいのだ，と伝えた。強迫的な考えを心の外に追いやったテリーの心について知ることは，元気をもたらすのではないかと考えたのである。もしテリーが手を洗うという考えを心から追い出すことができれば，独創的なところで「心の筋肉をほぐせる」のではないかという可能性にデイヴィッドはワクワクした。テリーは，このような強迫的な考えに捕らわれていたスペースに，多くの独創的なものが入り込んできていることに同意した。「そいつらが突然いなくなって，ファンタジーやSF小説のような他のものが入ってきているんだ！」と大きな声で言った。

　「そういう考えが心の中からなくなり，自分の心がそのスペースを占めることになるのは，うれしいことかな，それとも悲しいことかな？」とデイヴィッドは尋ねた。

　「すっごくうれしいよ！」とテリーは大きな声で答えた。

　デイヴィッドはドロシーに，テリーが新たに見いだしたうれしさに気づいていただろうかと尋ねた。ドロシーは，びっくりするような秘密を打ち明けてくれた。「デイヴィッド，息子は3週間も頭痛がないんです。これは奇跡です」。この事実に一瞬我を忘れたが，デイヴィッドはテリーと握手し，心から祝福した。

　その場がすこし落ち着くと，ドロシーは，最初のセッションで頭痛のことについて話す必要はないかもしれないと考えていたということが判明した。彼女が言うには，「テリーは8年もの間，毎日頭痛に悩まされていた」というのである。多くの専門家に相談した後で，テリーはこの先もこの症状に付き合っていかなければならないのだと，彼女は自分自身に言いきかせていた。

　「罪悪感や強迫観念が頭痛を引き起こしていたのかな？」とデイヴィッドは尋ねた。テリーはすぐさまうなずいた。

　「自分の心を自分で引き受けることは，君にかなりの喜びや楽しみをもたらしくれるかな？　いわば，これらの思考が君の頭をドンドンと叩いていたようなものなのだろうか？」とデイヴィッドは尋ねた。

　「本当にそう」とテリーは同意した。

　「君は自分の心をどれだけ取り戻せたと思うかな？　それから，これらの思考は自分の心に，まだ何％くらい場所をとっているのかな？」

　99.9％が自分の心だ，とテリーは答えた。

‖‖‖　　　ついに解放されたよ　　　‖‖‖

　デイヴィッドはこの割合をどうしようと思いながら，このことに実に興味を

もつであろうブレットのことを思い出した。ブレットのことは，テリーに伝えてあった。ブレットも 12 歳で，「拒食症と完璧主義」との生死をかけた戦いに挑んでいた。ブレットは，それを「夫婦」であるとみなしていた。ブレットと家族は，デイヴィッドを介して，ビデオに収録したセッションを他の人々と交換していた。

デイヴィッドは次のように語り始めた。「テリー，いいかい。これはかなりの成果だと思う。ただ，私があまりにも熱狂すると君は引いてしまうだろうから，ここはすこし冷静になるね。どのようにして君がそのような考えから再び心を奪われないようにしているのかについて，ブレットに共有してもいいかな？　それらの考えは，君が正しくないと思わせようとしたり，それらが君の心にいるべきだと思わせたりするはずなんだ。君がそれらを押しのけようとしたとき，それらは何をしたのだろうか？」

テリーはあっさりと「いや，あまり抵抗しなかったよ。簡単にタオルを投げ込んでしまったんだ。それからカムバックしようとして，ちょっと抵抗したけど，ぼくが指 1 本動かしたらどっか行っちゃったよ」と答えた。

「本当に！」とデイヴィッドが大きな声を出した。「君の心が罪悪感や心配，強迫観念，そして頭痛からも解放された事実について，どう思うのかな？」

「ついに解放されたよ」とテリーはため息をついた。「ぼくの心の後ろで『オマエはそれだけの楽しみしかもてないんだ』というようなことを言ってくる思考の代わりに，自分で自分のことができるんだ。心の奥底では不安だったから，楽しんでいるように振る舞うことしかできなかったんだ」

デイヴィッドは，そのような思考はどのようにしてこのことをテリーに信じ込ませようとしたのだろうかと尋ねた。テリーは（強迫観念の）口まねをして「オマエは楽しむことはできないんだ，オマエの楽しみには制約がかかっているんだ」と言った。

デイヴィッドはショックを受けた。「それは意地が悪いね！　それを聞いて，すごく怒りを感じるよ。そんなことを若い子に言うのって，本当に意地が悪いと思わない？　つまり，この年頃は人生で最高のときなはずなのに，そいつは楽しみはないんだと君に言っているんだから！　それについてどう思うかな？　若い子から喜びを奪うなんて，そのような声のモラルや倫理観を疑わないかな？」

「奴らはそうするんだ」とテリーは説明した。「一緒に遊んだり，楽しんだり，笑ったりする友だちがいたけど，ぼくがガラクタ置き場の空き地に戻しちゃったんだ」

「ガラクタ置き場の空き地，そう呼ぶんだね？」とデイヴィッドは皮肉として受け取った。「そいつらがいなくなった今，何が君の心を満たしているのかな？いい経験や創造性だろうか？　友人関係はどうなのかな？　私の推測では，今なら君と友だちになる人がもっといると思うけど……」

「友だちをつくり始めているよ。去年は我慢できなかった子たちにも我慢ができるようになったんだ」。テリーは，以前には間違いに耐えられず，クラスメートに我慢ができなかったと説明した。クラスメートが楽しんでいるときに，それは彼らがいい子だから楽しんでいいのだと思っていた。そして自分は楽しむことができないので，自分は悪い子に違いないと思っていたのである。

「この苦しみから解放されたのを聞いてうれしく思うよ」とデイヴィッドは伝えた。

テリーはデイヴィッドに，解放されることが重要なのではないと説明した。そのような考えは彼を守ろうとしてきたのだ。

「それらは君を守りすぎたと思うかな？」とデイヴィッドは尋ねた。

「いいや」とテリーは説明を続けた。「**罪悪感**は権力が腐敗したものなんだ。ぼくが考えたくないことを避けるのを手伝ったら，ぼくの心をコントロールして操作できると気づいたんだ。そしてそれから，**強迫観念**がなくならないよう留めておけば，ぼくの心を完全にコントロールできると気づいたんだ」

罪悪感と**強迫観念**が子どもの心を乗っ取り，住み着いてしまう方法について見事に表現したことをブレットのために記録してから，テリーとデイヴィッドは2回目の会話を終えた。

||| **3回目のセッション** |||

その1か月後，3回目のセッションが行われた。テリーが書いたストーリーを読みあげることからセッションが始まった。

　かつてぼくの心は**罪悪感**に悩まされていました。手洗いなど，一通りの儀式をするように心から強制されていました。ぼくの人生は風に吹かれて飛んでいく埃の塊のようなものでした。ぼくは活動やクラブにほとんど参加しませんでした。ぼくの人生は学校の勉強を中心にしていました。友だちも多くいませんでした。いたとしても，友だちが楽しそうにしているときは，たいてい言い争ったり，意地悪をしたり

していたでしょう。ぼくの人生はどん底に落ちていたのです。

　そんなある日，ぼくの心の「感染した」ところに自由が侵入してきた日のことですが，ぼくが苦痛と罪悪感に苦しむのを見て，母がデイヴィッド・エプストンさんに会いに連れていってくれるのを決心してくれました。たった１回の訪問で，ぼくを覆っていた罪悪感の殻が破れ，光と自由が再びぼくの前に現れたのです。ぼくは新しい友だちをつくり始め，長い時間かけてゆっくりと腐っていった，昔の友人とのつながりをつなぎ止めようとしました。長い間恐怖の中で生きてきたけど，ぼくは今また，平和の中で生きています。

　感謝に満ちた静寂の後で，デイヴィッドは，自由と平和について熱く語ってくれたテリーを祝福した。テリーはデイヴィッドに，将来出会うかもしれない子どもたちや，読者のためにこの手紙を保管させてほしいと申し出た。

　その後デイヴィッドは，さまざまなことが起こっているだろうと推測したので，テリーの近況を聞き出そうとした。「君の人生はどうなってきているのかな？　**罪悪感**は君の人生や心を取り戻すのを邪魔しているのかな？」

　「最近楽しすぎて，疲れがたまってきているんだ。たぶんぼくの身体が慣れていないんだと思うんだ。以前はずっと座って塞ぎ込んでいただけだったからね」とテリーは言った。

　ドロシーは，テリーがよくやっているのに，時々不機嫌になるのを気にしていた。「それは学校の勉強に関係しているんです。息子は完璧主義者なので。一度でうまくいかないと，それで怒ってしまうんです。そんなところがあります」と説明した。

　その間にテリーは，（ブレットの許可を得て）デイヴィッドとブレットのセッションを見ていた。そこでブレットは，「**完璧主義**という呪い」に異議を唱えていた。テリーとデイヴィッドは，**完璧主義**と拒食症からブレットが回復したことについて検討した。

　デイヴィッドはテリーに「ロックシンガーのスティングが『完璧さを求めるのはいいだろう。ただ天国を求めるのは，今ここで地獄を生きることになる[★1]』と歌っているけど，どういう意味だと思うかな？」と尋ねた。テリーはその歌詞を即座に理解した。「君はいつも不完全だ。完璧になることはないんだ。君の

[★1]　イングランド出身のミュージシャンであるスティングが1985年に発表したアルバム『ブルー・タートルの夢』に収録された曲「コンシダー・ミー・ゴーン」の歌詞。

心はいつも『それは不完全だ』と言うものをつくり出すんだ。前の晩は完璧でも，翌日にはそうではなくなるんだ」とテリーは言った。

デイヴィッドはテリーに，「『これで十分』と『完璧主義という呪い』の違いがわかるかな？」と尋ねた。テリーはゆっくりと首を左右に振った。

デイヴィッドは何らかの助けを提供したかった。そこで，「どのような考えで人生を送りたいのか一緒に考えてみようか？」と提案した。まず明確な例をテリーに提示しようとした。「そうだな，君が『完璧主義という呪いのクラブ』と呼ばれるものに参加することを決めたとしよう。10 年後を見てみると，幸福な人生があると思うかな，それとも悲惨な人生があると思うかな？」テリーはすぐに察した。「悲惨だよね，だって，自尊心をもてていないだろうからね。呪いは『オマエは不完全だ。完璧にならなくちゃいけない。オマエは山積みになったゴミのくずにすぎない』と常に言ってくるからね。ぼくは誰に対しても，何に対しても，役に立たなくなっちゃう。ぼくの心は『この仕事はオマエにとって十分じゃないとか，オマエにとって完璧すぎるとか，オマエはこれをするのには不十分すぎる』と言ってくるので，どんな仕事もできなくなるだろうね」

「他の人との関係をどうさせようとしてくるだろうか？」とデイヴィッドは尋ねた。「私だったら，他の人を完璧にしようとするかな」。テリーは次のように説明した。「ぼくは人の話を聞こうとしないと思う。だって，ぼくの心の目では他の人は完璧で，ぼくは不完全だから，心はぼくに人の話を聞かせようとしないんだ。それで，ぼくが不完全だから，ぼくは失敗してしまうんだ」

デイヴィッドは，テリーが完璧主義の結末を仮想未来に映し出すことができるのであれば，その逆もできるに違いないと考えていた。「そうすると，テリー」とデイヴィッドは続けた。「もし日々の生活の中で完璧主義に反対するのであれば，どのようにするのかな？」と尋ねた。

「妥当な目標を設定して，極端に突っ走らないということかな。100％を目指すのではなく，80％を目指すことかな」

「あのね，この会話のために君は私にお金を請求するべきかもしれないね。だって，いいアイデアばかりだからね。君から多くのことを学んでいるよ」

デイヴィッドは経験から，テリーが自分の話していることが何であるか理解しているという感覚をもったので，「完璧主義によって駆りたてられたかもしれなかったのに，『これで十分』だと決めることのできた最近の出来事を何か思い出せるかな？　私の推測では，最近君がしていることによって，君の人生に入り込んできていることだと思うんだけど」と尋ねた。

テリーはためらわずに答えた。「今日だよ！　美術の時間だった。絵を描いて

いたんだけど，何度も失敗しちゃったんだ。そこで，やり直さないで，全力を尽くして続けることにしたんだよ」

デイヴィッドは呪いの力を知っていたので，「君は，絵をくしゃくしゃにしてしまわなかったんだね？」

「うん。スケッチブックのページを破いたりしなかったよ」とテリーはデイヴィッドを安心させた。

この出来事を聞いて，ドロシーの記憶もよみがえった。「昨夜もでした！」

「さすがだね！」とデイヴィッドは叫んだ。「そうすると，スケッチブックを破ってしまう代わりに，何をしたんだい？」

「ぼくは自分に『おい，最善を尽くしているじゃないか。もし描けなかったら，描けないということだ。ぼくはレオナルド・ダ・ヴィンチじゃないんだ』と言ったんだ」

デイヴィッドは感銘を受け，「君がそれをしているとき，君の人生において**完璧主義**に反抗する態度を明確にしているのだと気づいていたのかな？」 テリーには確証がなかった。

「私と最初に会ったとき，**罪悪感**と**完璧主義**は君を『二流』の人間だと伝えていたよね」とデイヴィッドは伝え，「君はまだ『一流』の人間になれていないと思うのかな？」と尋ねた。

テリーはこのことを真剣に考えた。「たぶんそうだと思う」と思いきって言った。「だけど，古いやり方にこだわっているところもあるんだ。でも，ぼくの落ち着きのないところは変わり始めたよ。ぼくの頭の中で大きな戦いがあるんだ。そいつと一進一退の戦いをしているんだ」

デイヴィッドはテリーの成熟さに感銘を受け，彼が今では**罪悪感**や**完璧主義**に挑戦していることを知った。「君の頭の中では多くのことが起こっているんだね」とデイヴィッドはつぶやいた。「お母さんと私が君を助けられる方法はあるのかな？」と尋ねると，テリーは自分自身で取り組んできた努力について考えた。デイヴィッドは，「それとも，君の勝利を祝い，君がしていることは実に重要なことだと思う，と伝えることで十分だろうか？」と付け加えた。テリーは後者を選んだ。「ぼくと一緒に喜んでくれたら十分かな」

「今の状態が続くと，君の人生はよくなりそうかな？」とデイヴィッドは尋ねた。

「うん，ぼくと同じぐらいの年の子どもたちと話せるからね。以前は相手が未熟で，ぼくはお高くとまっていたからね」

「多すぎるぐらいの友だちがいるのかな？　ひとりぼっちから人気者になった

ということ？」

「そうだね」

「ひとりぼっちと人気者では，どちらのほうが君にふさわしいだろうか？」

「人気者のほうかな。ぼくの人生でいい方向に向かっている面もあるからね。でも，他の面では，ちょっと疲れ気味かな」

「活動しすぎなのかな？」

「まあ，この**完璧主義**というヤツについてわかったのがつい最近のことなんだけど，それでずいぶん自由になったよ。要は勉強などに時間をかけすぎていたんだけど，ずいぶん自由になってきたんだ」

この時点でドロシーは，頭痛が治ったという奇跡についての続報を伝えるべく話を遮った。「最初にお会いしてから，息子は2回しか頭痛を起こしていないんです。これは信じられないことです。この8年間はずっと頭痛があったのですから」

「君の頭を**完璧主義**が痛めつけないのは，君にとって喜ばしいことかな？」とデイヴィッドは尋ねた。テリーは**完璧主義**と頭痛のつながりについて考えた。「もっと考えられるようになったよ。心配することなしに自分の人生をもっと楽しめるし。もし心配したら，頭痛がして具合が悪くなるんだ」

デイヴィッドは，テリーが厄介な頭痛の過酷さから自由になったことについて不思議に思った。「君の話を聞いて，君の人生全体がずいぶんと自由になったようだね。これに同意するかな，それとも，今日聞いた話から私が話を膨らませすぎているのだろうか？」

テリーはすぐに答えた。「自由になっただけでなく，もっと自由な意志をもてるようになったんだ。だけど，ぼくの人生の一面で頑張りすぎちゃうんだ。他のところは元に戻ったんだけど」

「何を頑張りすぎちゃうの？」

「友だちをつくることや，人生をたっぷり楽しむことかな」

「まだ続けたいかな？　それとも，今まで逃した楽しみに追いついたと思うかな？」

「そこまで行くには長い道のりがあるかな」。テリーは現在に至るまでの悲惨な状況を思い出しながら，両目尻にすこしの涙を浮かべていた。

「君の人生の他の面では逆転させないといけなくなるかもしれないけど，友人関係においてまだまだ頑張りたいかな？」

「うん。学校の勉強は普通のレベルに落としたいので，すべてのことについてじゃないかな。宙に浮いた船みたいにはなりたくない」

「勉強に注ぎ込む力を減らすということ？」

「うん。このまま行けば，罰を受けるかもしれない」

これを聞いたデイヴィッドは，**完璧主義**に対するさらなる反抗を思いついた。「**完璧主義**は君が居残りをさせられるのをすごく嫌うだろうけど，わざと居残りをさせられることはできると思うかな？　これは難しいことだよね？」

テリーがうなずいたので，デイヴィッドはドロシーに確認を求めた。「ドロシー，大丈夫でしょうか？　1回だけなら？」

ドロシーは笑いながら「いいですよ」と答えた。

「テリー，何ができるだろうか？」とデイヴィッドは続けた。

テリーには1つ考えがあった。「宿題のことを忘れるんだ」

「なるほど，いい考えだね」とデイヴィッドは同意してから，変更点を提案した。「それとも，それが難しすぎるのであれば，宿題をしてみて，トイレに流してしまうというのはどうだろう。そして，やらなかったと言うんだ」。テリーがためらっているのを見て，「何も非常識になるということでなく，忘れやすくなるということだよ。そうすることができそうかな，それともまだ難しいかな？」

「すこし動揺しちゃうかな」

「わざとミスをして，それに耐えられるかどうか見てみるのはどうだろう？」

「それならできる」

テリーの顔にいたずら心が表れるのを見て，「他に何か考えがあるだろうか？　私の考えよりも君の考えのほうがいつも良いからね。**完璧主義**に対抗するトリックはあるかな？」と尋ねた。

「たくさん間違えて，たくさん汚した特別なノートを作って，先生がそれを見ていると思い込むことができるかな」

「そうしたときに，**完璧主義**をからかうのをどう感じたのか教えてね。次に会うときにそのことについて聞けたらうれしいけど」とデイヴィッドは提案し，そのことをドロシーに確認した。「このような方針でもよろしいでしょうか？」

彼女は目を輝かせながら「ええ，いいですよ」と言った。

4回目のセッション

1か月後のある日，デイヴィッド，テリー，ドロシーは再会した。その日は「自由の日」として記憶に残ることになる。次の手紙はそのときの会話を要約したものである。

テリーとドロシーへ

　テリー，今日は君の「自由の日」だったね。私たちにとって特別な日となった。君は「間違いをしても動揺しなかった。間違いを二重線で消して続けたんだ[★2]」と知らせてくれましたね。昔なら「もうすぐ終わりかけていたのに，ページを破って最初からやり直しただろう」と教えてくれました。どのようにしてこれを実現したんだろうかと尋ねると，次のように**完璧主義**に語りかけたのだと言いましたね。

　「ぼくは以前の状態に戻らない。この混乱から抜け出すんだ」と。そして君がそうできているのか尋ねると，君は不完全な答えをくれました。つまり99%は抜け出せた，と言ってくれました。他にも，**完璧主義**に逆らったことがありました。たとえば，他のすべての子どもが宿題せずに，コンピュータでスペースインベーダーのゲームをしているとき，君は自分に「誰も気にしないさ。ぼくもゲームしよう！」と言ったんだね。それから君は，同じ年頃の友だちと一緒にいることが多いと教えてくれたね。趣のある言い方で「ぼくはスイレンの葉からスイレンの葉へと跳び移っているカエルのようだ」と表現していたね。そして，君が以前には「つまらないヤツ，つまらないヤツ」と思っていた子どもたちが，実は面白いヤツらだということに気づいたね。君が友だちに何を求めたいかについての結論に達し始めているね。君があげた性質は「忍耐，理解，正直さ，明るさ」などだったね。

　2人にお願いして**完璧主義**に対抗する「プログラム」の設計を手伝ってもらったところ，次のような「マップ」を作ってくれました。

1.　はじめに「誰かに話しかけてもらい，自分が勝ち得たところを表現する。そうしないと**完璧主義**が貶めて，勝ち得たことなどなかったことにしてしまうから」。君は「観客から応援」してもらうことが必要なんだ，と言いました。テリー，君は**完璧主義**がどのようなトリックで人を貶めてくるかについて，注意を促してくれました。「それは，その勝ち得たものは不十分だ，もっと頑張らないといけないんだ，オマエの勝ち得たものなど時間のむだだと言ってくる」ということでした。ドロシー，テリーを肯定することは，テリーにとってとても意義があるようだと話してくれました。彼の手を握り，また

★2　ニュージーランドでは，学校の勉強に鉛筆やシャープペンシルを使うのではなく，ボールペンを使うことが多い。そのため，消しゴムで消すことができないので，間違ったところには二重線などを引いて訂正する必要がある。

は握りしめ、「うまくやっているよ」「しっかりやれたよ」と語りかけようとしたのですね。

2. からかい。テリー、君は物事をオープンにすることが重要だと思ったのですね。ドロシー、あなたは**完璧主義**の足を引っ張ることができたと思ったのですね。**完璧主義**を完敗させるのは、本当に深刻な態度よりもいたずら心のある態度のほうであることに、私たちみんなが同意しました。

3. テリー、君は次のような提案をしました。「**完璧主義**が示す道を辿ったときの将来を考えてみてほしい。そのときに、自分が辿りたい道も見て、どちらのほうが緑に覆われているかを比べてみてほしいんだ」。テリー、君はこのようにしたとき、君の脳が「洗脳されていたからやった」のではなく、「自分から手洗いした」と気づいたと教えてくれたね。

4. ドロシー、**完璧主義**への抵抗を始めるまで、あまり長く待つべきではないと思うということでした。

5. テリー、他の人がしていないことで、自分がしていることすべてのリストを作ることを勧めました。そしてその後、リストの項目で大きいものから1つずつ対応していくということだね。

6. テリー、セラピストは人を応援するような「前向きな態度」でいるべきであると勧めました。

7. テリー、一度**完璧主義**に対して優勢になったら、**完璧主義**に仕返しを仕掛けるのはいい考えだと思ったということでした。君は、より「気楽な気分で」仕返しをしていたのだね。「ぼくは今を生きる人間で、もっと人生を楽しんでいるんだ。今は将来のことなんか、そんなに気にしていないんだ」と言ってくれました。

8. 次に全般的なアドバイスをしてくれました。「罪悪感に耳を貸すな。**完璧主義**ではない方法でトップを目指せ。**完璧主義**に振り回されないで。もしそうしたら、何も成し遂げることができなくなるから」

　現在、ブレットと私は君が得た「**非完璧主義証明書**」を手に入れられるように取り組んでいます（図17.1）。ドロシー、その証明書に「よくやったね、テリー」と記載すべきだと思ったということでしたね。テリー、君はそれに「絶望の地獄を歩いてエデンの園に辿り着いた」と書くべきだと思ったということでした。2人とも、どのようになるのか見守っていてください。

> あなたの**非完璧主義**へ
> デイヴィッドより

最後のセッション

テリーは，家でも学校でも「自由奔放さ」と「いたずら」を取り入れた。彼は，教室でずっと黙っているのではなく，話せるようになったと感じた。時には「ずっと勉強するのではなく，ふざける」こともしていた。さらに，「わざとこぼしたり」，「すべきではないことをしたり」するような「いたずら」をドロシーに仕掛けていた。

以前のテリーは常に，夜に寝るのを怖がっていた。彼は「悪夢を見ないように祈っていた」のである。現在では，「学校に行き，すごいいたずらっ子になる」というような壮大なものを含め，彼の夢はより奇妙で，冒険的なものとなった。実際のところ，テリーによれば，以前は「そのような考えの結果を心配してしまっていた」のであるが，今では夢に「罪悪感はない」ということであった。

テリーは，この期間における内面的な発展について説明した。「ぼくはただ幸せを感じてるんだ。今は自分の気持ちを率直に言えるよ。不機嫌になったら，それを言って伝えられるんだ。昔は，それに蓋をしたので頭痛になったんだ」。テリーは，必要があって罪悪感があるのだから，自分にはある程度（せいぜい20～40％）の幸せしか許されない，という考えを批判して，人の人生における**罪悪感**が果たす役割についての新知識を話してくれた。「**罪悪感が人の人生の中で制御できないものになってしまうには，それ相応の不幸が必要なんだ**」。ドロシーは，テリーの「自信のレベルがかなり高くなっている。息子は物事を手放せるようになった。そして物事に正面から取り組み，勇気がある。もう頭痛には悩まされていない。人生における良いことにより価値を見いだし，自分を信じることができている」ことに同意した。

それからというもの，「問題」は「ごくまれに」テリーの前に現れた。しかし，彼はいつでもそれらを「撃退」する方法を見いだしたのである。たとえば，彼は「寝る前に手を洗わないと，夜に夢が暴走するのではないかと怖くなる」ときがあったと言った。ところが彼は，そのようなことが起きるのは，「警戒を怠り，眠くなって，考えるのが面倒なときに」だけ起きることを発見した。眠気を防ぐために，彼は「恐怖の背後に回って，恐怖に向かって『こんなことは本

「非完璧主義証明書」

テリー殿

1992 年 5 月 14 日，ニュージーランドのオークランドにあるファミリー・セラピー・センターにおいて，テリーは完璧主義の呪いから解放されたことを宣言した。かつて友人だと信じていた完璧主義のせいで，彼は絶望と惨めさに追い込まれていた。彼は，完璧主義の嘘を見抜き，その発見によって次々と勝利を収めた。今では不安もなく，自分の楽しみを持ち，笑い，自分の人生がどれほど素晴らしいものかに驚いている。彼は完璧主義を拒んだ。それどころか，彼は自分の意志を呼び起こし，機知，いたずら，そして抜け目なさで戦ったのである。完璧主義／強迫観念は第 2 ラウンドで，リングにタオルを投げ込んだ。母親のドロシーは，「よくやったね，テリー！」というコメントを付け加えたくなった。テリーは「絶望の地獄を歩いてエデンの園にたどり着いた」と付け加えたいということであった。ティムが何と言おうと，ファミリー・セラピー・センターは，これが容易な勝利ではなかったことを認める。当センターは，テリーが自身の創造性や賢さを「洗い流される（洗脳される）」のを拒否したからこそ，可能になったのだと信じている。
おめでとう！

署名：ファミリー・セラピー・センター　共同ディレクター　デイヴィッド・エプストン

図 17.1　テリーの非完璧主義証明書

当に起こるわけない！』と叫ぶ」という手段を取った。このように主張していくアプローチは彼に大きな安堵を与えたので，「完全に恐怖を忘れてしまった」ということであった。また彼は，「お母さんのテクニック」の1つを活用し，「一面に敷き詰められた花，特にコスモスの花がある大きく素敵な庭を散歩する」ことを想像した。「不快な状態」が戻ってきたとしても，「昔だったらそれが自分を飲み込み，2，3週間は続いていたのに，その期間はだんだん短くなっている」ことに気づいた。

　実際のところ，テリーは自分の想像力を高く評価し，それをうまく利用していた。「現実の世界にうんざりしているときに，いろいろなことを不思議に思ったりするんだ」。テリーはデイヴィッドに，「いろいろと不思議に思うこと」を「考え方を変えたり，夢の準備をしたりする」ために利用していると伝えた。学校で彼は，「オタクや少数派と一緒にいる」ことにし，「いつも本を読み」，聞くことが上手で「だけど自分をもっている」親しい友人をつくった。テリーも同様に，「普通ではなく，特別な能力をもち」続けることにした。「平均的な市民ではないよ」というのが，彼が自分の個性を示す表現であった。

　最後にテリーが言ったのは，「自分の肩の荷をすべて下ろせて良かった。もう手洗いを我慢していないんだ。もし手洗いをやめることができなかったら，落ち込んで，みじめで，イライラしていたと思うよ」ということであった。

‖‖‖　　　　　　フォローアップ　　　　　　‖‖‖

　それから1年の間に，デイヴィッドとテリーは4回ほど会った。テリーは，他の子どもたちの相談に乗るべく，ニュージーランド・アンチ癖リーグの会長職を引き受けた。およそ1年後に，彼と副会長は，12歳になるベンという少年の応募を受け入れた。[*1] ベンは，**ミスター強迫**（強迫観念）から自分の人生を取り戻していた。ベンと家族が応募のためのインタビューをビデオに収録し，それをテリーに送り，意見を求めた。デイヴィッドは，このようなことが，テリーに対する最も確実なフォローアップだと考えている。

> デイヴィッドさんへ
> 　ぼくは，ベンと**ミスター強迫**との戦いに感銘を受けました。以前に，ベンが入院する前の状態についての手紙を読んで，それからビデオでベンを見ましたが，彼がすごく変わったのに気づきました。ベンは「非完

璧主義証明書」を受け取るのに十分なぐらい頑張ったと信じられます。

　今の人生は悪くないです。ぼくは3年生でクラスのトップだし，最近14歳になりました。たった1つだけ良くないことがあったのは，すこし前にぼくのおじいちゃんが亡くなったことです。このことについてやっと乗り越えられるようになりました。**完璧主義**のことですが，ぼくの国境は彼には閉ざされたままです。デイヴィッドさんが言う，**ミスター強迫**はぼくのところには来ていません。

　よろしくお願いします。

テリーより

おわりに

　私たちの事例を読んで,「奇跡のような治癒」が起こったと思うかもしれないが, 必ずしも問題がどこかに行ってしまい, けっして戻ってこないことを意味しているわけではない。私たちが示した最も困難な状況において, 子どもが病院から退院できたり, 破壊的な習慣をやめたり, 退学させられる代わりに学校に歓迎されるようになったりするというのは, 望ましい具体的な成果である。ところが, 本書に掲載することの同意を求めるために家族に連絡をとったところ, 何人かは, 新たな問題が発生していることや, 以前の問題が今でも続いている, またはより穏やかな状態で再浮上していることについて語ってくれた。家族からのフィードバックには, 次のようなものがあった。「そうだね。息子は依然として恐怖に対処しているけど, それらに自分の人生を足止めさせるようなことはないようだよ。今ではそれに対処する方法が増えたね」。「まあ, 息子は依然として怒りを見せるけど, **かんしゃく**が乗っ取るようなことはないかな。私たちに落ち着くことを思い出させてくれますね」。「時々夜に起きるけど, 家族全員を起こして, 大騒ぎすることはないかな」

　これらのコメントからわかったことは, ほとんどの場合, 治療的な改訂作業のために利用できるのは, 子どもと問題との関係, または家族と問題との関係, あるいは問題に直面したときの子どもと家族との関係性だということである。問題の影響を軽減するために, 問題そのものを掘り下げるのではなく, これらの関係性が語り直されたときに何が起こるのかに, より焦点を当てるほうが有益であることがわかった。

　オルタナティヴ・ストーリーには, 問題を置き去りにしてしまった出来事を含めることもできるだろう。それは, 埃をかぶった記憶の保管庫に記録されているものである。しかし多くの場合, このストーリーは, 変容された問題との生きた関係のことである。私たちは, 問題を解決（solve）されるものとしてで

はなく，転換（resolve）されるものとして理解したい。辞書で「resolve」の意味を調べたときに，音楽的な定義が私たちを捕らえた。「不協和音の音や和音が，子音の音や和音に変化すること」とあった。同様に，問題の不協和音も，ナラティヴを通じて予期しないハーモニーを奏でることができるだろう。もし軽い気持ちやゆとり，ユーモア，遊び心をもって取り組むのであれば，このような転換作業はダイナミックなものとなるのだ。

本や治療報告で示されるナラティヴの構造が，すべての事例において明確な始まりや終わりを示唆してしまう。私たち自身も，人生の複雑な不協和音を「めでたし，めでたし」といった陳腐な結末に落ち着けてしまいたくなる。しかし，もちろんのこと，人生のストーリーは常に進行している。問題の中には，厄介で複雑な（期間が不明確で，原因が多因子にわたる）ものがある。だからといって，問題との関係性が転換できないということにはならない。転換作業の中には素晴らしいものもある。

ナラティヴ・セラピストとして私たちは，問題の影響とその限定的で社会文化的な規定を批判し，新しい可能性に対する豊かな味覚を発展させ，（現在と未来において）選択していくために，古いものを再生させ，共著者が好むストーリーを生成するようなフォーラムを召集したいのだ。この取り組みを成し遂げるために，(a) 直接セラピーに参加している人々のみならず，関心をもつすべての関係者に積極的な参加と責任を促すような，外在化する会話に従事すること，(b) 年齢や立場に関係なくすべての関係者が有する既存の能力，特に不適切であるとか無関係であるとみなされていたものを評価すること，(c) 専門的な資格があるとみなされる人々のみならず，新しい技術を提供し古いものを評価するための「資格者」の定義を広げること，そして (d) 広範なネットワークや関心を分かち合う関連コミュニティを包括していくために，知識のある，あるいは助けとなるような関係者が多様化するようにはたらきかけることに取り組むのである。

家族が成し遂げたものを祝い，認めることができる頃には，変化をもたらしたものが，次のようなことであると，私たちは気づくのである。それは，誰が悪いのかという追求をやめ，知識や技術の在庫に「当たり前のこと」や空想的なことを含めていき，そして新しい理解や助けに対するリソースをより豊かにしている，ということである。

ジェンナが13歳のときに書いた詩を紹介しよう（彼女の話は第8章で紹介した）。

ジェンナの祈り

将来，私の後に生まれてくる人たちが見るのは，
緑の美しさと，限りなく続く青い空であることを祈りたい。
公害は，おとぎ話の悪の女王になるだろう。
病気は，風邪だけになり，
治療法のない病気は，単に神話になるか，
ハロウィンで話される怖い話になることを祈りたい。
貧困と犯罪は，悪夢でしかなくなること，
そんなものは数世紀前の人々が経験したことにすぎない，
「路上のホームレス」という言葉すら知られていないようになることを
祈りたい。
「戦争」という言葉が，異星人のものとなるか，
「世界平和」を語る際の１つの表現方法でしかなくなる，
なんとか「主義」という言葉も過去にあった憎しみの化石でしかなく
なることを祈りたい。

将来，世界が緑に覆われ，健康になることを祈りたい。
だが，それは楽園ではない——
そうであれば，退屈でしょう。
代わりに，将来は私の人生のようなものになるべきだろう。
不完全，ということ。
だけど，本当に素晴らしいの。

原　注

―――――――――――――― 第 1 章 ――――――――――――――

＊1　本書では，児童の性的虐待に関する記述は 1 事例のみであるため，児童の性的虐待に対する
セラピーとしてナラティヴ・アプローチをどのように活用するのかに興味があるのであれば，
Adams-Westcott & Isenbart（1990, 1996），Laing & Kamsler（1990）と Roberts（1993）を参
照のこと。

＊2　Epston（1993）と Gergen（1994）を参照のこと。

＊3　Dickerson & Zimmerman（1996）を参照のこと。

＊4　セラピーにおける遊びに言及されたとしても，言葉によるやりとりから切り離されることを
意味するわけではない。両者は手を取り合って行うものである。ナラティヴ・セラピーの大きな
特徴の 1 つは，言語的な遊びである。この分野の他の実践者たちと同様，本書に登場する実践者
たちが，面接の中でどれだけの時間を会話で占めるか，またどれだけの時間を箱庭やドールハウ
ス，形劇などの象徴的な遊びのような，他のコミュニケーション様式を通じて会話を進めるかに
ついては，そのスタイルに大きな違いが見られる。

＊5　子どもと学校教育に関しては，ダリッチセンター・ニュースレターの特集「学校教育と教
育――新しい可能性を探る（Schooling and Education: Exploring New Possibilities.）」（1995）
を参照のこと。

―――――――――――――― 第 2 章 ――――――――――――――

＊1　レオンの「スクルミーズ」は，典型的には注意欠如・多動症と診断される。このトピックに
対しての議論は，論文「From deficits to special abilities. Working narratively with children
labeled ADHD」（Nylund & Corsiglia, 1996）を参照のこと。

＊2　最初の面談において，デイヴィッド，マギー，グレゴリーは離婚（という比喩）について話
をした。しかし，グレゴリーの特別な能力に着目して，グレゴリーとデイヴィッドの共同作業を
説明するために，この側面には触れていない。

―――――――――――――― 第 3 章 ――――――――――――――

＊1　de Shazer（1991）を参照のこと。

＊2　Gilligan（1982），Hancock（1989），Pipher（1994）を参照のこと。

＊3　私たちの視点が客観的に固定化され，最終的に正解をもち得ないという根本的な前提がある
ものの，客観的真実という概念から完全に離れたり，道徳的相対主義に関与したりするつもりは
ない。たとえば，生きられた経験を意味のあるナラティヴで組織化する傾向は，行動生物学的仮
説であるが，いまだに反証されておらず，よって客観的であると考えられるであろう（Bruner,
1990）。最も重要なことは，観察者がとるすべての視点は，その観察者が権力と影響力をもつ人々
に対して，道徳的，倫理的意味合いをもつということである。この重要な問題についての詳細な
議論は本書の範囲を超えているが，ここでは，私たちの視点は慎重に選択されるべきであり，そ
の選択によって倫理的な義務，責任，価値観が生じるのだという考えを強調することが非常に重
要であると述べるだけで十分であろう。

＊4　「問題を外在化する会話に従事するための変革的な力を生き生きと強力な形で紹介する」ワー
クについては，Roth & Epston（1996a, pp. 153-154）を参照のこと。

＊5　Madigan & Epston（1995）を参照のこと。

＊6　Epston, White, & "Ben"（1995）と Zimmerman & Dickerson（1994）を参照のこと。

―――――――――――――――――――――― 第4章 ――――――――――――――――――――――

＊1　親という用語は，場合によっては，祖父母，里親，または子どもを養護する役割が重荷になっている人という言葉に置き換えられることがあるだろう。家族という用語は，シングルペアレント，同性カップル，別居中の両親，さらに親類までを含める場合がある。

＊2　私たちは，子どもと個別に会うことが適切であると感じることがあるが，このような要望を伝える場合でも家族の意向を尊重する。決まったルールはないが，子どもに対する個別セッションに興味があるかどうかを家族に尋ね，そのことについて話し合う。
　子どもがトラウマから回復しつつあり，現在の環境が安全で落ち着いているときには，その子どもと個別に取り組むことが助けになることを見いだしている。一方で，性的な虐待が明らかになった場合であるが，マーガレット・ロバーツは，「母親を待合室に置き去りにしない」（Roberts, 1993）という自身の論文の中で，（母親と子どもに対する）加害者の役割を可視化し，（加害者によって乱された）親密な関係性を再認識しながら，母子の合同セッションを行うことを説得力をもって論じている。

＊3　マイケル・ホワイトがコメントしているように，「自分の人生と他者の人生に明確な区別をつけることを拒むセラピストによって，そして助けを求める人々を周縁化するのを拒むセラピストによってもたらされる連帯感のことを考えています。つまり，他者の問題の背景を提供するような環境に直面するときに，自分自身もうまくできないのだという事実に常に向き合う覚悟をもったセラピストによってもたらされる連帯感のことです」（White, 1993, p. 132）ということである。

＊4　パートナーや子どもと虐待的である男性についての詳細な議論は，アラン・ジェンキンスの著書『加害者臨床の可能性』（Jenkins, 1990），マクレーンによるマイケル・ホワイトへのインタビュー（McLean, 1994），そして，Waldegrave（1990）を参照のこと。

＊5　この箇所は，以前にエプストンとブロックによって出版された逐語録に修正を加えたものである（Epston & Brock, 1989/1997, pp. 99-100）。

＊6　マイケルは，タスマニアデビルという動物のアイデンティティが好まれるのは，オーストラリアの子どもたちに限られたことかもしれない，と考えている。

＊7　レズリー・センター（訳注：現在の名称はFamily Works Leslie Centre）は，ニュージーランド，オークランド市にある子どもと家族のための機関であり，長老派教会サポートサービス（Presbyterian Support Services）によって支援されている。

＊8　「tea」は，「お茶」ではなく「食事」と訳されるべきであることをニュージーランド国外の読者は知っておくことが重要である。

―――――――――――――――――――――― 第6章 ――――――――――――――――――――――

＊1　ナラティヴ・セラピーにおいて手紙を活用することに関する詳細な説明は，『物語としての家族』（White & Epston, 1990b）を参照のこと。

―――――――――――――――――――――― 第7章 ――――――――――――――――――――――

＊1　ワルデグレイブは，メンタルヘルスの問題を社会政治的な領域で明確にすることがセラピストの倫理的な義務であることを説得力のある形で示している（Waldegrave, 1992）。ロボヴィッツ，メイゼル，フリーマンは，セラピーにおける協働的な実践として倫理を論じている（Lobovits, Maisel, & Freeman, 1995）。

＊2　内在化された他者への質問（Tomm, 1989）と呼ばれる質問技法は，このような聴衆に対するインタビューに特に適している。このアプローチでは，クライエントが「内在化された他者」の役を演じ，その人があたかもその部屋にいるかのようにインタビューする。たとえば，トミーの祖母がすでに亡くなっているとしよう。トミーは祖母なら何を言うだろうかということを想像するように尋ねられ，あたかも祖母が言うかのように話すよう促される。そこでセラピストは，（祖母役をしている）トミーに，「それで，おばあちゃん，先週トミーが学校でしたことで，何が一番誇らしかったのでしょうか？」と尋ねることができるだろう。（祖母役をしている）トミーは，「そうだね，トミーがいじめられている子を守ったことを一番誇りに思います。トミーが正

358　……　原　注

しいことのために立ち上がれるのを知っていたんです」と答える。

＊3　ナラティヴ・リフレクティング・チームの活用についての詳細な議論と説明は，Freedman & Combs（1996），Friedman（1995）とWhite（1995）を参照のこと。

＊4　Freeman & Lobovits（1993）とWood（1985）を参照のこと。

＊5　証明書や手紙の例については，White & Epston（1990b）を参照のこと。

＊6　「REVIVE（バンクーバー・アンチ拒食／過食リーグの機関誌）」を購読したい場合の連絡先は，次の通りである。REVIVE, 1168 Hamilton Street, Suite 207, Vancouver, B.C. Canada V6B 2S2.

─────────────── 第8章 ───────────────

＊1　このような家族には文化的に適切な形で紹介したいのであるが，それが不可能であったり，家族が望まない場合もある。

＊2　これと同じように，メリッサとジェームス・グリフィス（Melissa & James Griffith, 1994）は，身体的な問題（たとえば，いわゆる「身体表現性障害」）に取り組む中で，「言葉にできないジレンマ」が言語的なコミュニケーションを安全ではないものにするだけでなく，不可能にさえしてしまうことを発見した。彼らは，その状態を解決する前に，身体の姿勢や動きを意識しながら，安全な言語表現を通じて，ジレンマに対処する必要があることを見いだしたのである。

＊3　ジェニーがジーンを含めることに積極的だったのは，一部には，マイケル・ホワイトの論文「もう一度こんにちはと言う──悲嘆の解決における失われた関係の取り組み」（White, 1988b）によるものであった。この論文では，悲嘆を解消していく手段として，一般に好まれる「手放す」または「お別れをする」というメタファーと同様に，「こんにちはと言う」というメタファーを提示している。

ジェニーはまた，アジア人のコミュニティの中心に住んでいた経験から，多くの家庭に先祖の祭壇があったことを思い出していた。何か重要なことが起きると，家族は線香を焚き，愛する人の写真の前で瞑想的に祈るのである。そして出来事について，その人に想像で「伝え」，「相談」していた。

＊4　ここで重要なことは，（セラピストが安全のための規則やエチケットについて話し合う際に）「パスしていい」ことを提示することである。表現アートの活動を試行する際に，特定の質問や提案に対してパスする権利を家族の誰もがもっている（Chasin & Roth, 1990; Rogers, 1993）。

＊5　「人と問題の相対的な影響力をマッピングする」過程において，カラフルな視覚表現の恩恵を受けるために，ジェニーは，マインドマッピングのテクニック（Buzan, 1976）を試した。視覚的な形で知識にアクセスするのに慣れている人であれば，この方法をナラティヴに応用する実験を楽しめるであろう。問題を用紙の中央に配置し，そこからさまざまな色の接線や関係する活動や考えを示す副接線を引くのである。こうして，問題の活動，影響，計画などについて知っていることすべてをブレインストーミングすることができる。そして，オルタナティヴなストーリー／結果／解決策を中心に置いた別のマップも作成できる。そこでは，インスピレーション，ユニーク・アウトカムなどについてブレインストーミングすることができる。

＊6　ドラマの上演とナラティヴ・セラピーを組み合わせた創造的な取り組みがなされている。たとえば，Barragar Dunne（1992），Chasin & Roth（1990），そしてChasin & White（1989）を参照のこと。

＊7　ここでの箱庭は，ナラティヴ・セラピーの文脈のものであり，ユング派（Kalff, 1971）や英国学派（ローエンフェルドによって開発された「ワールドテクニック」（Bowyer, 1976を参照））とはまったく異なる。ジェニーも箱庭を開放的で探索的に利用しているが，この特定の活用方法はナラティヴ・アプローチにおける利用に留めている。

─────────────── 第9章 ───────────────

＊1　「スカルピー」はプラスティシーン（塑像用粘土）に似た粘性をもつ造形粘土のブランド名（米国）である。焼いて固めることができる。

＊2　ケビンは，定期的にマイケル・ホワイトの相談に乗っていた（ぬいぐるみの）ルパート・ザ・ベアが築いてきた足跡を辿っている。デイヴィッドが最初にルパートに会ったのは，1981年，

原　注 ‥‥‥ 359

オーストラリアのアデレードであった。この15年間の勤務で，ルパートのような無資格のセラピストが燃え尽きてしまうのではないかと思う人もいるかもしれないが，むしろ彼は以前にも増して熱心なのである。ルパートは，ソフィア・ボートの紹介で，マイケルの実践に参加するようになった。ソフィアは「ルパートに私の一部を注ぎ込んでいるの。ルパートの想像には愛が込められているの。だから，無機質なぬいぐるみなんかじゃなく，人と同じように特別な性格を発展させてきた小さな生き物なの。自分のお話をもっていて，それを聞くためには，耳からではなく心から聞くだけでいいの。このようにルパートと会話をすることができれば，ルパートがたくさんのことを教えてくれると思うわ」と言った。

―――――――――――――― 第10章 ――――――――――――――

＊1　このストーリーは，エプストンとベタートンの論文「想像上の友人――彼らは誰だろう？誰が彼らを必要としているのだろうか？」（Epston & Betterton, 1993）を改訂したものである。

＊2　テイラー，カートライト，カールソンは，「想像上の友人は驚くほどありふれたものである。最近の研究では，未就学児の65％以上が想像上の仲間をもっていることを示している」と報告している（Taylor, Cartwright, & Carlson, 1993）。

＊3　デイヴィッドは，スージー・スナイダーの祖父ロスがこのリストに貢献したことに感謝している。

―――――――――――――― 第12章 ――――――――――――――

＊1　児童文学で人気のある本は，このテーマに基づいている。たとえば，「おしいれおばけ」（Mayer, 1968）は，モンスターに恐怖を感じている子どもが，モンスターを飼い慣らし，友だちになっていくというストーリーである。

＊2　想像力をウォーミングアップするためのアイデアについては，de Mille（1976）とOaklander（1978）を参照のこと。

＊3　この考えは，C. G. ユングの夢に関して能動的な想像力をはたらかせる技法に基づいている。ジョン・スタンフォードは，自身の著書『Dreams and Healing: A Succinct and Lively Interpretation of Dreams（夢と癒やし：夢の簡潔かつ生き生きとした解釈）』（Stanford, 1978）でこのことを詳細に述べている。
Stanford, J. (1978). Dreams and Healing: A Succinct and Lively Interpretation of Dreams. Paulist Press.

＊4　カレン・ムーアがこの事例の最初の草稿を準備した。当時彼女は，カリフォルニア州アラメダにあるサントス・カウンセリングセンターの博士研究員だった。

―――――――――――――― 第14章 ――――――――――――――

＊1　Boyd-Franklin（1989）とPinderhughes（1989）を参照のこと。

＊2　米国人以外の読者のために説明しておくと，リーシーズ・ピーシズは小さな扁球状のピーナッツバターをキャンディでコーティングしたものである。

＊3　白人であるディーンとアフリカ系アメリカ人であるジョンは，家族やセラピストに文化的に説明可能で多様な視点を提供するために，パートナーシップを結んだ（Lobovits, Maisel, & Freeman, 1995; Lobovits & Prowell, 1995; Tamasese & Waldegrave, 1993; White, 1995）。

―――――――――――――― 第17章 ――――――――――――――

＊1　デイヴィッドのベンとの取り組みについては，Epston, White, & "Ben"（1995）を参照のこと。

参 考 文 献

Adams-Westcott, J., & Isenbart, D. (1990). Using rituals to empower family members who have experienced child sexual abuse. In M. Durrant, & C. White (Eds.), *Ideas for Therapy with Sexual Abuse* (pp. 37-64). Adelaide, Australia: Dulwich Centre Publications.

Adams-Westcott, J., & Isenbart, D. (1996). Creating preferred relationships: The politics of recovery from child abuse. *Journal of Systemic Therapies, 15*(1), 13-30.

Axline, V. (1987). *Play Therapy*. New York: Ballantine.

Barragar Dunne, P. (1992). *The Narrative Therapist and the Arts*. Los Angeles: Possibilities Press.

Bowyer, L. R. (1976). *The Lowenfeld World Technique: Studies in Personality*. Oxford, England: Pergamon Press.

Boyd-Franklin, N. (1989). *Black Families in Therapy: A Multisystems Approach*. New York: Guilford.

Brems, C. (1993). *A Comprehensive Guide to Child Psychotherapy*. Boston, MA: Allyn & Bacon.

Brooks, P. (1984). *Reading for Plot: Design and Intention in Narrative*. New York: Knopf.

Bruner, E. (1986). Experience and its expressions. In V. Turner, & E. Bruner (Eds.), *The Anthropology of Experience*. Chicago: University of Illinois Press.

Bruner, J. (1986). *Actual Minds, Possible Worlds*. Cambridge, MA: Harvard University Press.

Bruner, J. (1990). *Acts of Meaning*. Cambridge, MA: Harvard University Press.(ブルーナー, J. 岡本 夏木・仲渡 一美・吉村 啓子(訳)(2016). 意味の復権(新装版)——フォークサイコロジーに向けて ミネルヴァ書房)

Buzan, T. (1976). *Use Both Sides of Your Brain*. New York: Dutton.

Carroll, L. (1989). *The Complete Works of Lewis Carroll*. London: Nonesuch Press.

Carter, B., & McGoldrick, M. (1988). *The Changing Family Life Cycle: A Framework for Family Therapy* (2nd ed.). Boston, MA: Allyn & Bacon.

Case, C., & Dalley, T. (Eds.). (1990). *Working with Children in Art Therapy*. New York: Routledge.

Chasin, R., & Roth, S. (1990). Future perfect, past perfect: A positive approach to opening couple therapy. In R. Chasin, H. Grunebaum, & M. Herzig (Eds.), *One Couple, Four Realities: Multiple Perspectives on Couple Therapy*. New York: Guilford.

Chasin, R., & Roth, S. (1994). Externalization linguistic key to a new approach in family therapy. *Psychiatric Times*.

Chasin, R., & White, T. B. (1989). The child in family therapy: Guidelines for active engagement across the age span. In L. Combrinck-Craham (Ed.), *Children in Family Contexts: Perspectives on Treatment* (pp. 5-25). New York: Guilford.

Combrinck-Graham, L. (Ed.). (1989). *Children in Family Contexts: Perspectives on Treatment*. New York: Guilford.

Cowley, G., & Springen , K. (1995). Rewriting life stories. *Newsweek*, April 17, 70-74.

Damasio, A. (1994). *Descartes' Error: Emotion, Reason, and the Human Brain*. New York: G. P. Putnam & Sons.

de Mille, R. (1976). *Put Your Mother on the Ceiling: Children's Imagination Games*. New York: Penguin.

de Shazer, S. (1991). *Putting Difference to Work*. New York: Norton.

Dickerson, V. C., & Zimmerman, J. L. (1993). A narrative approach to families with adolescents. In S. Friedman (Ed.), *The New Language of Change: Constructive Collaboration on Psychotherapy* (pp. 226-250). New York: Guilford.

Dickerson, V. C., & Zimmerman, J. L. (1996). Myth, misconceptions, and a word or two about politics. *Journal of Systemic Therapies, 15*(l), 79-88.

Durrant, M. (1989). Temper taming: An approach to children's temper problems revisited. *Dulwich Centre Newsletter*, Autumn, 1-11.

Durrant, M. (1995). *Creative Strategies for School Problems*. New York: Norton.

Epston, D. (1986/1997). Nightwatching: An approach to night fears. *Dulwich Centre Review*, 28-30. Reprinted in M. White, & D. Epston, *Retracing the Past: Selected Papers and Collected Papers Revisited*. Adelaide, Australia: Dulwich Centre Publications.

Epston, D. (1989a). *Collected Papers*. Adelaide, Australia: Dulwich Centre Publications.

Epston, D. (1989b/1997). *Guest Address*. Fourth Australian Family Therapy Conference. In D. Epston, *Collected Papers*. Reprinted in *Retracing the Past-Selected Papers and Collected Papers Revisited*. Adelaide, Australia: Dulwich Centre Publications.

Epston, D. (1991/1997). Benny the peanut man. *Dulwich Centre Newsletter, 1*, 12-14. Reprinted in D. Epston, *Catching Up with David Epston: A Collection of Narrative Practice-Based Papers, Published between 1991 and 1996*. Adelaide, Australia: Dulwich Centre Publications. (エプストン, D. 小森 康永(訳)(2005). ナラティヴ・セラピーの冒険 創元社)

Epston, D. (1992). Temper tantrum parties: Saving face, losing face, or going off your face. In D. Epston, & M. White, *Experience, Contradiction, Narrative, and Imagination: Selected Papers of David Epston & Michael White, 1989-1991*. Adelaide, Australia: Dulwich Centre Publications.

Epston, D. (1993). Internalizing discourses versus externalizing discourses. In S. Gilligan, & R. Price (Eds.), *Therapeutic Conversations* (pp. 161-177). New York: Norton.

Epston, D. (1994). Extending the conversation. *Family Therapy Networker, 18*(6), 31-37, 62-63.

Epston, D., & Betterton, E. (1993/1997). Imaginary friends: Who are they? Who needs the mind. *Dulwich Centre Newsletter, 2*, 38-39. Reprinted in D. Epston, *Catching Up with David Epston: A Collection of Narrative Practice-Based Papers, Published between 1991 and 1996*. Adelaide, Australia: Dulwich Centre Publications.(エプストン, D. 小森 康永(訳)(2005). ナラティヴ・セラピーの冒険 創元社)

Epston, D., & Brock, P. (1989/1997). A strategic approach to an extreme feeding problem. In D. Epston, *Collected Papers*. Reprinted in M. White, & D. Epston, *Retracing the Past: Selected Papers and Collected Papers Revisited*. Adelaide, Australia: Dulwich Centre Publications.

Epston, D., Morris, E., & Maisel, R. (1995). A narrative approach to so-called anorexia/bulimia. In K. Weingarten (Ed.), *Cultural Resistance: Challenging Beliefs About Men, Women, and Therapy* (pp. 69-96). New York: Haworth.

Epston, D., & White, M. (1992). *Experience, Contradiction, Narrative, and Imagination: Selected Papers of David Epston & Michael White, 1989-1991*. Adelaide, Australia: Dulwich Centre Publications.

Epston, D., White, M., & "Ben"(1995). Consulting your consultants: A means to the co-construction of alternative knowledges. In S. Friedman (Ed.), *The Reflecting Team in Action: Collaborative Practice in Family Therapy* (pp. 277-313). New York: Guilford.

Freedman, J., & Combs, G. (1996). *Narrative Therapy: The Social Construction of Preferred Realities*.

New York: Norton.

Freeman, D. (1979). *The Anthropology of Choice*. The Presidential Address of the Anthropology, Archaeology and Linguistics Sections of the 49th. Congress of the Australian and New Zealand Association for the Advancement of Science in Auckland New Zealand. Author's reprint.

Freeman, J. C., & Lobovits, D. H. (1993). The turtle with wings. In S. Friedman (Ed.), *The New Language of Change: Constructive Collaboration in Psychotherapy* (pp. 188-225). New York: Guilford.

Freeman, J. C., Loptson, C., & Stacey, K. (1995). *Collaboration and Possibility: Appreciating the Privilege of Entering Children's Narrative Worlds*. Handout from work shop presented at the "Narrative Ideas and Therapeutic Practice" Third International Conference. Vancouver, BC.

Friedman, S. (Ed.). (1995). *The Reflecting Team in Action: Collaborative Practice in Family Therapy*. New York: Guilford.

Garbarino, J., Stott, F. M., & Faculty of the Erikson Institute (1992). *What Children Can Tell Us: Eliciting, Interpreting, and Evaluating Critical Information from Children*. San Francisco, CA: Jossey-Bass.

Gergen, K. (1994). *Realities and Representations: Soundings in Social Construction*. Cambridge, MA: Harvard University Press. (ガーゲン, K. 永田 素彦・深尾 誠(訳)(2004). 社会構成主義の理論と実践 ナカニシヤ出版)

Gil, E. (1994). *Play in Family Therapy*. New York: Guilford.

Gilligan, G. (1982). *In a Different Voice*. Cambridge, MA: Harvard University Press.

Goffman, E. (1961). *Asylums*. NY Anchor Books. (ゴッフマン, E. 石黒 毅(訳)(1984). アサイラム——施設収容者の日常世界 ゴッフマン社会学3 誠信書房)

Griffith, J. L., & Griffith, M. E. (1994). *The Body Speaks: Therapeutic Dialogues for Mind-Body Problems*. New York: Basic.

Hancock, E. (1989). *The Girl Within*. New York: Fawcet.

Hillman, J. (1994) *A Desperate Need for Beauty*. Titus Workshop, Lesley College Graduate School. May 13.

Imber-Black, E. (1988). *Families and Larger Systems: A Family Therapist's Guide Through the Labyrinth*. New York: Guilford.

Jenkins, A. (1990). *Invitations to Responsibility: The Therapeutic Engagement of Men Who Are Violent and Abusive*. Adelaide, Australia: Dulwich Centre Publications. (ジェンキンス, A. 信田 さよ子・高野 嘉之(訳)(2014). 加害者臨床の可能性——DV・虐待・性暴力被害者に責任をとるために 日本評論社)

Kalff, D. M. (1971). *Sandplay: Mirror of a Child's Psyche*. San Francisco, CA: Browser Press.

Kerr, J. (1968). *The Tiger Who Came to Tea*. Glasgow: Collins. (カー, J. 晴海 耕平(訳)(1994). おちゃのじかんにきたとら(改訂新版) 童話館出版)

Knill, P., Barba, H. N., & Fuchs, M. N. (1995). *Minstrels of Soul: Intermodal Expressive Therapy*. Toronto: Palmerston.

Laing, L., & Kamsler, A. (1990). Putting an end to secrecy: Therapy with mothers and children following disclosure of child sexual assault. In M. Durrant, & C. White (Eds.), *Ideas for Therapy with Sexual Abuse* (pp. 159-181). Adelaide, Australia: Dulwich Centre Publications.

Lobovits, D. H., Maisel, R., & Freeman, J. C. (1995). Public practices: An ethic of circulation. In S. Friedman (Ed.), *The Reflecting Team in Action: Collaborative Practice in Family Therapy* (pp. 223-256). New York: Guilford.

Lobovits, D., & Prowell, J. (1995). *Unexpected Journey: Invitations to Diversity*. Paper from workshop presented at "Narrative Ideas and Therapeutic Practice" Fourth International Conference, Vancouver, BC.

Loptson, C., & Stacey, K. (1995). Children should be seen and not heard? Questioning the unquestioned. *Journal of Systemic Therapies, 14*(4), 16-32.

Madigan, S. (1991). An interview with Chris Beels. *Dulwich Centre Newsletter, 4*, 13-21.

Madigan, S., & Epston, D. (1995). From "spy-chiatric gaze" to communities of concern: From professional monologue to dialogue. In S. Friedman (Ed.), *The Reflecting Team in Action* (pp. 257-276). New York: Guilford.

Maisel, R. (1994). *Engaging Men in a Re-evaluation of Practices and Definitions of Masculinity*. Paper presented at "Narrative Ideas and Therapeutic Practice" Third International Conference. Vancouver, BC.

Mayer, M. (1968). *There's a Nightmare in My Closet*. New York: Dial. （メイヤー, M. 今江 祥智 （訳）(1987). おしいれおばけ 偕成社）

McLean, C. (1994). A conversation about accountability with Michael White. *Dulwich Centre Newsletter, 2 & 3*, 68-79.

McLean, C. (Guest Ed.). (1995). Schooling and education: Exploring new possibilities. *Dulwich Centre Newsletter, 2 & 3*.

McLean, C., White, C., & Hall, R. (Guest Eds.). (1994). Accountability: New directions for working in partnership. *Dulwich Centre Newsletter, 2 & 3*.

McLeod, W. (1985). "Stuffed" team members. *Dulwich Centre Review*, 57-59.

McMurray, M. (1988). *Illuminations: The Healing Image*. Berkeley, CA: Wingbow.

Mills, J. C., & Crowley, R. J. (1986). *Therapeutic Metaphors for Children and the Child Within*. New York: Brunner/Mazel.

Milne, A. A. (1957). *The World of Pooh*. New York: Dutton.

Moustakas, C. (1973). *Children in Play Therapy*. New York: Ballantine Books.

Nylund, D., & Corsiglia, V. (1996). From deficits to special abilities: Working narratively with children labeled ADHD. In M. Hoyt (Ed.), *Constructive Therapies* (Vol. 2, pp. 163-183). New York: Guilford.

Nylund, D., & Thomas, J. (1994). The economics of narrative. *Family Therapy Networker, 18*(6), 38-39.

Oaklander, V. (1978). *Windows to Our Children: A Gestalt Approach to Children and Adolescents*. Moab, LIT Real People Press.

O'Hanlon, B. (1994). The third wave. *Family Therapy Networker, 18*(6), 18-26, 28-29.

Paley, V. G. (1990). *The Boy Who Would be a Helicopter: The Uses of Storytelling in the Classroom*. Cambridge: Harvard University Press.

Parker, I. (1995). *Deconstructing Psychopathology*. Thousand Oaks, CA: Sage.

Pinderhughes, E. (1989). *Understanding Race, Ethnicity, and Power: The Key to Efficacy in Clinical Practice*. New York: Free Press.

Pipher, M. (1994). *Reviving Ophelia: Saving the Selves of Adolescent Girls*. New York: Ballantine.

Popper, K. R. (1972/1986). *Objective Knowledge: An Evolutionary Approach*. Oxford: Clarendon. （ポパー, K. R. 森 博（訳）(2004). 客観的知識——進化論的アプローチ 木鐸社）

Ranger, L. (1995). *Laura's Poems*. Auckland, New Zealand: Godwit.

Robbins, A. (1994). *A Multi-Modal Approach to Creative Art Therapy.* London: Kingsley.

Roberts, M. (1993). Don't leave mother in the waiting room. *Dulwich Center Newsletter, 2,* 21-28.

Rogers, N. (1993). *The Creative Connection; Expressive Arts as Healing.* Palo Alto, CA: Science and Behavior Books.

Rosenwald, G. C., & Ochberg, R. L. (Eds.). (1992). *Storied Lives: The Cultural Politics of Self-Understanding.* New Haven: Yale University Press.

Roth, S., & Chasin, R. (1994). Entering one another's worlds of meaning and imagination: Dramatic enactment and narrative couple therapy. In M. F. Hoyt (Ed.), *Constructive Therapies* (pp. 189-216). New York: Guilford.

Roth, S., & Epston, D. (1996a). Consulting the problem about the problematic relationship: An exercise for experiencing a relationship with an externalized problem. In M. Hoyt (Ed.), *Constructive Therapies* (Vol. 2, pp. 148-162). New York: Guilford.

Roth, S., & Epston, D. (1996b). Developing externalizing conversations: An exercise. *Journal of Systemic Therapies, 15*(1), 5-12.

Seymour, F. W., & Epston, D. (1992). An approach to childhood stealing with evaluation of 45 cases. In M. White, & D. Epston (Eds.), *Experience, Contradiction, Narrative, and Imagination: Selected Papers of David Epston & Michael White, 1989-1991* (pp. 189-206). Adelaide, Australia: Dulwich Centre Publications.

Smith, C., & Barragar Dunne, P. (1992). *Therapeutic Loving and Empowering Choices: Narrative Psychology, Constructivism, and Drama Therapy.* Workshop presented at National Association of Drama Therapy Thirteenth Annual Conference, November 8, San Francisco, CA.

Stacey, K. (1995). Language as an exclusive or inclusive concept: Reaching beyond the verbal. *Australian & New Zealand Journal of Family Therapy, 16*(3), 123-132.

Tamasese, K., & Waldegrave, C. (1993). Cultural and gender accountability in the "Just Therapy" approach. *Journal of Feminist Family Therapy, 5*(2), 29-45.

Tapping, C. (1993). Other wisdoms, other worlds: Colonisation and family therapy. *Dulwich Centre Newsletter, 1,* 1-40.

Taylor, M., Cartwright, B., & Carlson, S. (1993). A developmental investigation of children's imaginary companions. *Developmental Psychology, 29*(2), 276-285.

Tolkien, J. R. R. (1965). *Lord of The Rings.* Boston: Houghton Mifflin. (トールキン, J. R. R.　瀬田 貞二 (訳) (2022).　指輪物語 (最新版)　評論社)

Tomm, K. (1987). Interventive interviewing: Part II. Reflexive questioning as a means to enable self-healing. *Family Process, 26,* 167-183.

Tomm, K. (1988). Interventive interviewing: Part Ⅲ. Intending to ask lineal, circular, strategic, or reflexive questions? *Family Process, 27,* 1-15.

Tomm, K. (1989). Externalizing the problem and internalizing personal agency. *Journal of Strategic and Systemic Therapy, 8*(1), 54-59.

Tomm, K., Suzuki, K., & Suzuki, K. (1990). The Kan-No-Mushi: An inner externalization that enables compromise? *Australian & New Zealand Journal of Family Therapy, 11*(2), 104-107.

van Gennep, A. (1960). *The Rites of Passage.* M. B. Vizedom, & G. L. Caffee, (Trans.). Chicago: University of Chicago Press. (ヴァン・ジェネップ, A.　綾部 恒雄 (訳) (1977).　通過儀礼　人類学ゼミナール　弘文堂)

Waldegrave, C. (1990). Just therapy. *Dulwich Centre Newsletter, 1,* 5-46.

Waldegrave, C. (1991). *Weaving Threads of Meaning and Distinguishing Preferable Patterns.* Lower

Hutt, New Zealand: Author's reprint.

Waldegrave, C. (1992). Psychology, politics and the loss of the welfare state. *New Zealand Psychological Society Bulletin, 74*, October, 14-21.

Walters, M., Carter, B., Papp, P., & Silverstein, O. (1988). *The Invisible Web: Gender Patterns in Family Relationships*. New York: Guilford.

Weller, J. S. (1993). Planting your feet firmly in Emptiness: Expressive arts therapy and meditation. *Journal of the Creative and Expressive Arts Therapies Exchange, 3*, 104-105.

White, M. (1984/1997). Pseudo-ecopresis: From avalanche to victory, from vicious to virtuous cycles. *Family Systems Medicine, 2*(2). Reprinted in M. White, & D. Epston, *Retracing the Past: Selected Papers and Collected Papers Revisited*. Adelaide, Australia: Dulwich Centre Publications.

White, M. (1985/1997). Fear busting and monster taming: An approach to fears of young children. *Dulwich Centre Review*. Reprinted in M. White, & D. Epston, *Retracing the Past: Selected Papers and Collected Papers Revisited*. Adelaide, Australia: Dulwich Centre Publications.

White, M. (1986/1997). Negative explanation, restraint, and double description: A template for family therapy. *Family Process, 25*(2), 169-184. Reprinted in M. White, & D. Epston, *Retracing the Past: Selected Papers and Collected Papers Revisited*. Adelaide, Australia: Dulwich Centre Publications.

White, M. (Winter, 1988a/1997). The process of questioning: A therapy of literary merit? *Dulwich Centre Newsletter*, 8-14. Reprinted in M. White, & D. Epston, *Retracing the Past: Selected Papers and Collected Papers Revisited*. Adelaide, Australia: Dulwich Centre Publications.

White, M. (Spring, 1988b/1997). Saying hullo again: The incorporation of the lost relationship. *Dulwich Centre Newsletter*, 7-11. Reprinted in M. White, & D. Epston, *Retracing the Past: Selected Papers and Collected Papers Revisited*. Adelaide, Australia: Dulwich Centre Publications.

White, M. (Summer, 1989/1997). The externalizing of the problem and reauthoring of lives and relationships. *Dulwich Centre Newletter*, 3-20. Reprinted in M. White, & D. Epston, *Retracing the Past: Selected Papers and Collected Papers Revisited*. Adelaide, Australia: Dulwich Centre Publications.

White, M. (1991/1992). Deconstruction and therapy. *Dulwich Centre Newsletter, 3*, 21-40. Reprinted in D. Epston, & M. White, *Experience, Contradiction, Narrative, and Imagination: Selected Papers of David Epston & Michael White, 1989-1991*. Adelaide, Australia: Dulwich Center Publications.(ホワイト, M. 小森 康永(訳)(2018). ナラティヴ・セラピー・クラシックス——脱構築とセラピー 金剛出版)

White, M. (1993). Commentary: The histories of the present. In S. Gilligan, & R. Price (Eds.), *Therapeutic Conversations* (pp. 121-135). New York: Norton.

White, M. (1995). *Re-authoring Lives: Interviews and Essays*. Adelaide, Australia: Dulwich Centre Publications. (ホワイト, M. 小森 康永・土岐 篤史(訳)(2000). 人生の再著述——マイケル, ナラティヴ・セラピーを語る IFF出版部ヘルスワーク協会)

White, M., & Epston, D. (1990a/1997). Consulting your consultants: The documentation of alternative knowledges. *Dulwich Centre Newsletter, 4*, 25-35. Reprinted in D. Epston, & M. White, *Experience, Contradiction, Narrative, and Imagination: Selected Papers of David Epston &*

Michael White, 1989-1991. Adelaide, Australia: Dulwich Centre Publications.

White, M., & Epston, D. (1990b). *Narrative Means to Therapeutic Ends.* New York: Norton. (ホワイト, M. & エプストン, D. 小森 康永(訳)(2017). 物語としての家族(新訳版) 金剛出版)

Wilson, J. Q. (1993). *The Moral Sense.* New York: Free Press.

Wood, A. (1985). King Tiger and the roaring tummies: A novel way of helping young children and their families change. *Dulwich Centre Review*, 41-49.

Zimmerman, J. L., & Dickerson, V. C. (1994). Tales of the body thief: Externalizing and deconstructing eating problems. In M. F. Hoyt (Ed.), *Constructive Therapies* (Vol. 1, pp. 295-318). New York: Guilford.

翻訳者あとがき

本書は，Jennifer Freeman，David Epston，Dean Lobovitsによる『*Playful Approaches to Serious Problems: Narrative Therapy with Children and Their Families*』（1997）の全訳です。

本書では，深刻な問題に苦しめられている子どもと家族がセラピストと一緒に遊び心（プレイフルな姿勢）をもちながら，ナラティヴ・セラピーに取り組んでいます。著者たちの紹介はまえがきにありますので，ここでは割愛します。本書が刊行された翌年の1998年，日本では斎藤環さんが『社会的ひきこもり』という本を出版しました。斎藤さんは，このような状況にある人々やその家族をメンタルヘルスの領域で担う必要があると提起したところが画期的でした（斎藤，1998）。当時，子ども・若者といえば，非行やいじめの問題，虐待やネグレクト，幼年期，思春期，青年期の教育やメンタルヘルスに加えて，社会参加に関心が集まっていました（田中・萩原，2012）。玄田有史さんらがイギリスの若者支援から提起したNEETと雇用の議論（玄田・曲沼，2004），本田由紀さんのNEET批判（本田ら，2006）とハイパー・メリトクラシー化に関する議論（本田，2005），宮本みち子さんによる若者無業者の研究（宮本，2002）と地域若者サポートステーションの取り組み（宮本，2015）とも関連し，それに続く研究書や啓発書，実践が盛んになりました。私は本書を読んで，子どもと家族はセラピストと協働してさまざまな社会問題に取り組むことができるのだと思い，この領域に一石を投じる可能性があればと願って翻訳に取り組んだところがあります。

これまでナラティヴ・セラピー／ナラティヴ・アプローチでは，多くの取り組みがなされてきました。子どもと家族に対する取り組みはその1つです。他には，拒食／過食症，悲嘆，トラウマ，カップル問題などさまざまなものがあります。これらの取り組みは，マイケル・ホワイトやデイヴィッド・エプストンとともに，あるいはこの2人から大いに刺激を受けて発展してきました。ナラティヴ・セラピーのコミュニティでは，これからもきっと多くのアイデアが寄せ集まり，見事なアプローチが発案されていくことでしょう。

本書には，問題によって苦しみ，心や身体，関係性，そして肉体にまで深く傷を負った子どもたちが登場します。家族も，その問題に苦しみ，辟易し，憔

悴しています。そのような子どもと家族がこのアプローチに参加すると，すこしずつ，時には驚くべきスピードで自分自身の生きている言葉と物語を取り戻していきます。本書の取り組みの1つには，子どもと家族とセラピストが協働して，フランスの哲学者ミッシェル・フーコーがいうような毛細管のように張りめぐらされている権力に沿って自分自身を監視することへの抵抗があげられます（Gordon, 1980）。自己への監視は，子どもや家族がもっている遊び心と豊かな想像力，そしてアイデアを奪い，その人たちの足場を脆弱なものとしてしまいます。そのような状況において，外部からの指導や告知などは届きにくいどころか，逆に本人自身の監視を強めるものともなりかねません。ゆえに，子どもや家族がもっている「毛細管のように張りめぐらされている規範」に抵抗することをしっかりと目に見えるように置き，その価値や意味を見いだすように取り組むナラティヴ・アプローチが有効なのです。その抵抗がプレイフルであればあるほど自己への監視を緩め，アップデートするための新たな知見を取り込むのに適しています。本書で紹介される子どもたちは，なんと大人顔負けの言葉で生き生きと応答してくれます。もしかしたら，そのように応答することが子どもらしくないのではないかと，批判したくなる人がいるかもしれません。子どもはこんなふうに語ったりはしない，と。もしかしたら「プレイフル・アプローチ」によって，大人が子ども扱いしていたために，つまり「子どもらしさ」だけを見るようにしていたために，ふだん見ることができなかった側面を見ることができるのかもしれません。

　さてこのあとがきを書いている最中，以下のようなニュースが私のところに届きました。2023年3月18日，米国数学会においてカルシア・ジョンソンさんとネキヤ・ジャクソンさんがピタゴラスの定理の新しい証明を発表した，というのです。私は，2500年もの歴史あるピタゴラスの定理に，今さら新しい証明をする余地があるものなのか，と正直，半信半疑になりました。もうすこし詳しく見てみると，数学やデータサイエンスの研究者キース・マクナルティさんがその証明の評価に併せて次のようなコメントをしていたことが目にとまり，さらに驚きました。「この10代の数学科の学生2人は，数学界の多数派とは正反対です。2人は女性であり，アフリカ系アメリカ人であり，高い学業成績を収めることで特に有名ではない地域の出身です。これは素晴らしい出来事です。性別，民族，社会人口学的な背景に関係なく，誰にとっても，自分の取り組みに十分な喜びと情熱があれば，自ら選んだ研究分野での優秀な結果に常に向かっていけることを奮い立たせてくれるはずです」。私は，カルシア・ジョンソンさんとネキヤ・ジャクソンさんが自分たちの取り組みに必要な喜びと情熱をどの

ようにもち続けられたのだろうかと心惹かれました。そのとき，本書に収められている「アンチ反算数クラブ」を思い出しました。カルシア・ジョンソンさんとネキヤ・ジャクソンさんと本書のショーナさんとアリスさんとは，時代や状況が異なるでしょうから，まったく同じだとは言えないでしょう。それでも私は，性別，民族などにとらわれず，何かに取り組むことの大切さとそれを応援する関係性の重さが際立って見えたように思います。子どもと家族が深刻な問題に苦しみながらも，非常にユニークで型破りなその人らしいアイデアをどのように見つけ，汲み取り，認証したらいいのでしょうか。本書は，そうした実践の集まりなのです。

　私が本書に初めて触れたのは，私が参加した2018年のニュージーランド短期集中研修「ニュージーランドで感じ，学ぶナラティヴ・セラピー・ワークショップ」にさかのぼります。この研修は，本書の共訳者である国重浩一さん（以下，KOUさん）とバーナード紫さんが中心となって開催されました。講師としてワイカト大学でナラティヴ・セラピーを研究したり，学んだことのある実践家が招かれていました。5日間という限られた時間を活かして必要なエッセンスを丁寧に語りかけ，向き合う姿勢を体現してくれました。私は，そのとき参加していた立正大学の小澤康司さんとペアになったワークの最中に，ワイカト大学でナラティヴ・セラピーを教えているエルマリー・コッザさんが本書を紹介してくれたと記憶しています。同じくワイカト大学のジェニー・スノードンさんがおっしゃった「知と権力は毛細管のように張りめぐらされている」という主旨の言葉は，私がフーコーの書籍に触れていたこともあって，ナラティヴ・セラピーを考えるうえで今なお耳に残っています。この研修は，ナラティヴ実践協働研究センターの横山克貴さん，白坂葉子さんとの出会いともなりました。

　この研修には，私の職場である医療法人誠心会が奨学生として送り出してくれました。佐伯隆史さん，佐伯有紀さん，鈴木伸さん，西村悟さんは，KOUさんにめぐり合わせてくれた恩人です。職場では，小野聡さん，福原一彦さんをはじめとした同僚の見守りがあるからこそ，私のような型破りな者にも居場所があります。田中梨奈さん，今野利絵さんには，私が自信を失ってしまったときにリカバリーを助けていただきました。心からお礼申しあげたい。

　私の指導教授である大澤善信先生には，温かな眼差しで見守っていただいています。学恩に報いるためにも今後も研鑽を深めていこうと思っています。

　斎藤由美子さん，白坂葉子さん，松本寛子さん，真弓悦子さん。忙しい中，丁寧に原稿に目を通してくれました。みなさんの励ましの言葉がなければここま

で辿り着けなかったに違いありません。心からお礼申しあげたい。

　綾城初穂さんには，時間を割いて草稿の際に目を通していただき，多くのコメントをいただきました。心からお礼申しあげたい。

　ここで裏話を1つ。私の最初の原稿は，フォーマットがバラバラでとても披露できない代物でした。KOUさんのお嬢さんである春香さんが私の拙い原稿を丁寧に整理してくれました。本1冊分という大変な量をです！　心からお礼申しあげたい。

　KOUさん。ここまで来られたのは，ひとえにKOUさんのおかげです。私の拙い訳文を丁寧に確認して，校正してくれました。ここから「指輪物語」のメタファーを借りて話しましょう。ガンダルフが強敵サウロンの力に対処するために，賢者たち（イスタリとエルダールの長）からなる組織「白の会議」を結成するように呼びかけたように，KOUさんは本書を翻訳するという旅路をともにしてくれる仲間を集めてくれたのです。注意不足のホビットが私だとしたら，KOUさんはガンダルフでしょう。KOUさんがいなければ，私はホビット庄から出ることも叶わなかった。私にとって本を1冊訳して出版するなんて，モルドールの山々を望むようなものでした。心からお礼申しあげたい。

　最後に北大路書房の西端薫さん，若森乾也さんは，私にとって羅針盤のような存在です。辛抱強く，必要なことを適宜，わかりやすく示してくれました。にもかかわらず，非常に時間がかかってしまい，本当に迷惑をおかけしました。この場を借りて感謝とお詫びを申し述べさせていただきます。

2024年8月吉日
あらやす（荒井康行）

参考文献

Foucault, M., Droit, R-P. (2004). "Se débarrasser de la philosophie": À propos de la littérature. *Michel Foucault, entretiens* (pp. 75-88). Odile Jacob.（中山 元(訳)(2008). 哲学を厄介払いする——文学について，これまでの軌跡について(1975年6月に録音されたロジェ＝ポール・ドロワとの対話)　私は花火師です——フーコーは語る(pp. 55-68)　筑摩書房）

玄田 有史・曲沼 美恵(2004).　ニート——フリーターでもなく失業者でもなく　幻冬舎

Gordon, C. (Ed.). (1980). The confession of the flesh. In C. Gordon (Trans.), *Michel Foucault Power/Knowledge: Selected Interviews and Other Writings, 1972-1977* (pp. 194-228). New York, NY: Vintage.

本田 由紀(2005).　多元化する「能力」と日本社会——ハイパー・メリトクラシー化のなかで　NTT出版

本田 由紀・内藤 朝雄・後藤 和智(2006). 「ニート」って言うな! 光文社

宮本 みち子(2002). 若者が〈社会的弱者〉に転落する 洋泉社

宮本 みち子(2015). 若年無業者と地域若者サポートステーション事業 季刊・社会保障研究, *51*(1), 18-28.

斎藤 環(1998). 社会的ひきこもり——終わらない思春期 PHP新書

田中 治彦・萩原 建次郎(編)(2012). 若者の居場所と参加 東洋館出版社

索 引

────── 人名索引 ──────

A

Axline, V. 175

B

Barba, H. N. 180
Barragar Dunne, P. 175, 177, 192, 194, 201, 207
Beels, C. 81
Boyd-Franklin, N. 246
Brems, C. 175, 207
Brock, P. 103
Brooks, P. 115
Bruner, J. 16, 128, 179

C

Carlson, S. 223
Carroll, L. 15
Carter, B. 90
Cartwright, B. 223
Case, C. 175
Catskill, C. 201
Chasin, R. 24, 90
Cohen, D. 23, 195
Combrinck-Graham, L. 175
Combs, G. 28, 68, 153, 164
Cowley, G. 155
Crowley, R. J. 177

D

Dalley, T. 175
David, E. 53
de Mille, R. 192
de Shazer, S. 196
Durrant, M. 22

E

Epston, D. i, 17, 18, 20, 28, 65, 67, 80, 82, 93, 103, 106, 112, 120, 135, 136, 154, 162, 164, 170, 251, 269, 319, 333

F

Freedman, J. 28, 68, 153, 164
Freeman, D. 81
Freeman, J. C. 11, 67, 68, 80, 89, 91, 159, 162, 164, 175, 176, 177
Fuchs, M. N. 180

G

Garbarino, J. 21
Gil, E. 175, 207
Goffman, E. 66
Griffith, J. L. 204
Griffith, M. E. 204

H

Hillman, J. 180
Huxley, A. 4

J

Jenkins, A. 91

K

Kerr, J. 108, 205
Knill, P. 180

L

Lobovits, D. H. 67, 68, 80, 89, 91, 159, 162, 164, 175, 176, 177
Loptson, C. 11, 16

M

Madigan, S. 68, 91, 155, 164
Maisel, R. 68, 89, 91, 155, 164
McLeod, W. 208
McMurray, M. 178
Mills, J. C. 177
Milne, A. A. 15
Morris, E. 155
Moustakas, C. 175

O

Oaklander, V. 175, 192, 207
O'Hanlon, B. 154

P

Paley, V. G. 20
Papp, P. 90
Parker, I. 84
Pinderhughes, E. 68, 246

R

Ranger, L. 14
Robbins, A. 180
Rogers, N. 180
Roth, S. 18, 20, 65, 67, 80, 82, 209

S

Searle, M. 11
Seymour, F. W. 170
Silverstein, O. 90
Smith, C. 177, 201
Springen, K. 155
Stacey, K. 11, 16
Stott, F. M. 21
Suzuki, Kazuko 80
Suzuki, Koji 80

T

Tamasese, K. 68, 91, 246
Tapping, C. 68, 91
Taylor, M. 223
Tolkien, J. R. R. 21
Tomm, K. 28, 80

V

van Gennep, A. 154

W

Waldegrave, C. 68, 70, 91, 246
Walters, M. 90
Washburn, L. 211
Weller, J. S. 178
White, C. i
White, M. i, 17, 28, 64, 68, 91, 93, 103, 112,
117, 135, 136, 154, 162, 179
White, T. B. 24, 90
Wilson, J. Q. 81

Winfrey, O. 228
Wood, A. 208

──────── **事項索引** ────────

あ

アイデンティティ 18, 47, 49, 64, 76, 89, 100,
104, 120, 127, 290, 297
アセスメント 93, 127
アンチ拒食／過食リーグ 155, 163
アンチ拒食症リーグ 82, 162
アンチ反算数クラブ 25

い

遺産 30, 89, 244, 292
遺糞症 17, 127
意味の遂行 153, 179

お

おこりんぼ 77
おちゃのじかんにきたとら 108
オルタナティヴ・ストーリー 29, 48, 66, 105,
117, 133, 134, 139, 141, 145, 153, 162, 178,
187, 193, 195, 269, 353

か

外在化 20, 23, 48, 51, 63, 65, 67, 74, 76, 79
外在化する会話 4, 17, 20, 49, 58, 60, 64, 74,
78, 81, 84, 91, 96, 99, 128, 203, 223, 240,
354
改訂 84, 131, 153, 262, 353
輝かしい瞬間 66
家族療法 3, 11, 47, 58, 85, 89, 175, 222,
233, 237, 240
型破り 6, 147, 217, 220, 241, 371
かんしゃく調教師 1, 22, 58, 85, 242
関心を分かち合うコミュニティ 155, 161
完璧主義 162, 340, 342

き

君がコンサルタントになり意見を述べる
155, 165, 170
強迫観念 333, 336, 351
拒食症 82, 340
銀色大魔王 251

く

くまのプーさん　15, 17, 207

け

激怒中毒　85
現実検討能力　223

こ

子犬－少年トーク　35, 67
好奇心　11, 21, 28, 99, 128, 178, 225, 228, 261
ごっこ遊び　20, 60, 248
言葉の真価を発揮するセラピー　117, 120

さ

罪悪感　17, 48, 91, 95, 107, 283, 333
再著述する会話　96, 100, 105
差別　89

し

児童・家族療法　3, 5, 207
支配的なストーリー　64, 154
社会文化的　4, 25, 58, 70, 72, 77, 85, 91, 93, 129, 131, 162, 354
社会文化的文脈　67, 70
ジャスト・セラピー　iii, 70
羞恥心　17, 275
証拠　21, 64, 117, 119, 127, 210, 337
神経性やせ症（アノレクシア）　82
人種差別　iii, 26, 68, 73, 89, 282
身体的会話　176

す

ステレオタイプ　69, 72, 77, 85, 91, 133, 236
ずるがしこいウンチ　17, 86, 120, 212, 254

せ

省察　28, 209
　→リフレクション
省察性　28
責任　3, 4, 12, 17, 21, 43, 59, 72, 84, 90, 98, 104, 106, 139, 156, 202, 354

そ

相互間の形態　180
想像上の友人　13, 51, 161, 208, 221, 229
損失としての終結　154

た

体験を生み出す質問　28
対抗プロット　67, 115, 117, 139, 141, 143, 145, 187, 195
助けを求める叫びの原理　240
食べさせる問題　85
食べる問題　98
多様な形態　180

ち

聴衆　153, 159, 161, 209
治療的手紙　135

つ

通過儀礼　87, 154, 170, 260

て

ディスコース　92

と

同調圧力　133
ドミナント・ストーリー　154

な

ナラティヴ　3, 16, 21, 24, 29, 45, 63, 64, 67, 72, 76, 87, 100, 115, 118, 126, 128, 153, 161, 177, 179, 197, 316, 354
ナラティヴ・セラピー　3, 4, 17, 22, 28, 48, 63, 68, 80, 85, 96, 117, 135, 139, 153, 175, 178, 183, 195

に

二重の外在化　79

は

バイアス　72
箱庭　6, 170, 177, 180, 195, 241, 313

ひ

ピース・ファミリー・プロジェクト　6, 242
否定的な注目の原理　240
表現アート　175, 183, 191
表現アートセラピー　6, 20, 175, 177, 178, 191, 260
病理学　64, 72, 94, 117, 127, 134

ふ

ファミリー・ポリティクス　233, 246
不思議の国のアリス　15, 59
不登校　88
プレイセラピー　6, 20, 175, 180, 191
プロット　67, 115, 139, 141, 143, 187, 195, 269
分割して統治せよ　6, 73, 233, 235
文化的アイデンティティ　89, 92

へ

ペテン師の恐怖　19
偏見　69, 72, 89, 158
便失禁　17, 120, 136

ほ

ボディ・スカルプチャー　201

み

ミラクルクエスチョン　196

め

メタファー　12, 51, 63, 74, 76, 78, 80, 100, 107, 113, 128, 137, 154, 156, 170

も

問題が問題である。その人は問題ではない　17
問題のしみ込んだ　64, 66, 87, 117, 120, 128, 160, 162

ゆ

ユニーク・アウトカム　66, 99, 118, 167, 196, 272

り

リフレーミング　117, 126
リフレクション（省察）　17, 28, 209, 292, 295, 299
　→省察
リフレクティング・チーム　87, 161, 198, 208, 287, 299
リ・メンバリング　183, 198
リンガ・フランカ　12

れ

例外　66, 87, 99, 118, 128, 134, 282

わ

ワンダーボーイ　55

著者紹介

ジェニファー（ジェニー）・フリーマン (JENNIFER FREEMAN)

　カリフォルニア州バークレー在住の結婚・家族・児童セラピスト。同州オリンダのジョン・F・ケネディ大学心理学専門職大学院教授。

　ジェニファーの著作やプレゼンテーションは，ナラティヴや表現芸術と遊びや家族療法の統合に焦点を当てている。

デイヴィッド・エプストン (DAVID EPSTON)

　カリフォルニア州オリンダのジョン・F・ケネディ大学心理学専門職大学院教授，また，ニュージーランドのオークランドにあるファミリー・セラピー・センターの共同ディレクター。

　オーストラリア，アデレードのマイケル・ホワイトとともに，ナラティヴ・セラピーのアプローチを創始した。2人は著名な『Narrative Means to Therapeutic Ends（物語としての家族）』をはじめ，多くの著作を発表した。

ディーン・ロボヴィッツ (DEAN LOBOVITS)

　カリフォルニア州バークレー在住の結婚・家族・児童セラピスト。同州オリンダのジョン・F・ケネディ大学心理学専門職大学院教授。

（所属等の情報は原書刊行当時のもの。）

訳者紹介

荒井康行（あらい・やすゆき）

　秋田看護福祉大学看護福祉学部医療福祉学科助教。

　関東学院大学大学院文学研究科社会学専攻博士後期課程中退。WRAPファシリテータ（あらやす），精神保健福祉士，社会福祉士。2007年10月から非営利活動法人リロード・よこはま西部ユースプラザ副施設長として，ひきこもりや不登校の居場所・フリースペースに取り組む。2012年2月から医療法人誠心会・生活訓練施設ヴィラあさひの丘生活支援員，神奈川病院デイケア室などを経て現職。2024年7月，拠点を神奈川県横浜市から秋田県大館市に移す。

国重浩一（くにしげ・こういち）

　一般社団法人ナラティヴ実践協働研究センター所属。

　ニュージーランド，ワイカト大学カウンセリング大学院修了。日本臨床心理士，ニュージーランド，カウンセラー協会員。2013年に移民や難民に対する心理援助を提供するためのニュージーランド現地NPO法人ダイバーシティ・カウンセリング・ニュージーランドを立ち上げる。2019年には東京に一般社団法人ナラティヴ実践協働研究センターを発足。2023年9月から拠点をニュージーランドから滋賀県大津市に移す。

　著書に，『ナラティヴ・セラピーの会話術』『震災被災地で心理援助職に何ができるのか？』『ナラティヴ・セラピーのダイアログ』『ナラティヴ・セラピー・ワークショップBOOK I & II』『もう一度カウンセリング入門』など。

　訳書に，『ナラティヴ・アプローチの理論から実践まで』『ナラティヴ・メディエーション』『心理援助職のためのスーパービジョン』『ナラティヴ・セラピー入門』『カップル・カウンセリング入門』など。

社会構成主義の地平
深刻な問題にこそ遊び心を！
子どもと家族と一緒に取り組むプレイフル・アプローチ

2024 年 10 月 20 日　初版第 1 刷発行

著　　者	ジェニファー・フリーマン デイヴィッド・エプストン ディーン・ロボヴィッツ
訳　　者	荒　井　康　行 国　重　浩　一
発 行 所	㈱ 北 大 路 書 房

〒603-8303　京都市北区紫野十二坊町 12-8
電話代表　　（075）431-0361
Ｆ Ａ Ｘ　　（075）431-9393
振替口座　　01050-4-2083

Ⓒ 2024
組版／デザイン鱗
装幀／野田和浩
印刷・製本／（株）太洋社
落丁・乱丁本はお取り替えいたします。
定価はカバーに表示してあります。

Printed in Japan
ISBN978-4-7628-3263-5

JCOPY 〈(社)出版者著作権管理機構 委託出版物〉
本書の無断複写は著作権法上での例外を除き禁じられています。複写される場合は,
そのつど事前に, (社)出版者著作権管理機構（電話 03-5244-5088, FAX 03-5244-5089,
e-mail: info@jcopy.or.jp）の許諾を得てください。

北大路書房の好評関連書

Journey with Narrative Therapyシリーズ

ナラティヴ・セラピー・ワークショップ Book I
基礎知識と背景概念を知る

国重浩一 著
日本キャリア開発研究センター 編集協力

A5 判・312 頁・定価：本体 2800 円 + 税
ISBN978-4-7628-3142-3

熟練ナラティヴ・セラピストによるワークショップを再現するシリーズ第一弾。ナラティヴ・セラピーの基本的な知識や背景について，外在化する会話法，ディスコース，脱構築や質問術にも触れながら，対人援助職や初心者向けに話し言葉で丁寧に解説する。ワークによる実践の具体例やデモも一部掲載し，参加者の声も多数紹介。

ナラティヴ・セラピー・ワークショップ Book II
会話と外在化，再著述を深める

国重浩一 編著
日本キャリア開発研究センター 編集協力

A5 判・388 頁・定価：本体価格 3600 円 + 税
ISBN978-4-7628-3210-9

対話で暗に示される希望を聴き取るためには，会話に潜む思い込みやパターン化に意識を向け続ける必要がある。「人＝問題」にしない質問法，過去・現在・未来の行為に新たな視点をもたらす会話法を実践的に解説。まだ見えない結果を協働して探求し，クライエント自身のエイジェンシーが発揮されるナラティヴへと導く。

社会構成主義の地平シリーズ

カップル・カウンセリング入門
関係修復のための実践ガイド

M. ペイン 著
国重浩一，バーナード紫 訳

A5 判・308 頁・定価：本体価格 3600 円 + 税
ISBN978-4-7628-3194-2

カップル・カウンセリングは個人療法の単なる拡張ではない。カップルの「二つの視点」の間で複雑な関係におけるセッションをどう構造化すればよいのか。社会文化的な影響を探求し，カップル自らが「物語」るよう導くセラピーを展開。性的な問題，不貞，暴力・虐待といった「固有の問題」を取り上げ，実践的にガイドする。

ナラティヴ・セラピー入門
カウンセリングを実践するすべての人へ

M. ペイン 著
横山克貴，バーナード紫，国重浩一 訳

A5 判・392 頁・定価：本体価格 3800 円 + 税
ISBN978-4-7628-3233-8

ジェンダーや障害，人種，「夫婦」など，社会の支配的な価値観によって生じる苦悩に心理支援者としてどう向き合うか。ナラティヴのアイデアは社会文化的な視野を広げ，カウンセリングの可能性を拓く。他療法での実践を経てナラティヴ・セラピストとなった著者ならではの理解や葛藤を交え，セラピーの全体像を構造的に解説。

（税抜き価格で表示しています。）